VOCES SIN FRONTERAS

OUR STORIES OUR TRUTH
NUESTRAS HISTORIAS NUESTRA VERDAD

TRUE COMICS
FROM THE
LATIN AMERICAN
YOUTH CENTER

VOCES SIN FRONTERAS

OUR STORIES OUR TRUTH
NUESTRAS HISTORIAS NUESTRA VERDAD

ALEJANDRO NATALY APRIL BRENDA LISA
M.C. ERMINIA ROSA S.R.P. SELENA
SEBASTIAN YECA J.J. TANIA TATO YESI

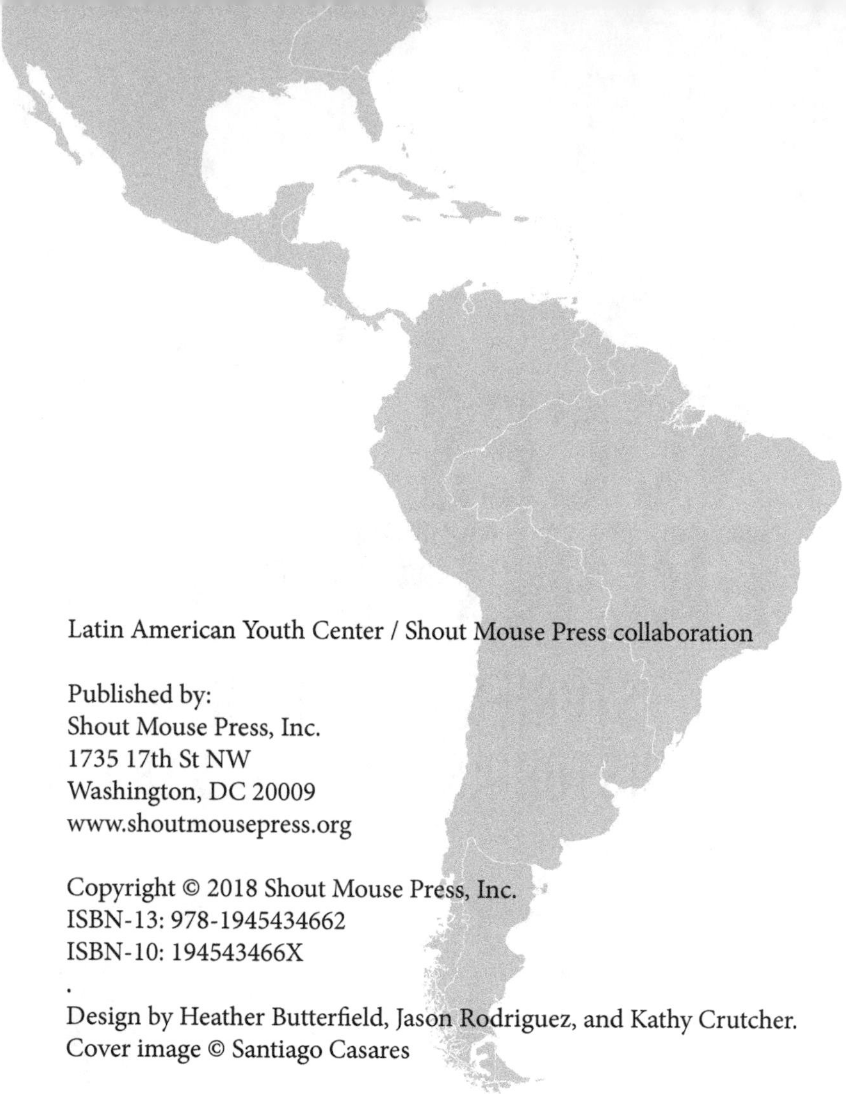

Latin American Youth Center / Shout Mouse Press collaboration

Published by:
Shout Mouse Press, Inc.
1735 17th St NW
Washington, DC 20009
www.shoutmousepress.org

Copyright © 2018 Shout Mouse Press, Inc.
ISBN-13: 978-1945434662
ISBN-10: 194543466X
.

Design by Heather Butterfield, Jason Rodriguez, and Kathy Crutcher.
Cover image © Santiago Casares

All original artwork produced by teen authors with support of teaching artists

For information about special discounts for bulk purchases, please contact
Shout Mouse Press sales at 240-772-1545 or orders@shoutmousepress.org.

Shout Mouse Press can bring speakers to your class or event. For more
information, contact Shout Mouse Press at 240-772-1545 or
kathy@shoutmousepress.org.

for you,
that you defeat your fears
every day

para ti,
que derrotas tus miedos
cada día

Introduction

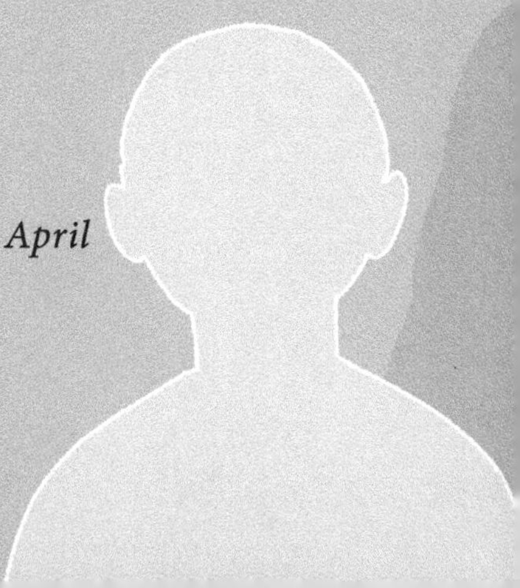

Introducción

INTRODUCTION

During a tumultuous year of immigration debate and unrest, sixteen young people from the Latin American Youth Center (LAYC) in Washington, D.C. came together to write this book. They were all members of LAYC's Latino Youth Leadership Council (LYLC), a passionate group of students dedicated to social justice in their community. They were also all immigrants.

It was a complicated and confusing time to be an immigrant in this country; discussion about our national identity had reached a boiling point. While a newly elected government pushed deportations and travel bans and border walls, protesters across the nation spoke up and pushed back. "We are all immigrants," their posters read. "No ban, no wall," they shouted. The lives of millions hung in the balance.

The title of this book, *Voces Sin Fronteras – Voices Without Borders –* addresses this critical moment in our nation's history. The young people of the LYLC felt the urgency of sharing their own stories of immigration without constraints, across divides. They wanted to complicate the discussion, to inject much-needed human connection into the debate. By sharing powerful and often vulnerable stories from their lives, they set out to inspire, to motivate, and to educate their readers. Most poignantly, they wanted to show other young immigrants like themselves, "You are not alone."

INTRODUCCIÓN

Durante un año signado por la inquietud y un tumultuoso debate sobre la inmigración, dieciséis jóvenes del Latin American Youth Center (LAYC) en Washington, DC se unieron para escribir este libro. Todos ellos eran miembros del Latino Youth Leadership Council (LYLC), un grupo que funciona dentro del LAYC y está conformado por estudiantes apasionados por alcanzar la justicia social en su comunidad. Todos ellos eran también inmigrantes.

Fue un tiempo complicado y confuso para ser un inmigrante en este país. La discusión sobre nuestra identidad nacional habían llegado a un punto de ebullición. Mientras un gobierno recién electo empujaba por deportaciones, prohibiciones de viajar y muros fronterizos, ciudadanos en todo el país se manifestaron y rechazaron estas medidas. "Todos somos inmigrantes", decían sus carteles. "No a la prohibición, no al muro", gritaban. Las vidas de millones estában en juego.

El título de este libro, Voces sin Fronteras - Voices Without Borders - aborda este momento crítico en la historia de nuestra nación. Los jóvenes del LYLC sintieron la urgencia de compartir sus propias historias de inmigración, sin restricciones y más allá de las divisiones existentes. Querían complicar la discusión, querían inyectarle una conexión humana muy necesaria en el debate. Al compartir historias poderosas y a menudo vulnerables de sus vidas, se propusieron inspirar, motivar y educar a sus lectores. Lo más conmovedor es que quisieron mostrarles a otros jóvenes inmigrantes como ellos que "no están solos".

Over the course of a comics and writing workshop with Shout Mouse Press, these sixteen young people became artists and authors. They told stories of family, loss, ambition, and change in comics form, using their original art to tackle difficult feelings where words alone fell short. The result is this side-by-side bilingual collection of graphic memoirs that not only builds connections across language but also breaks down barriers. These brave young people challenge us to think critically about who we are as a country. They implore us to treat one another kindly, with dignity and compassion.

The missions of LAYC and Shout Mouse Press converge in this project: we want all young people to feel empowered to speak their truth. This mission is especially important for those whose voices are too often silenced, or devalued. The determination of these authors to share their truest selves on the page is an act of courage. It inspires respect; it expands empathy. This book gives rise to not only their voices, but to the voices of all those living in shadows whose stories go untold.

We invite you to hear these voices, to listen carefully, to let them echo. And then we ask you to celebrate the promise of these young people, who remind us to look ever forward.

Lori Kaplan,
Latin American Youth Center

Kathy Crutcher,
Shout Mouse Press

En el transcurso de un taller de cómics y escritura con Shout Mouse Press, estos dieciséis jóvenes se convirtieron en artistas y autores. Contaron historias de familia, pérdida, ambición y cambio en el formato de cómic, utilizando su arte original para abordar sentimientos difíciles donde las palabras por sí solas se quedaban cortas. El resultado es esta colección bilingüe de memorias gráficas que no solo construye conexiones a través de los idiomas sino que también elimina barreras. Estos valientes jóvenes nos desafían a pensar críticamente sobre quiénes somos como país. Nos imploran que nos tratemos amablemente, con dignidad y compasión.

Las misiones de LAYC y Shout Mouse Press convergen en este proyecto: queremos que todos los jóvenes se sientan empoderados para decir su verdad. Esta misión es especialmente importante para aquellos cuyas voces con demasiada frecuencia son silenciadas o devaluadas. La determinación de estos autores de compartir su verdadero yo en estas páginas es un acto de valentía. Inspira respeto; expande la empatía. Este libro no solo alza sus voces, sino también las de quienes viven en las sombras y cuyas historias no se cuentan.

Les invitamos a escuchar estas voces, a prestarles atención, a dejar que hagan eco. Y luego les pedimos que celebren la promesa de estos jóvenes, que nos recuerdan de mirar siempre hacia adelante.

Lori Kaplan,
Latin American Youth Center

Kathy Crutcher,
Shout Mouse Press

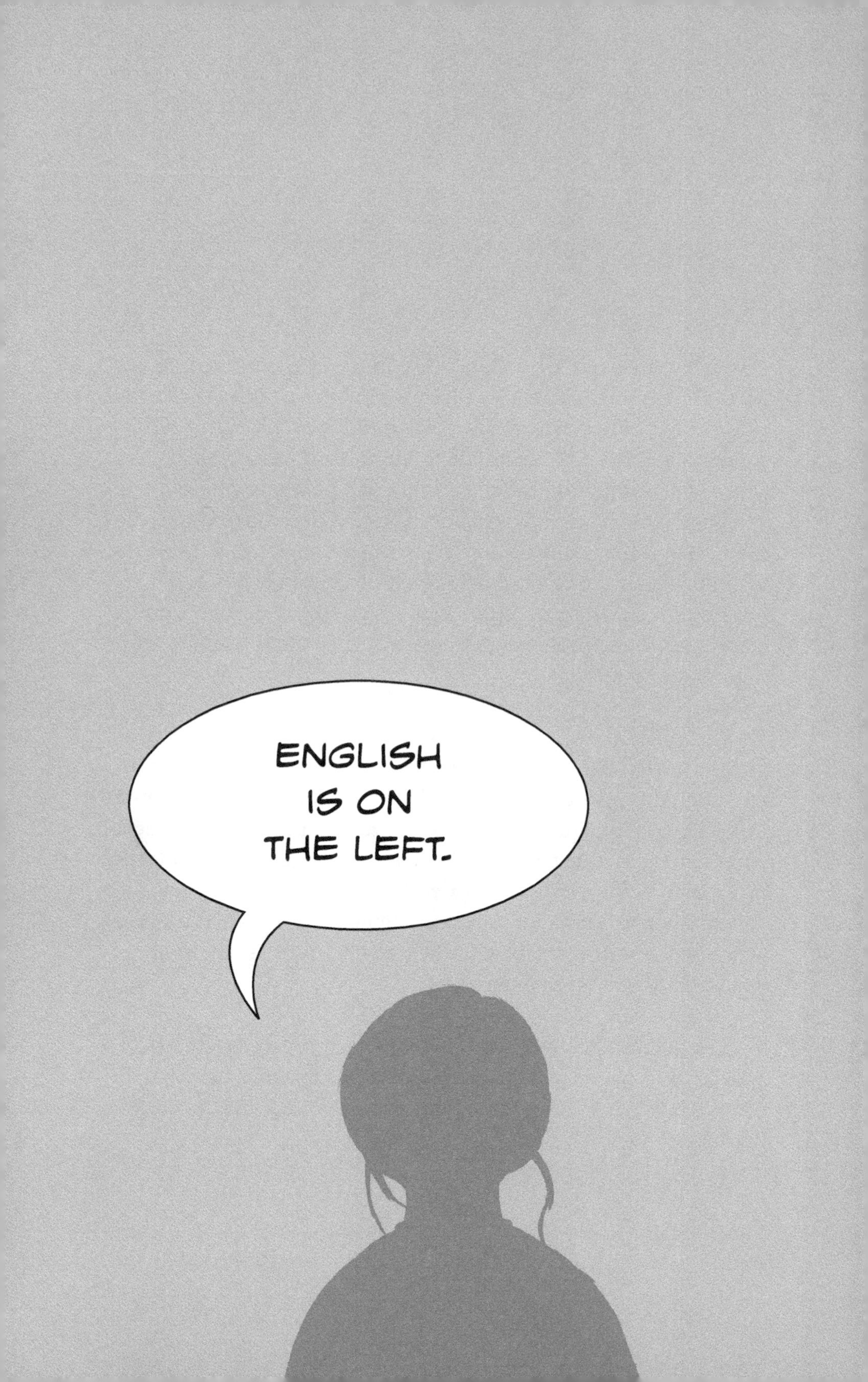
ENGLISH IS ON THE LEFT.

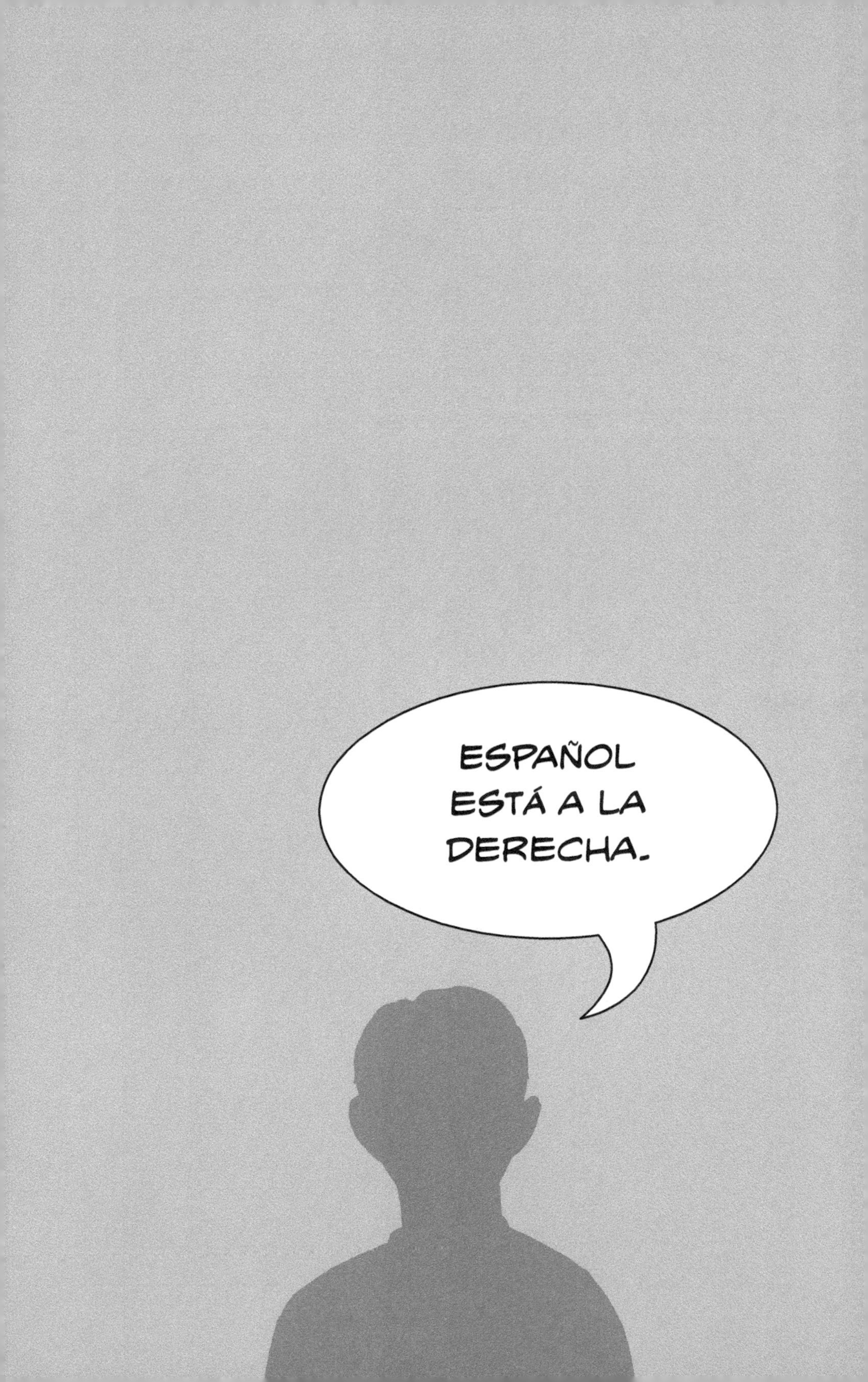
ESPAÑOL ESTÁ A LA DERECHA.

I Cross Barriers To Change Myself

BY ERMINIA

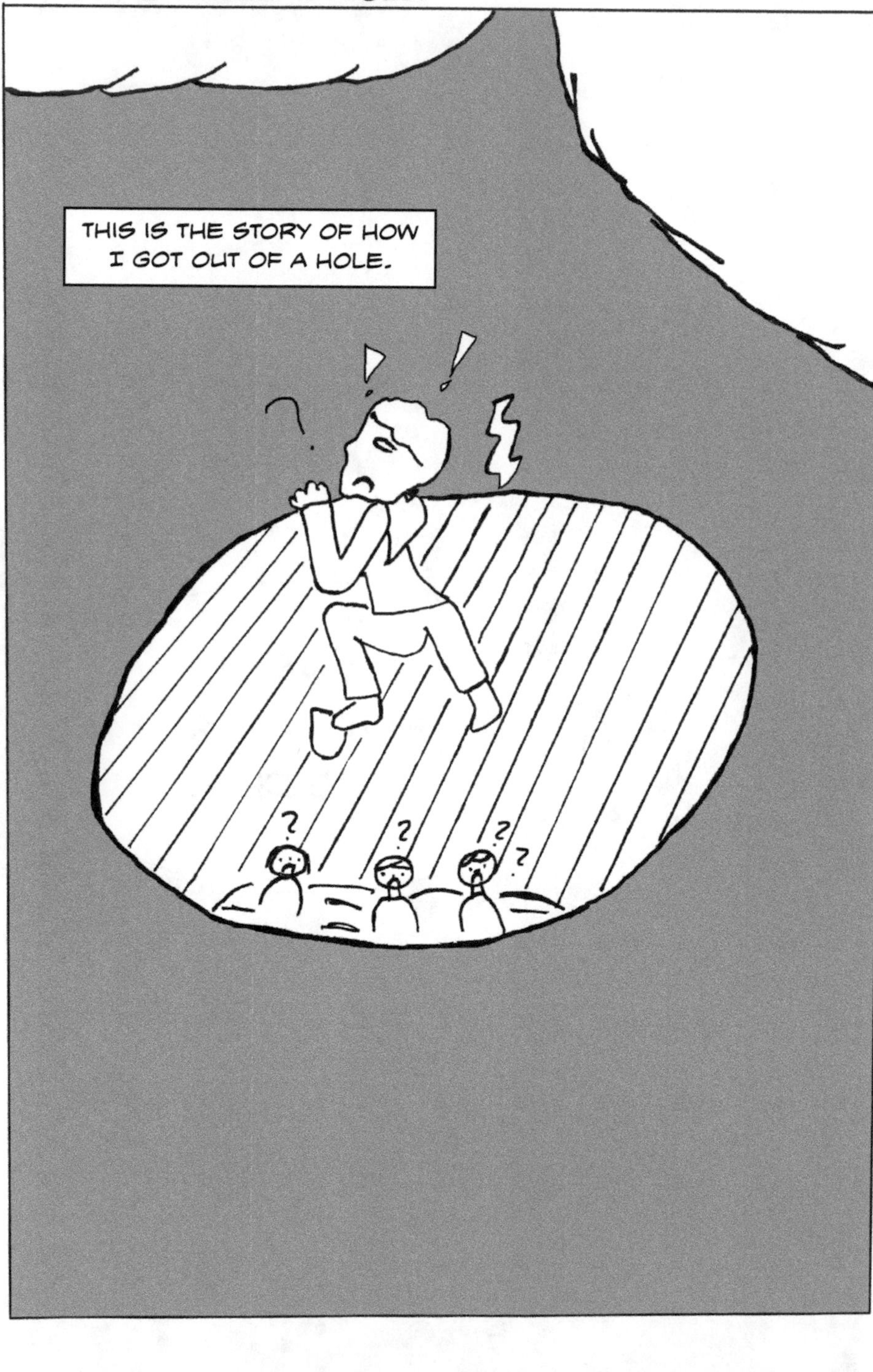
THIS IS THE STORY OF HOW I GOT OUT OF A HOLE.

Cruzo Barreras para Cambiarme a Mí Mismo

Por Erminia

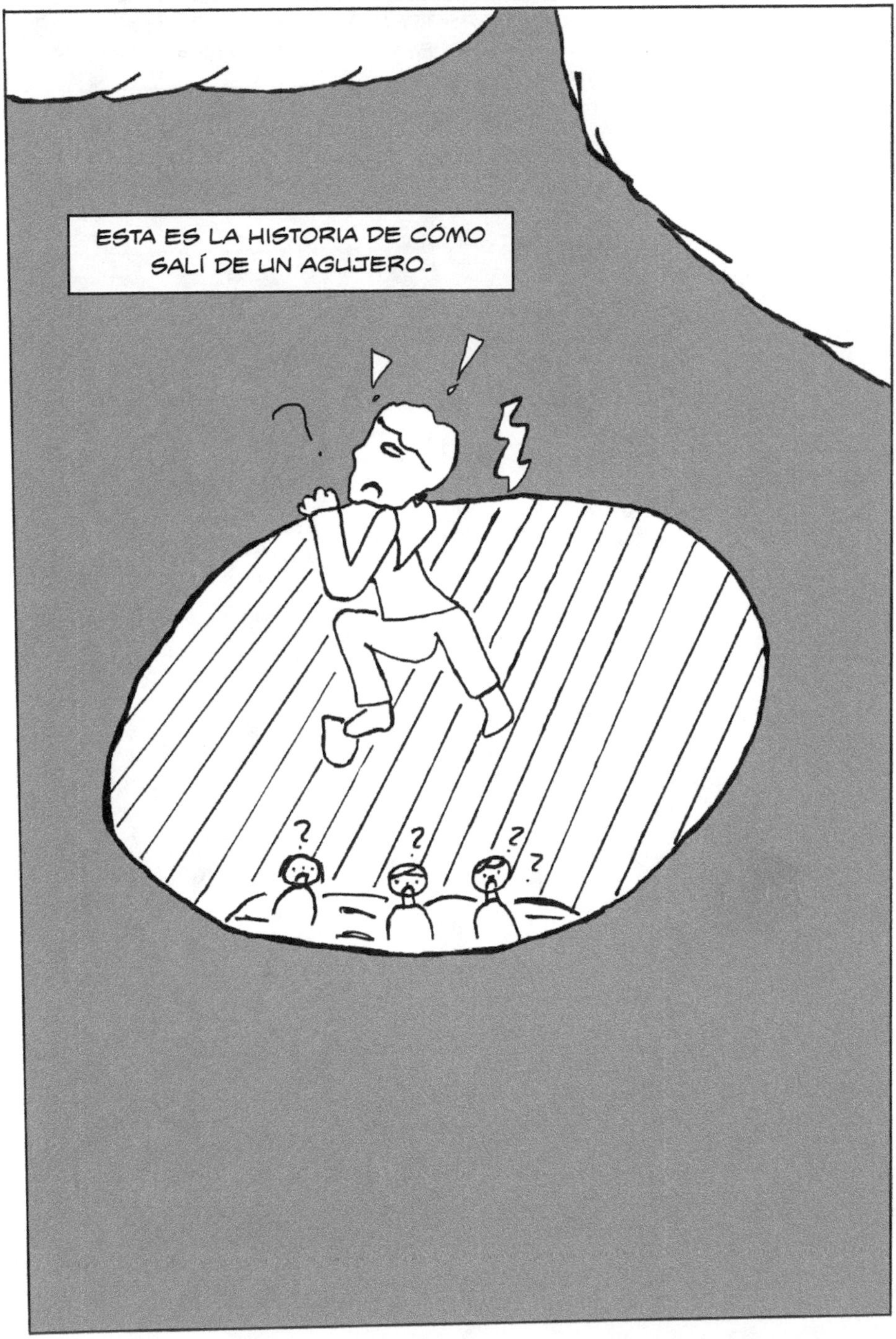

ESTA ES LA HISTORIA DE CÓMO SALÍ DE UN AGUJERO.

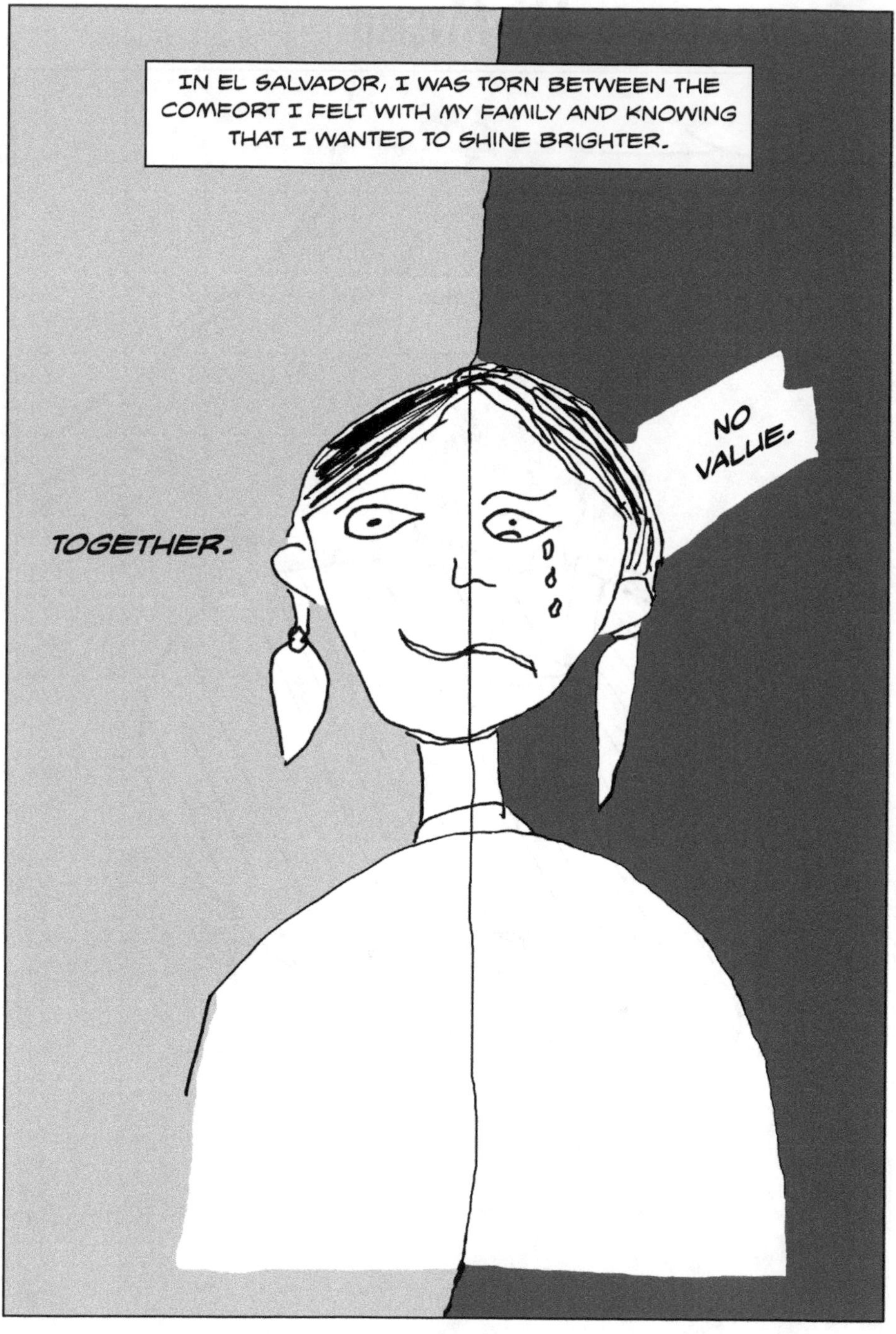
IN EL SALVADOR, I WAS TORN BETWEEN THE COMFORT I FELT WITH MY FAMILY AND KNOWING THAT I WANTED TO SHINE BRIGHTER.
TOGETHER.
NO VALUE.

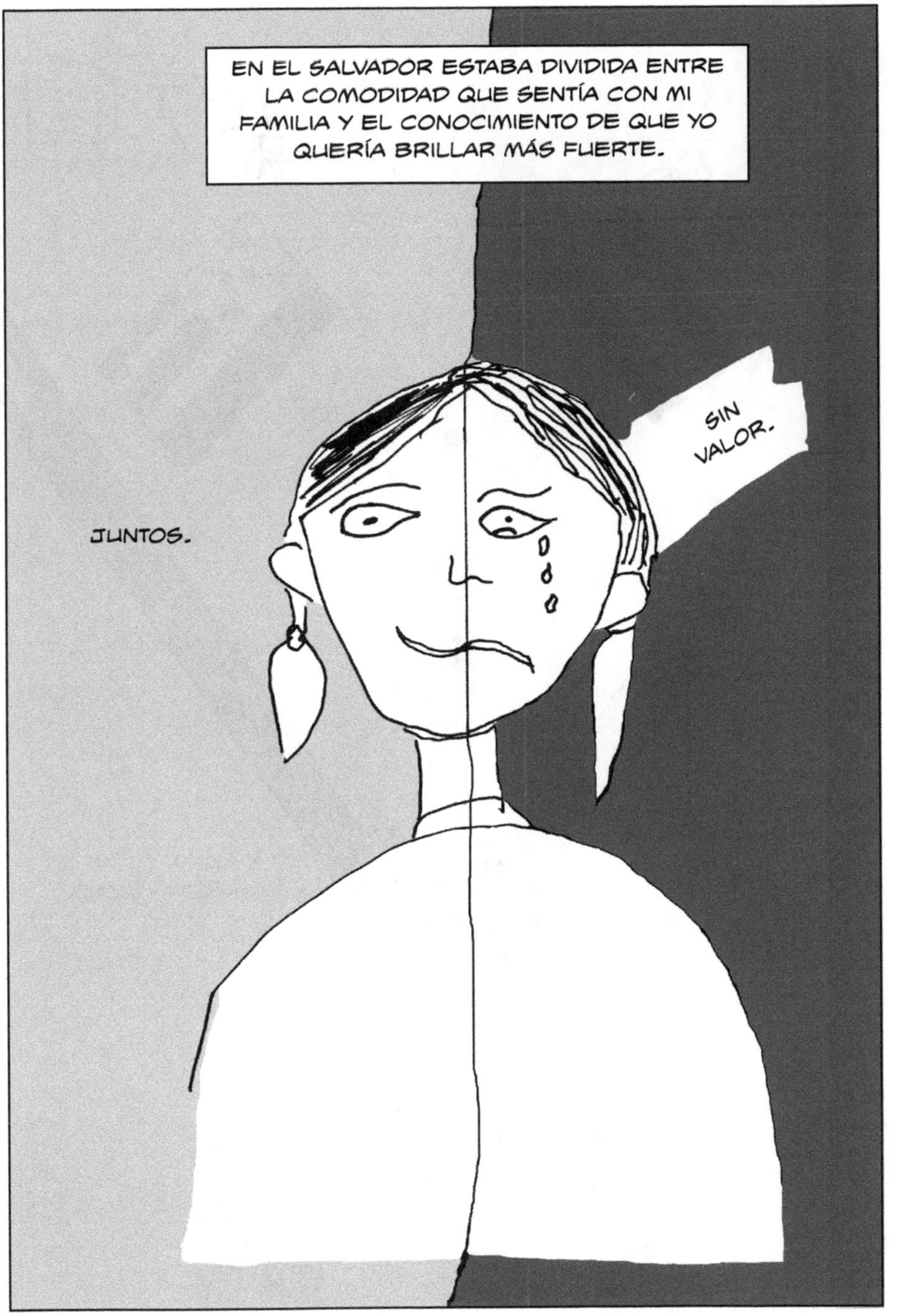
EN EL SALVADOR ESTABA DIVIDIDA ENTRE LA COMODIDAD QUE SENTÍA CON MI FAMILIA Y EL CONOCIMIENTO DE QUE YO QUERÍA BRILLAR MÁS FUERTE.
SIN VALOR.
JUNTOS.

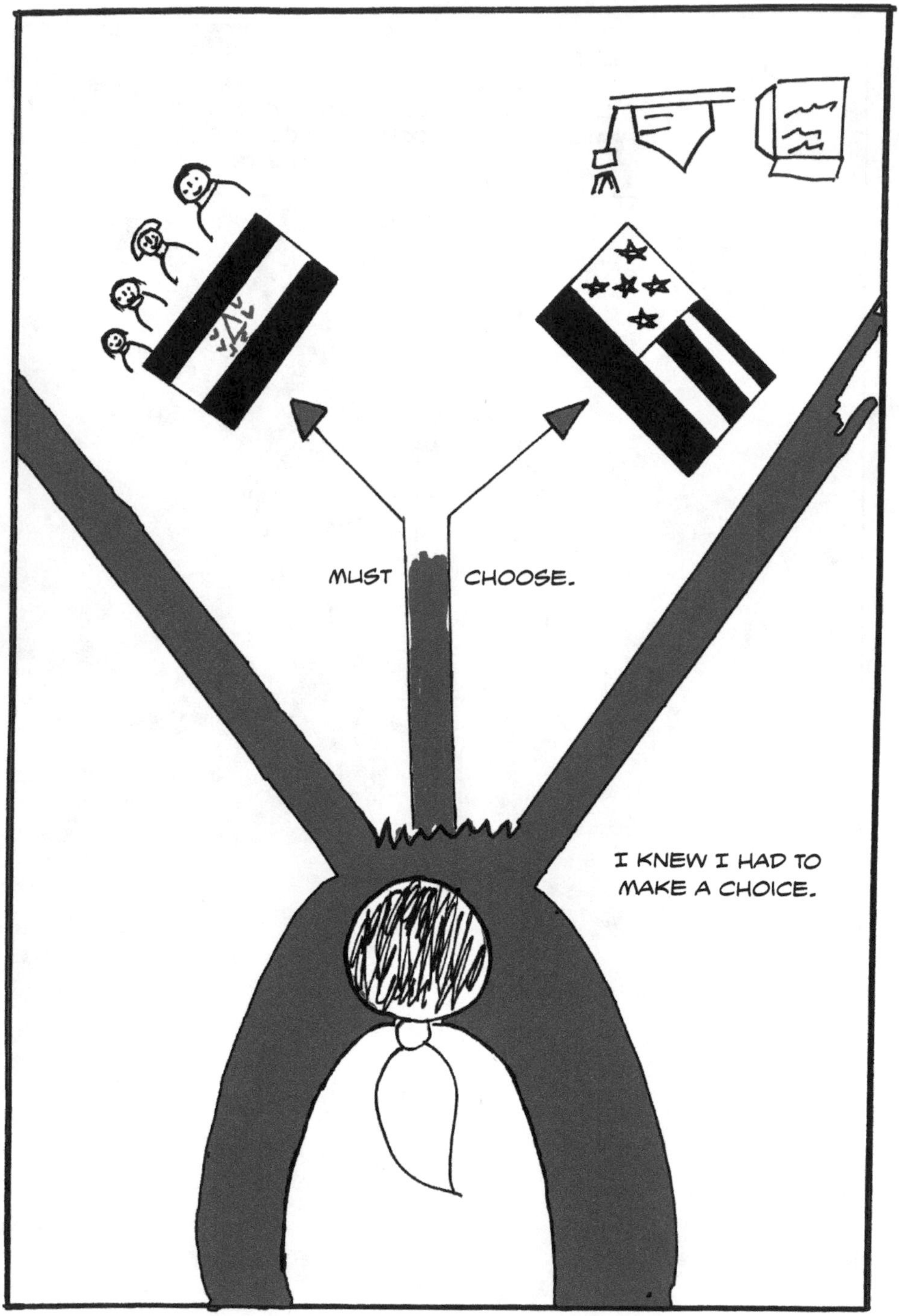
MUST
CHOOSE.
I KNEW I HAD TO MAKE A CHOICE.

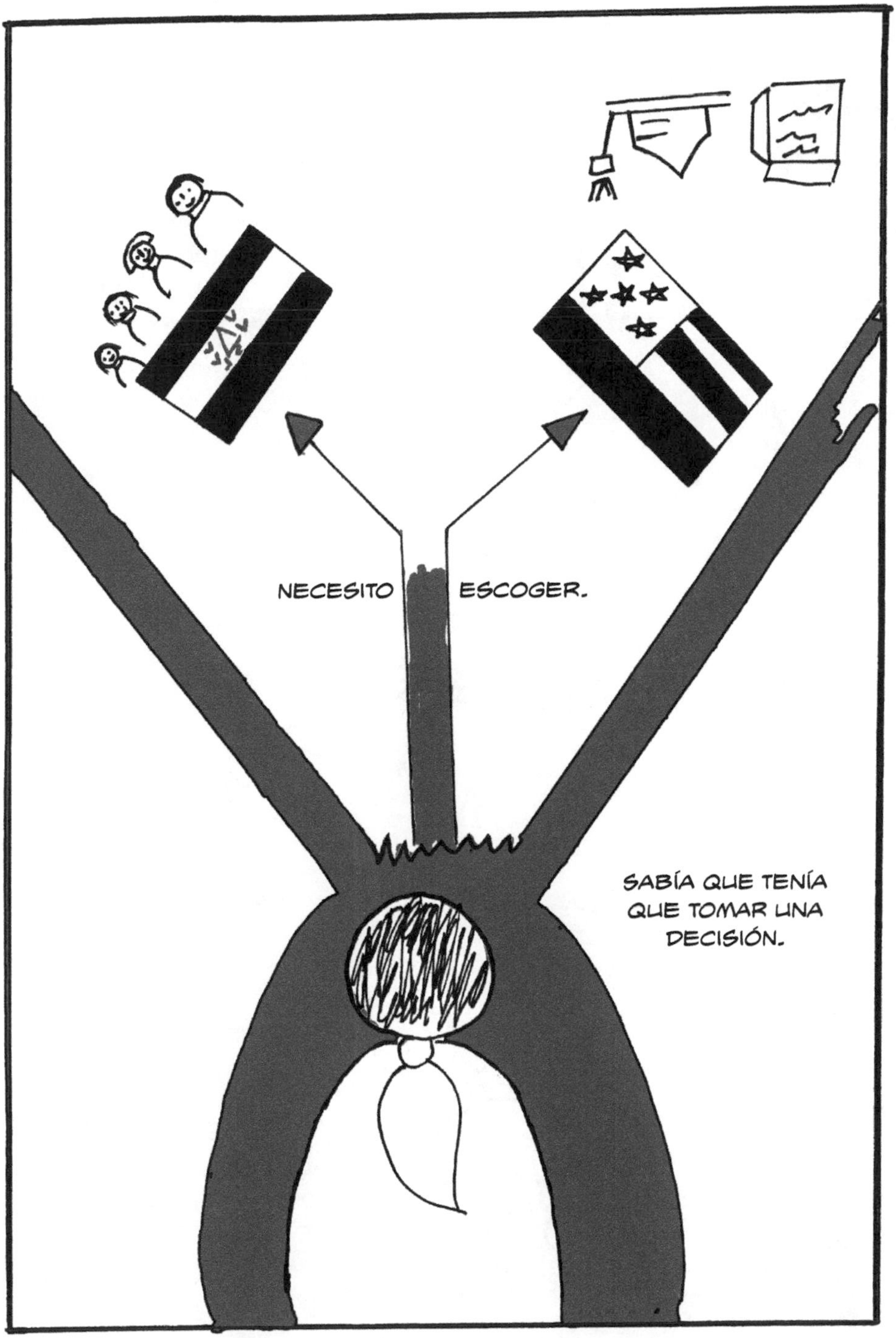
NECESITO ESCOGER.
SABÍA QUE TENÍA QUE TOMAR UNA DECISIÓN.

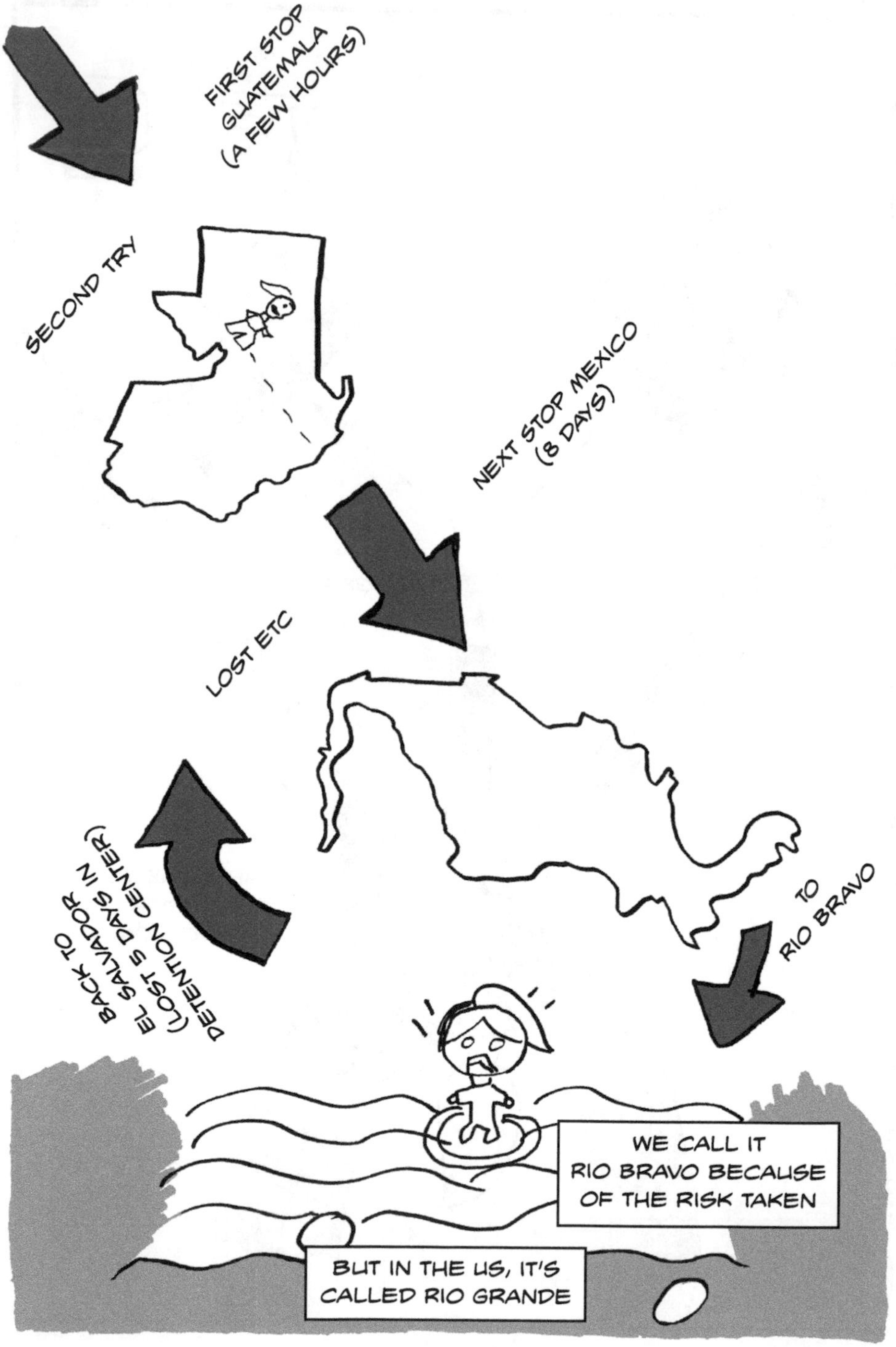
FIRST STOP
GUATEMALA
(A FEW HOURS)
SECOND TRY
NEXT STOP MEXICO
(8 DAYS)
LOST ETC
BACK TO
EL SALVADOR IN
(LOST 5 DAYS IN
DETENTION CENTER)
TO
RIO BRAVO
WE CALL IT
RIO BRAVO BECAUSE
OF THE RISK TAKEN
BUT IN THE US, IT'S
CALLED RIO GRANDE

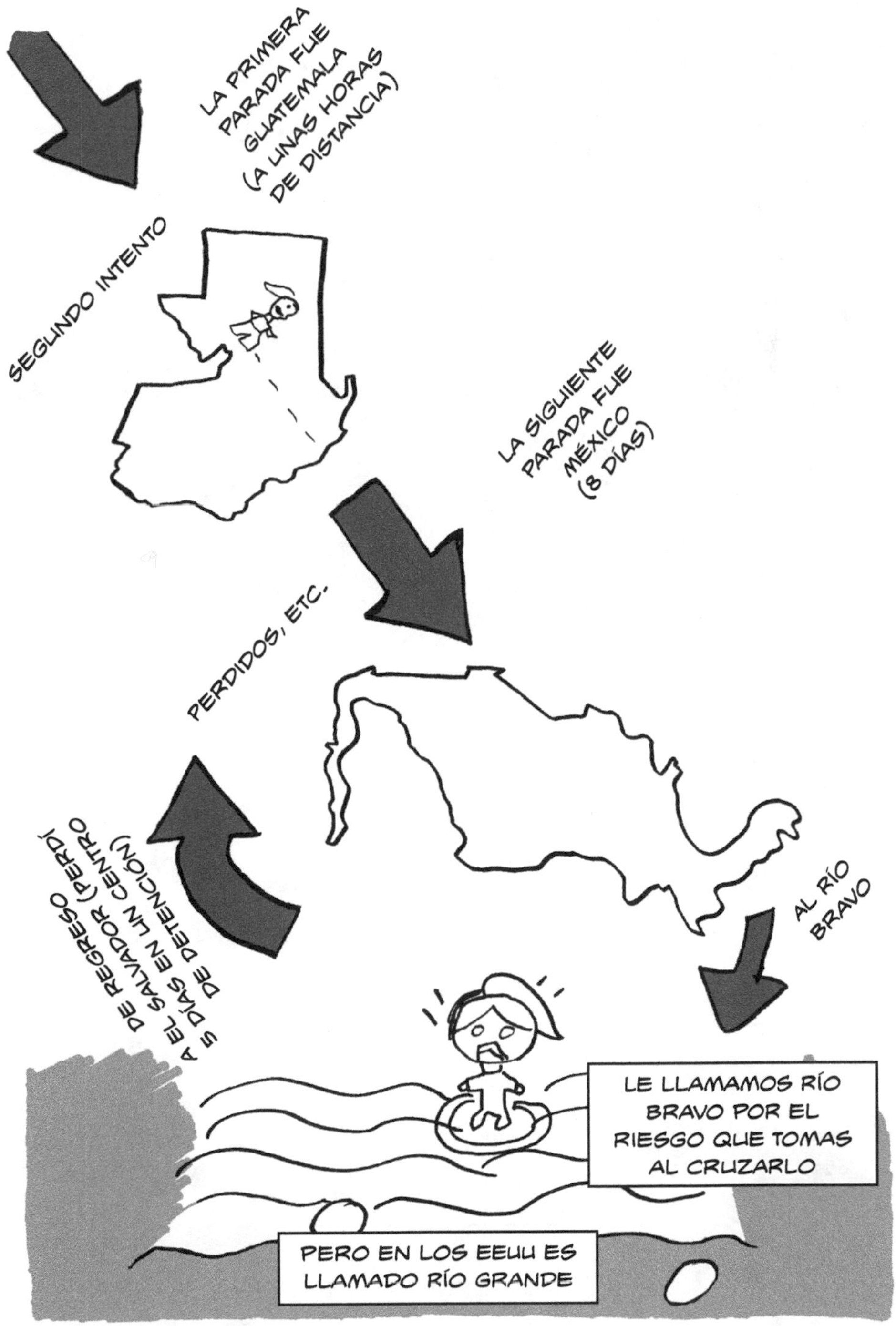
LA PRIMERA PARADA FUE GUATEMALA (A UNAS HORAS DE DISTANCIA)
SEGUNDO INTENTO
LA SIGUIENTE PARADA FUE MÉXICO (8 DÍAS)
PERDIDOS, ETC.
DE REGRESO (PERDÍ EL SALVADOR CENTRO A 5 DÍAS EN UN CENTRO DE DETENCIÓN)
AL RÍO BRAVO
LE LLAMAMOS RÍO BRAVO POR EL RIESGO QUE TOMAS AL CRUZARLO
PERO EN LOS EEUU ES LLAMADO RÍO GRANDE

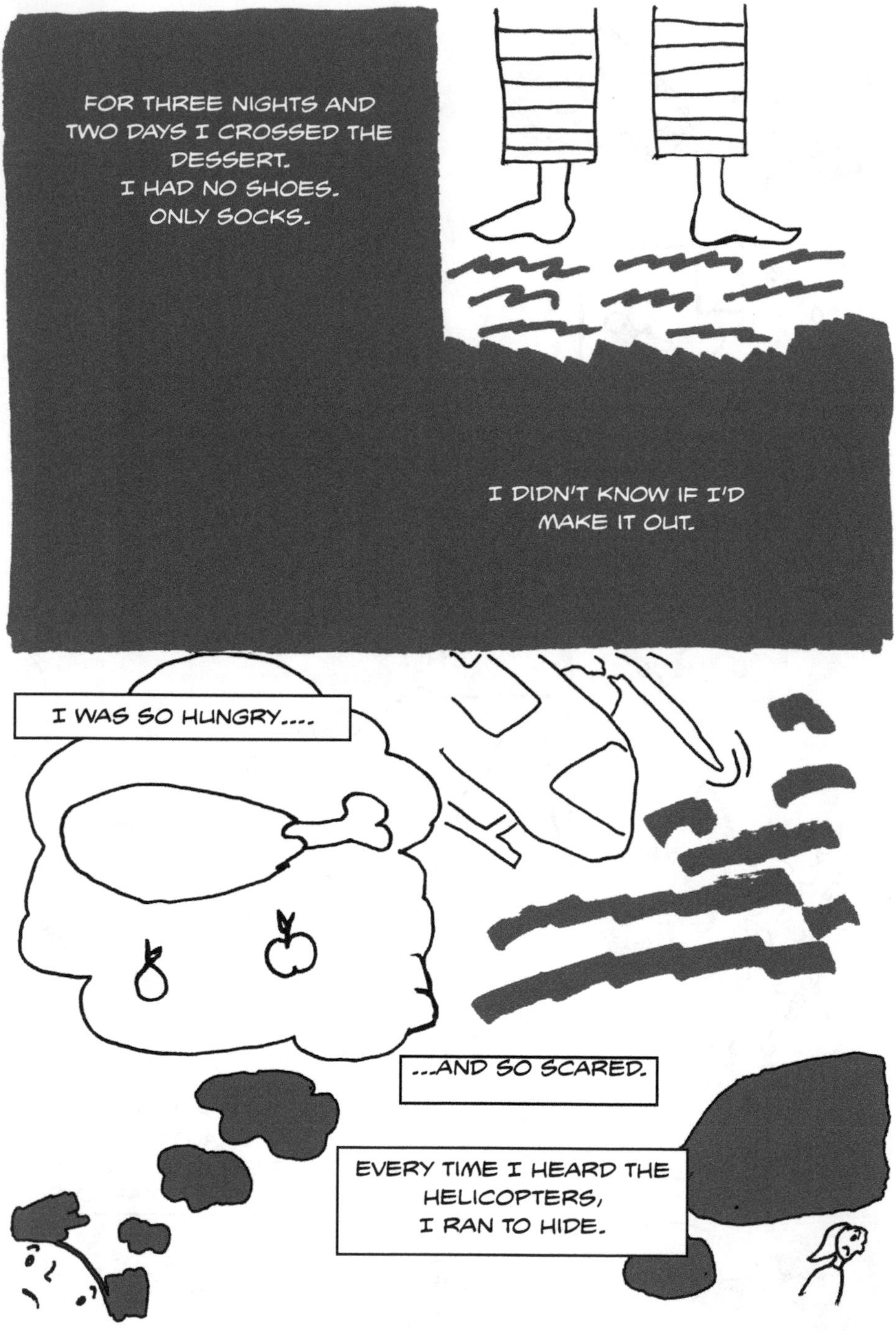
FOR THREE NIGHTS AND TWO DAYS I CROSSED THE DESSERT.
I HAD NO SHOES.
ONLY SOCKS.
I DIDN'T KNOW IF I'D MAKE IT OUT.
I WAS SO HUNGRY....
...AND SO SCARED.
EVERY TIME I HEARD THE HELICOPTERS, I RAN TO HIDE.

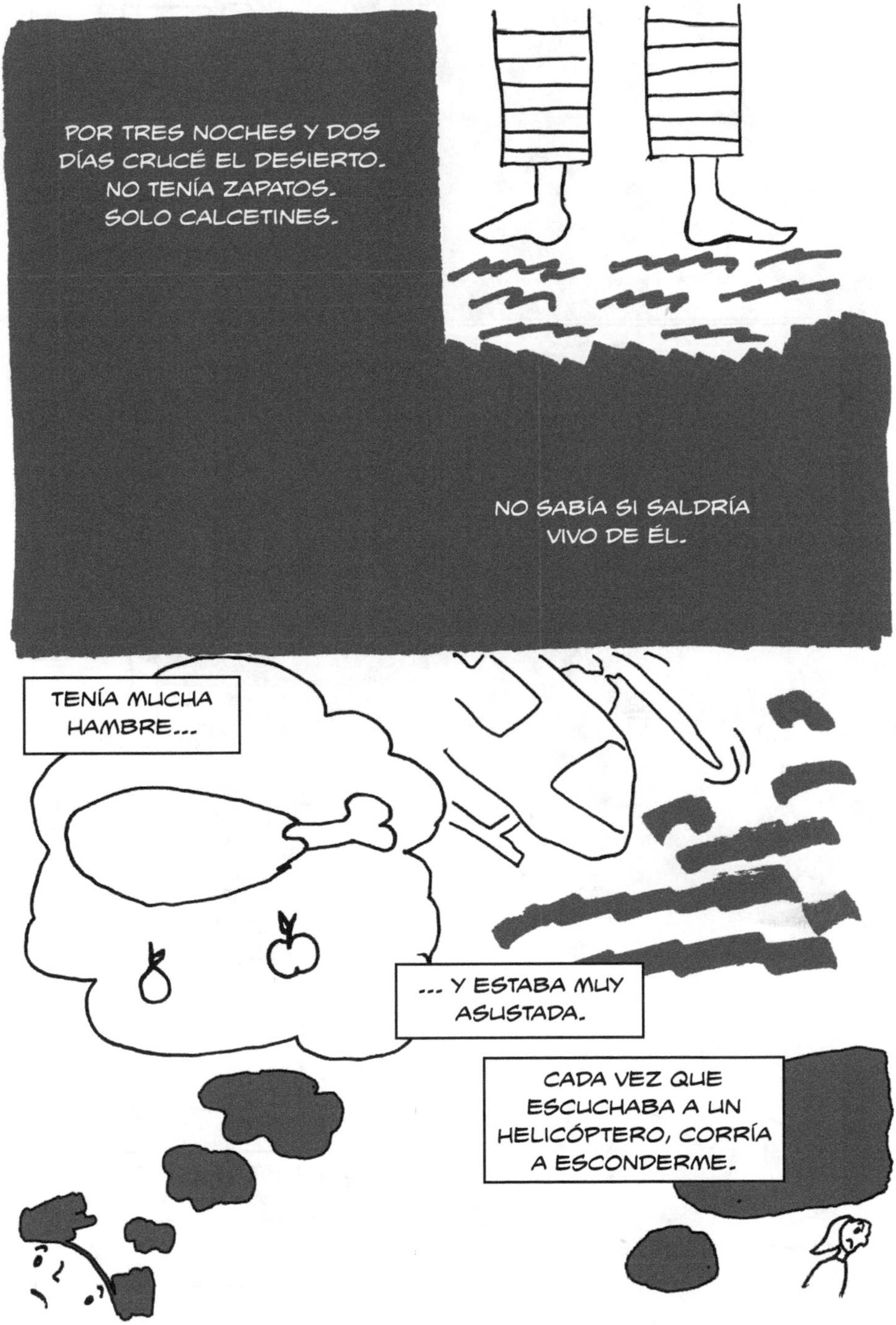
POR TRES NOCHES Y DOS DÍAS CRUCÉ EL DESIERTO. NO TENÍA ZAPATOS. SOLO CALCETINES.
NO SABÍA SI SALDRÍA VIVO DE ÉL.
TENÍA MUCHA HAMBRE...
... Y ESTABA MUY ASUSTADA.
CADA VEZ QUE ESCUCHABA A UN HELICÓPTERO, CORRÍA A ESCONDERME.

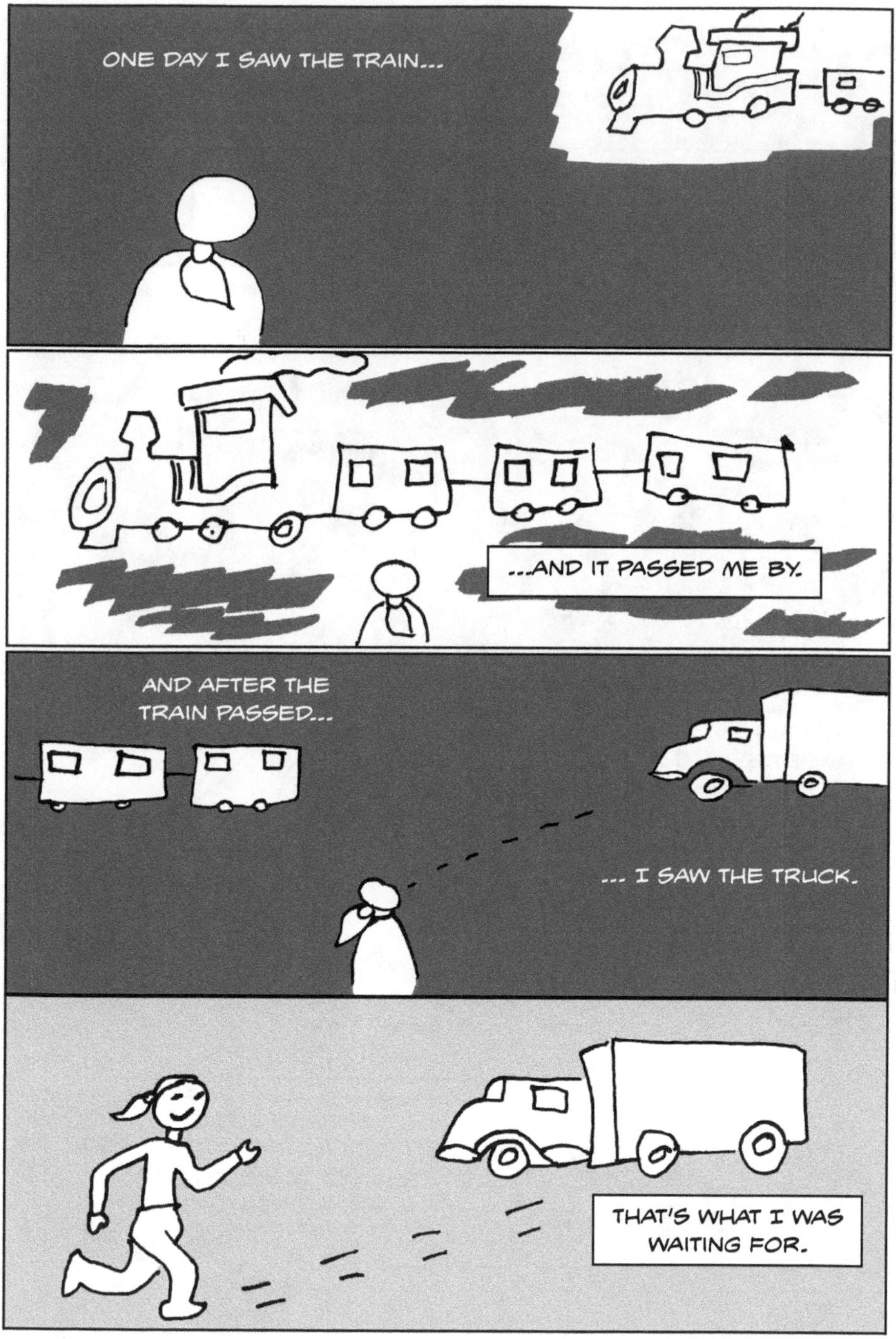
ONE DAY I SAW THE TRAIN...
...AND IT PASSED ME BY.
AND AFTER THE TRAIN PASSED...
... I SAW THE TRUCK.
THAT'S WHAT I WAS WAITING FOR.

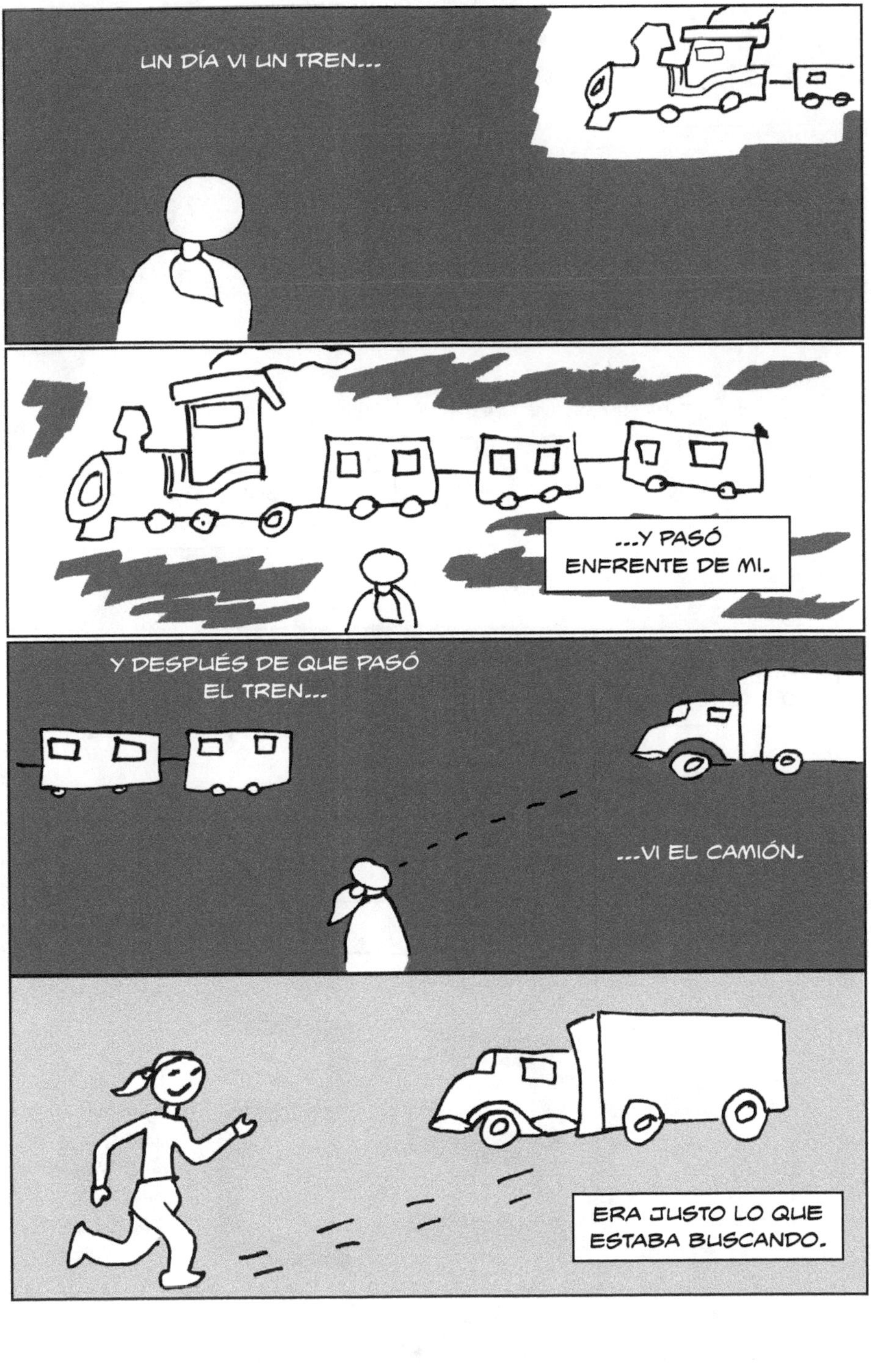
UN DÍA VI UN TREN...
...Y PASÓ ENFRENTE DE MI.
Y DESPUÉS DE QUE PASÓ EL TREN...
...VI EL CAMIÓN.
ERA JUSTO LO QUE ESTABA BUSCANDO.

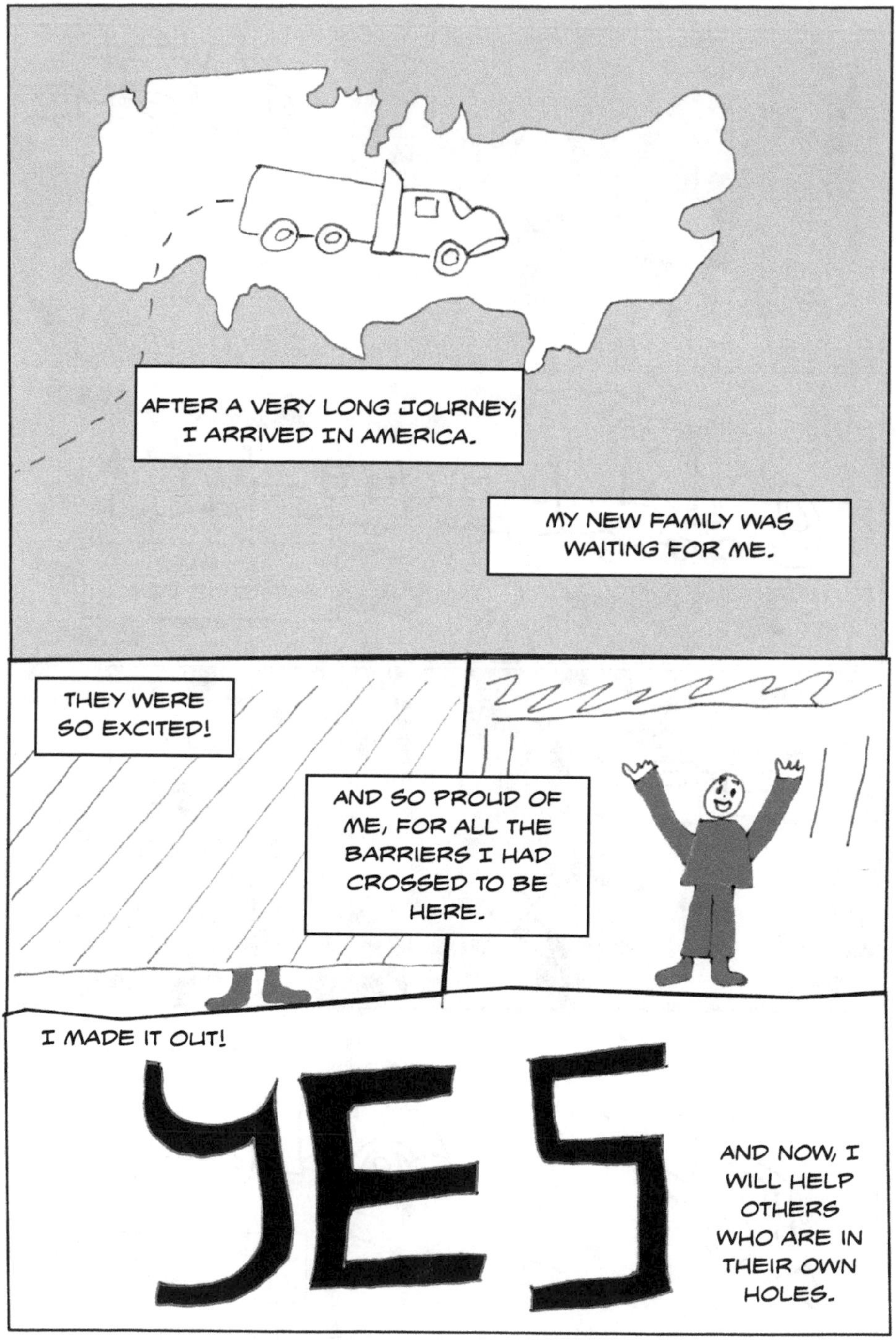
AFTER A VERY LONG JOURNEY, I ARRIVED IN AMERICA.
MY NEW FAMILY WAS WAITING FOR ME.
THEY WERE SO EXCITED!
AND SO PROUD OF ME, FOR ALL THE BARRIERS I HAD CROSSED TO BE HERE.
I MADE IT OUT!
YES
AND NOW, I WILL HELP OTHERS WHO ARE IN THEIR OWN HOLES.

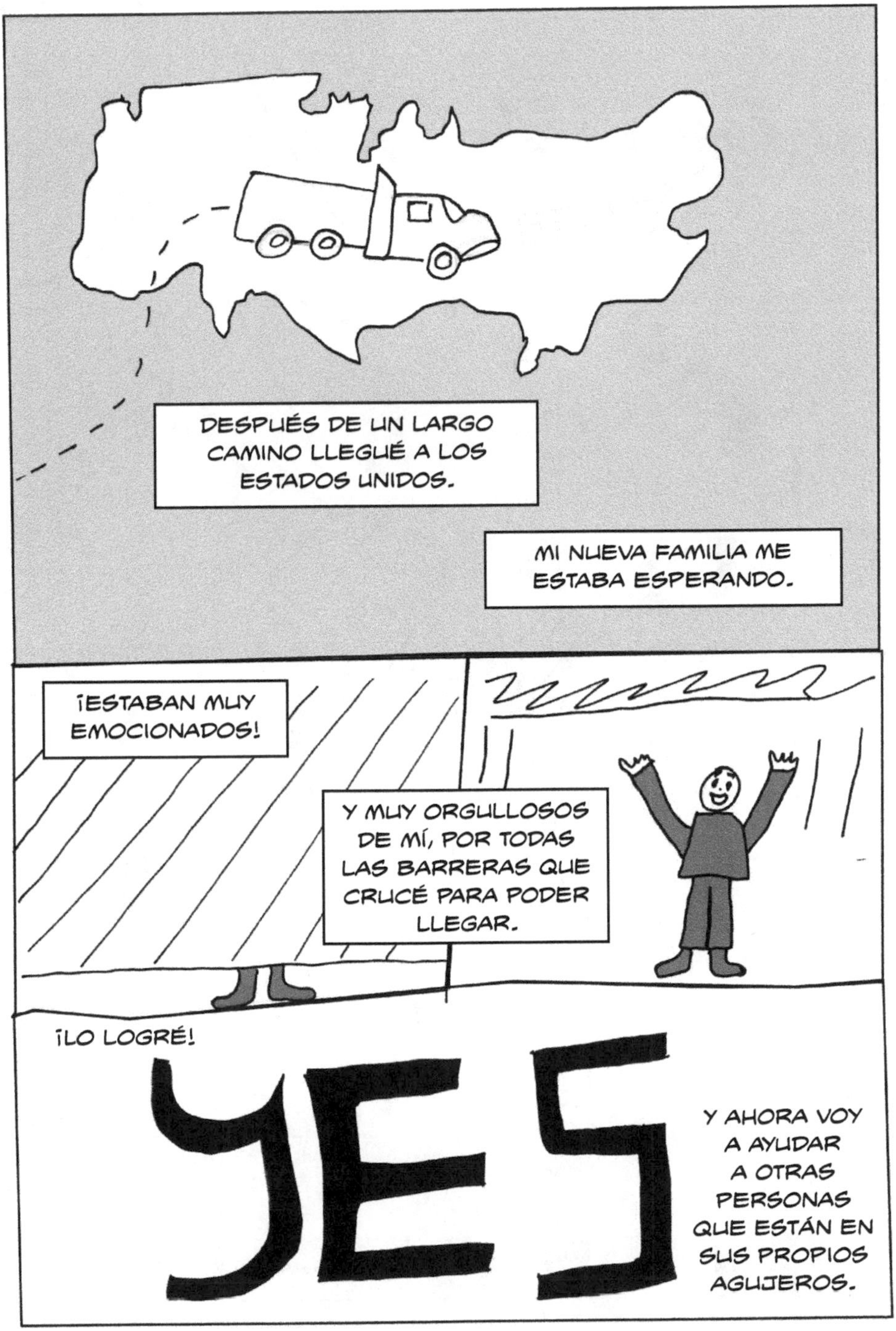
DESPUÉS DE UN LARGO CAMINO LLEGUÉ A LOS ESTADOS UNIDOS.
MI NUEVA FAMILIA ME ESTABA ESPERANDO.
¡ESTABAN MUY EMOCIONADOS!
Y MUY ORGULLOSOS DE MÍ, POR TODAS LAS BARRERAS QUE CRUCÉ PARA PODER LLEGAR.
¡LO LOGRÉ!
YES
Y AHORA VOY A AYUDAR A OTRAS PERSONAS QUE ESTÁN EN SUS PROPIOS AGUJEROS.

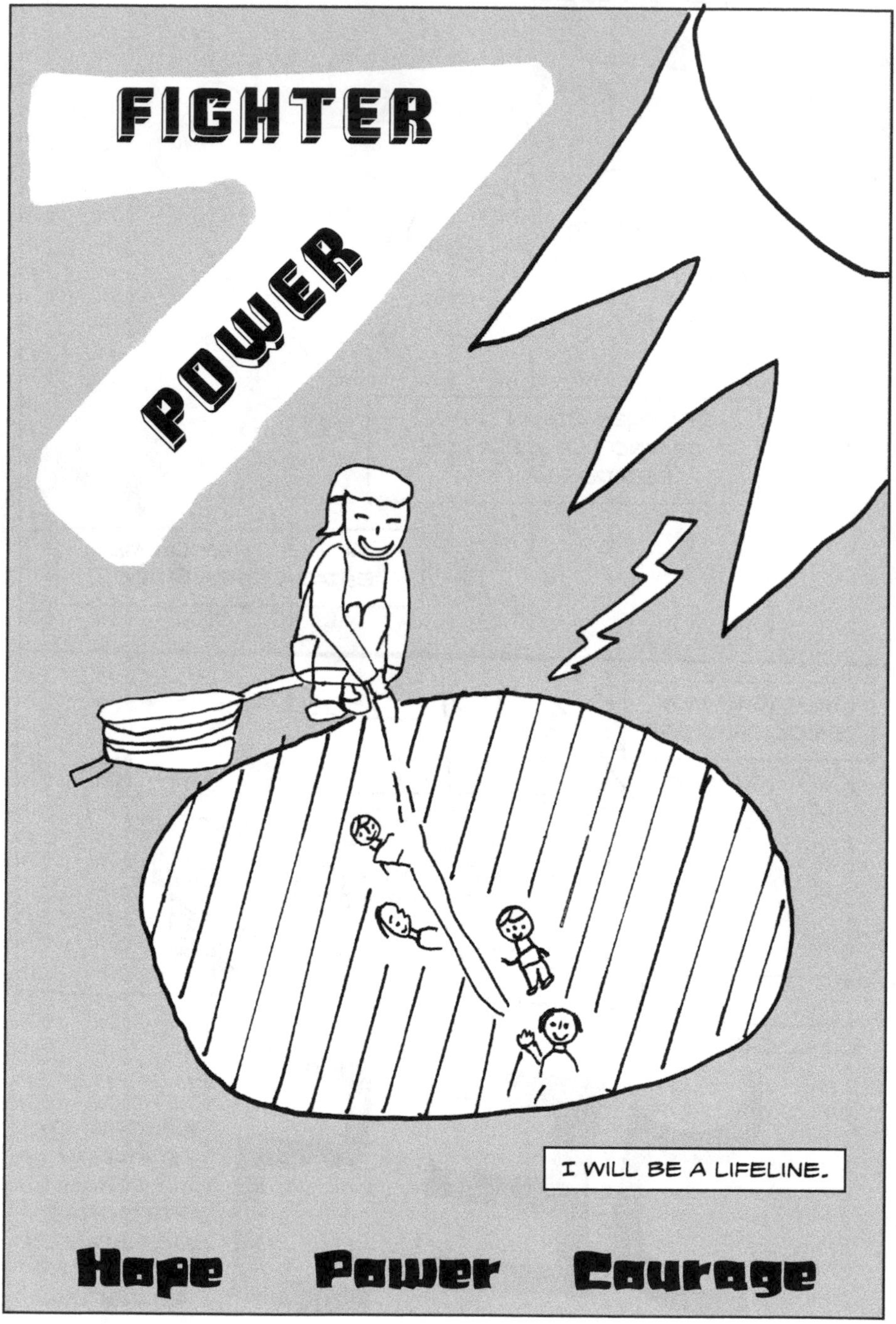
FIGHTER
POWER
I WILL BE A LIFELINE.
Hope Power Courage

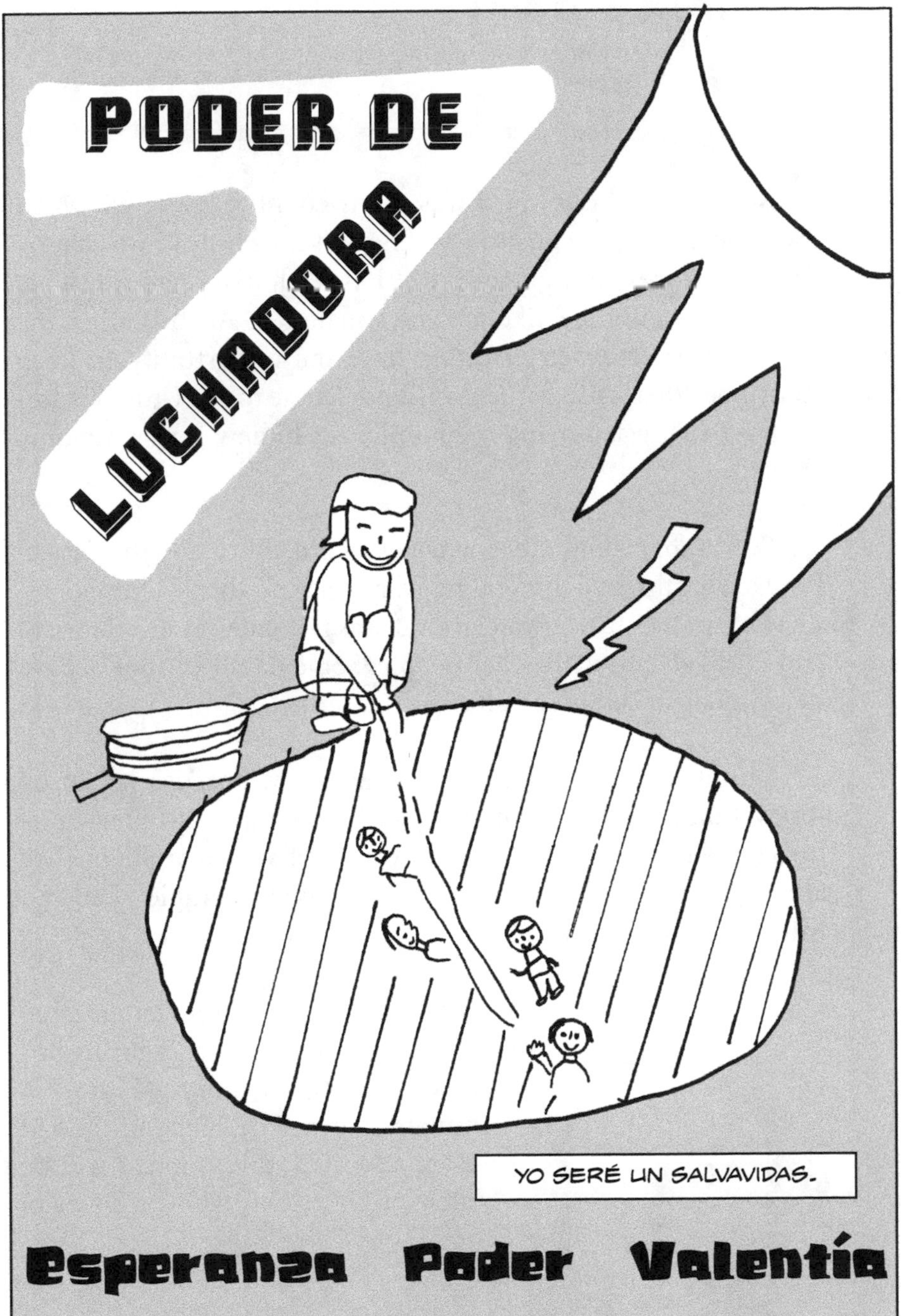
PODER DE
LUCHADORA
YO SERÉ UN SALVAVIDAS.
Esperanza Poder Valentía

Erminia's Story

My story is about how I was in my country, how I felt when I was there, both the positive and negative. At times I was happy because I was with my family. But I also felt like I had no value, because I did not feel like my voice mattered. At the end of the day, I wasn't complete. I didn't have the opportunity to keep studying. When I made the decision to come to the United States I knew that I was leaving my family, but I knew it was my only choice.

Everything about the journey was hard, especially the desert. I walked for three nights and two days with no shoes. Only socks. I had a small bottle of water, but it was not enough. It was small and it was shared with other people. Some days I cannot believe I ever made it. But here I am.

I think it is important to tell my story, because it can be motivation for other young people. For example, if I have gone through all of this and I still continue, whatever problem they are facing, now they have my experience as an example. They can think, *I can do it as well.*

Also, I want people to understand that we are here because we are fighting for education, for opportunity. We are not criminals. We need education, and if we are educated, this country will be better.

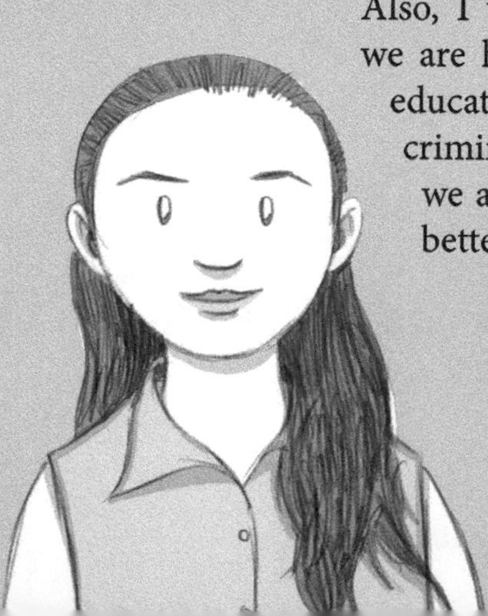

LA HISTORIA DE ERMINIA

Mi historia es sobre cómo yo era cuando estaba en mi país, tanto lo positivo como lo negativo. A veces era feliz porque estaba con mi familia. Pero también sentía que no tenía ningún valor, porque no sentía que mi voz importaba. Al final del día, no estaba completo. No tuve la oportunidad de seguir estudiando. Cuando tomé la decisión de venir a los Estados Unidos, sabía que estaba dejando a mi familia pero sabía que era mi única opción.

Todo sobre el viaje fue difícil, especialmente el desierto. Caminé por tres noches y dos días sin zapatos. Solo calcetines. Tenía una pequeña botella de agua, pero no era suficiente. Era pequeña y fue compartida con otras personas. Ahora estoy aquí luchando por los sueños y orgullosa de lo que estoy logrando.

Creo que es importante contar mi historia, porque puede ser una motivación para otros jóvenes. Por ejemplo, si he pasado por todo esto y aún continúo, cualquier problema que enfrentan, ahora tienen mi experiencia como ejemplo. Ellos pueden pensar, *yo también puedo hacerlo.*

Además, quiero que la gente entienda que estamos aquí porque estamos luchando por nuestra educación, por las oportunidades. No somos criminales. Necesitamos educación, y si somos educados, este país será mejor.

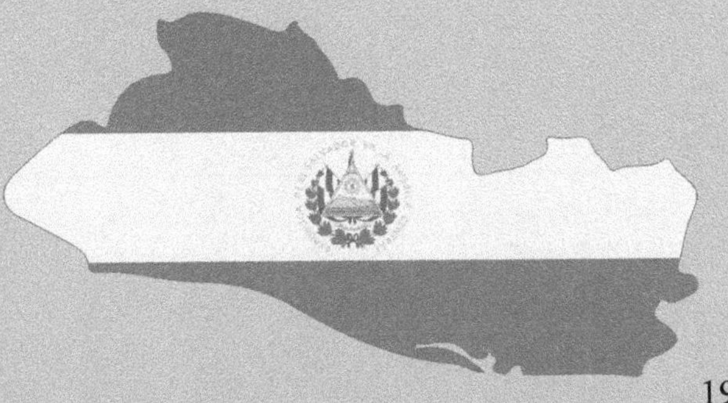

> ## "This book is powerful, because our stories are about how we have overcome."

Finally, I want people to know that being an immigrant does not make me any less strong. It's the opposite. It made me change into a person who thinks more of myself. In reality, I'm here fighting for my dreams.

For me, this book is not just a project. For me, this book is a way to see an entire family. We're mostly all Central Americans, migrants, so we have similarities, but every story has something very important that only one of us can tell. And for me, that means this book is powerful, because our stories are about how we have overcome. We are prepared for anything that might come our way.

At the end of my story, I used the same symbol from the beginning. It's like a hole that many young people might find themselves in, like the lowest point in their lives. In the final part, the last page, the same hole is there, but I'm outside of it. And I'm there, holding a light, able to see everyone else's pain. I can feel it, because I have been there, and I'm trying to help others find their way out.

– ERMINIA

Erminia is a senior in high school in Washington, D.C. She is from El Salvador. She participates a lot in leadership programs. In the future, she would like to be an immigration lawyer.

"Este libro es poderoso, porque nuestras historias son sobre cómo hemos superado."

Finalmente, quiero que la gente sepa que ser inmigrante no me hace menos fuerte. Es lo contrario. Me hizo cambiar a una persona que piensa más de sí mismo. En realidad, estoy aquí luchando por mis sueños.

Para mí, este libro no es solo un proyecto. Para mí, este libro es una forma de ver a toda una familia. La mayoría de nosotros somos centroamericanos, migrantes, por lo que tenemos similitudes, pero cada historia tiene algo muy importante que solo uno de nosotros puede contar. Y para mí, eso significa que este libro es poderoso, porque nuestras historias son sobre cómo hemos superado. Estamos preparados para cualquier cosa que pueda venir en nuestro camino.

Al final de mi historia, utilicé el mismo símbolo desde el principio. Es como un agujero en el que muchos jóvenes podrían encontrarse, como el punto más bajo de sus vidas. En la parte final, la última página, el mismo hoyo está ahí, pero estoy fuera de él. Y estoy allí, sosteniendo una luz, pudiendo ver el dolor de todos. Puedo sentirlo, porque he estado allí, y estoy tratando de ayudar a otros a encontrar la salida.

– ERMINIA

Erminia está en el último año de la escuela secundaria en Washington, D.C. Ella es de El Salvador. Ella participa mucho en programas de liderazgo. En el futuro, le gustaría ser una abogada de inmigración.

10 Years Without You

BY M.C.

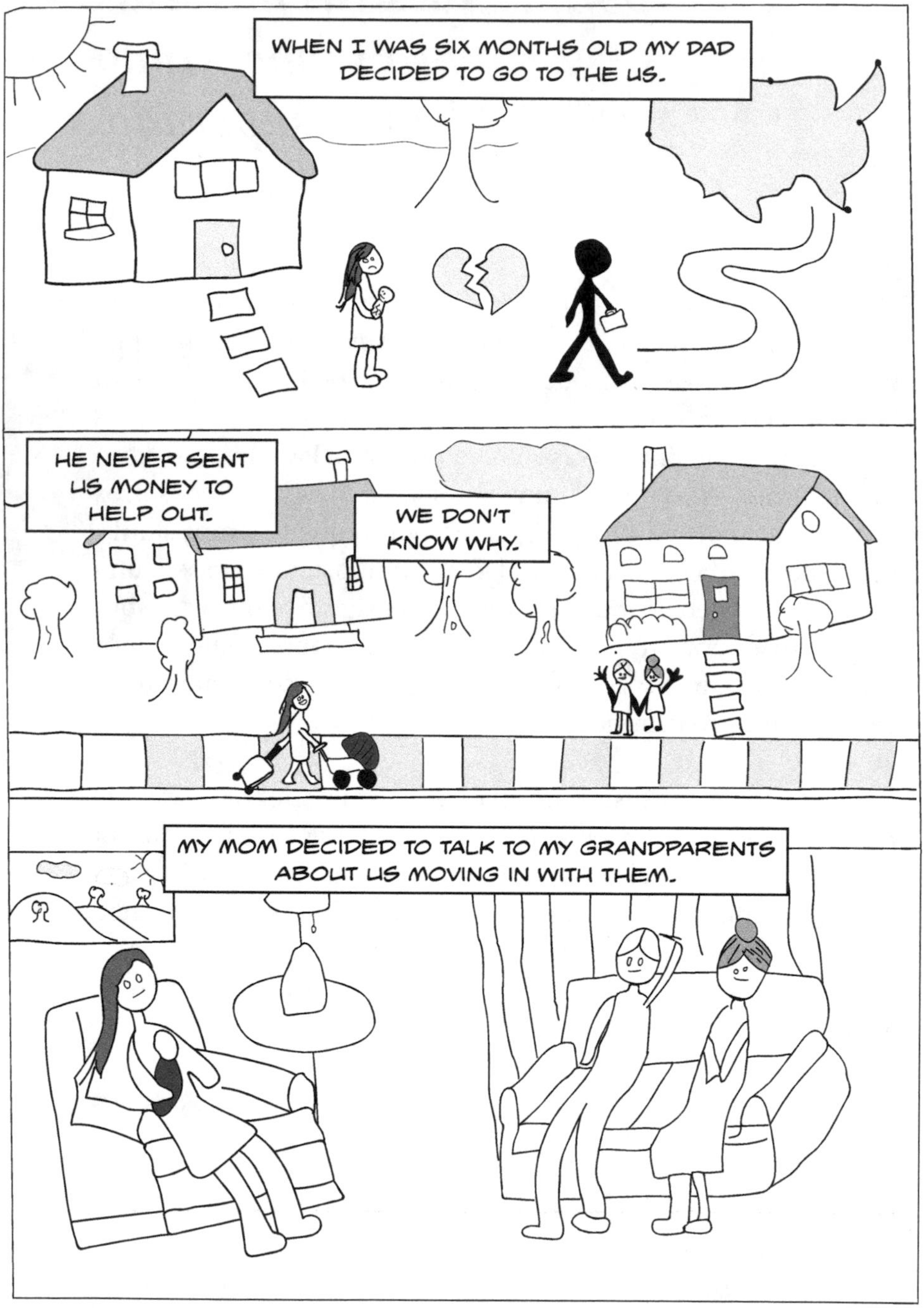

WHEN I WAS SIX MONTHS OLD MY DAD DECIDED TO GO TO THE US.
HE NEVER SENT US MONEY TO HELP OUT.
WE DON'T KNOW WHY.
MY MOM DECIDED TO TALK TO MY GRANDPARENTS ABOUT US MOVING IN WITH THEM.

10 Años Sin Tí

POR M.C.

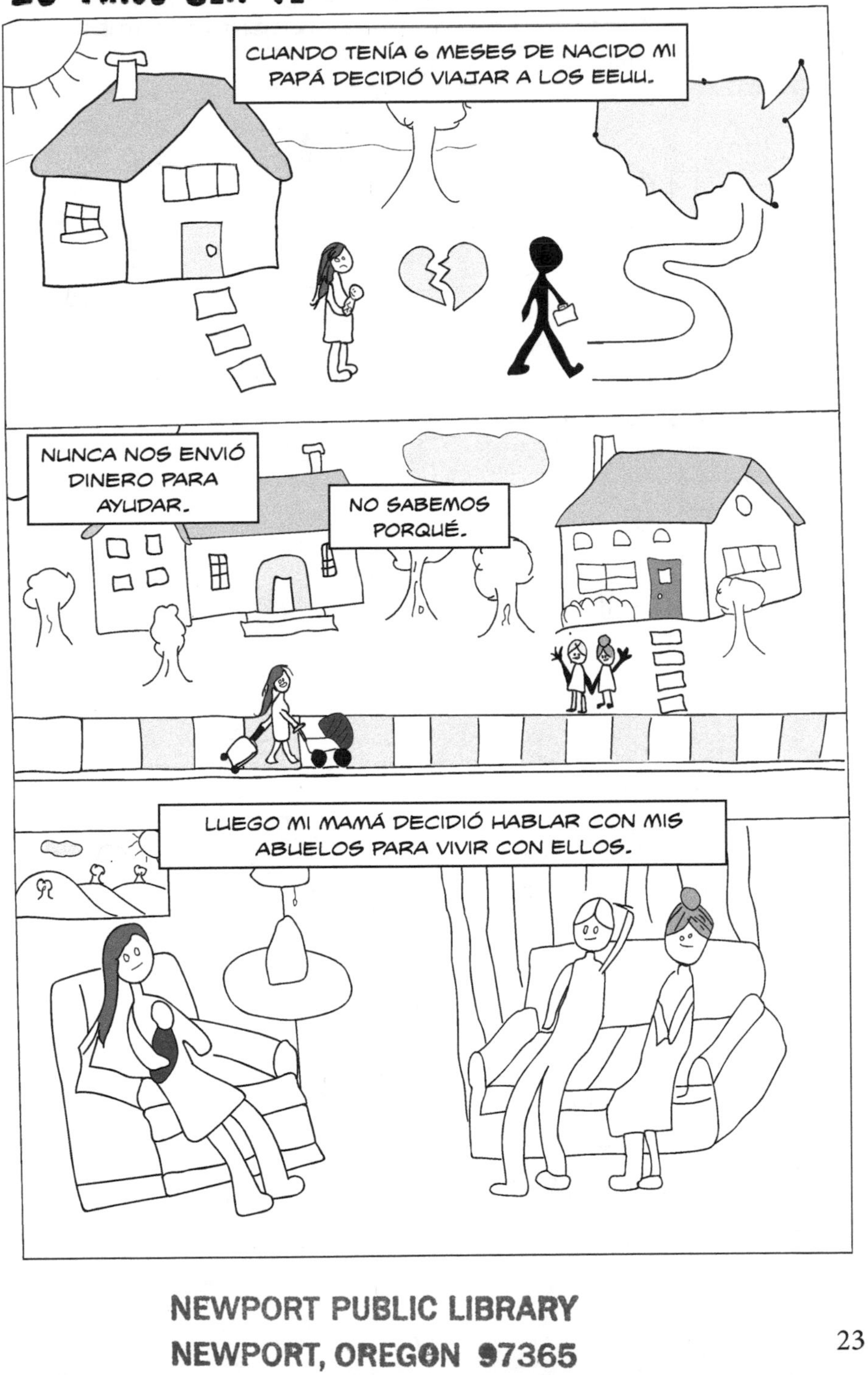
CUANDO TENÍA 6 MESES DE NACIDO MI PAPÁ DECIDIÓ VIAJAR A LOS EEUU.
NUNCA NOS ENVIÓ DINERO PARA AYUDAR.
NO SABEMOS PORQUÉ.
LUEGO MI MAMÁ DECIDIÓ HABLAR CON MIS ABUELOS PARA VIVIR CON ELLOS.

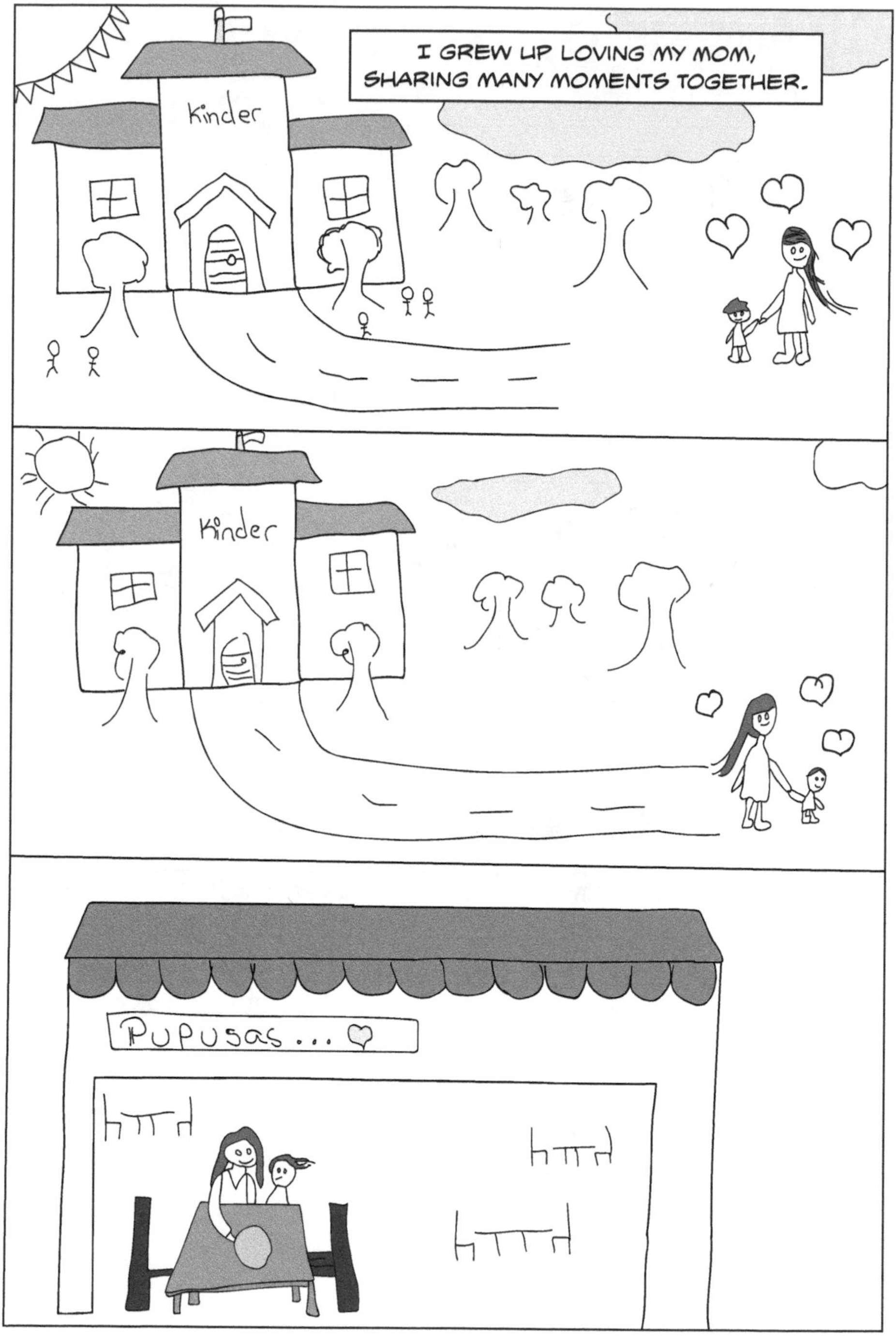
I GREW UP LOVING MY MOM,
SHARING MANY MOMENTS TOGETHER.
Kinder
Kinder
Pupusas ...

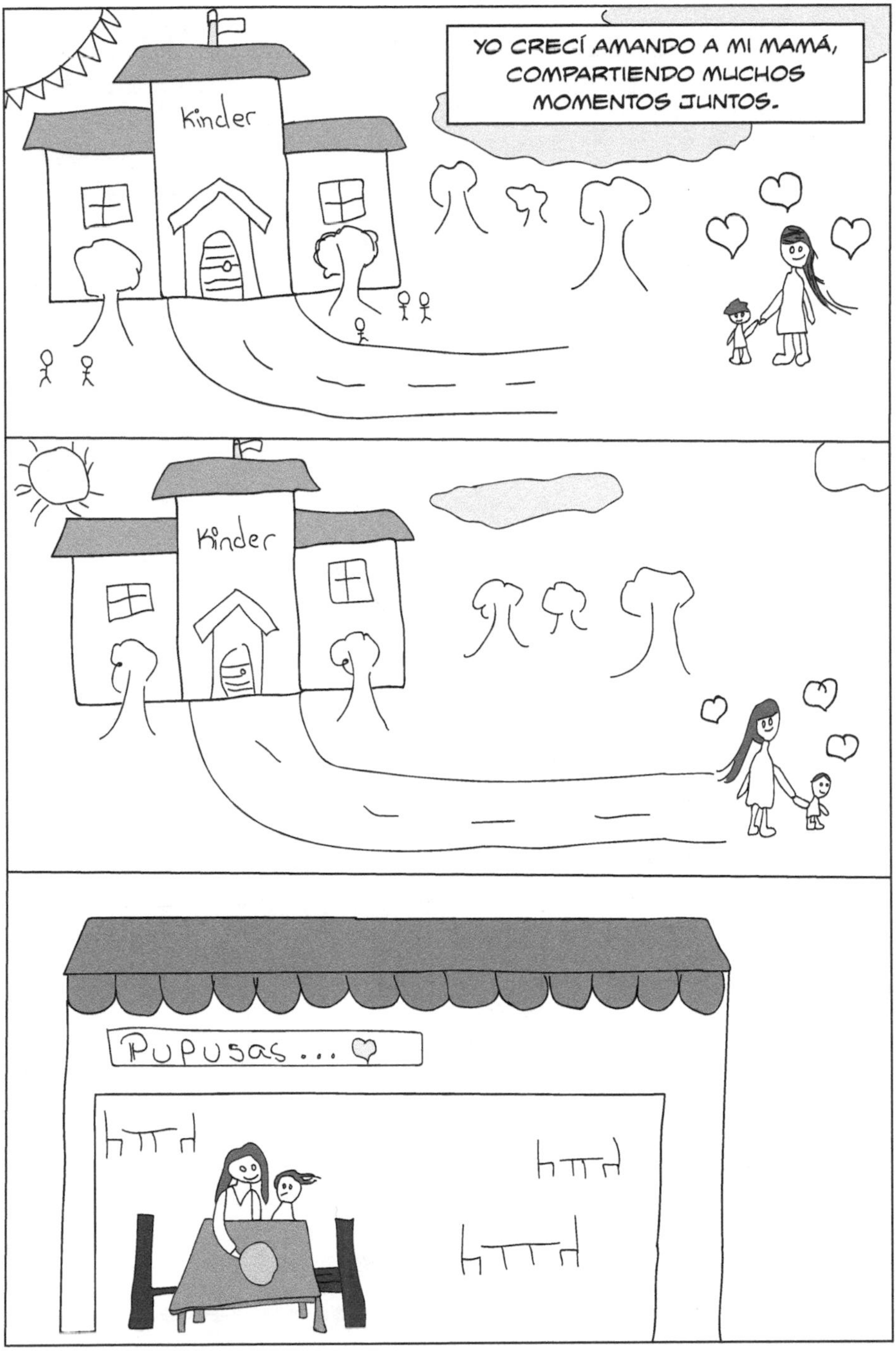
YO CRECÍ AMANDO A MI MAMÁ, COMPARTIENDO MUCHOS MOMENTOS JUNTOS.
Kinder
Kinder
Pupusas ...

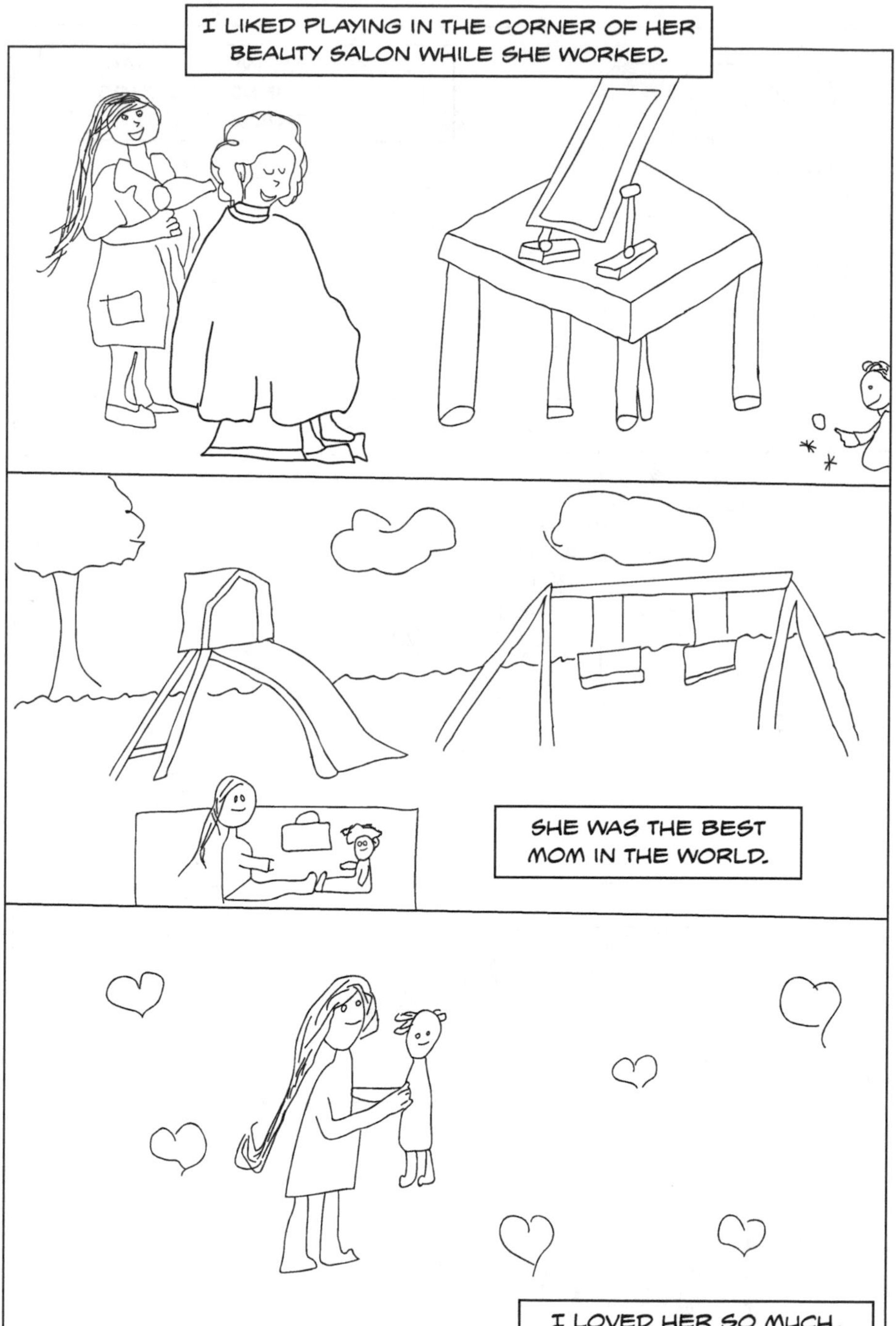
I LIKED PLAYING IN THE CORNER OF HER BEAUTY SALON WHILE SHE WORKED.
SHE WAS THE BEST MOM IN THE WORLD.
I LOVED HER SO MUCH.

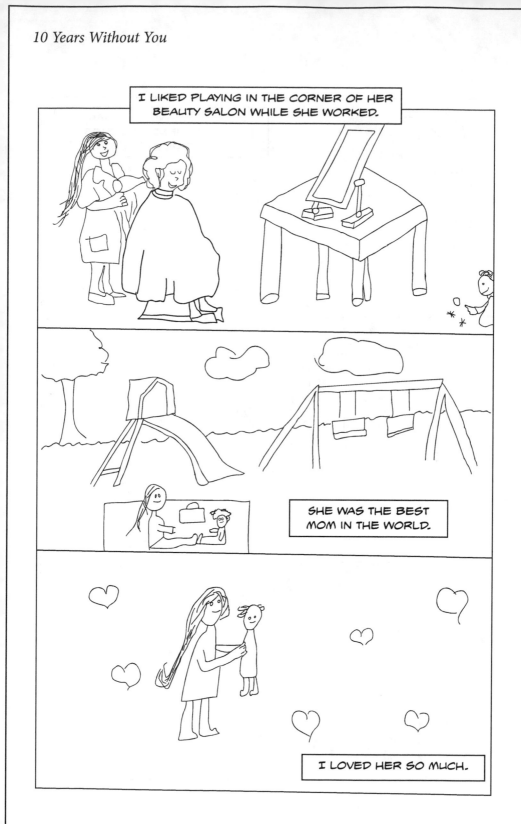

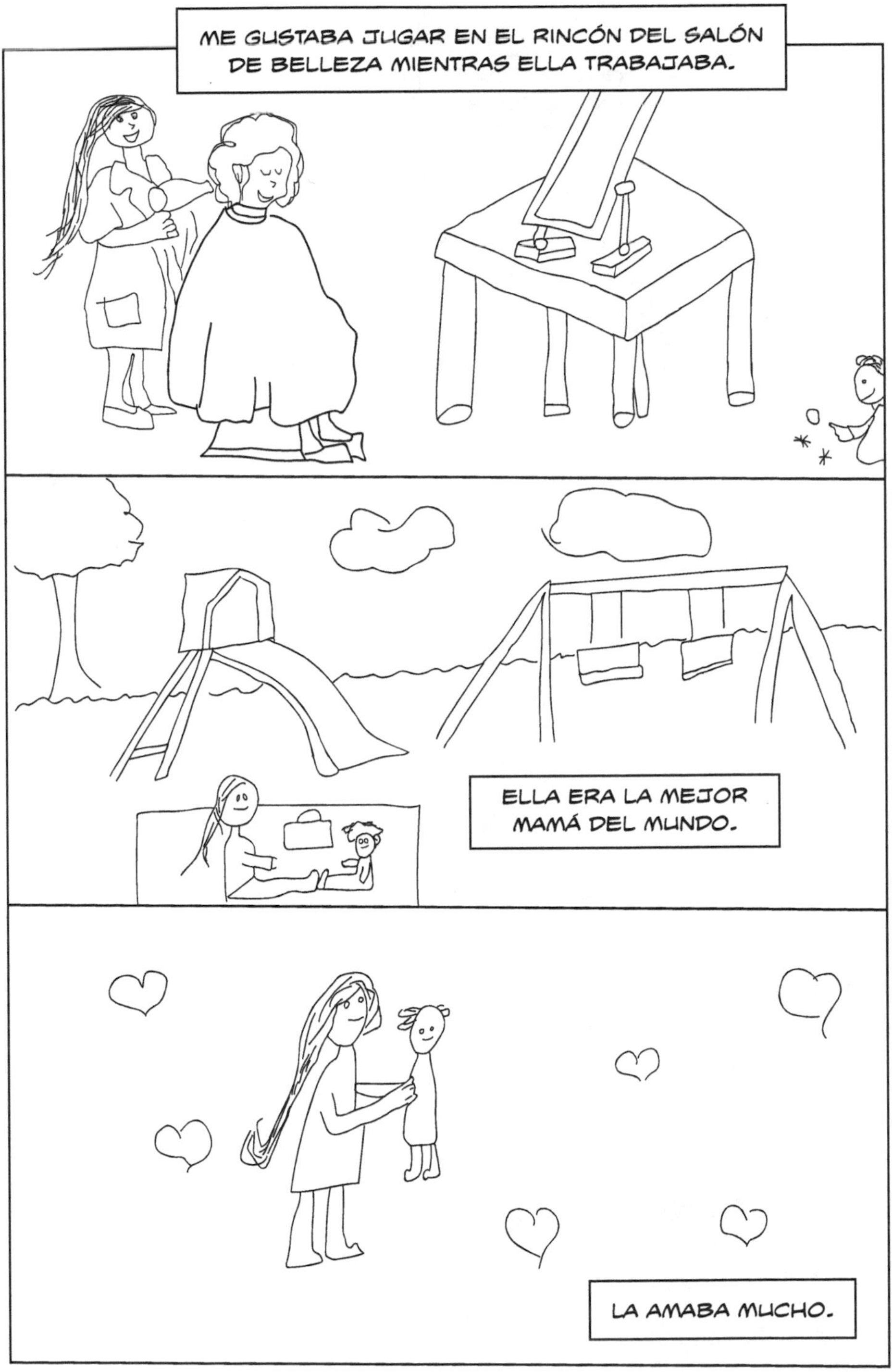
ME GUSTABA JUGAR EN EL RINCÓN DEL SALÓN DE BELLEZA MIENTRAS ELLA TRABAJABA.
ELLA ERA LA MEJOR MAMÁ DEL MUNDO.
LA AMABA MUCHO.

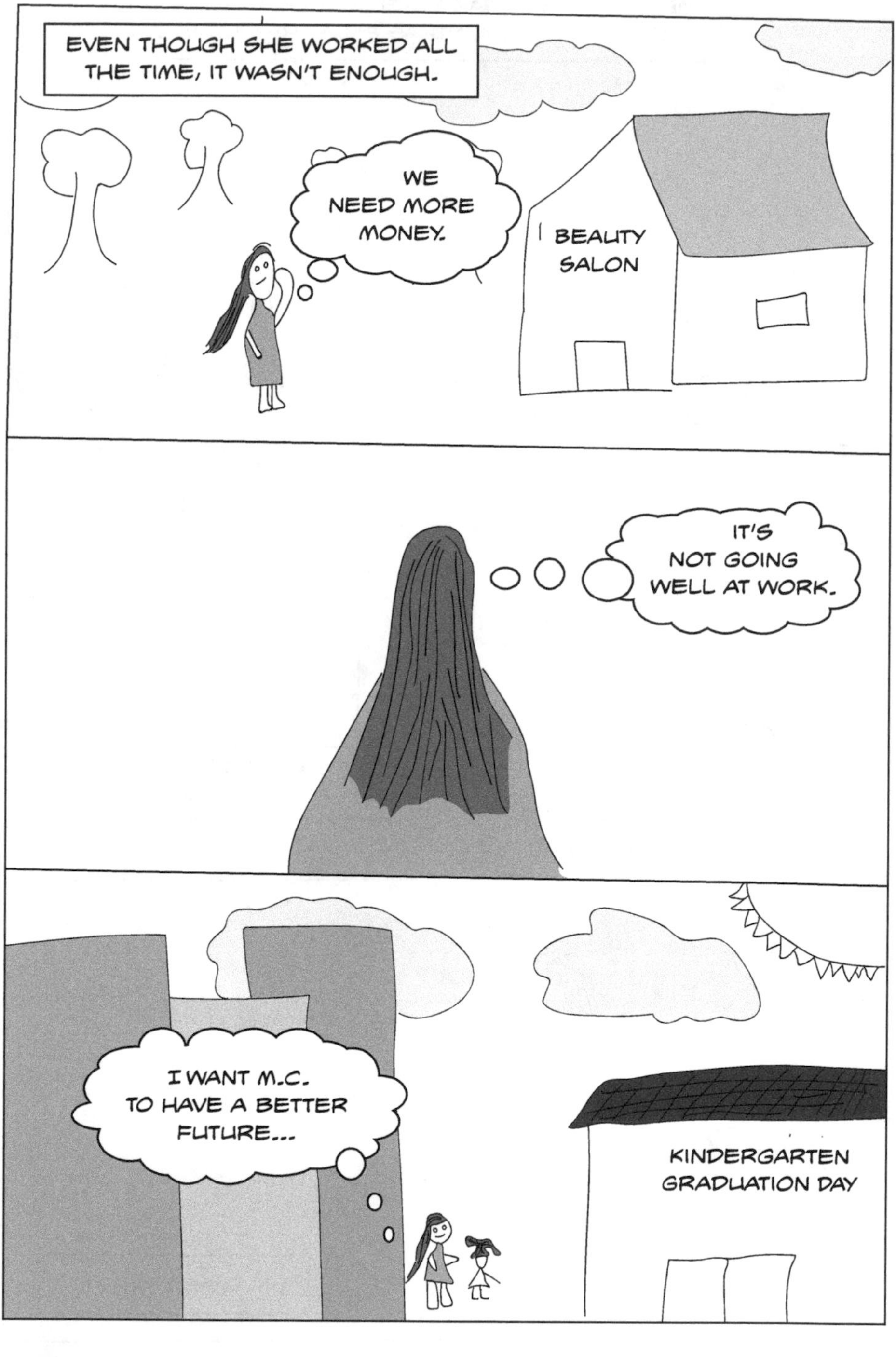
EVEN THOUGH SHE WORKED ALL THE TIME, IT WASN'T ENOUGH.
WE NEED MORE MONEY.
BEAUTY SALON
IT'S NOT GOING WELL AT WORK.
I WANT M.C. TO HAVE A BETTER FUTURE...
KINDERGARTEN GRADUATION DAY

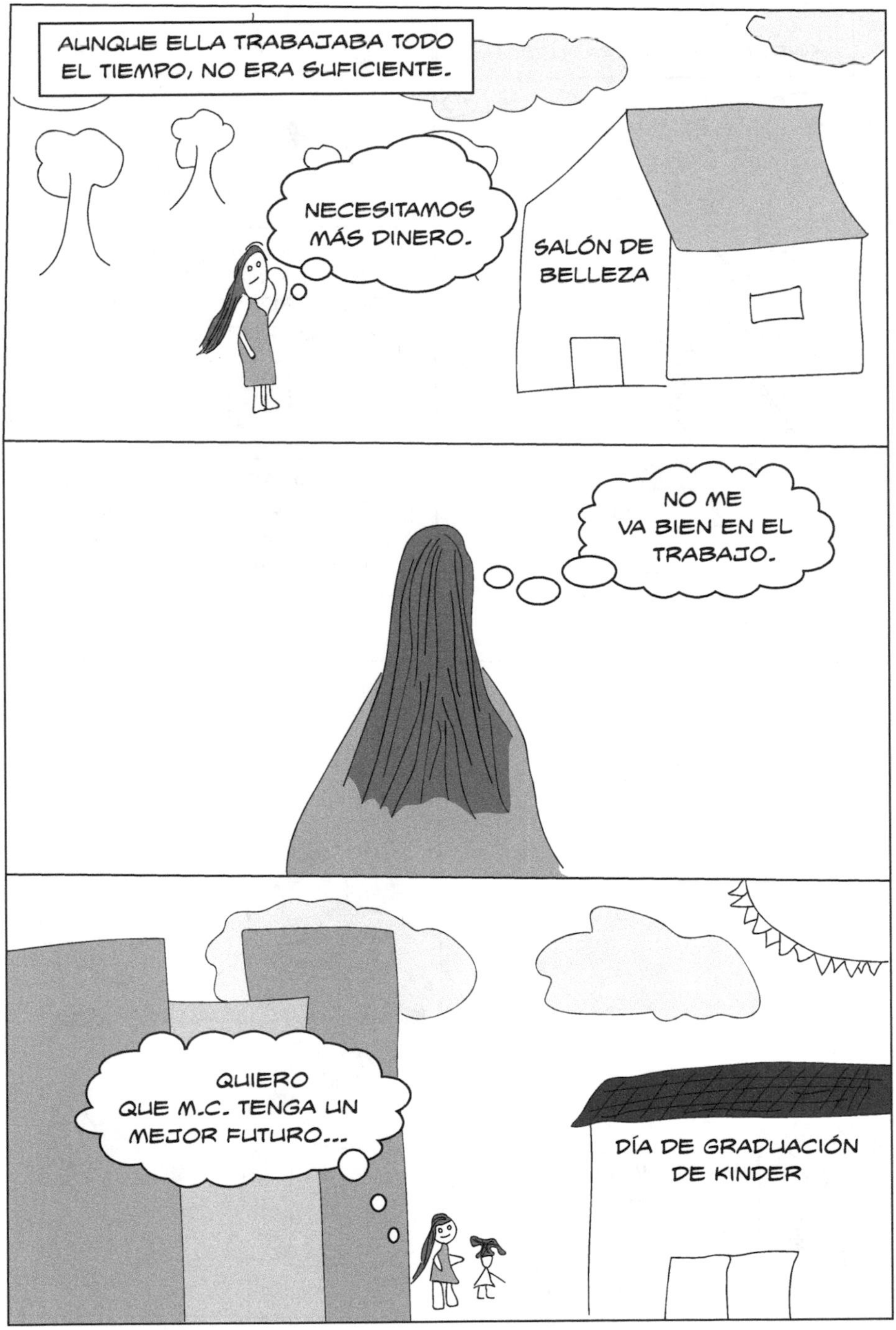
AUNQUE ELLA TRABAJABA TODO EL TIEMPO, NO ERA SUFICIENTE.
NECESITAMOS MÁS DINERO.
SALÓN DE BELLEZA
NO ME VA BIEN EN EL TRABAJO.
QUIERO QUE M.C. TENGA UN MEJOR FUTURO...
DÍA DE GRADUACIÓN DE KINDER

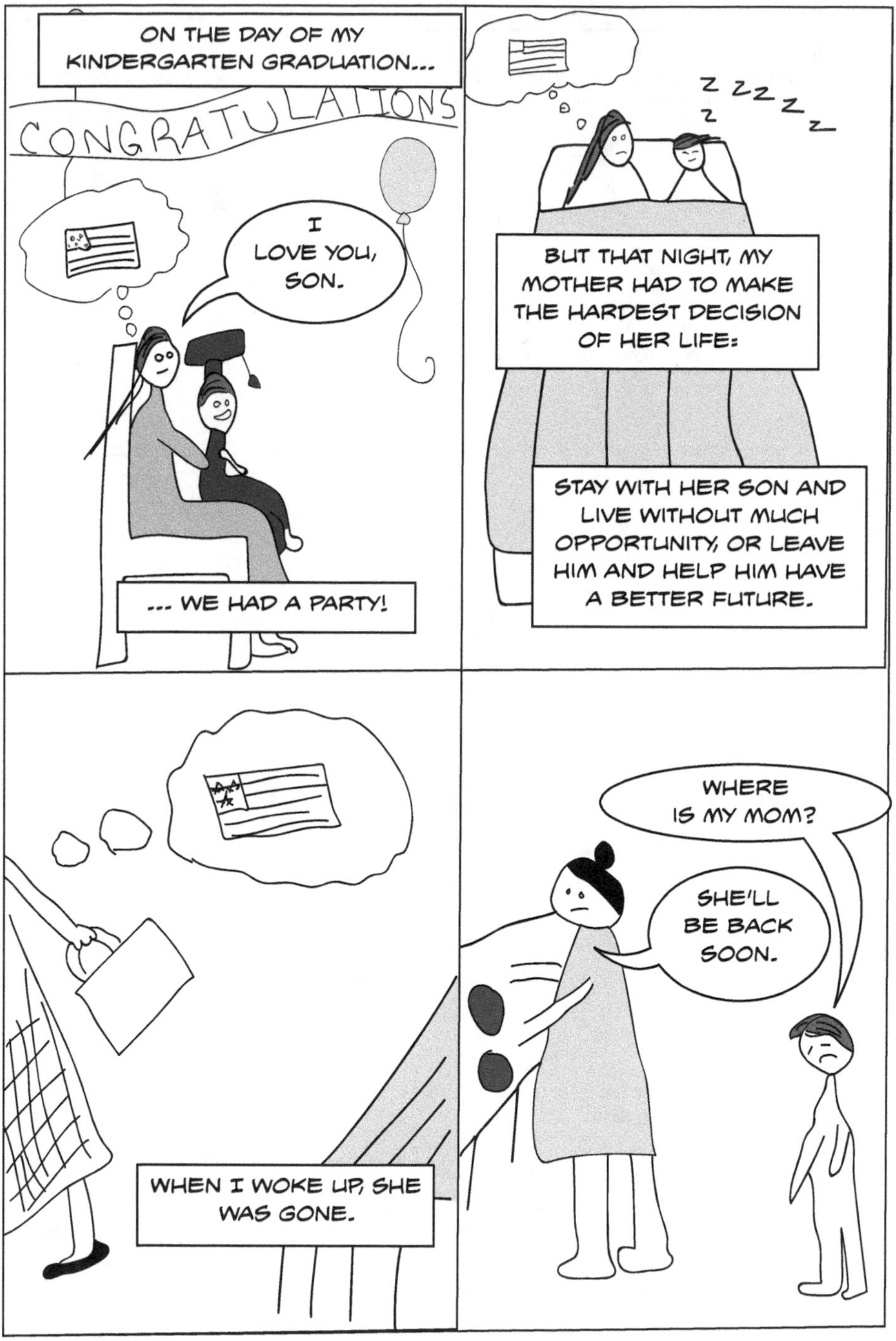
ON THE DAY OF MY KINDERGARTEN GRADUATION...
CONGRATULATIONS
I LOVE YOU, SON.
... WE HAD A PARTY!
Z ZZZ Z Z Z
BUT THAT NIGHT, MY MOTHER HAD TO MAKE THE HARDEST DECISION OF HER LIFE:
STAY WITH HER SON AND LIVE WITHOUT MUCH OPPORTUNITY, OR LEAVE HIM AND HELP HIM HAVE A BETTER FUTURE.
WHEN I WOKE UP, SHE WAS GONE.
WHERE IS MY MOM?
SHE'LL BE BACK SOON.

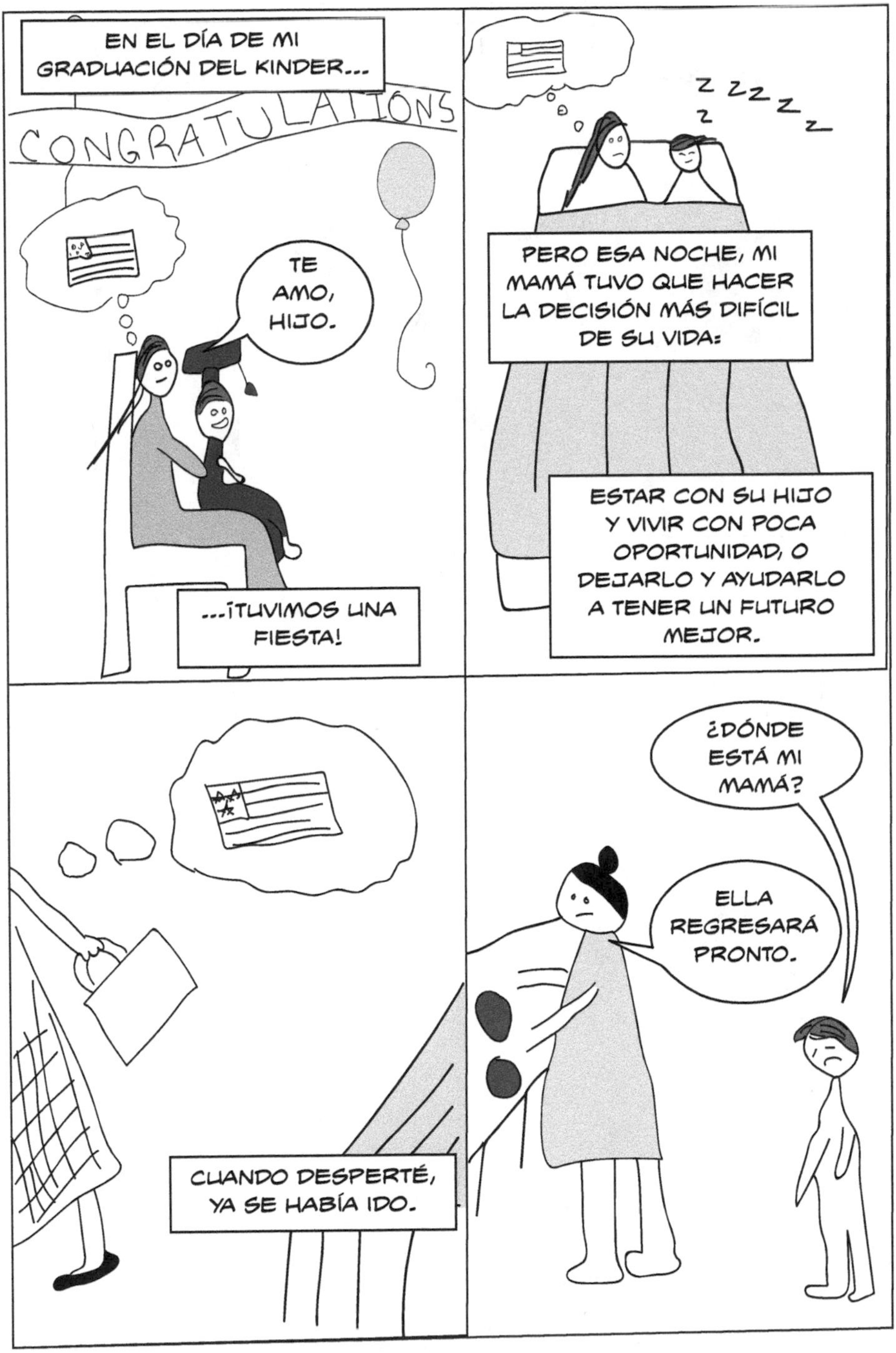
EN EL DÍA DE MI GRADUACIÓN DEL KINDER...
CONGRATULATIONS
TE AMO, HIJO.
...¡TUVIMOS UNA FIESTA!
Z Z Z Z Z Z Z
PERO ESA NOCHE, MI MAMÁ TUVO QUE HACER LA DECISIÓN MÁS DIFÍCIL DE SU VIDA:
ESTAR CON SU HIJO Y VIVIR CON POCA OPORTUNIDAD, O DEJARLO Y AYUDARLO A TENER UN FUTURO MEJOR.
CUANDO DESPERTÉ, YA SE HABÍA IDO.
¿DÓNDE ESTÁ MI MAMÁ?
ELLA REGRESARÁ PRONTO.

M.C.

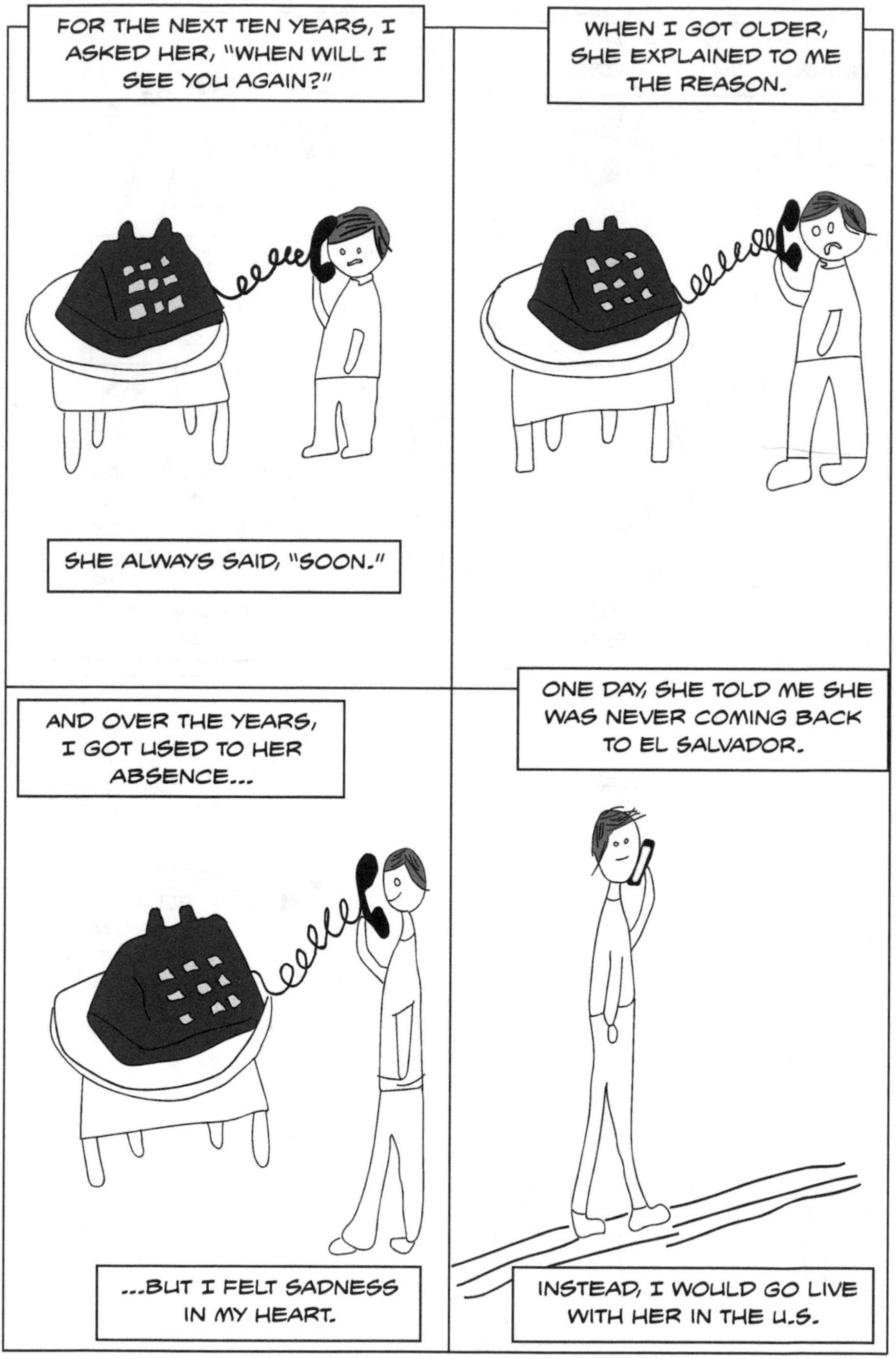
FOR THE NEXT TEN YEARS, I ASKED HER, "WHEN WILL I SEE YOU AGAIN?"
SHE ALWAYS SAID, "SOON."
WHEN I GOT OLDER, SHE EXPLAINED TO ME THE REASON.
AND OVER THE YEARS, I GOT USED TO HER ABSENCE...
...BUT I FELT SADNESS IN MY HEART.
ONE DAY, SHE TOLD ME SHE WAS NEVER COMING BACK TO EL SALVADOR.
INSTEAD, I WOULD GO LIVE WITH HER IN THE U.S.

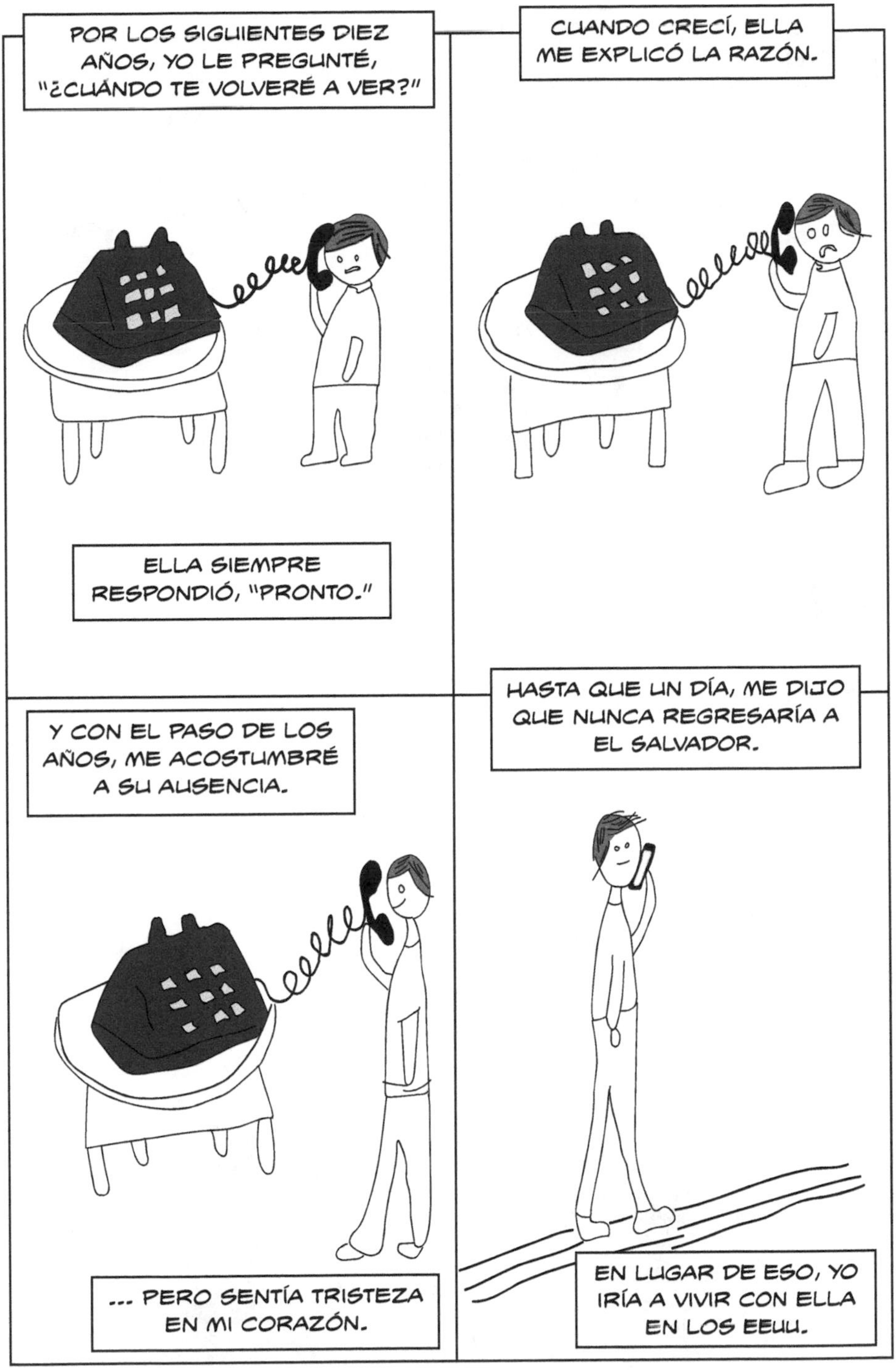
POR LOS SIGUIENTES DIEZ AÑOS, YO LE PREGUNTÉ, "¿CUÁNDO TE VOLVERÉ A VER?"
ELLA SIEMPRE RESPONDIÓ, "PRONTO."
CUANDO CRECÍ, ELLA ME EXPLICÓ LA RAZÓN.
Y CON EL PASO DE LOS AÑOS, ME ACOSTUMBRÉ A SU AUSENCIA.
... PERO SENTÍA TRISTEZA EN MI CORAZÓN.
HASTA QUE UN DÍA, ME DIJO QUE NUNCA REGRESARÍA A EL SALVADOR.
EN LUGAR DE ESO, YO IRÍA A VIVIR CON ELLA EN LOS EEUU.

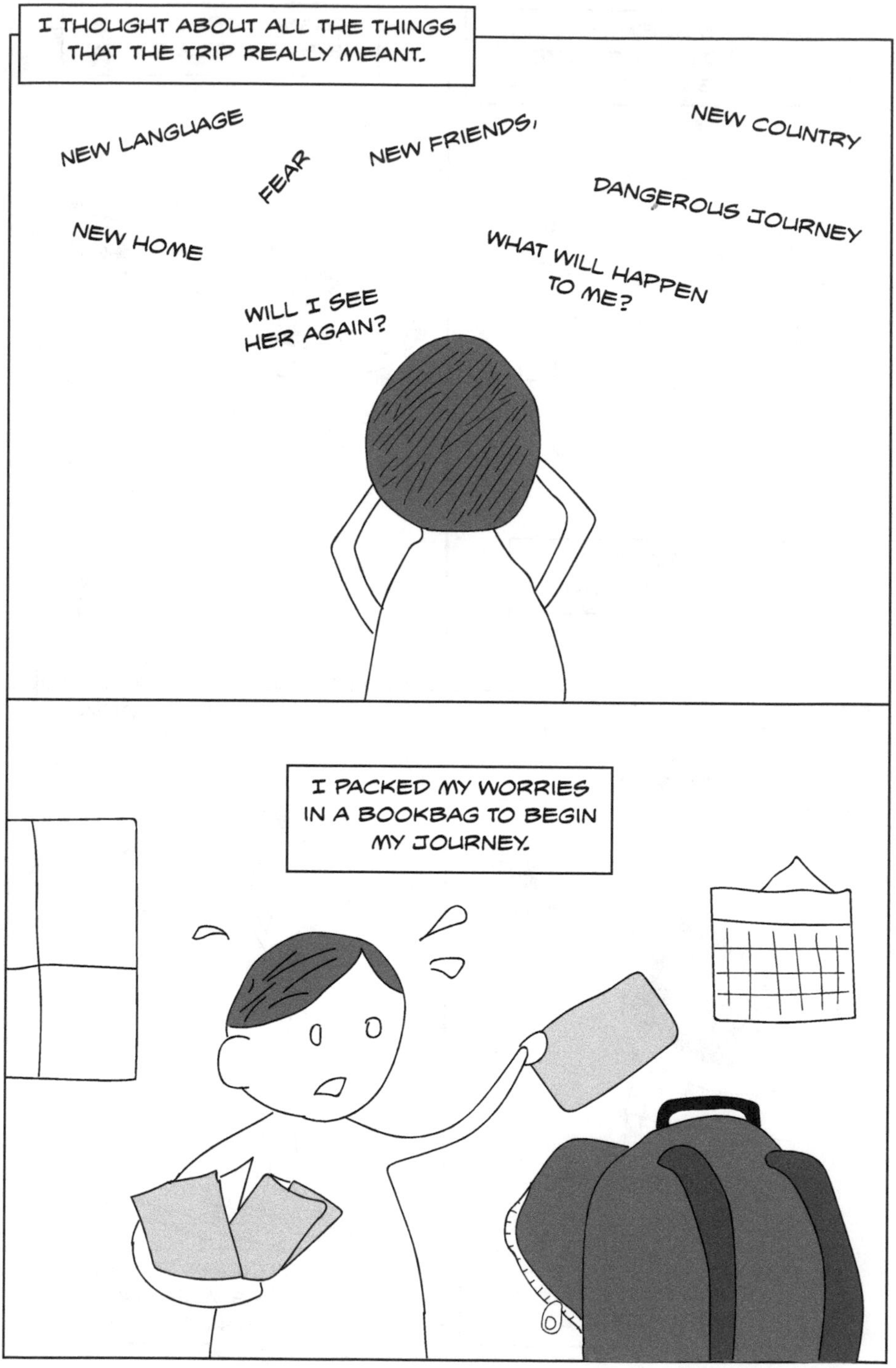
I THOUGHT ABOUT ALL THE THINGS THAT THE TRIP REALLY MEANT.
NEW LANGUAGE
FEAR
NEW FRIENDS,
NEW COUNTRY
DANGEROUS JOURNEY
NEW HOME
WHAT WILL HAPPEN TO ME?
WILL I SEE HER AGAIN?
I PACKED MY WORRIES IN A BOOKBAG TO BEGIN MY JOURNEY.

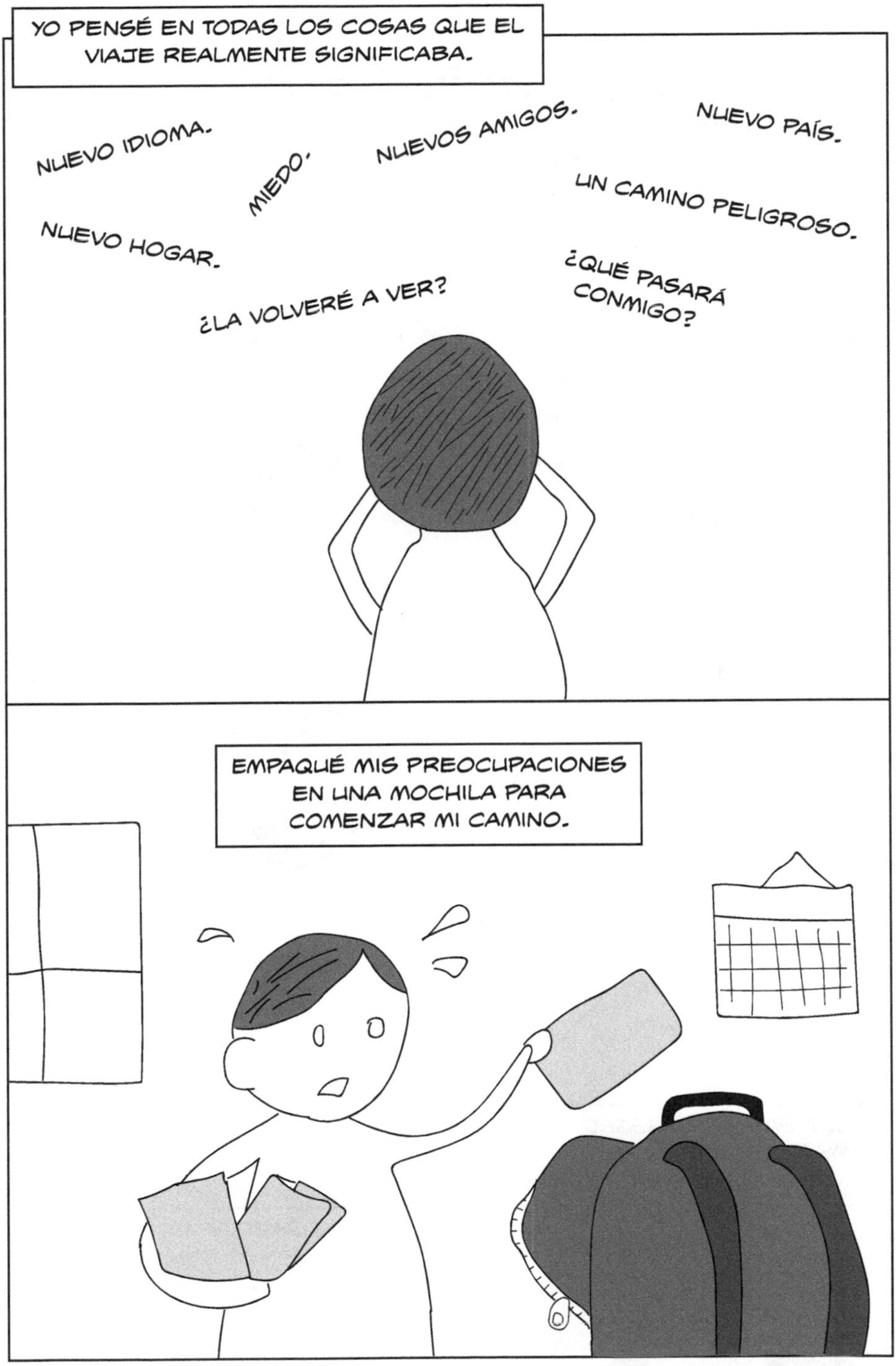
YO PENSÉ EN TODAS LOS COSAS QUE EL VIAJE REALMENTE SIGNIFICABA.
NUEVO IDIOMA.
MIEDO.
NUEVOS AMIGOS.
NUEVO PAÍS.
UN CAMINO PELIGROSO.
NUEVO HOGAR.
¿LA VOLVERÉ A VER?
¿QUÉ PASARÁ CONMIGO?
EMPAQUÉ MIS PREOCUPACIONES EN UNA MOCHILA PARA COMENZAR MI CAMINO.

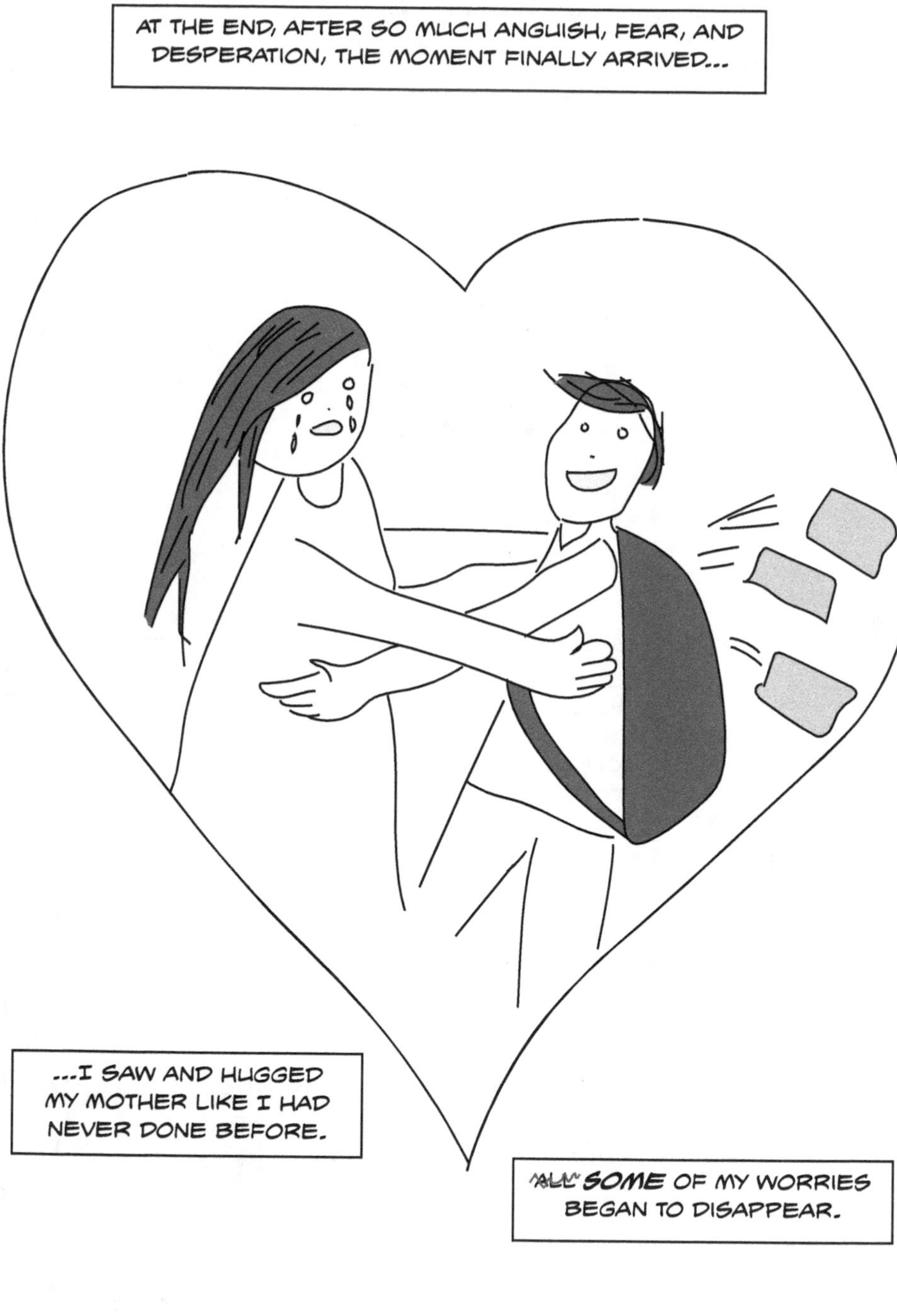
AT THE END, AFTER SO MUCH ANGUISH, FEAR, AND DESPERATION, THE MOMENT FINALLY ARRIVED...
...I SAW AND HUGGED MY MOTHER LIKE I HAD NEVER DONE BEFORE.
~~ALL~~ SOME OF MY WORRIES BEGAN TO DISAPPEAR.

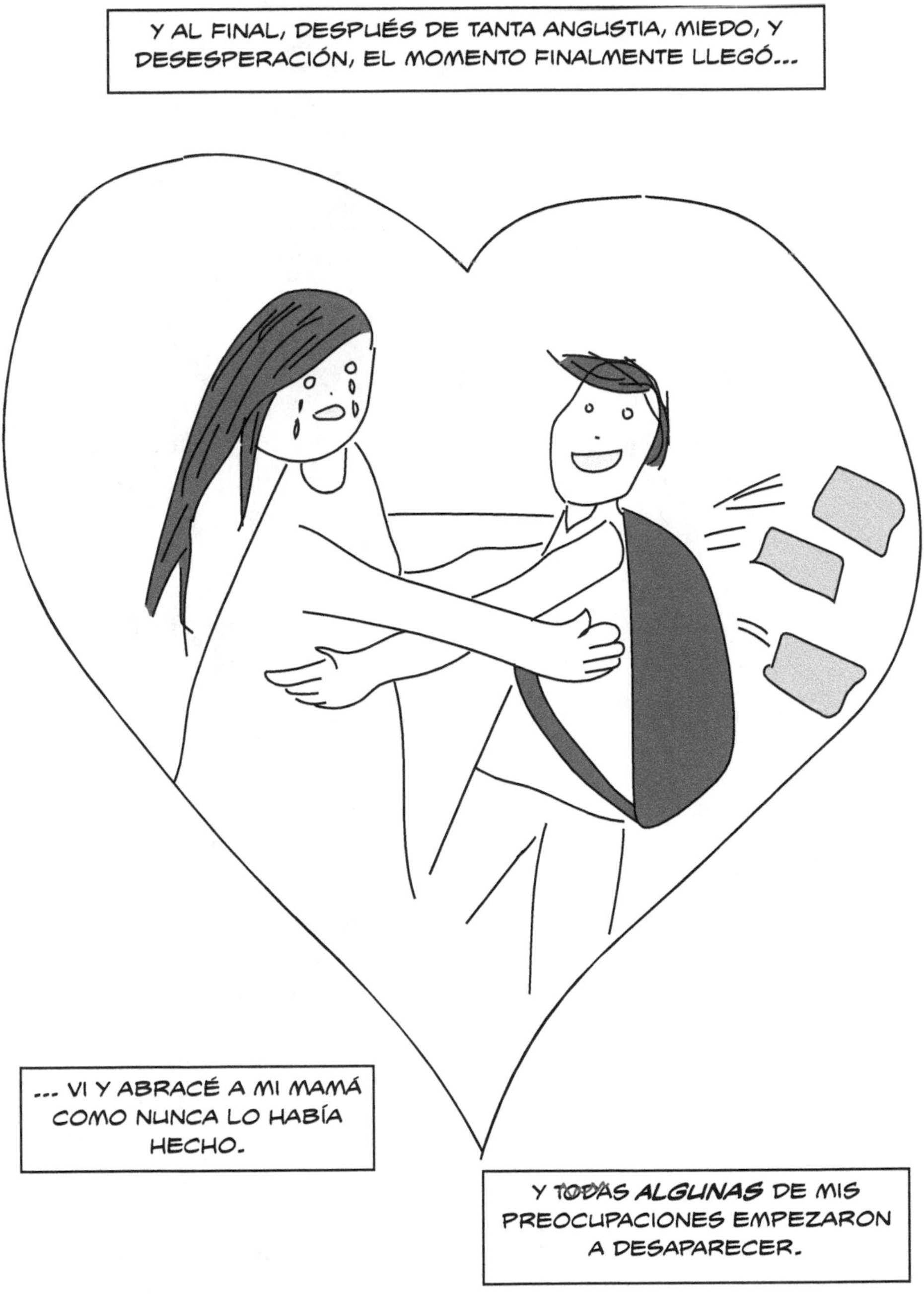
Y AL FINAL, DESPUÉS DE TANTA ANGUSTIA, MIEDO, Y DESESPERACIÓN, EL MOMENTO FINALMENTE LLEGÓ...
... VI Y ABRACÉ A MI MAMÁ COMO NUNCA LO HABÍA HECHO.
Y TODAS ALGUNAS DE MIS PREOCUPACIONES EMPEZARON A DESAPARECER.

M.C.'s Story

The hardest part of creating this comic was figuring out what part of my story to tell. For me, all of the story is important. It is my life. But in the end I chose to focus on the story of when my mother decided to come to the United States. Living without my mother was so influential on my childhood. We were apart for 10 years.

What was it like, to be without my mother for so long? I missed her. A lot. When I lived with her, she picked me up at school, she took me everywhere. We spent so much time together. And when she was gone, I missed every moment with her.

I remember asking my grandmother about my mom, and she would just say, "She's coming soon." But she never said when. I talked to my mother on the phone, and she told me the same. "Soon." I held onto that word. I was just a child. I just kept hoping to see her very soon.

But eventually, when I was grown up, I was understanding. I knew that she made the right decision. Life in El Salvador was not pleasant. There was a lack of jobs, no opportunities. That was the purpose for my mom going to the United States: to work hard, send money back, and make a plan to reunite. That was the best way she could take care of me.

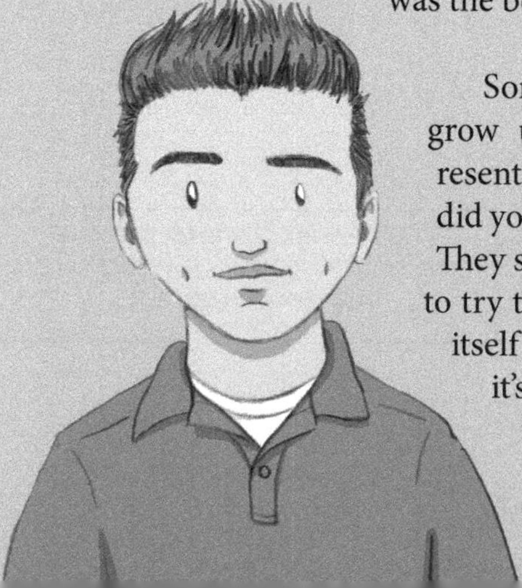

Some people, when they do not grow up with their parents, they have resentment. They ask their parents, Why did you abandon me? What did you leave? They say, You did this wrong. But we have to try to understand them. Sometimes life itself makes them make decisions, and it's hard for them, too. We have to think outside of our own box.

La Historia de M.C.

La parte más difícil de crear este comic fue descubrir qué parte de mi historia quería contar. Para mí, toda la historia es importante. Es mi vida. Pero al final elegí contar la historia de cuando mi madre decidió venir a los Estados Unidos. Vivir sin mi madre fue muy influyente en mi infancia. Estuvimos separados por 10 años.

¿Cómo fue estar sin mi madre por tanto tiempo? La extrañaba. Mucho. Cuando vivía con ella, ella me recogía de la escuela, ella me llevaba a todas partes. Pasamos mucho tiempo juntos. Y cuando ella se fue, extrañé cada momento con ella.

Recuerdo haberle preguntado a mi abuela sobre mi madre y ella me decía: "Llegará pronto". Pero nunca dijo cuándo. Hablé con mi madre por teléfono y ella me dijo lo mismo. "Pronto". Sostuve esa palabra. Solo era un niño. Solo seguí esperando verla muy pronto.

Pero eventualmente, cuando crecí, estaba entendiendo. Sabía que ella tomó la decisión correcta. La vida en El Salvador no fue agradable. Había una falta de trabajos, no oportunidades. Ese fue el propósito de mi madre cuando se fue a Estados Unidos: trabajar duro, enviar dinero de vuelta y hacer un plan para reunirnos. Esa era la mejor forma en que podía cuidarme.

Algunas personas, cuando no crecen con sus padres, tienen resentimiento. Preguntan a sus padres: ¿Por qué me abandonaron? ¿Qué dejaste? Dicen: Hiciste esto mal. Pero tenemos que intentar entenderlos. A veces la vida misma los hace tomar decisiones, y es difícil para ellos también. Tenemos que pensar fuera de nuestra propia caja.

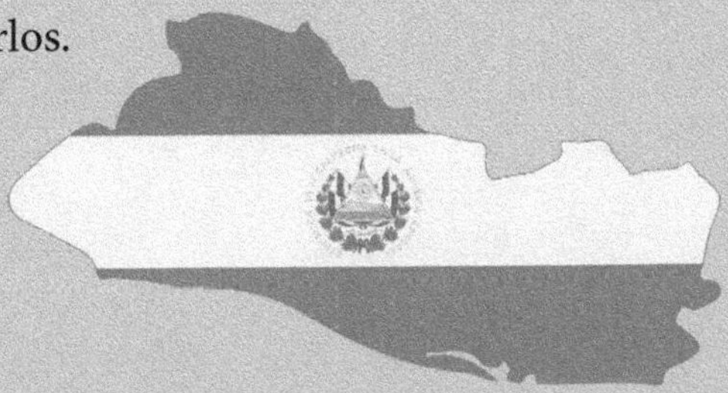

"We want the public to accept us as friends and neighbors. We want to feel like we belong.

If I had stayed in El Salvador, I don't know what my life would be like. It's dangerous where we lived. There were so many cases of gang violence. People would ask you for money and if you didn't pay, they'd kill you, or they'd do something to your family members. I'm so grateful to my mother because she made a plan to get out, to help me reunite with her, and for us to lead a better life.

Family reunification is a strong reason why many Central Americans come to the United States. It is important for families to be together. It's essential that you grow up with your mom and your dad. They set an example for you, they set your morals. Also you are happier and healthier when you are with your loved ones. It makes you more productive, for work, for education, for your community. The government should not have the right to tear families apart. But they do have the power to reunite them.

I hope the people reading this book learn about our stories, about the real reasons for why we come to this country. I hope they will not just judge us on how we appear, but will try to understand a little more of the truth. This project gives us the opportunity to express who we really are, and that matters. We want the public to know us better so that they can accept us as friends and neighbors. We don't want to be rejected. We want to feel like we belong.

– M.C.

M.C. is nineteen years old, and he just graduated from high school. He is planning to attend college in Washington, D.C. He likes to play soccer and video games and to spend time with his family. He wants to study mechanical engineering.

"Queremos que el público nos acepte como amigos y vecinos. Queremos sentir que pertenecemos."

Si me hubiera quedado en El Salvador, no sé cómo sería mi vida. Es peligroso donde vivíamos. Hubo tantos casos de violencia de pandillas. La gente te pedía dinero y si no pagabas, te mataban o harían algo con los miembros de tu familia. Estoy tan agradecido con mi madre porque hizo un plan para salir, para ayudarme a reunirme con ella, y para que podamos llevar una vida mejor.

La reunificación familiar es una razón importante por la cual muchos centroamericanos vienen a los Estados Unidos. Es importante que las familias estén juntas. Es esencial que crezcas con tu mamá y tu padre. Ellos establecen un ejemplo para ti, establecen tus morales. También eres más feliz y más saludable cuando estás con tus seres queridos. Te hace más productivo, para el trabajo, para la educación, para tu comunidad. El gobierno no debería tener el derecho de separar a las familias. Pero ellos tienen el poder de reunirlos.

Espero que las personas que lean este libro aprendan sobre nuestras historias, sobre las verdaderas razones de por qué venimos a este país. Espero que no solo nos juzguen sobre nuestra apariencia, sino que intenten comprender un poco más la verdad. Este proyecto nos da la oportunidad de expresar quiénes somos en realidad, y eso es importante. Queremos que el público nos conozca mejor para que puedan aceptarnos como amigos y vecinos. No queremos ser rechazados. Queremos sentir que pertenecemos.

— M.C.

M.C. tiene diecinueve años, y acaba de graduarse de la escuela secundaria. Él planea ir a la universidad en Washington, D.C. Le gusta jugar fútbol y videojuegos y pasar tiempo con su familia. Él quiere estudiar ingeniería mecánica.

BLACK BUTTERFLY

BY ROSA

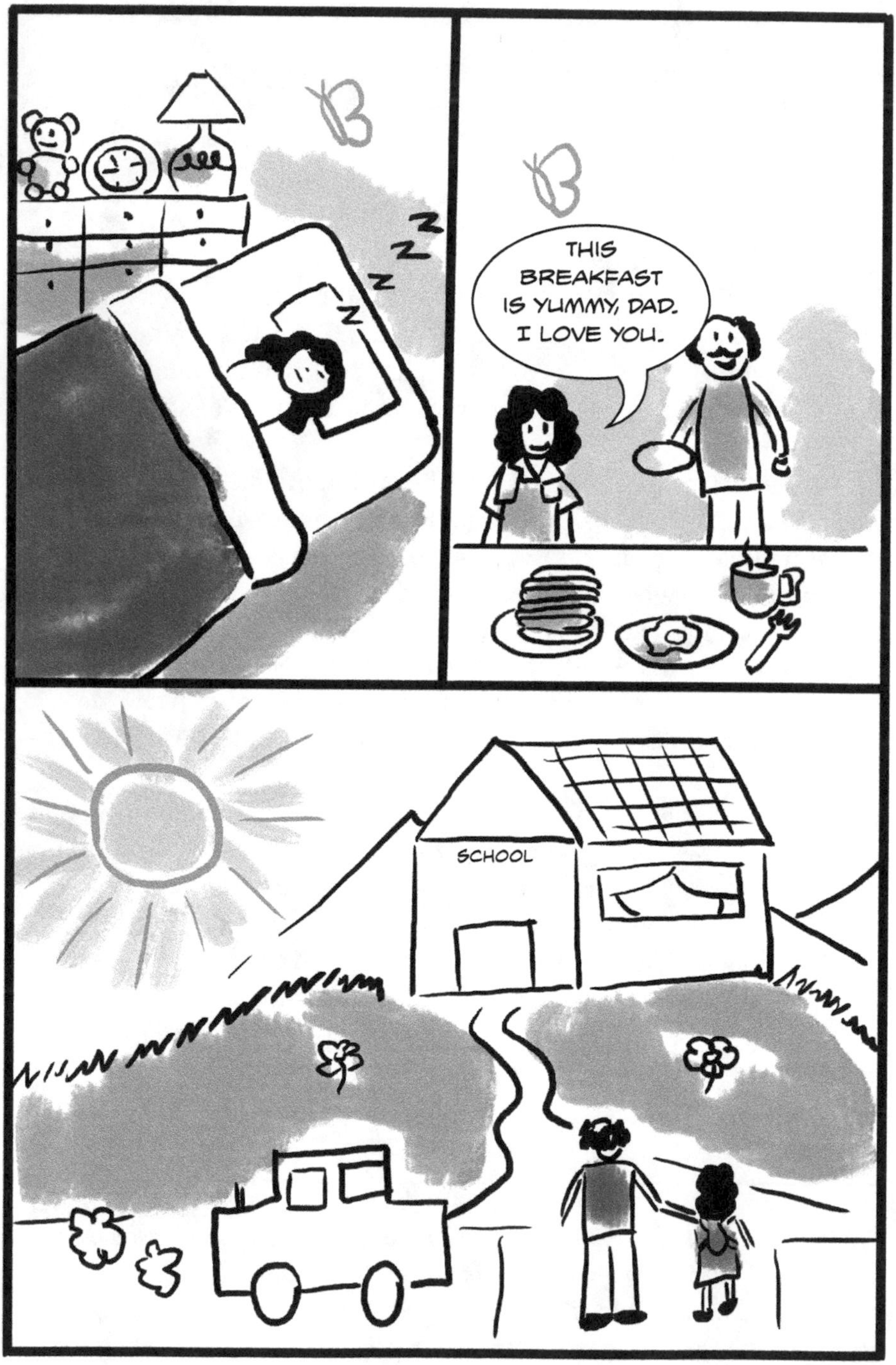

THIS BREAKFAST IS YUMMY, DAD. I LOVE YOU.
SCHOOL

Mariposa Negra

By Rosa

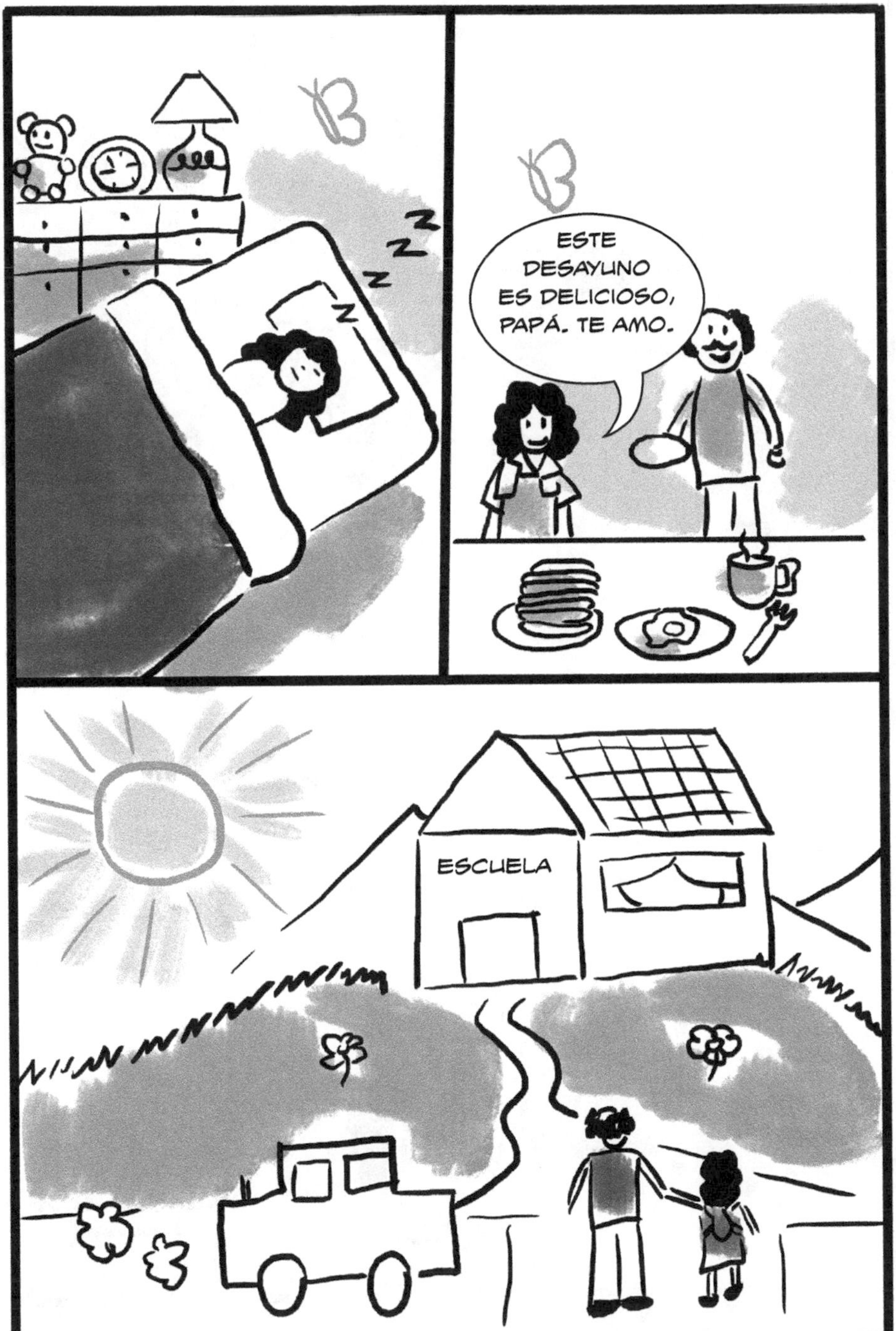
Z Z Z Z
ESTE DESAYUNO ES DELICIOSO, PAPÁ. TE AMO.
ESCUELA

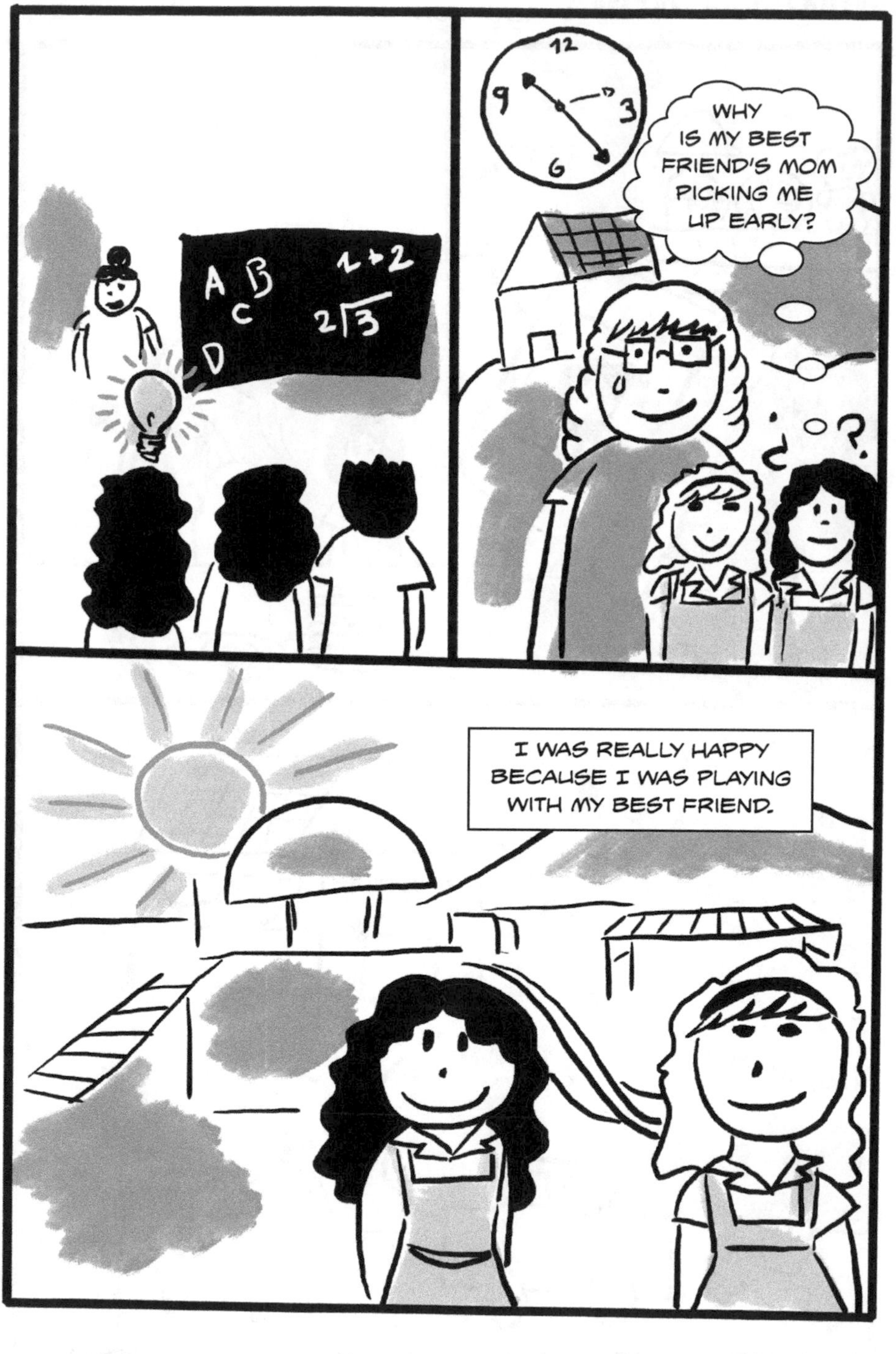
A B C D
1+2
2√3
WHY IS MY BEST FRIEND'S MOM PICKING ME UP EARLY?
12 3 6 9
¿?
I WAS REALLY HAPPY BECAUSE I WAS PLAYING WITH MY BEST FRIEND.

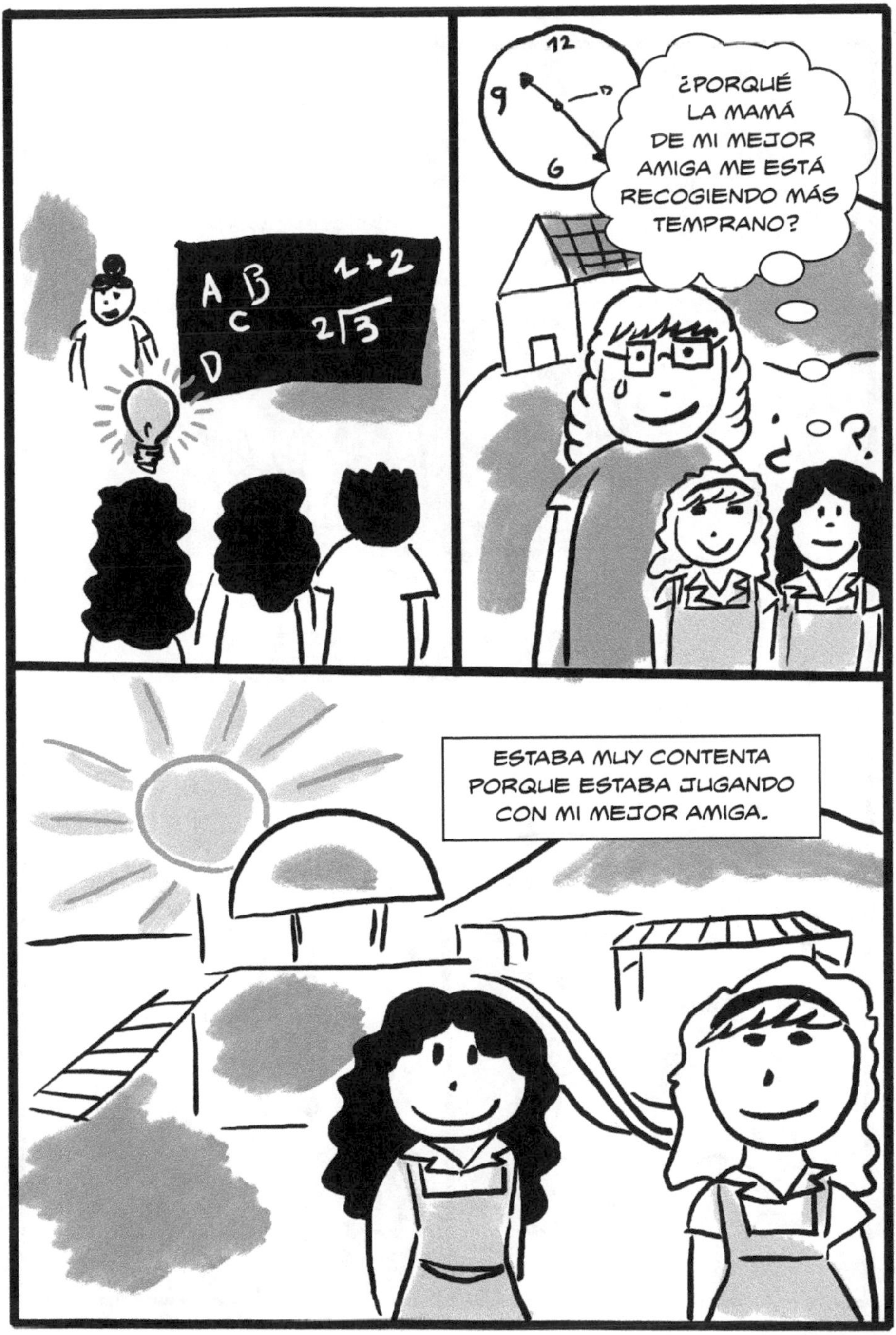
A B C D
1+2
2√3
¿PORQUÉ LA MAMÁ DE MI MEJOR AMIGA ME ESTÁ RECOGIENDO MÁS TEMPRANO?
12
9
6
¿?
ESTABA MUY CONTENTA PORQUE ESTABA JUGANDO CON MI MEJOR AMIGA.

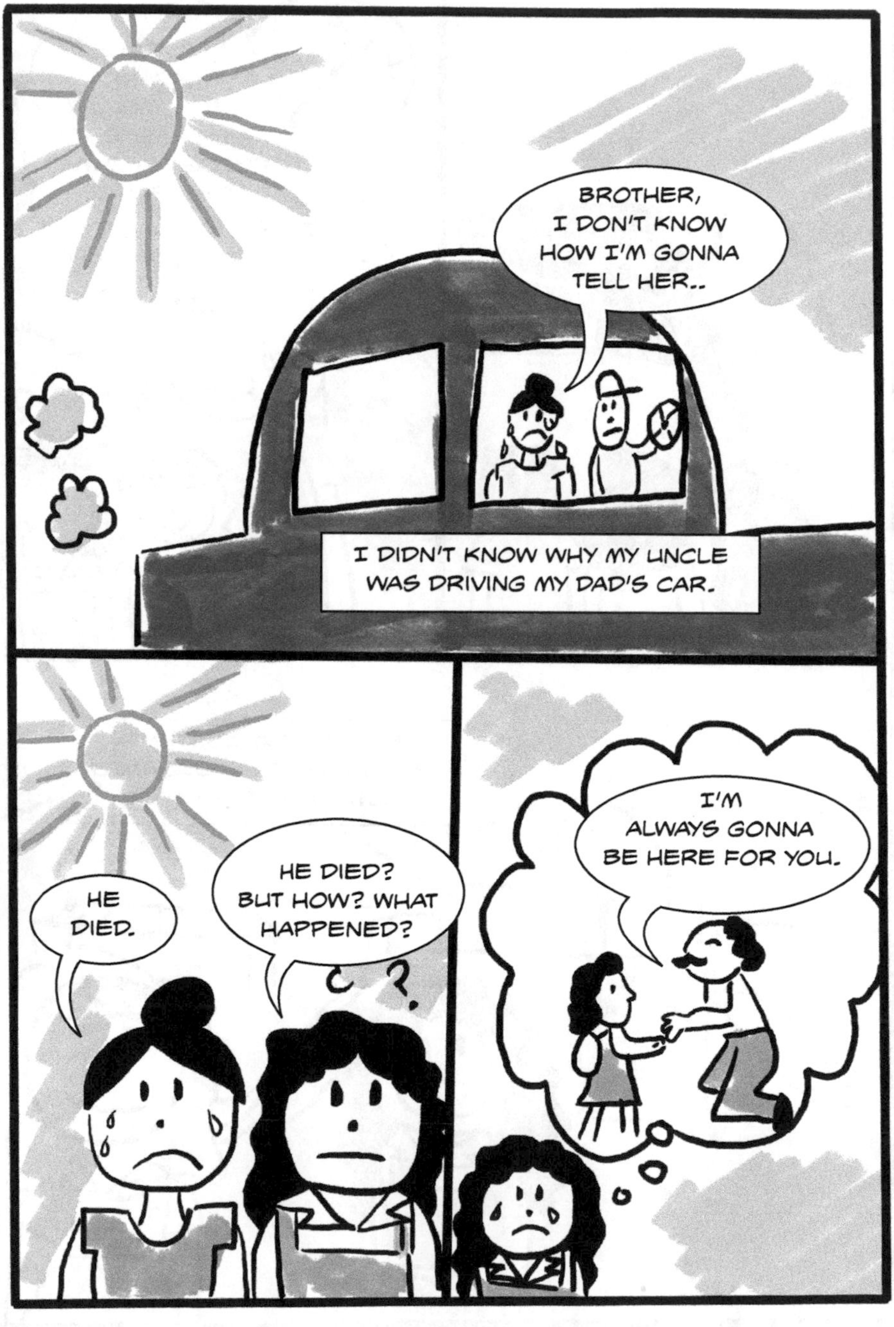
BROTHER, I DON'T KNOW HOW I'M GONNA TELL HER..
I DIDN'T KNOW WHY MY UNCLE WAS DRIVING MY DAD'S CAR.
HE DIED.
HE DIED? BUT HOW? WHAT HAPPENED?
¿ ?
I'M ALWAYS GONNA BE HERE FOR YOU.

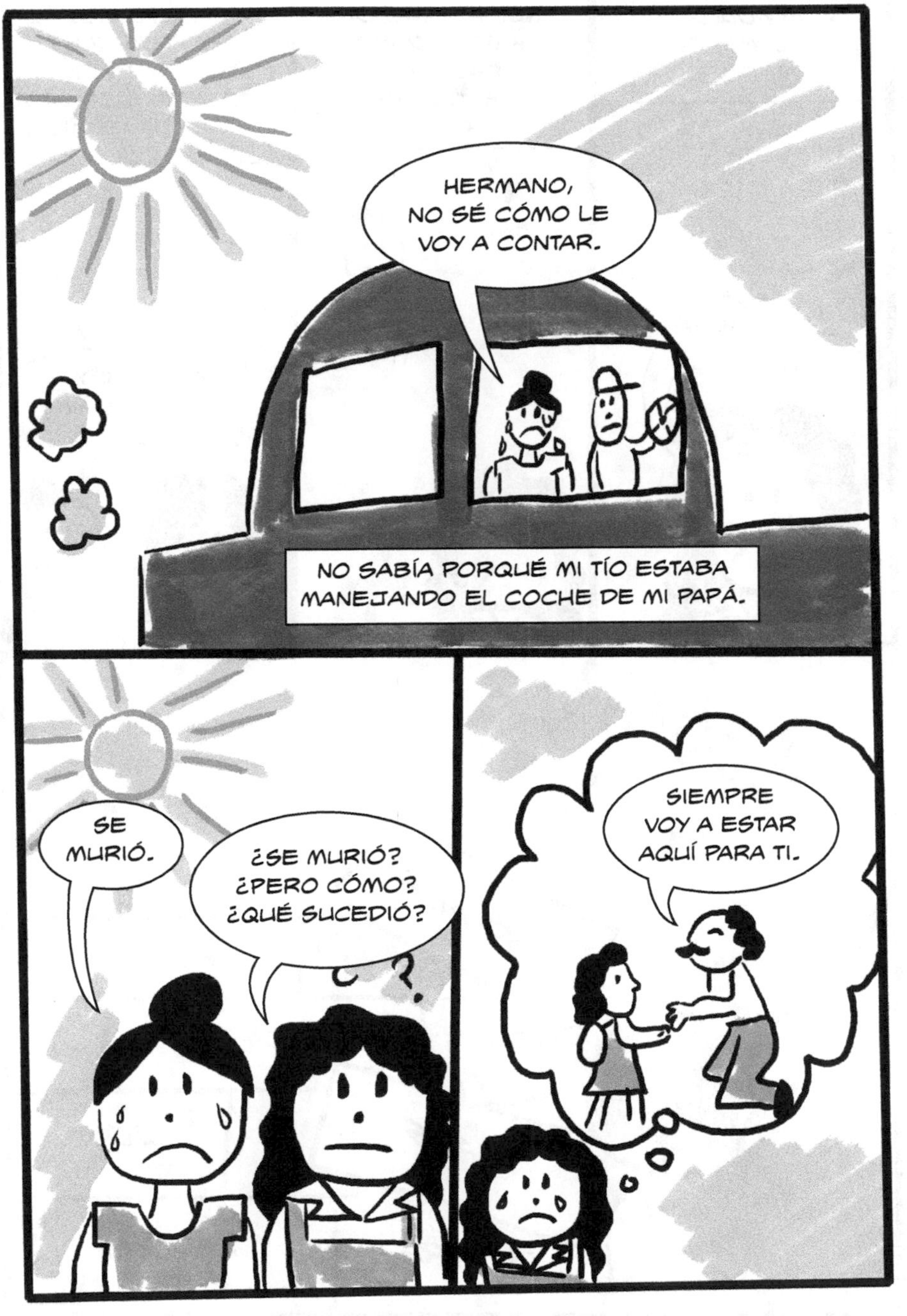
HERMANO, NO SÉ CÓMO LE VOY A CONTAR.
NO SABÍA PORQUÉ MI TÍO ESTABA MANEJANDO EL COCHE DE MI PAPÁ.
SE MURIÓ.
¿SE MURIÓ? ¿PERO CÓMO? ¿QUÉ SUCEDIÓ?
SIEMPRE VOY A ESTAR AQUÍ PARA TI.

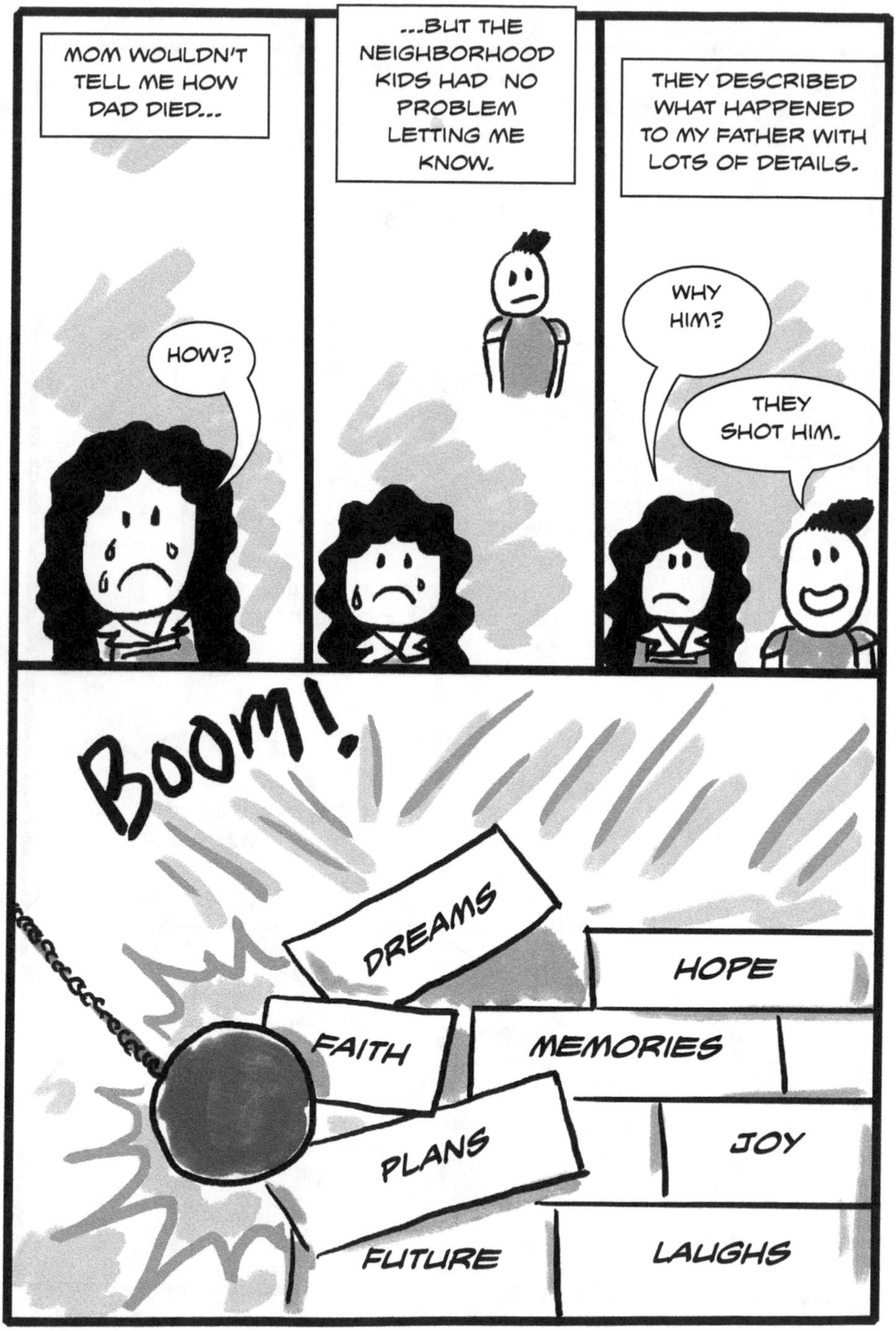
MOM WOULDN'T TELL ME HOW DAD DIED...
HOW?
...BUT THE NEIGHBORHOOD KIDS HAD NO PROBLEM LETTING ME KNOW.
THEY DESCRIBED WHAT HAPPENED TO MY FATHER WITH LOTS OF DETAILS.
WHY HIM?
THEY SHOT HIM.
BOOM!
DREAMS
HOPE
FAITH
MEMORIES
PLANS
JOY
FUTURE
LAUGHS

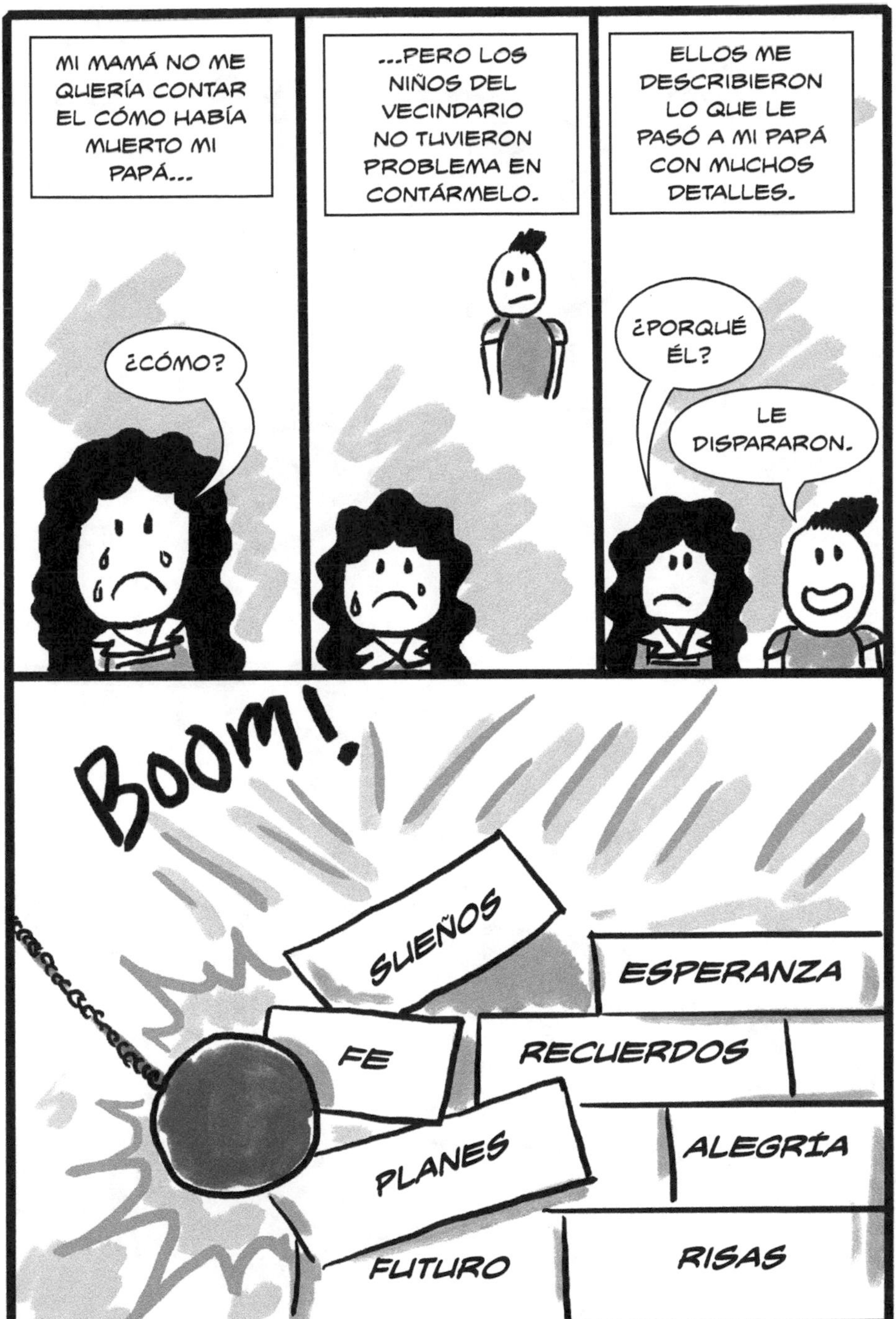
MI MAMÁ NO ME QUERÍA CONTAR EL CÓMO HABÍA MUERTO MI PAPÁ...
¿CÓMO?
...PERO LOS NIÑOS DEL VECINDARIO NO TUVIERON PROBLEMA EN CONTÁRMELO.
ELLOS ME DESCRIBIERON LO QUE LE PASÓ A MI PAPÁ CON MUCHOS DETALLES.
¿PORQUÉ ÉL?
LE DISPARARON.
Boom!
SUEÑOS
ESPERANZA
FE
RECUERDOS
PLANES
ALEGRÍA
FUTURO
RISAS

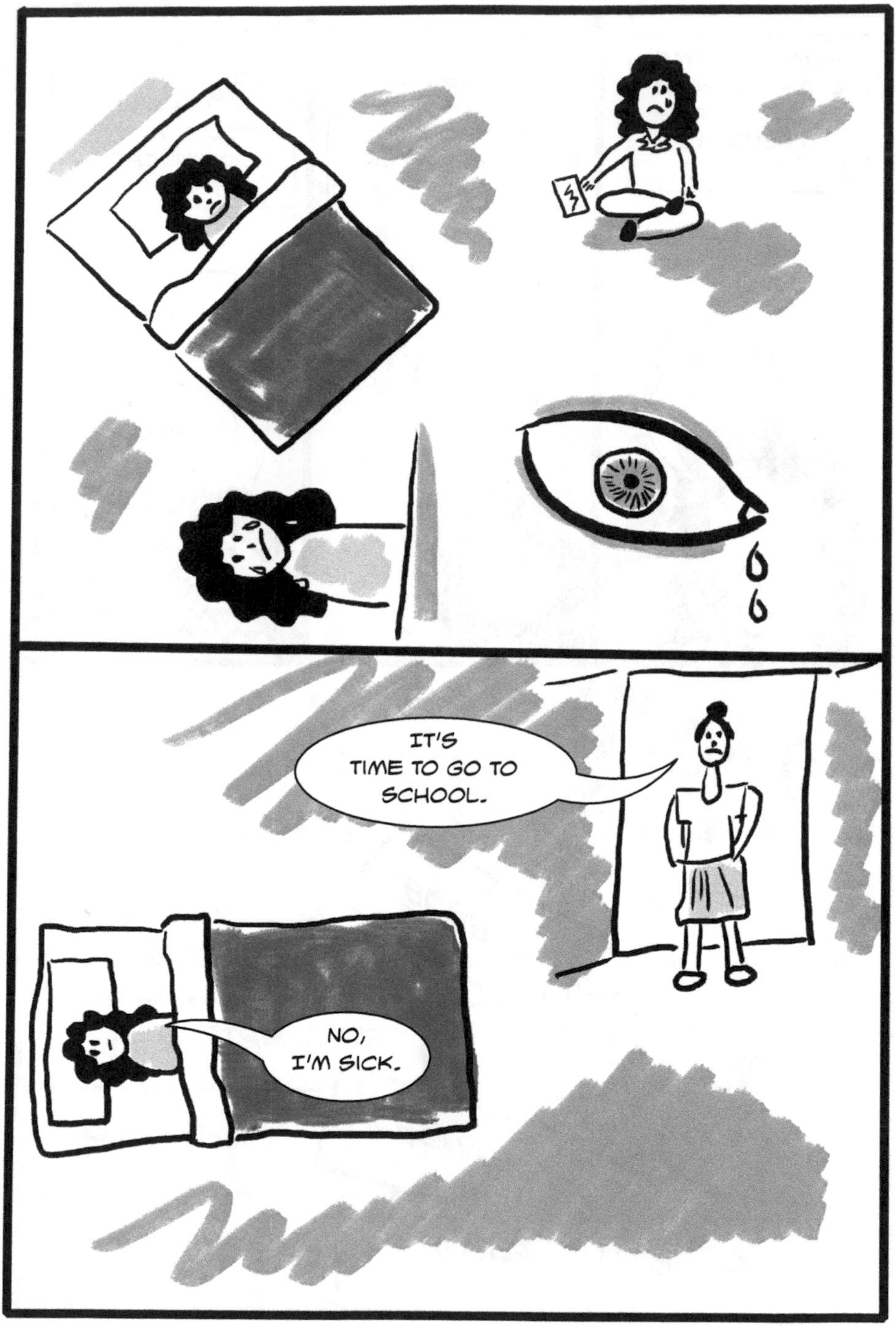
IT'S TIME TO GO TO SCHOOL.
NO, I'M SICK.

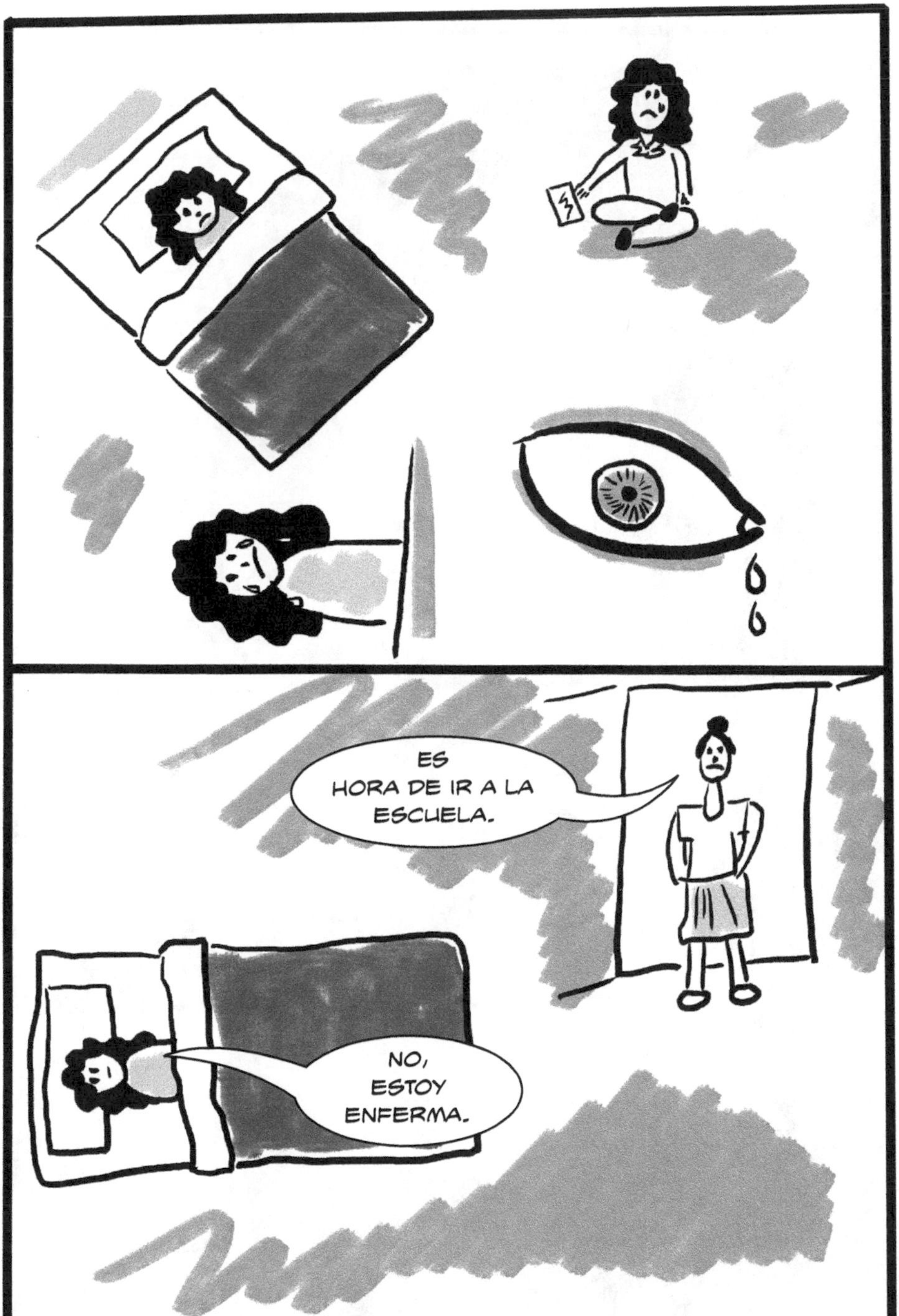
ES HORA DE IR A LA ESCUELA.
NO, ESTOY ENFERMA.

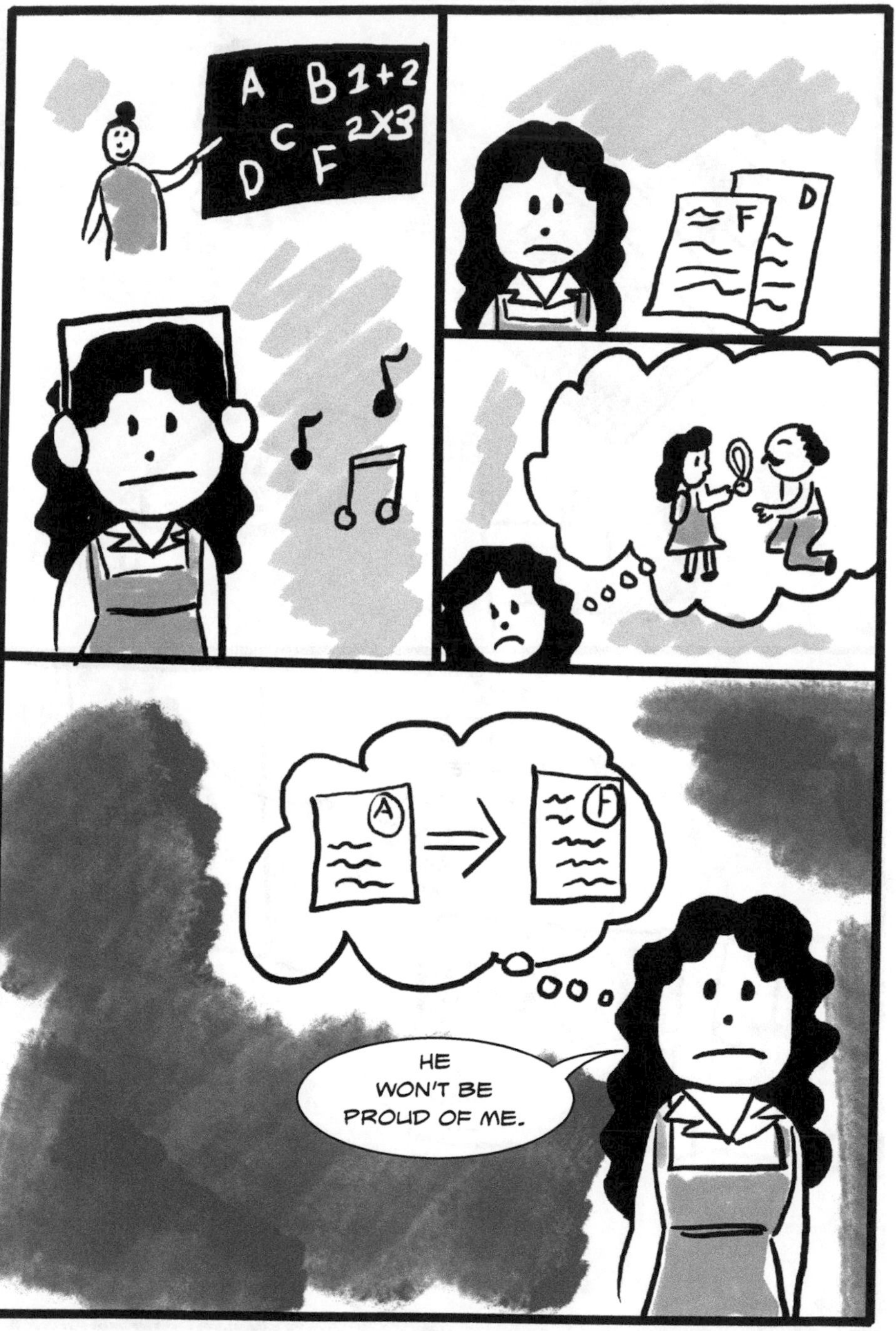
A B 1+2
D C F 2X3
F
D
A
F
HE WON'T BE PROUD OF ME.

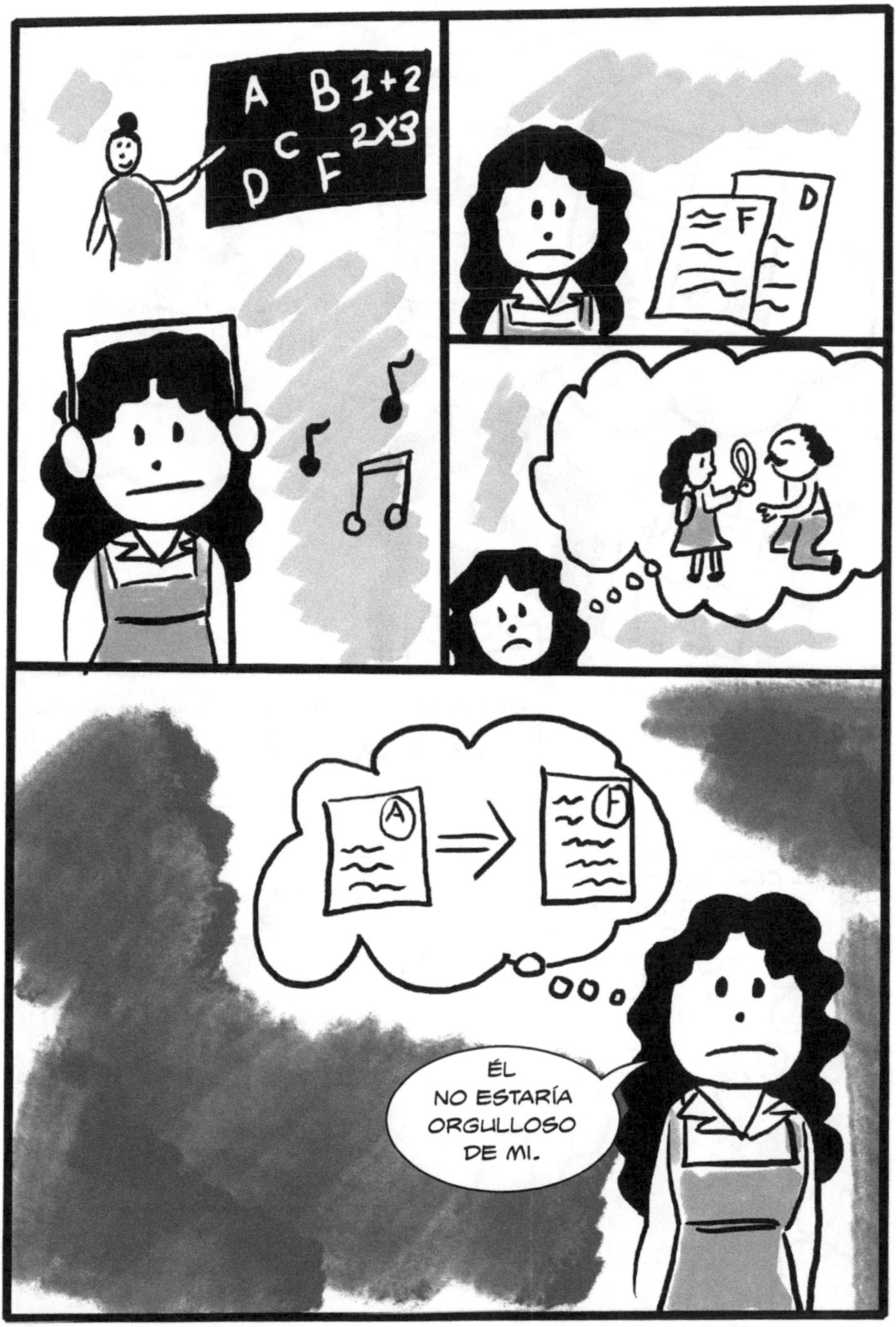
A B 1+2
C 2X3
D F
F D
A
F
ÉL NO ESTARÍA ORGULLOSO DE MI.

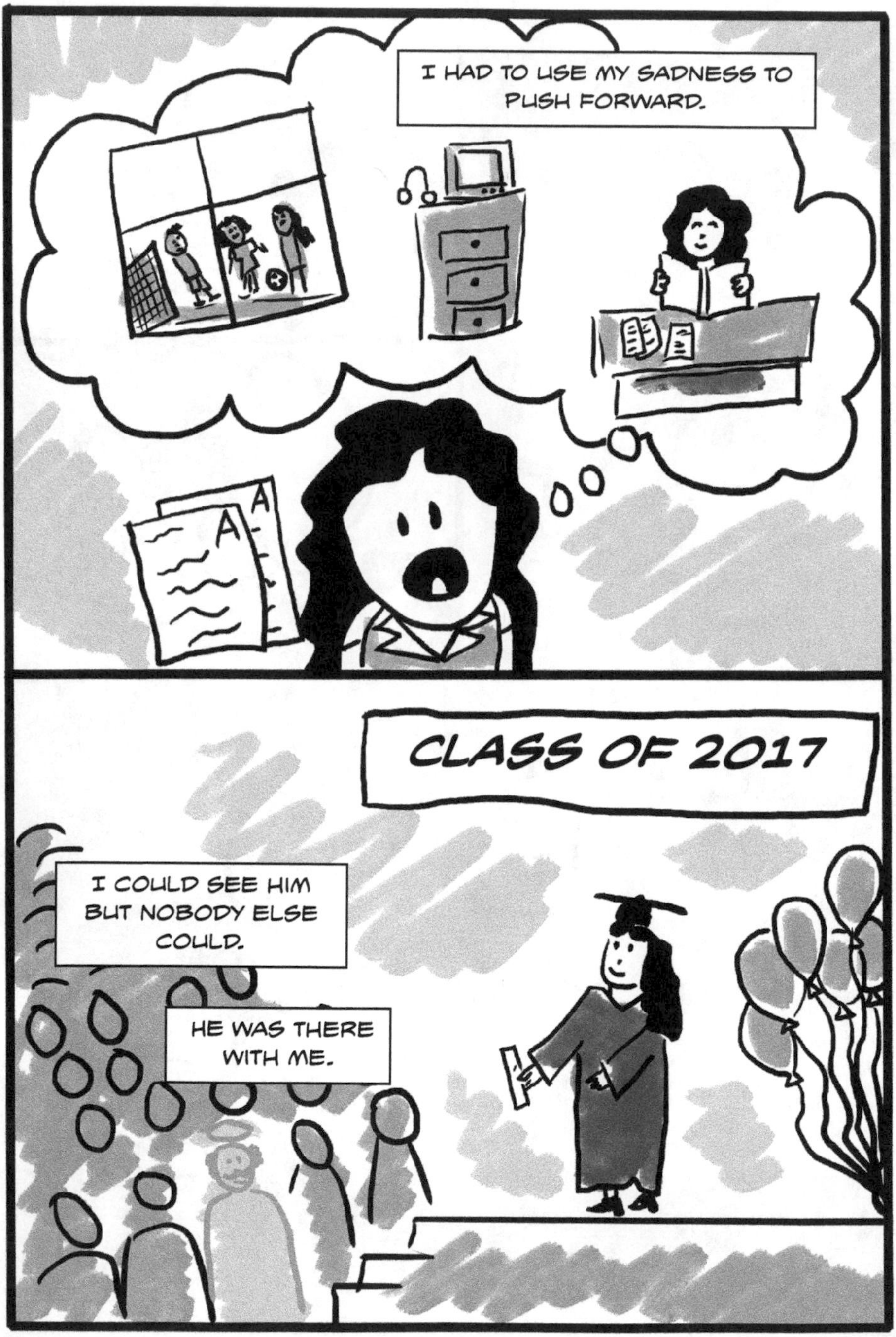
I HAD TO USE MY SADNESS TO PUSH FORWARD.
A
A
CLASS OF 2017
I COULD SEE HIM BUT NOBODY ELSE COULD.
HE WAS THERE WITH ME.

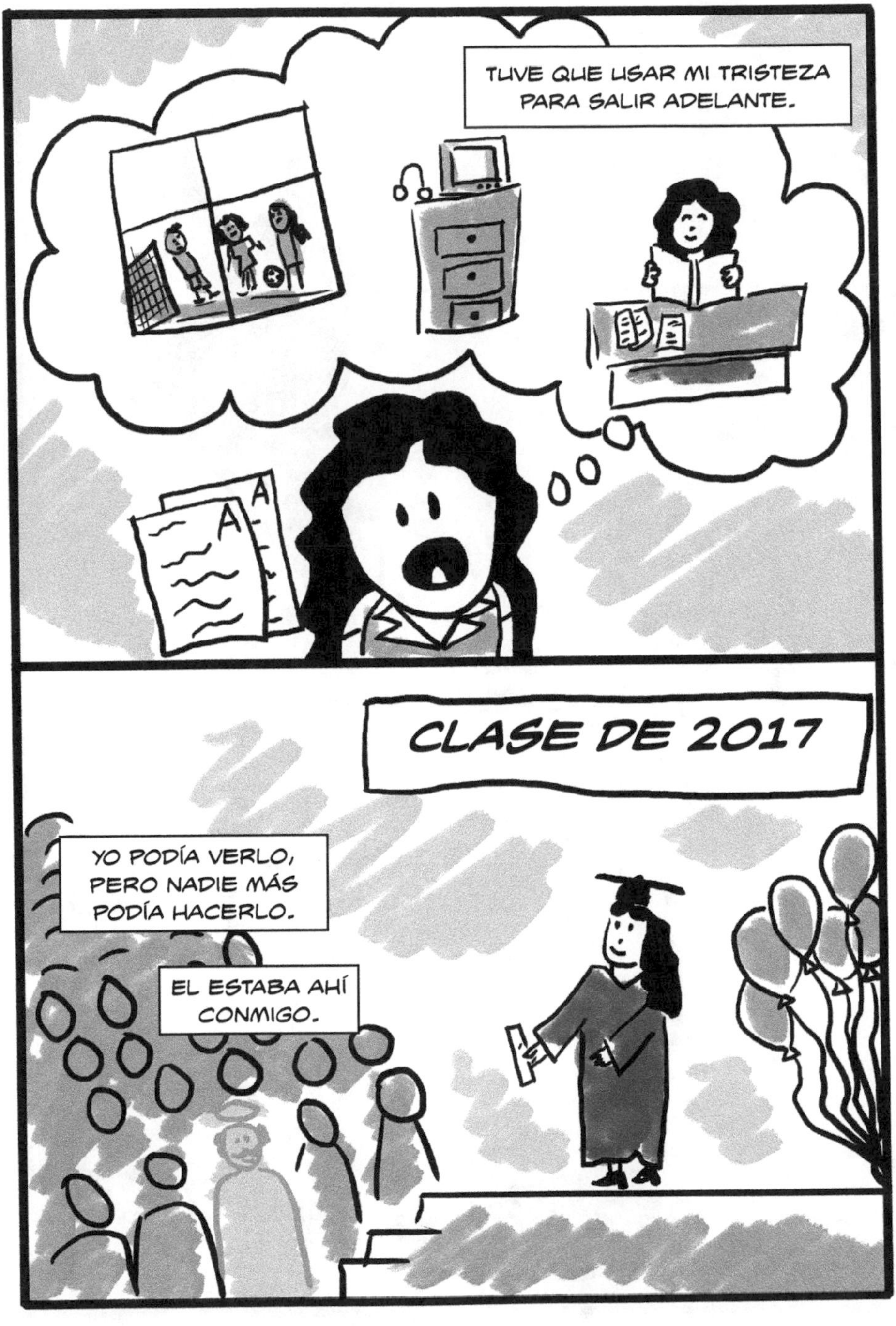
TUVE QUE USAR MI TRISTEZA PARA SALIR ADELANTE.
CLASE DE 2017
YO PODÍA VERLO, PERO NADIE MÁS PODÍA HACERLO.
EL ESTABA AHÍ CONMIGO.

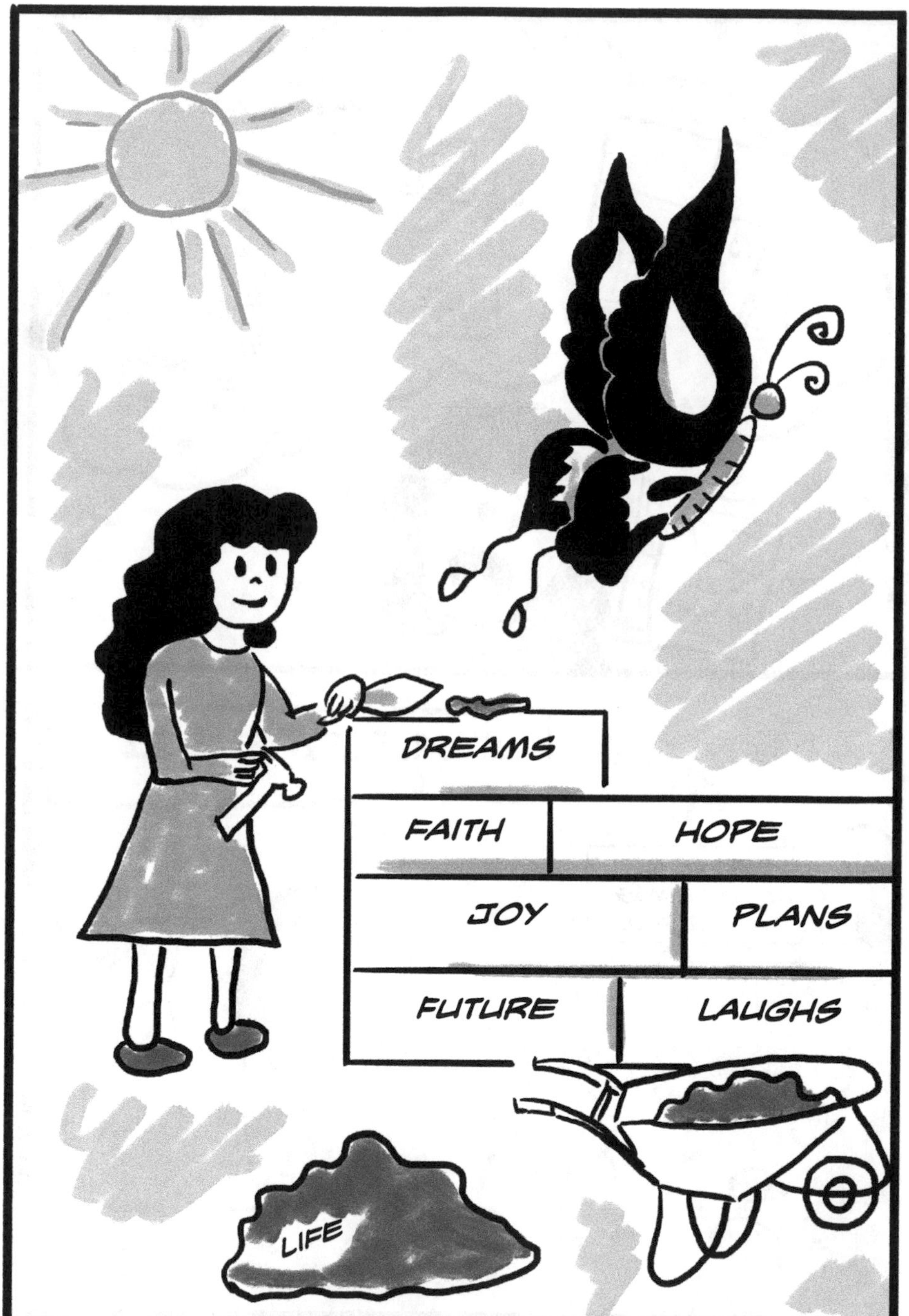
DREAMS
FAITH
HOPE
JOY
PLANS
FUTURE
LAUGHS
LIFE

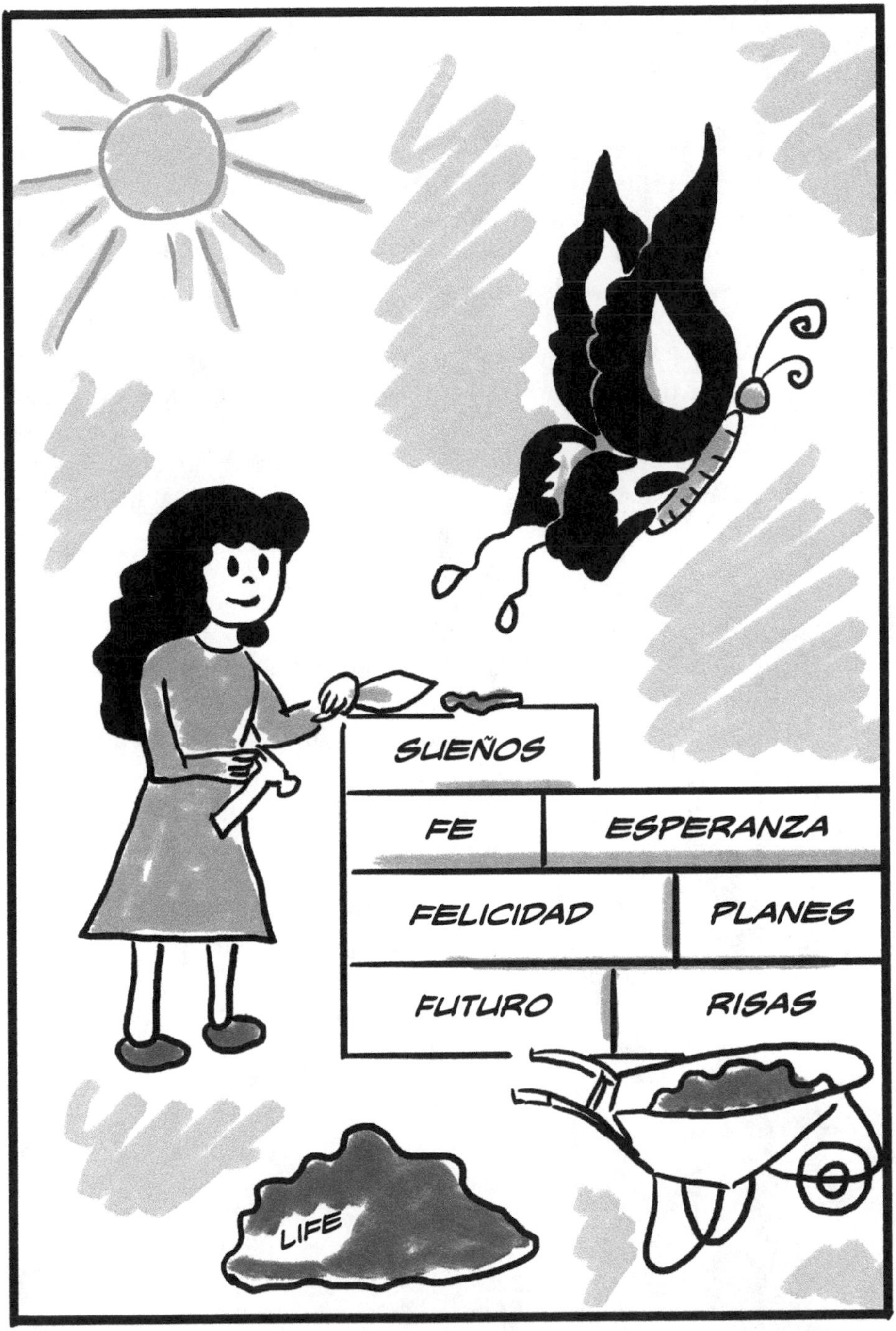
SUEÑOS
FE
ESPERANZA
FELICIDAD
PLANES
FUTURO
RISAS
LIFE

Rosa's Story

As a young girl, I lived in Jutiapa, Guatemala with my family. When I was seven years old, I experienced a pivotal event that turned my world upside down. It was a normal day and, as always, my father dropped me off at school. On that sunny morning, I did not realize that everything I had ever known was about to change. Both my and my family's dreams would be crushed in unspeakable ways.

When I came home from school that evening, my family and I received a traumatizing notice. My father had been shot. He could have survived, but due to the lack of medical resources, he died on his way to the hospital. We felt a massive weight of agony about my father's death. What made the pain even worse was knowing that it would be another crime in our town that would go unsolved.

From that point on, my mother, now a widow, displayed her strength and bravery as she worked relentlessly to provide food and protection for her five children. She did not allow the fear of being killed or the scarcity of financial support to stop her from taking care of her family. Eventually, with the family's best interests in mind, my two older brothers began to chase the American Dream. They wanted to give our family a way out of the poverty that we had experienced our entire lives.

As the years progressed, I kept dreaming for my future. I wanted to go to school to become a doctor. Because of the lack of opportunities and poor education in my country, I knew I would need to make it to America in order to have a chance of being successful. I applied for a visa but got denied many times. I just wanted permission to travel to the U.S. for school, but I could not get it. Finally, I took it upon myself to learn English. From that point on, learning English became one of my top priorities, and I worked my hardest through school.

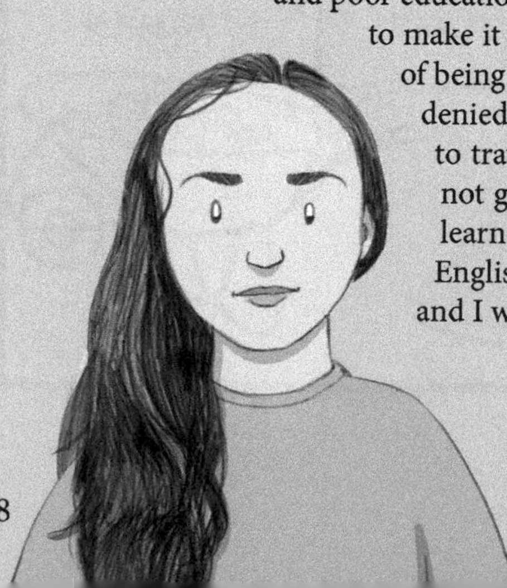

La Historia de Rosa

Cuando era niña, vivía en Jutiapa, Guatemala con mi familia. Cuando tenía siete años, experimenté un evento fundamental que cambió mi mundo. Era un día normal y, como siempre, mi padre me dejó en la escuela. En esa mañana soleada, no me di cuenta de que todo lo que había conocido estaba a punto de cambiar. Tanto mis sueño como los de mi familia serían aplastados de formas indescriptibles.

Cuando llegué a casa de la escuela esa noche, mi familia y yo recibimos un aviso traumatizante. Mi padre había recibido un disparo. Pudo haber sobrevivido, pero debido a la falta de recursos médicos, murió en su camino al hospital. Sentimos un gran peso de agonía por la muerte de mi padre. Lo que empeoraba aún más el dolor era saber que sería otra escena de crimen para la ciudad que no se resolvería.

Desde ese momento, mi madre, ahora viuda, mostró su fuerza y valentía mientras trabajaba sin descanso para proporcionar alimentos y protección para sus cinco hijos. No permitió que el temor de ser asesinada y la escasez de apoyo financiero la detuviera de continuar cuidando a su familia. Finalmente, teniendo en cuenta los mejores intereses de la familia, mis dos hermanos mayores comenzaron a perseguir el sueño americano. Querían darle a nuestra familia una salida de la pobreza que habíamos experimentado toda nuestra vida.

A medida que pasaban los años, comencé a pensar en el sueño que deseaba seguir para mi futuro. Yo quería ir a la escuela para ser médico. Debido a la falta de oportunidades y educación deficiente en mi país, sabía que tendría que llegar a Estados Unidos para poder tener éxito. Solicité una visa pero me negaron muchas veces. Solo quería permiso para viajar a los EE. UU. para ir a la escuela, pero no pude conseguirlo. Finalmente, me encargué de aprender inglés. A partir de ese momento, aprender inglés se convirtió en una de mis principales prioridades, y trabajé con todas mis fuerzas en la escuela.

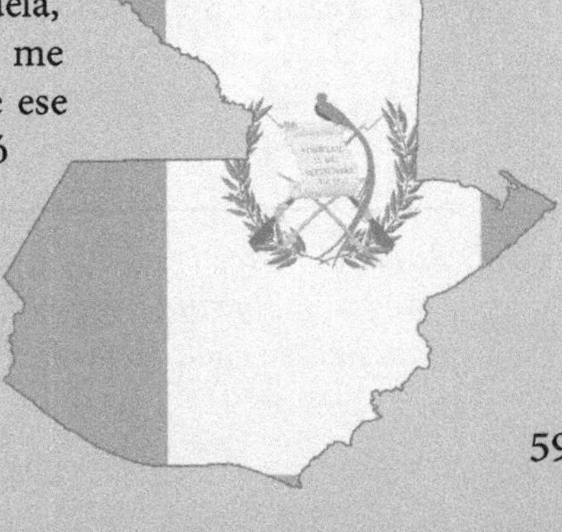

"No matter where you start from, those who dream of the impossible can achieve the unthinkable."

Eventually, after giving it my all and never giving up, the first door of my future opened: I received a visa to travel to U.S. With this gracious opportunity, I felt hopeful and blessed. I knew that once I arrived in the States, all I needed was a chance, a chance to create a life for myself.

In my comic, I told the story of this transformation. That's why I used the symbol of the butterfly, a symbol of transformation. I identified with the butterfly because I had to immigrate to make a path for myself. Also, in my country, a black butterfly means death in the family. My mom never believed that—she'd say, "Nah, it's just a butterfly"—but a black butterfly came into the house one week before my father died, and then it stayed around until one week after the funeral. At the end of my story, I show the butterfly with more detail to represent life; it's not just a black butterfly anymore.

By sharing my story I want to give the message that sometimes there are going to be things that you don't expect that will change your life, and you're probably going to struggle. But then you're going to have to change your energy to heal yourself, and to make your loved ones—including the ones not with you anymore—proud.

As I look at the world around me, I think of those who do not grasp onto their chance to be successful and productive members of this generation. It makes me think of where I began and where I am now. At this point, I realize that no matter where you start from, those who dream of the impossible can achieve the unthinkable.

– ROSA

Rosa is nineteen years old. She just graduated from high school and is going to major in biology in college so she can pursue a medical career. Rosa likes to cook and watch movies, a lot of movies.

"No importa dónde comienzas, aquellos que sueñan con lo imposible pueden lograr lo impensable."

Finalmente, después de darle mi todo constantemente y nunca darme por vencida, se abrió la primera puerta de mi futuro: recibí una visa para viajar a Estados Unidos. Con esta graciosa oportunidad, me sentí esperanzada y bendecida. Sabía que cuando llegaría a los Estados Unidos, todo lo que necesitaba era una oportunidad, la oportunidad de crear una vida para mí.

En mi cómic, conté la historia de esta transformación. Es por eso que usé el símbolo de la mariposa, un símbolo de transformación. Me siento identificada con la mariposa porque tuve que emigrar para abrir mi camino. Además, en mi país, una mariposa negra significa muerte en la familia. Mi madre nunca creía eso, decía, "Nah, es solo una mariposa", pero una mariposa negra entró en la casa una semana antes de que mi padre muriera, y luego se quedó hasta una semana después del funeral. Al final de mi historia, muestro la mariposa con más detalles para representar la vida; ya no es solo una mariposa negra.

Al compartir mi historia, quiero transmitir el mensaje de que a veces habrá cosas que no esperas que cambien tu vida, y es probable que tengas que luchar. Pero luego tendrás que cambiar tu energía para sanarte y hacer que tus seres queridos, incluidos los que ya no están contigo, se sientan orgullosos.

Cuando miro el mundo que me rodea, pienso en aquellos que no comprenden sus posibilidades de ser miembros exitosos y productivos de esta generación. Me hace pensar en dónde comencé y dónde estoy ahora. En este punto, me doy cuenta de que no importa dónde comienzas, aquellos que sueñan con lo imposible pueden lograr lo impensable.

— ROSA

Rosa tiene diecinueve años. Ella acaba de graduarse de la escuela secundaria y va a especializarse en biología en la universidad para poder seguir una carrera en medicina. A Rosa le gusta cocinar y mirar películas, muchas películas.

LOST IN THE DARK

BY YESI

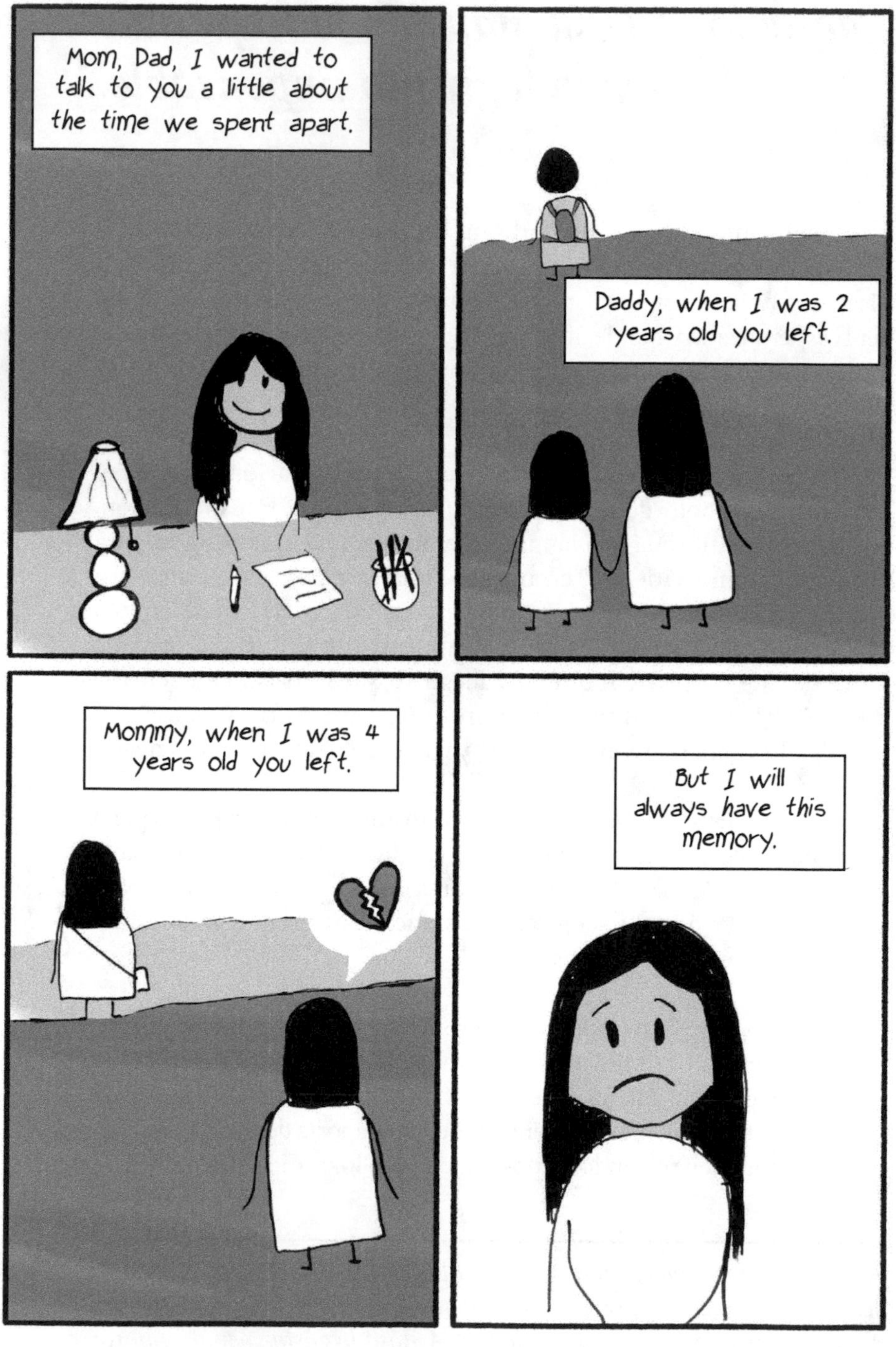
Mom, Dad, I wanted to talk to you a little about the time we spent apart.
Daddy, when I was 2 years old you left.
Mommy, when I was 4 years old you left.
But I will always have this memory.

Perdido en la Oscuridad

POR YESI

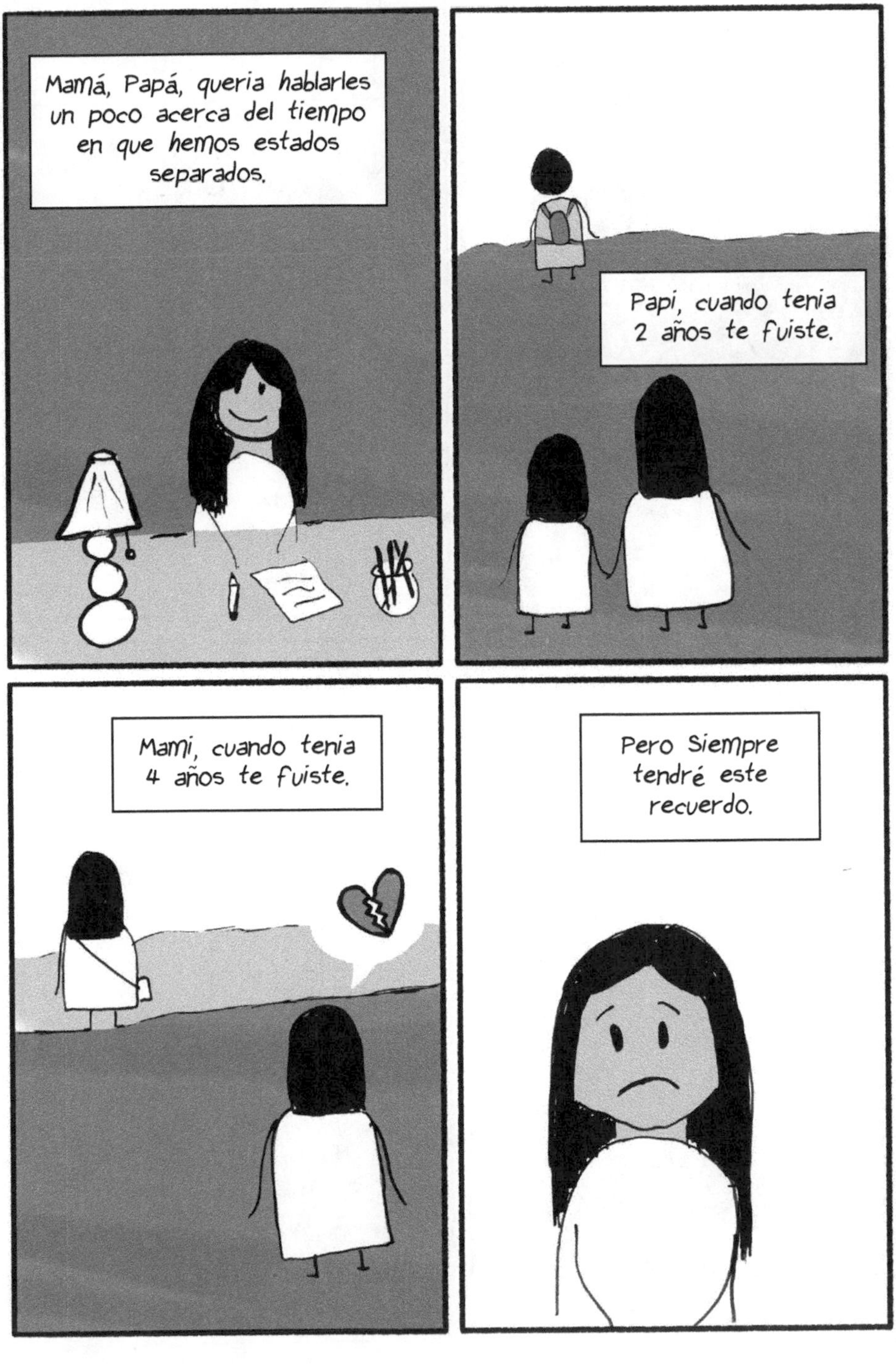
Mamá, Papá, queria hablarles un poco acerca del tiempo en que hemos estados separados.
Papi, cuando tenia 2 años te fuiste.
Mami, cuando tenia 4 años te fuiste.
Pero Siempre tendré este recuerdo.

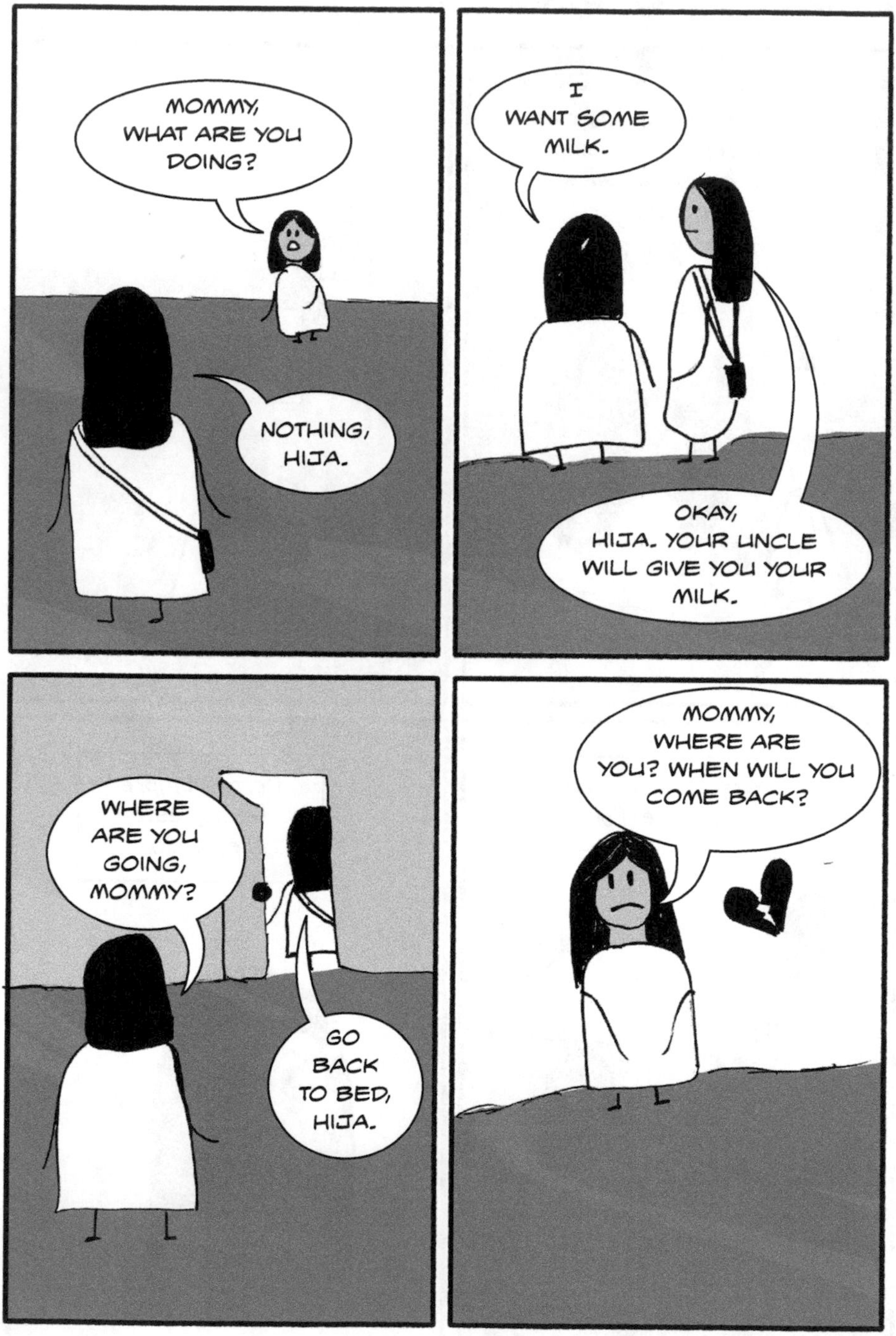
MOMMY, WHAT ARE YOU DOING?
NOTHING, HIJA.
I WANT SOME MILK.
OKAY, HIJA. YOUR UNCLE WILL GIVE YOU YOUR MILK.
WHERE ARE YOU GOING, MOMMY?
GO BACK TO BED, HIJA.
MOMMY, WHERE ARE YOU? WHEN WILL YOU COME BACK?

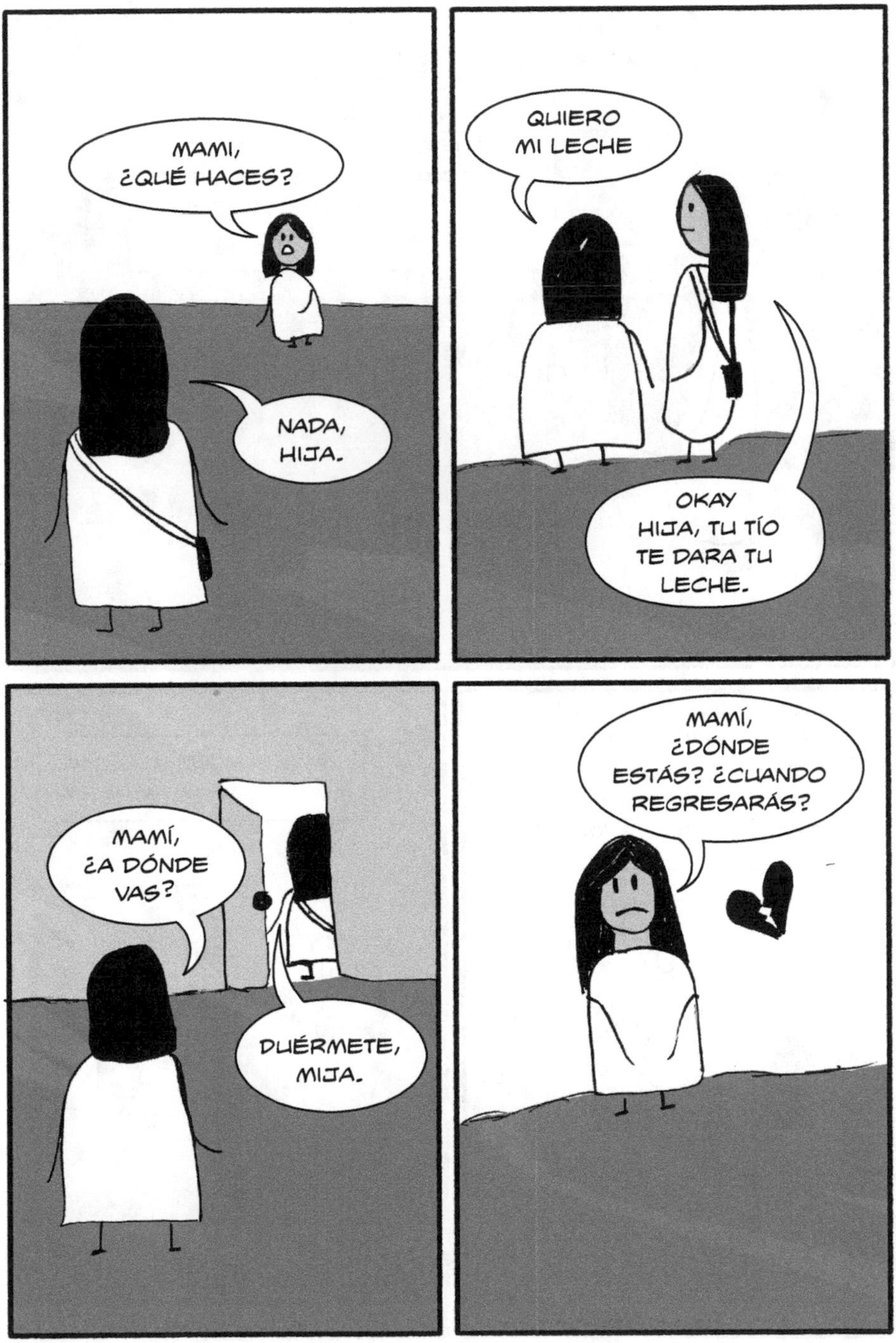
MAMI,
¿QUÉ HACES?
NADA,
HIJA.
QUIERO
MI LECHE
OKAY
HIJA, TU TÍO
TE DARA TU
LECHE.
MAMÍ,
¿A DÓNDE
VAS?
DUÉRMETE,
MIJA.
MAMÍ,
¿DÓNDE
ESTÁS? ¿CUANDO
REGRESARÁS?

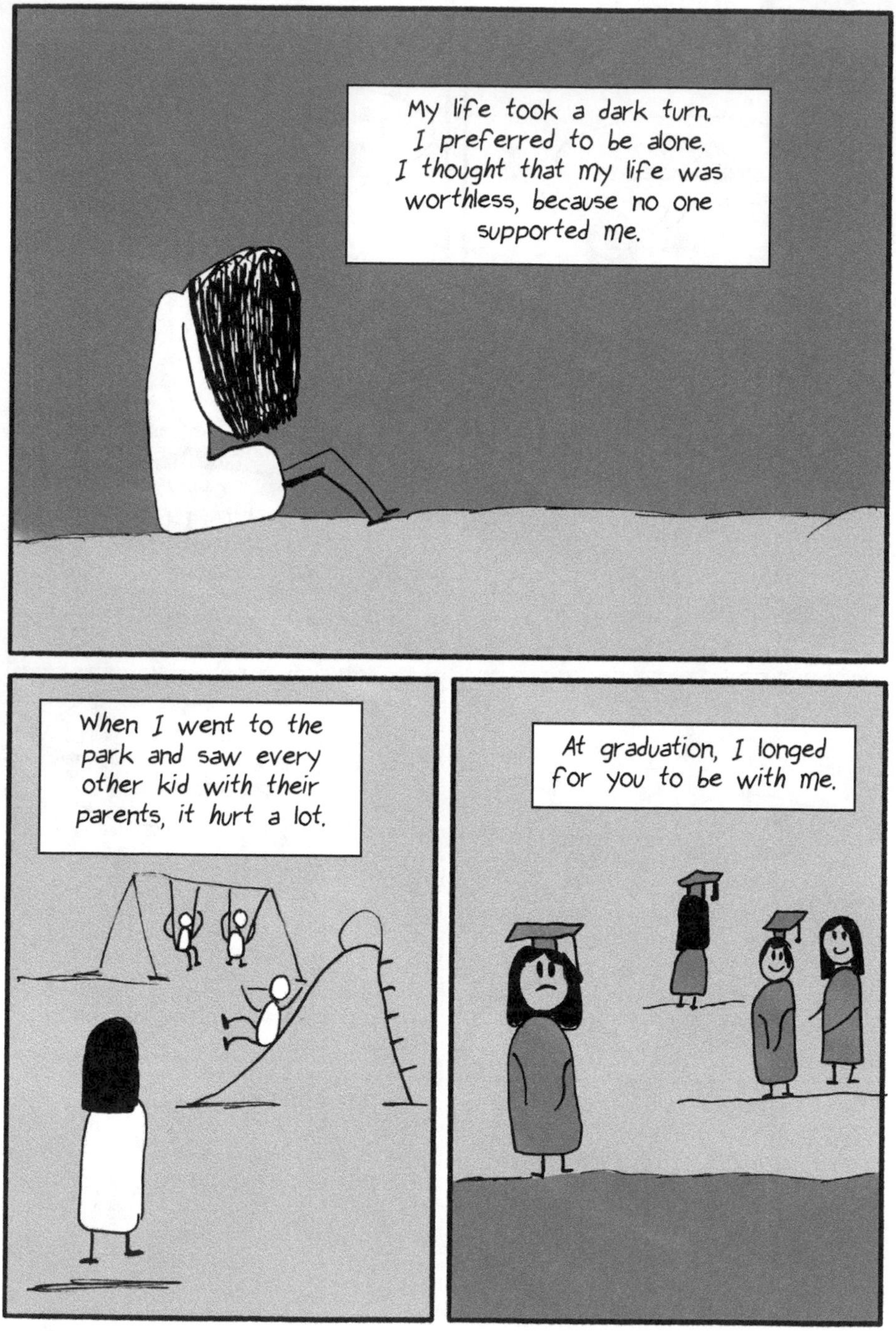
My life took a dark turn. I preferred to be alone. I thought that my life was worthless, because no one supported me.
When I went to the park and saw every other kid with their parents, it hurt a lot.
At graduation, I longed for you to be with me.

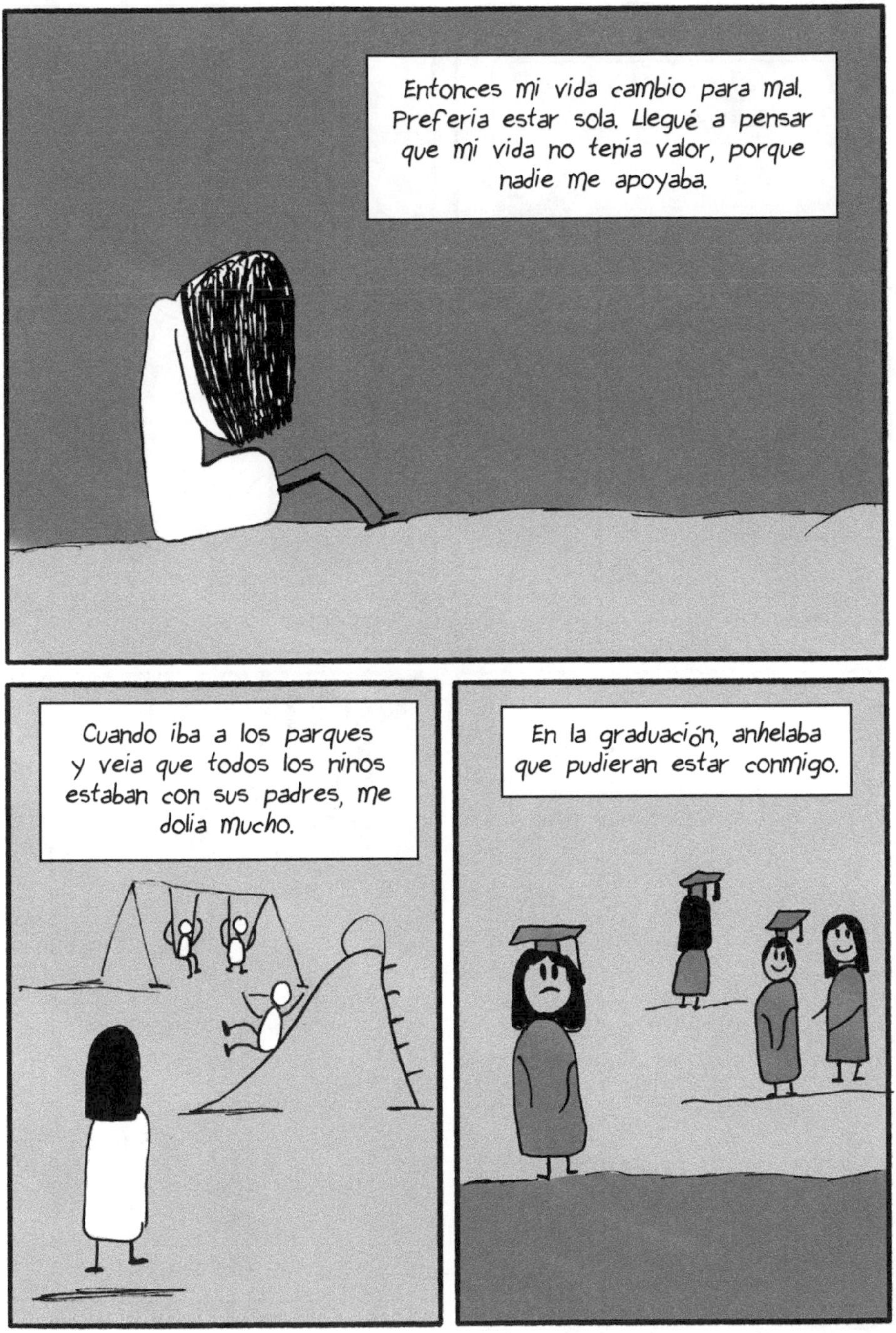
Entonces mi vida cambio para mal. Preferia estar sola. Llegué a pensar que mi vida no tenia valor, porque nadie me apoyaba.
Cuando iba a los parques y veia que todos los ninos estaban con sus padres, me dolia mucho.
En la graduación, anhelaba que pudieran estar conmigo.

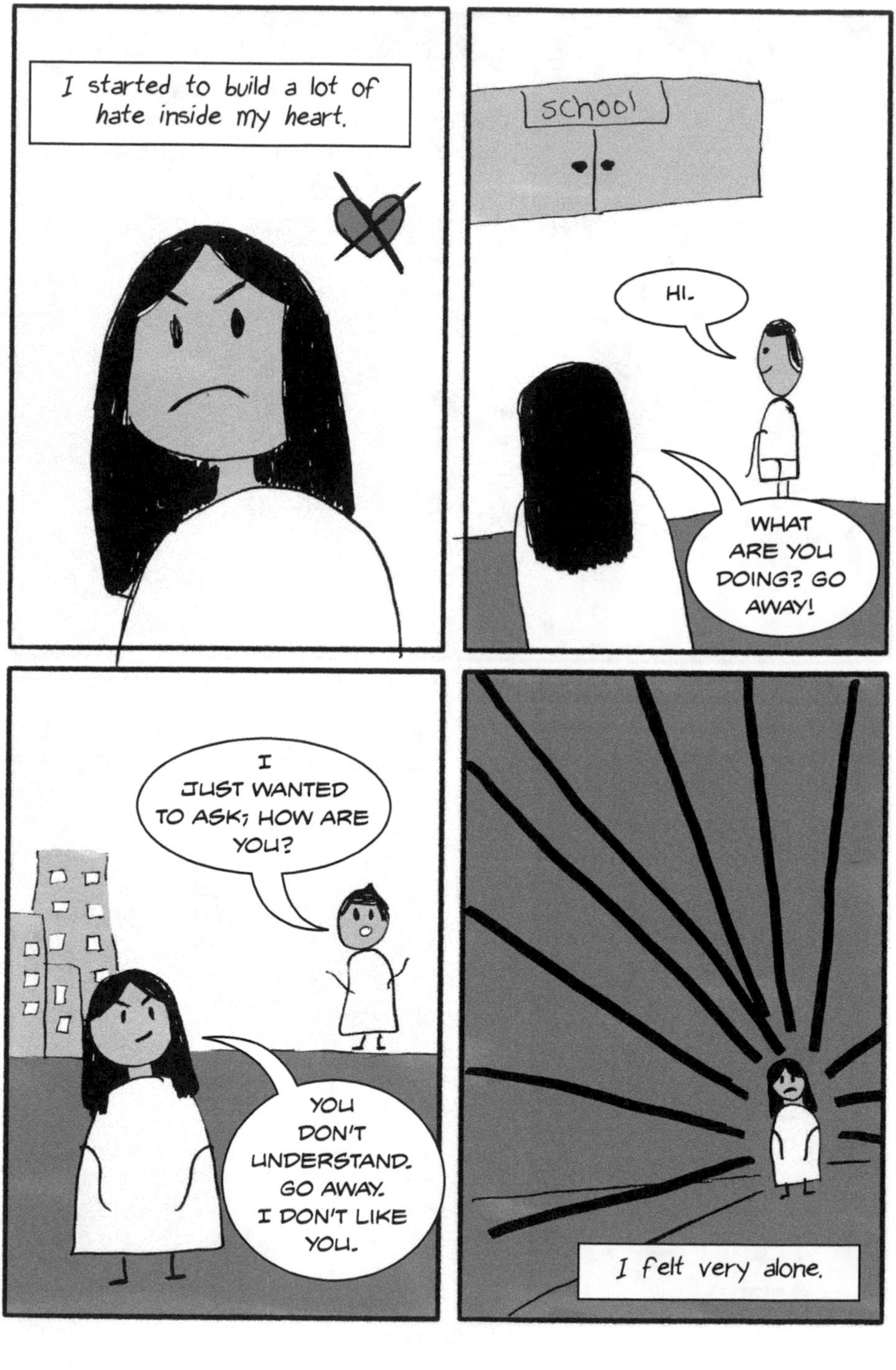
I started to build a lot of hate inside my heart.
SCHOOL
HI.
WHAT ARE YOU DOING? GO AWAY!
I JUST WANTED TO ASK; HOW ARE YOU?
YOU DON'T UNDERSTAND. GO AWAY. I DON'T LIKE YOU.
I felt very alone.

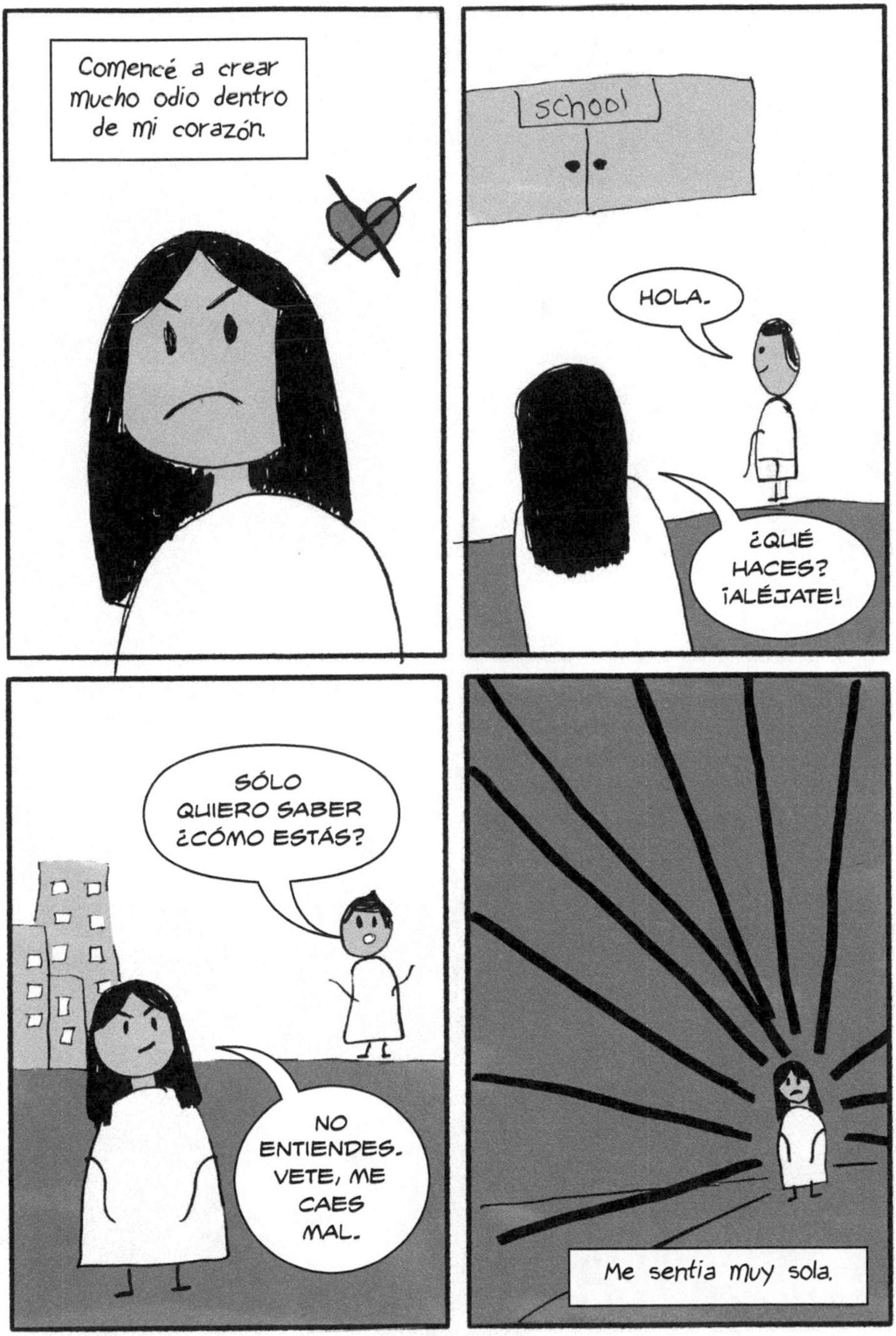
Comencé a crear mucho odio dentro de mi corazón.
SCHOOL
HOLA.
¿QUÉ HACES? ¡ALÉJATE!
SÓLO QUIERO SABER ¿CÓMO ESTÁS?
NO ENTIENDES. VETE, ME CAES MAL.
Me sentia muy sola.

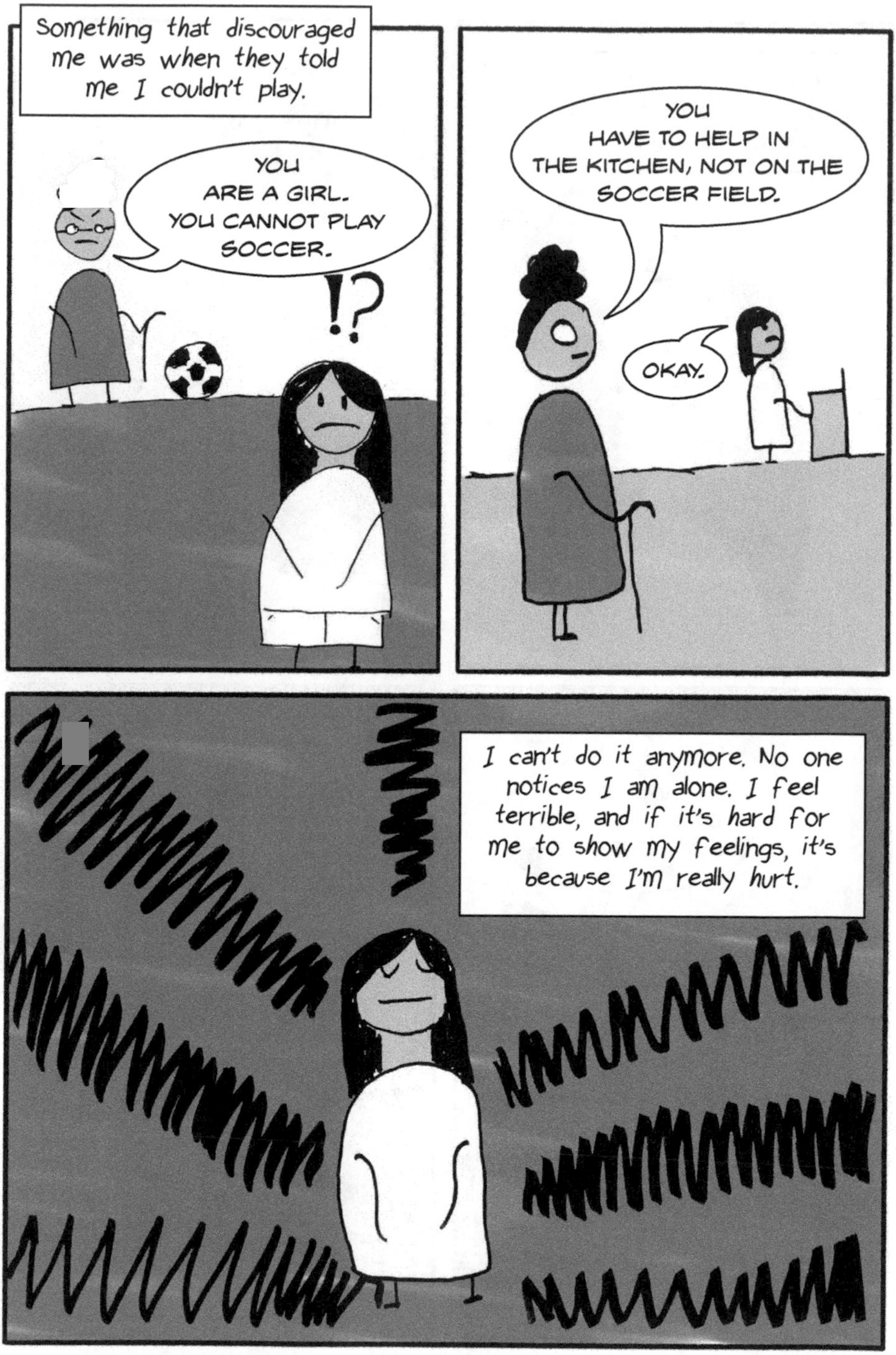
Something that discouraged me was when they told me I couldn't play.
YOU ARE A GIRL. YOU CANNOT PLAY SOCCER.
!?
YOU HAVE TO HELP IN THE KITCHEN, NOT ON THE SOCCER FIELD.
OKAY.
I can't do it anymore. No one notices I am alone. I feel terrible, and if it's hard for me to show my feelings, it's because I'm really hurt.

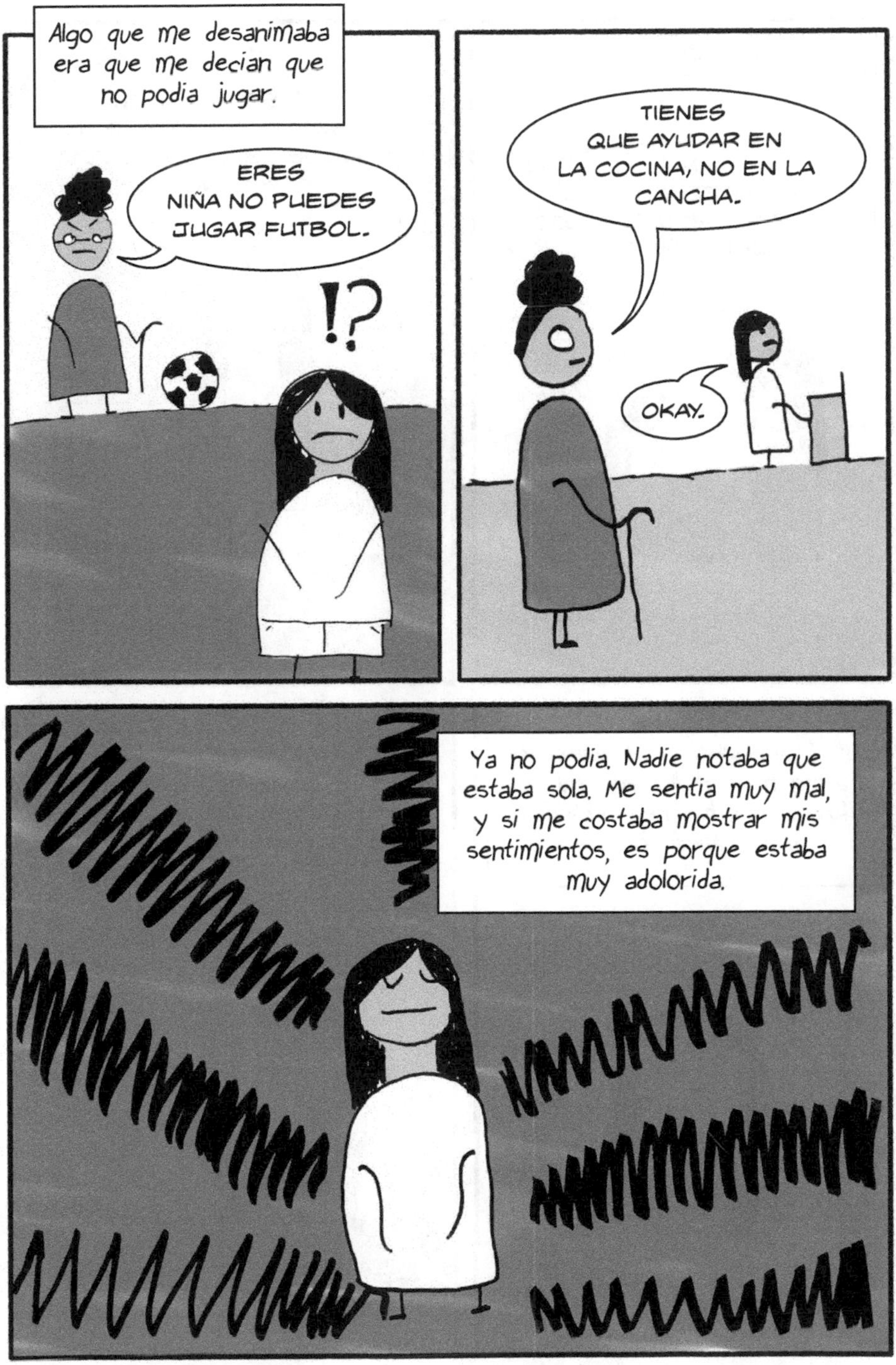
Algo que me desanimaba era que me decian que no podia jugar.
ERES NIÑA NO PUEDES JUGAR FUTBOL.
!?
TIENES QUE AYUDAR EN LA COCINA, NO EN LA CANCHA.
OKAY.
Ya no podia. Nadie notaba que estaba sola. Me sentia muy mal, y si me costaba mostrar mis sentimientos, es porque estaba muy adolorida.

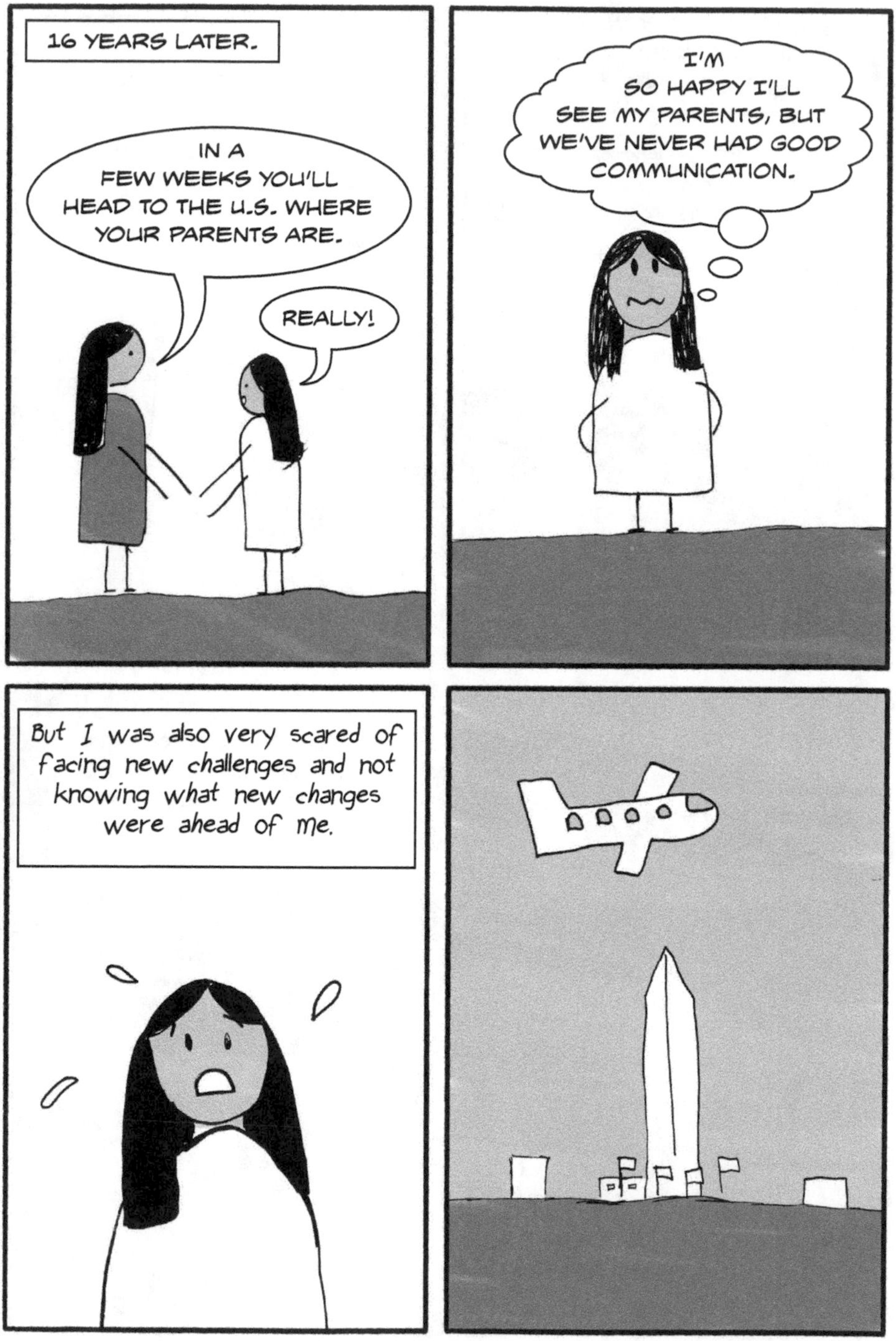
16 YEARS LATER.
IN A FEW WEEKS YOU'LL HEAD TO THE U.S. WHERE YOUR PARENTS ARE.
REALLY!
I'M SO HAPPY I'LL SEE MY PARENTS, BUT WE'VE NEVER HAD GOOD COMMUNICATION.
But I was also very scared of facing new challenges and not knowing what new changes were ahead of me.

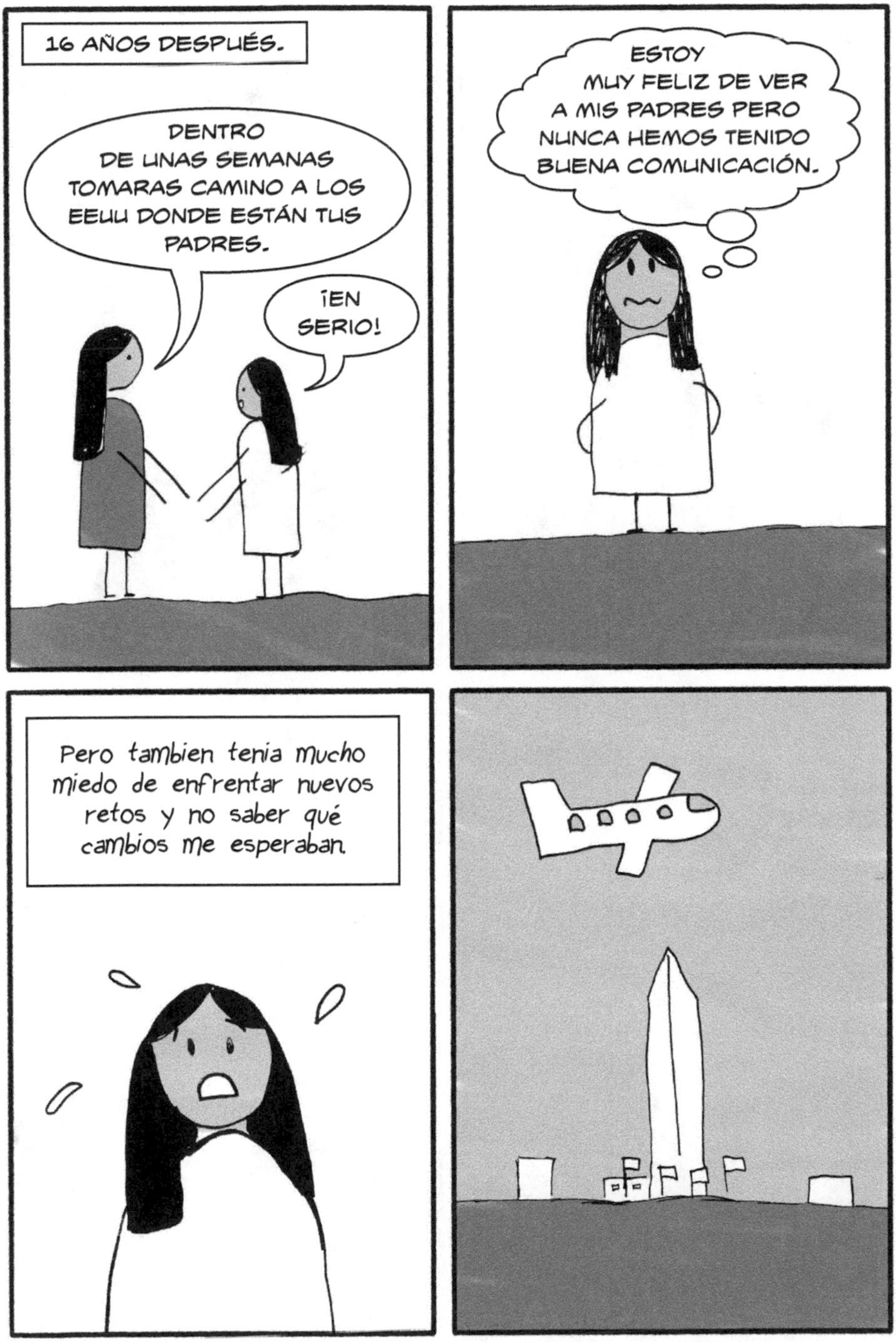
16 AÑOS DESPUÉS.
DENTRO DE UNAS SEMANAS TOMARAS CAMINO A LOS EEUU DONDE ESTÁN TUS PADRES.
¡EN SERIO!
ESTOY MUY FELIZ DE VER A MIS PADRES PERO NUNCA HEMOS TENIDO BUENA COMUNICACIÓN.
Pero tambien tenia mucho miedo de enfrentar nuevos retos y no saber qué cambios me esperaban.

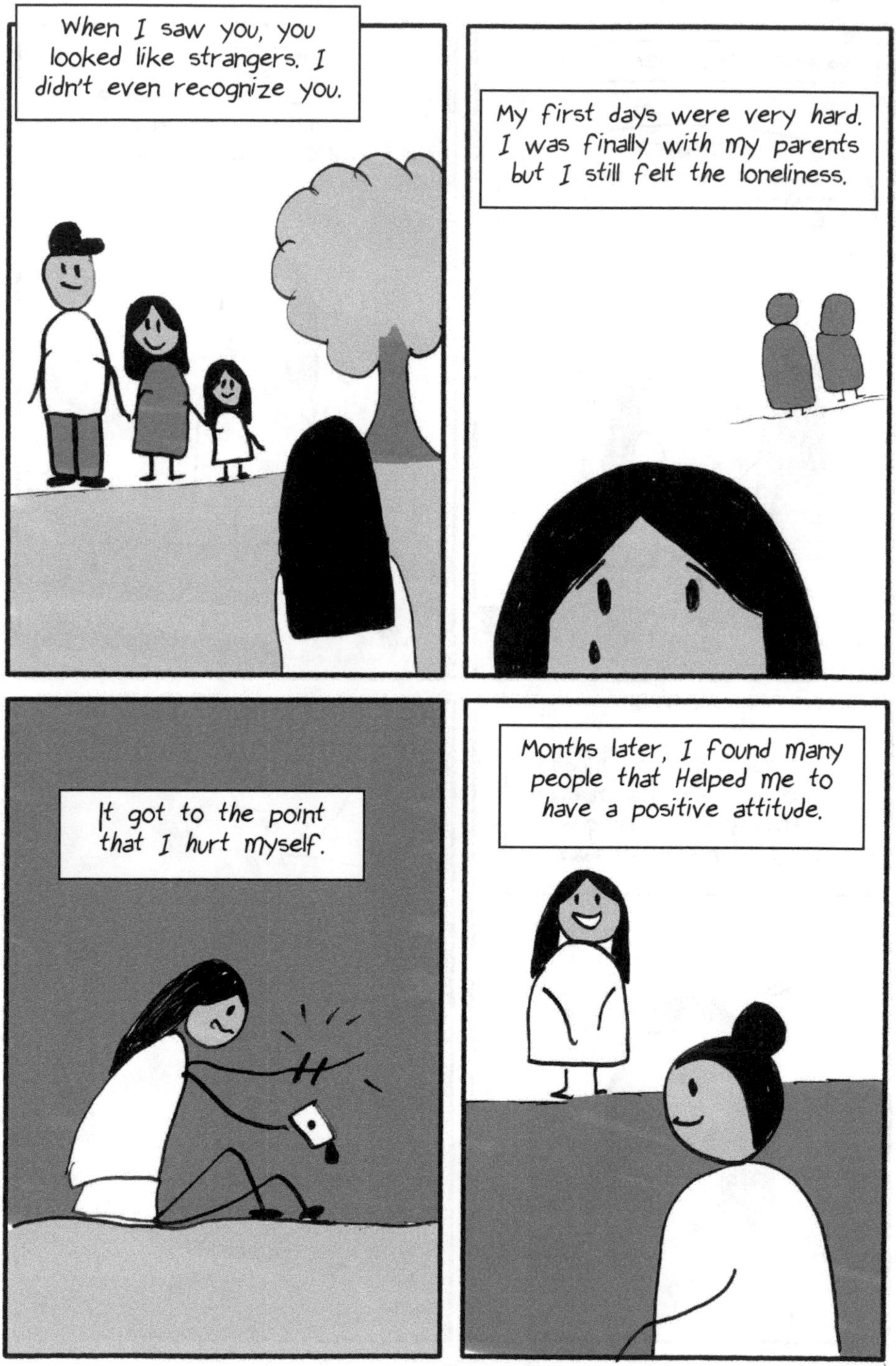
When I saw you, you looked like strangers. I didn't even recognize you.
My first days were very hard. I was finally with my parents but I still felt the loneliness.
It got to the point that I hurt myself.
Months later, I found many people that Helped me to have a positive attitude.

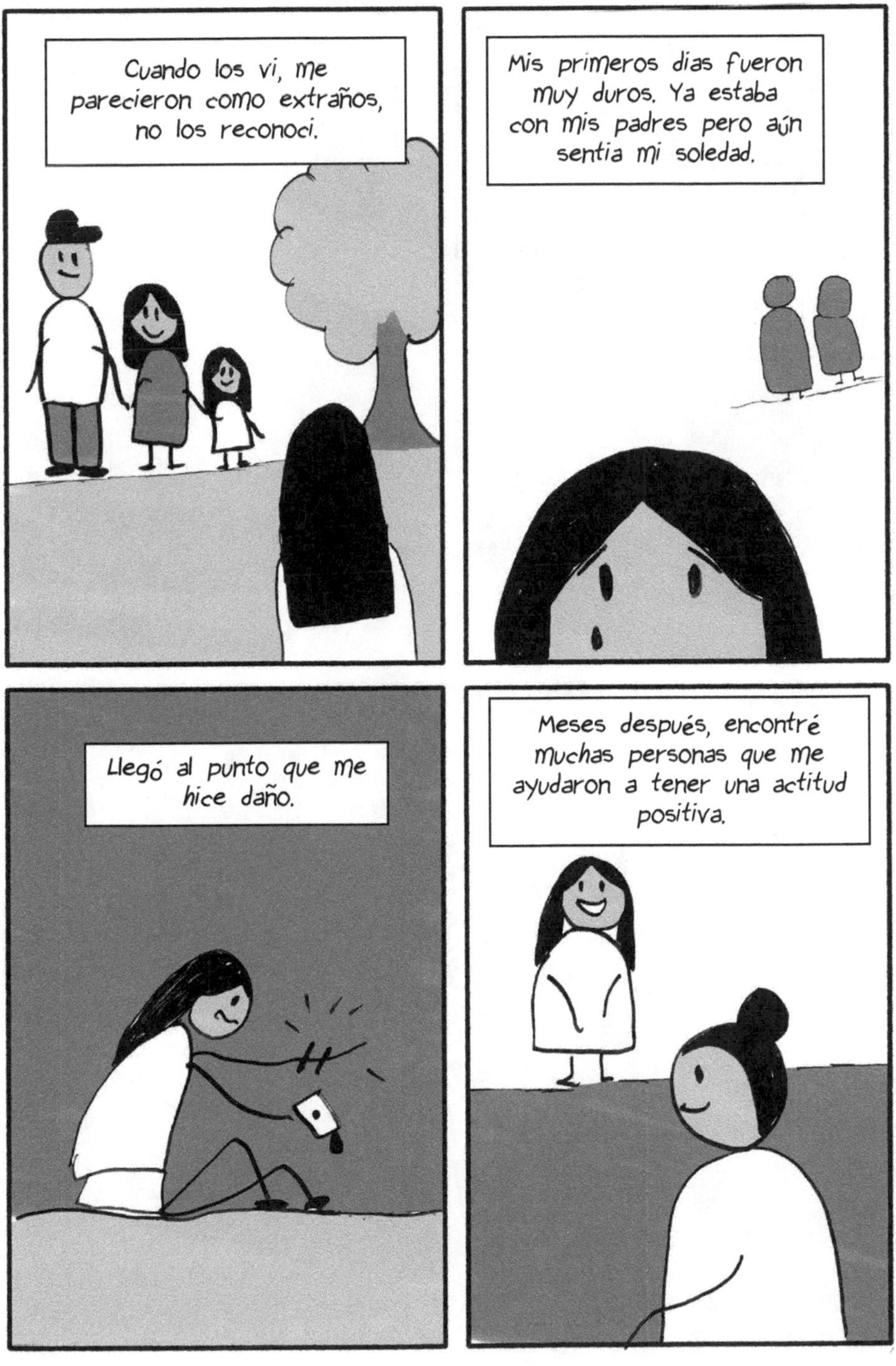
Cuando los vi, me parecieron como extraños, no los reconocí.
Mis primeros días fueron muy duros. Ya estaba con mis padres pero aún sentía mi soledad.
Llegó al punto que me hice daño.
Meses después, encontré muchas personas que me ayudaron a tener una actitud positiva.

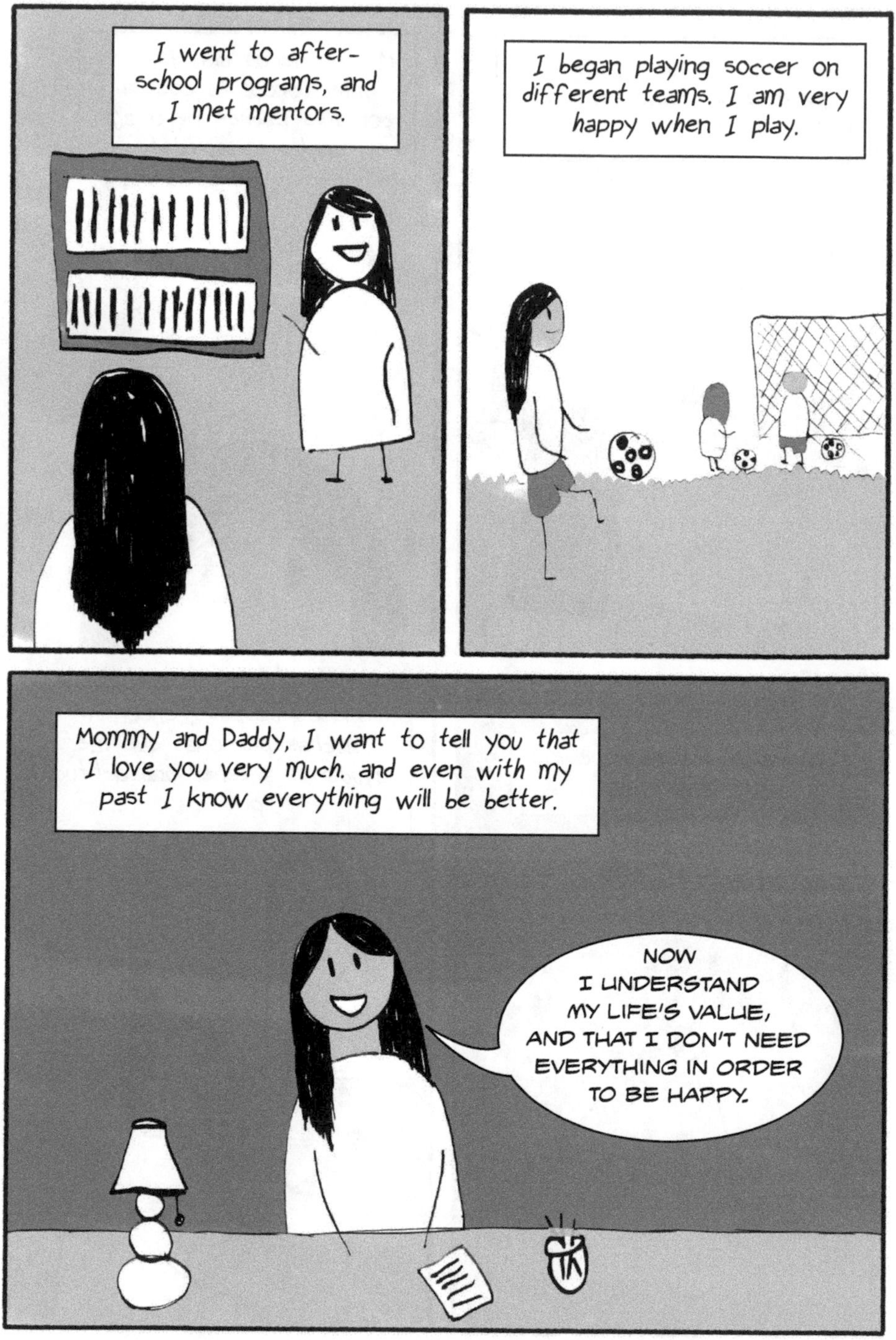
I went to after-school programs, and I met mentors.
I began playing soccer on different teams. I am very happy when I play.
Mommy and Daddy, I want to tell you that I love you very much. and even with my past I know everything will be better.
NOW I UNDERSTAND MY LIFE'S VALUE, AND THAT I DON'T NEED EVERYTHING IN ORDER TO BE HAPPY.

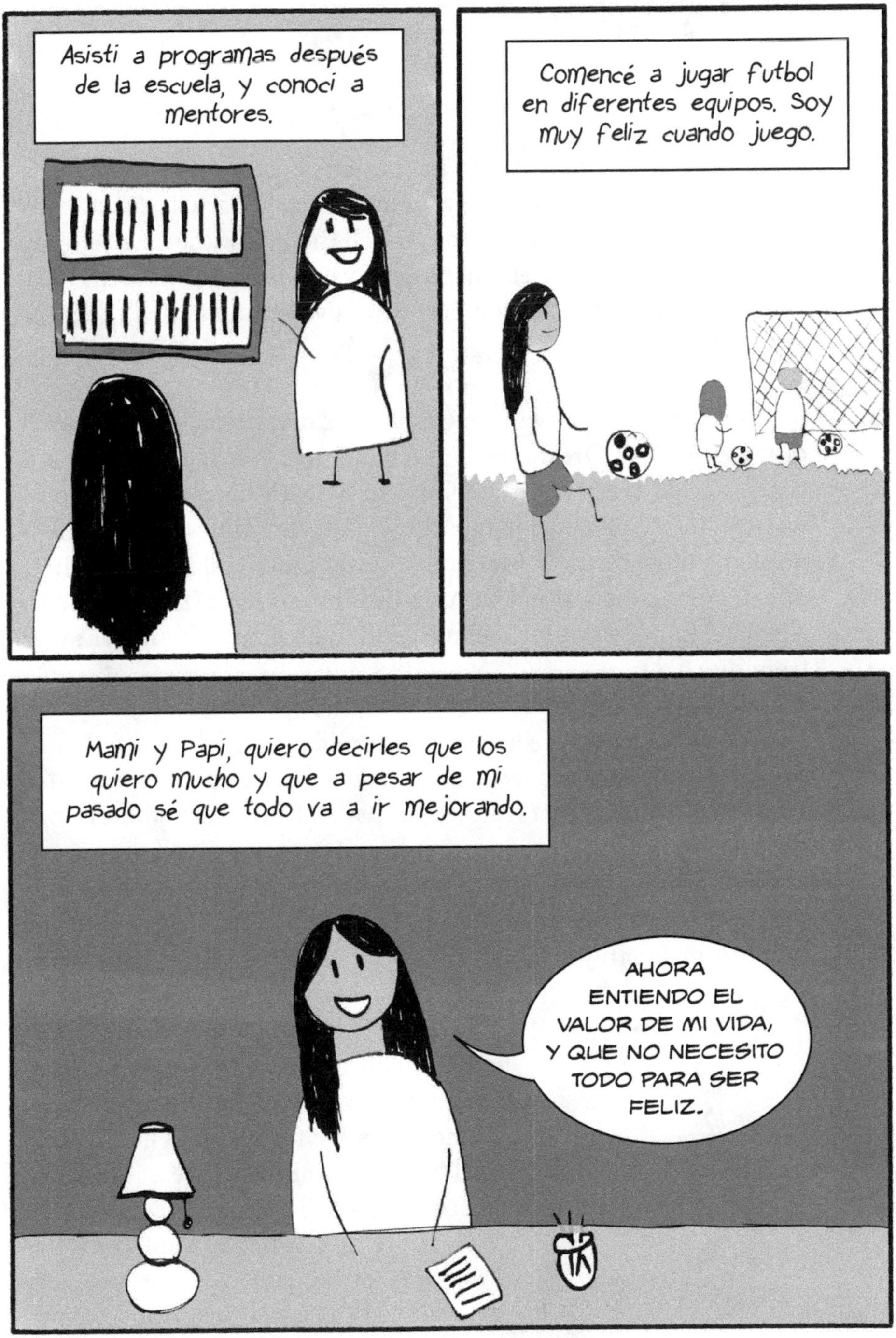
Asisti a programas después de la escuela, y conoci a mentores.
Comencé a jugar futbol en diferentes equipos. Soy muy feliz cuando juego.
Mami y Papi, quiero decirles que los quiero mucho y que a pesar de mi pasado sé que todo va a ir mejorando.
AHORA ENTIENDO EL VALOR DE MI VIDA, Y QUE NO NECESITO TODO PARA SER FELIZ.

YESI'S STORY

I chose to write a letter to my parents because it is a good way to express what I feel towards them. Before I started writing this comic, I did not have the courage to tell them how the events in my story affected my life. I felt unable to say it in person. But in this way I could express what I've felt and what I've wanted to tell them for a long time.

I used to be angry with my father, because he traveled in search of the American Dream. He left when I was two years old. For 16 years, I cried every night yearning to be with him. My childhood was the most difficult for me; those were the times when I most needed a hug and an "I love you." Seeing other children with their parents made me sad not to have him by my side. This led me to feel hate, to not show my feelings, and to push myself further away from him.

When I received the news that I would go live with my father in the U.S., I was very excited, but it has not been like I imagined it. I know that he never met his own father, and that causes him to not show me love, trust, or understanding. His actions hurt me even if I do not show it. I want him to know that his family needs him, and that we have to come first. I do not ask for a perfect father, just for support in all of my goals.

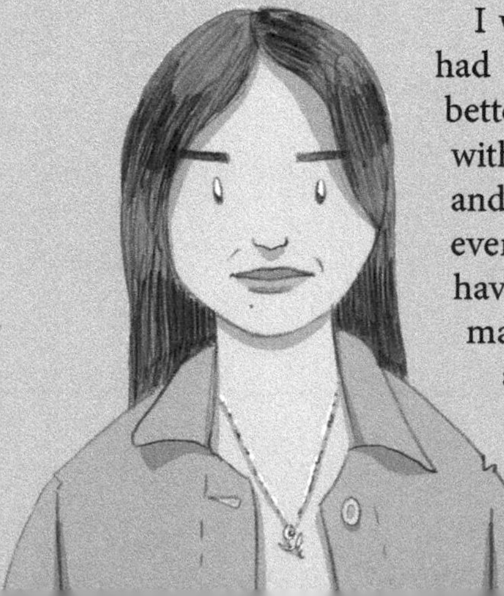

I want to tell my mother that she too had the courage to look for something better for me. All the years I went without her, I felt my life was incomplete and had no meaning, since a mother is everything a child needs. Now, I wish to have more time with her, but I know the majority of her time is spent working, and this prevents us from having good communication.

La Historia de Yesi

Elegí escribir una carta para mis padres porque es una buena manera de expresar lo que siento por ellos. Antes de comenzar a escribir este cómic, no tuve el valor de contarles cómo los eventos de mi historia afectaron mi vida. Me sentí incapaz de decirlo en persona. Pero de esta forma pude expresar lo que sentí y lo que quería contarles por mucho tiempo.

Solía enojarme con mi padre, porque él viajó en busca del Sueño Americano. Se fue cuando tenía dos años. Durante 16 años, lloré todas las noches anhelando estar con él. Mi infancia fue la más difícil para mí; esos fueron los momentos en los que más necesitaba un abrazo y un "te amo." Ver a otros niños con sus padres me hizo sentir triste por no tenerlo a mi lado. Esto me llevó a sentir odio, a no mostrar mis sentimientos y a alejarme más de él.

Cuando recibí la noticia de que iría a vivir con mi padre en los Estados Unidos, estaba muy emocionada, pero no fue como lo imaginé. Sé que nunca conoció a su propio padre, y eso hace que no me muestre amor, confianza o comprensión. Sus acciones me duelen aunque no lo demuestre. Quiero que sepa que su familia lo necesita y que debemos ser lo primero. No pido un padre perfecto, solo por el apoyo en todos mis objetivos.

Quiero decirle a mi madre que ella también tuvo el valor de buscar algo mejor para mí. Todos los años que pasé sin ella, sentí que mi vida era incompleta y no tenía ningún significado, ya que una madre es todo lo que un niño necesita. Ahora, deseo tener más tiempo con ella, pero sé que dedica la mayor parte de su tiempo al trabajo, y esto nos impide tener una buena comunicación.

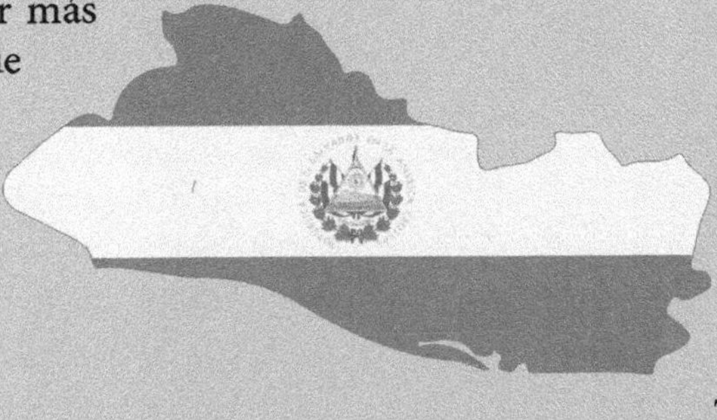

"Life continues...
With time,
you can recover
what you have lost."

Like my mother, I have cried. I do not tell her almost anything about me because when I want to express myself, it is hard for me. I am not the perfect daughter, but I want her to be proud of me. I want her to know that all her efforts were not in vain.

Showing love when you were not shown love is difficult. I understand both of my parents and their choices, but it is never too late to show a change. I wanted to tell this story because I think that many young people have had similar experiences. And I wanted to express to them the idea that when important people aren't in your life, you can still be okay. Life continues. Sooner or later you will reconnect. With time, you can recover what you have lost.

– YESI

Yesi is in the eleventh grade in Washington, D.C. She is from El Salvador. She likes to listen to music, watch movies, and spend time with friends. In the future, she wants to go to university and have a job related to health so she can help people.

"La vida continua...
Con el tiempo,
puedes recuperar
lo que has perdido."

Tanto como mi madre, he llorado. No le cuento casi nada sobre mí porque cuando quiero expresarme, me cuesta. No soy la hija perfecta, pero quiero que esté orgullosa de mí. Quiero que sepa que todos sus esfuerzos no fueron en vano.

Mostrar amor cuando el amor no fue mostrado es difícil. Entiendo tanto a mis padres como a sus decisiones, pero nunca es demasiado tarde para mostrar un cambio. Quería contar esta historia porque creo que muchos jóvenes han tenido experiencias similares. Y quería expresarles la idea de que cuando las personas importantes no están en tu vida, todavía puedes estar bien. La vida continua. Tarde o temprano te volverás a conectar. Con el tiempo, puedes recuperar lo que has perdido.

– YESI

Yesi está en el undécimo grado en Washington, D.C. Ella es de El Salvador. Le gusta escuchar música, ver películas, y pasar tiempo con amigos. En el futuro, ella quiere ir a la universidad y tener un trabajo relacionado con la salud para poder ayudar a las personas.

To Be Me

BY J.J.

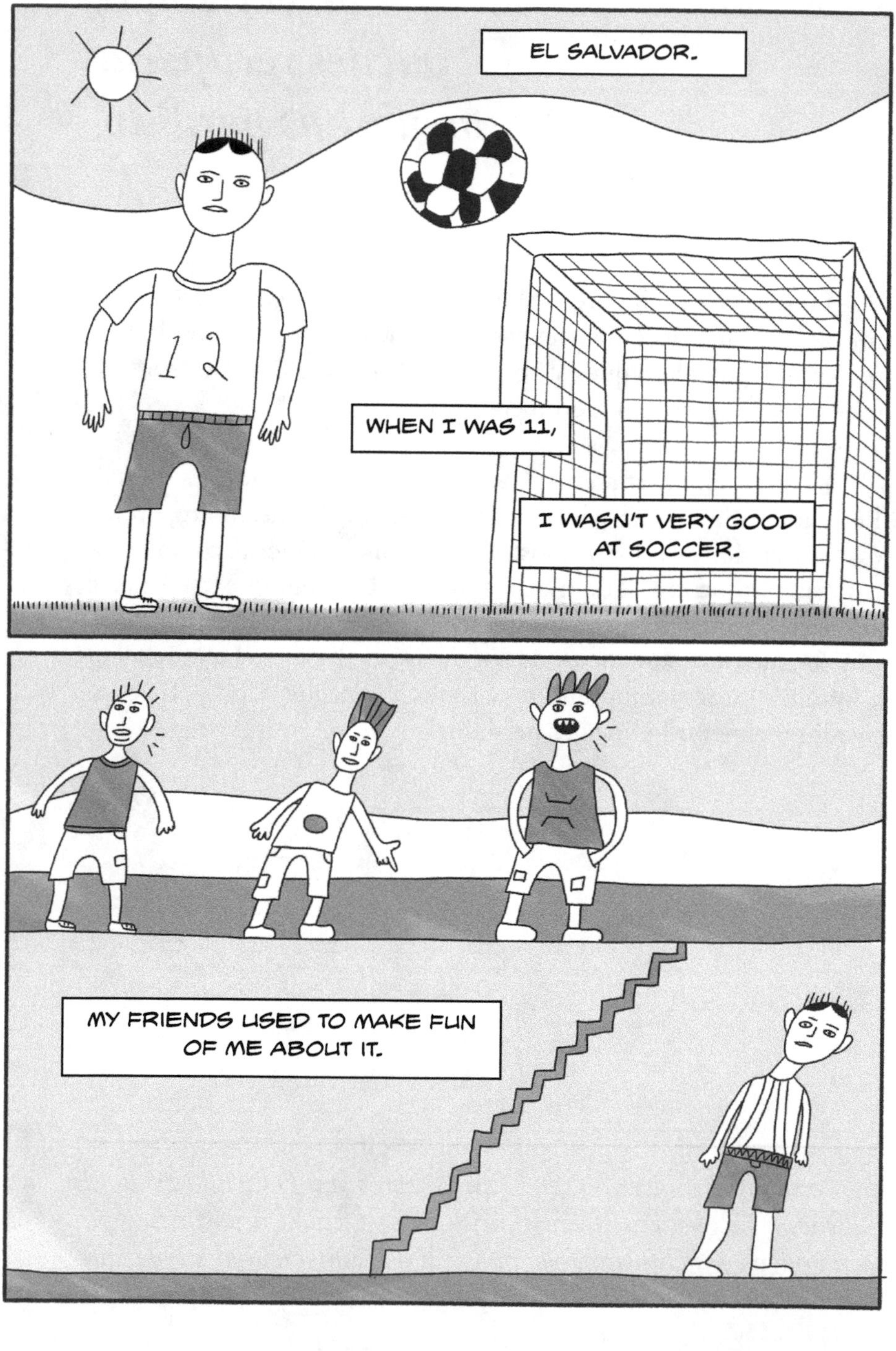
EL SALVADOR.
12
WHEN I WAS 11,
I WASN'T VERY GOOD AT SOCCER.
MY FRIENDS USED TO MAKE FUN OF ME ABOUT IT.

Ser Yo Mismo por J.J.

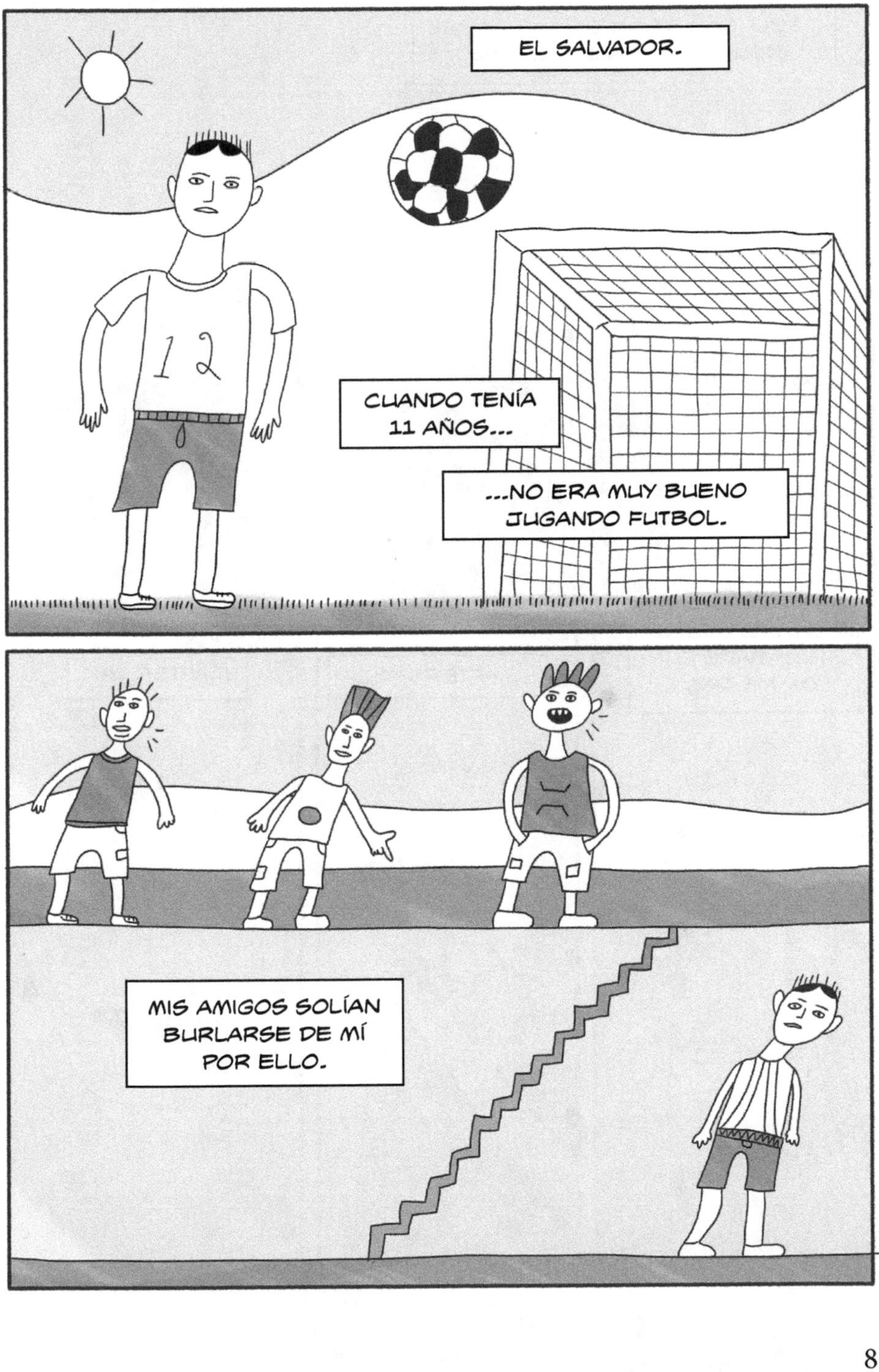
EL SALVADOR.
CUANDO TENÍA 11 AÑOS...
...NO ERA MUY BUENO JUGANDO FUTBOL.
12
MIS AMIGOS SOLÍAN BURLARSE DE MÍ POR ELLO.

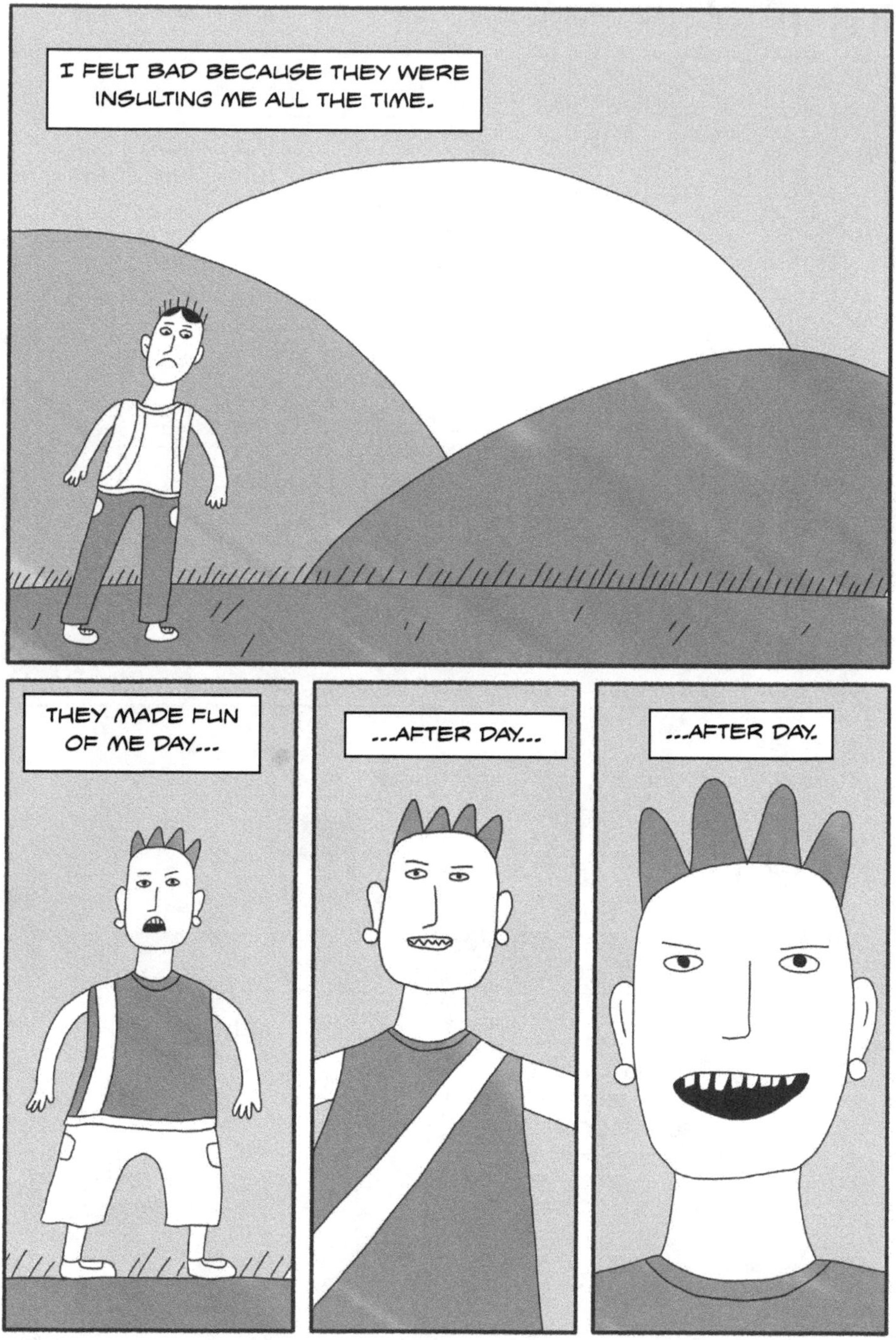
I FELT BAD BECAUSE THEY WERE INSULTING ME ALL THE TIME.
THEY MADE FUN OF ME DAY...
...AFTER DAY...
...AFTER DAY.

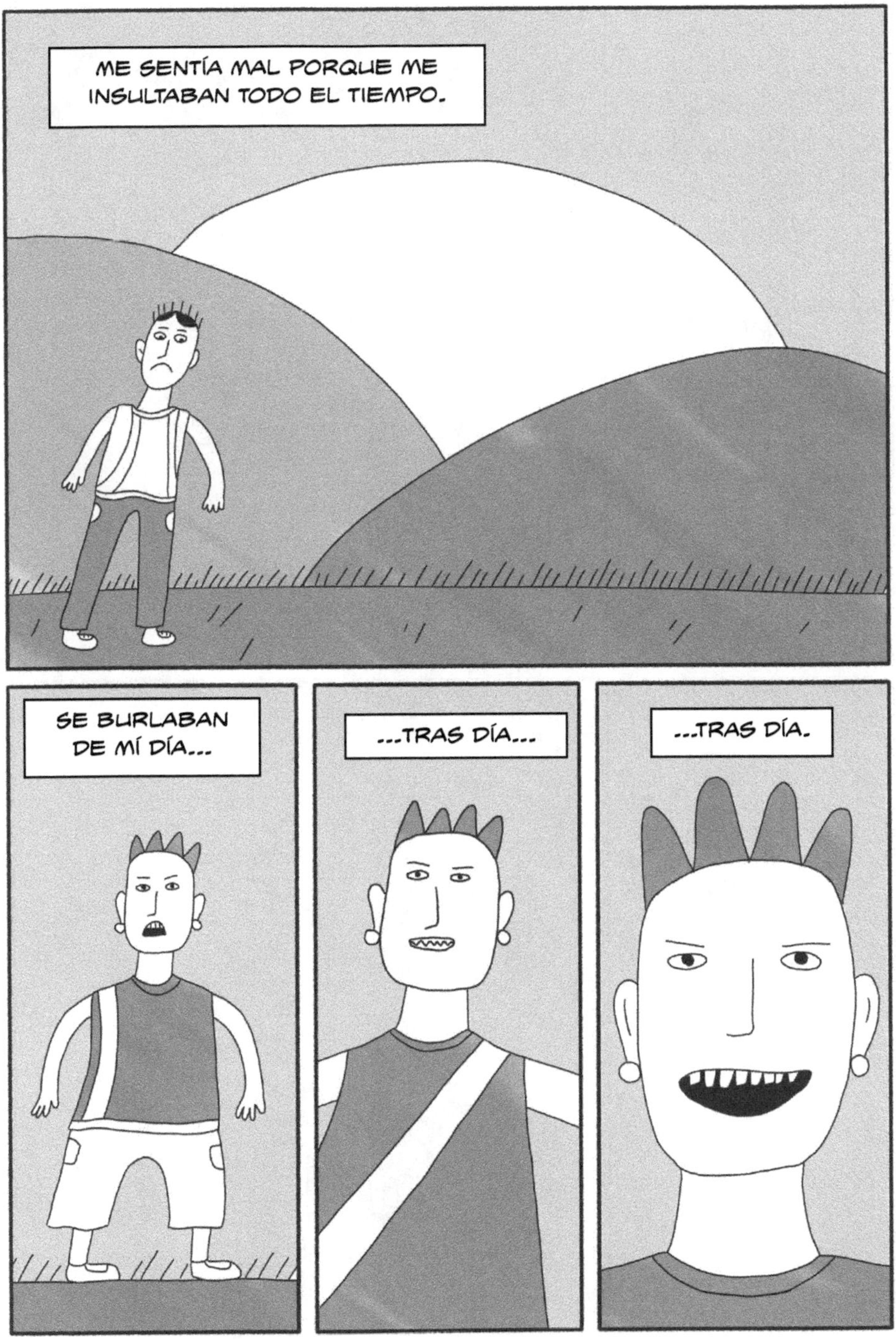
ME SENTÍA MAL PORQUE ME INSULTABAN TODO EL TIEMPO.
SE BURLABAN DE MÍ DÍA...
...TRAS DÍA...
...TRAS DÍA.

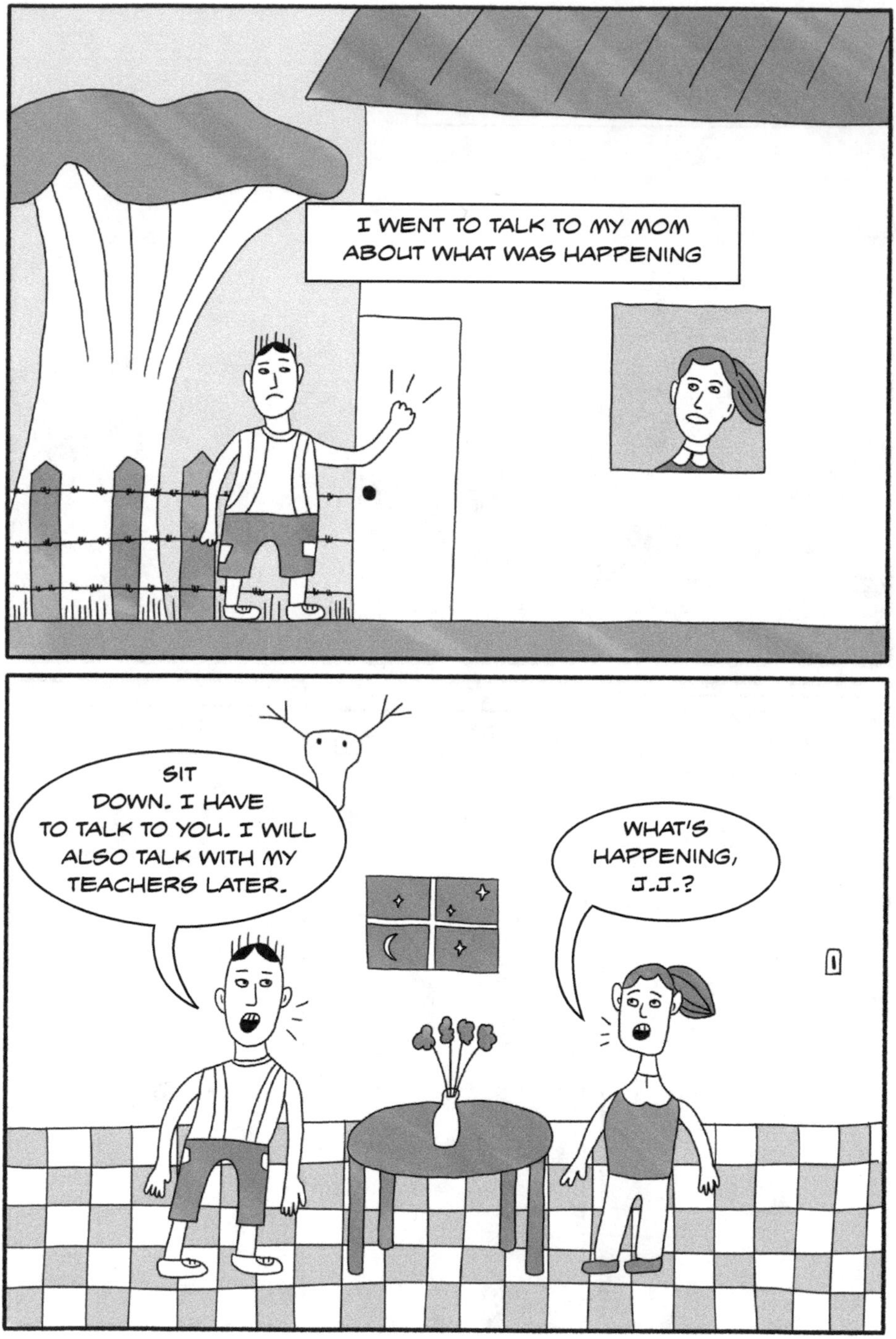
I WENT TO TALK TO MY MOM ABOUT WHAT WAS HAPPENING
WHAT'S HAPPENING, J.J.?
SIT DOWN. I HAVE TO TALK TO YOU. I WILL ALSO TALK WITH MY TEACHERS LATER.

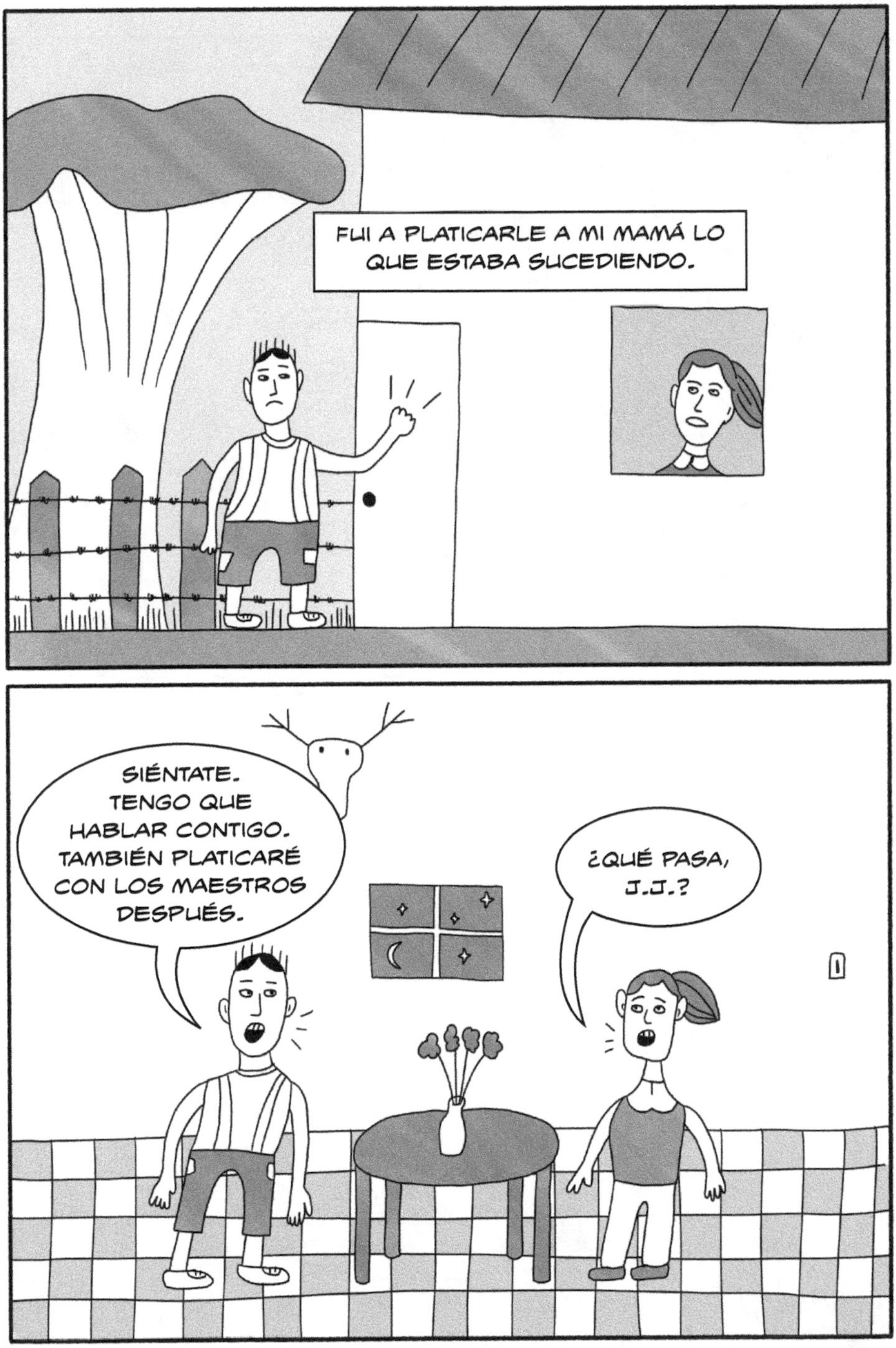
FUI A PLATICARLE A MI MAMÁ LO QUE ESTABA SUCEDIENDO.
¿QUÉ PASA, J.J.?
SIÉNTATE. TENGO QUE HABLAR CONTIGO. TAMBIÉN PLATICARÉ CON LOS MAESTROS DESPUÉS.

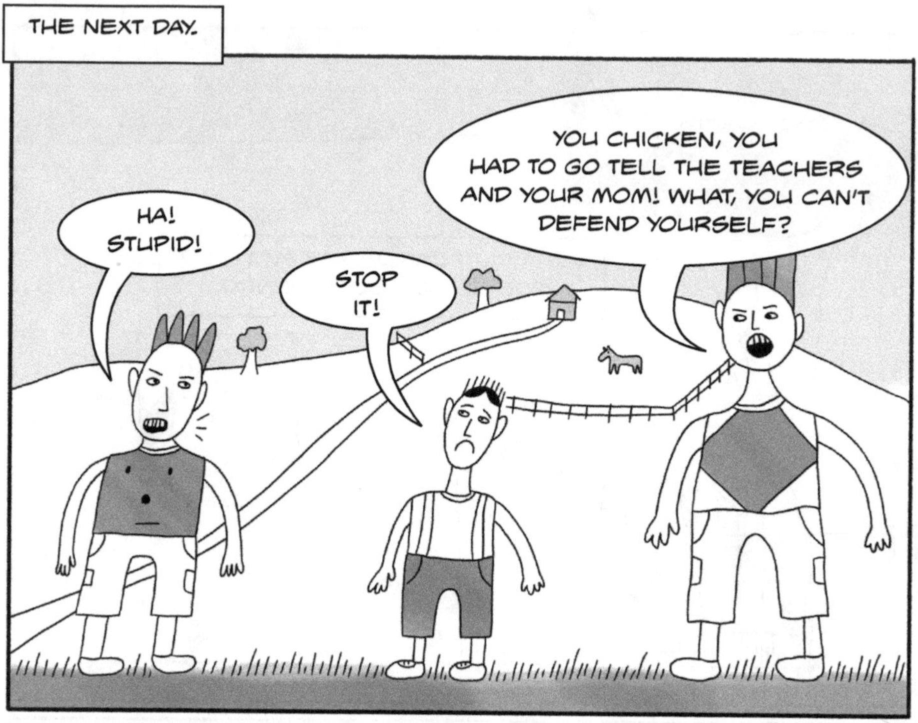
THE NEXT DAY.
HA! STUPID!
STOP IT!
YOU CHICKEN, YOU HAD TO GO TELL THE TEACHERS AND YOUR MOM! WHAT, YOU CAN'T DEFEND YOURSELF?

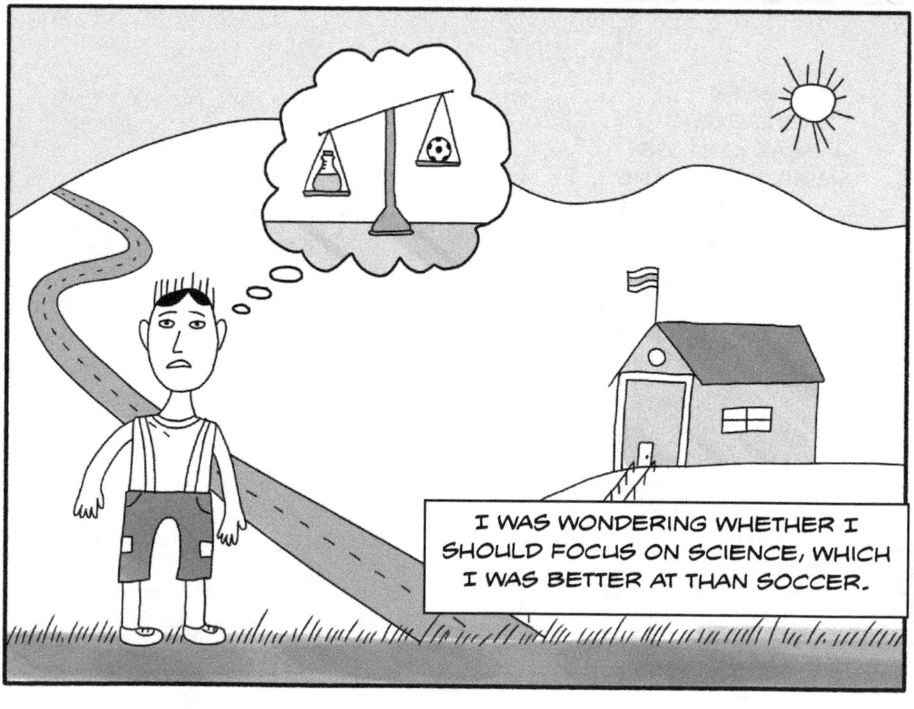
I WAS WONDERING WHETHER I SHOULD FOCUS ON SCIENCE, WHICH I WAS BETTER AT THAN SOCCER.

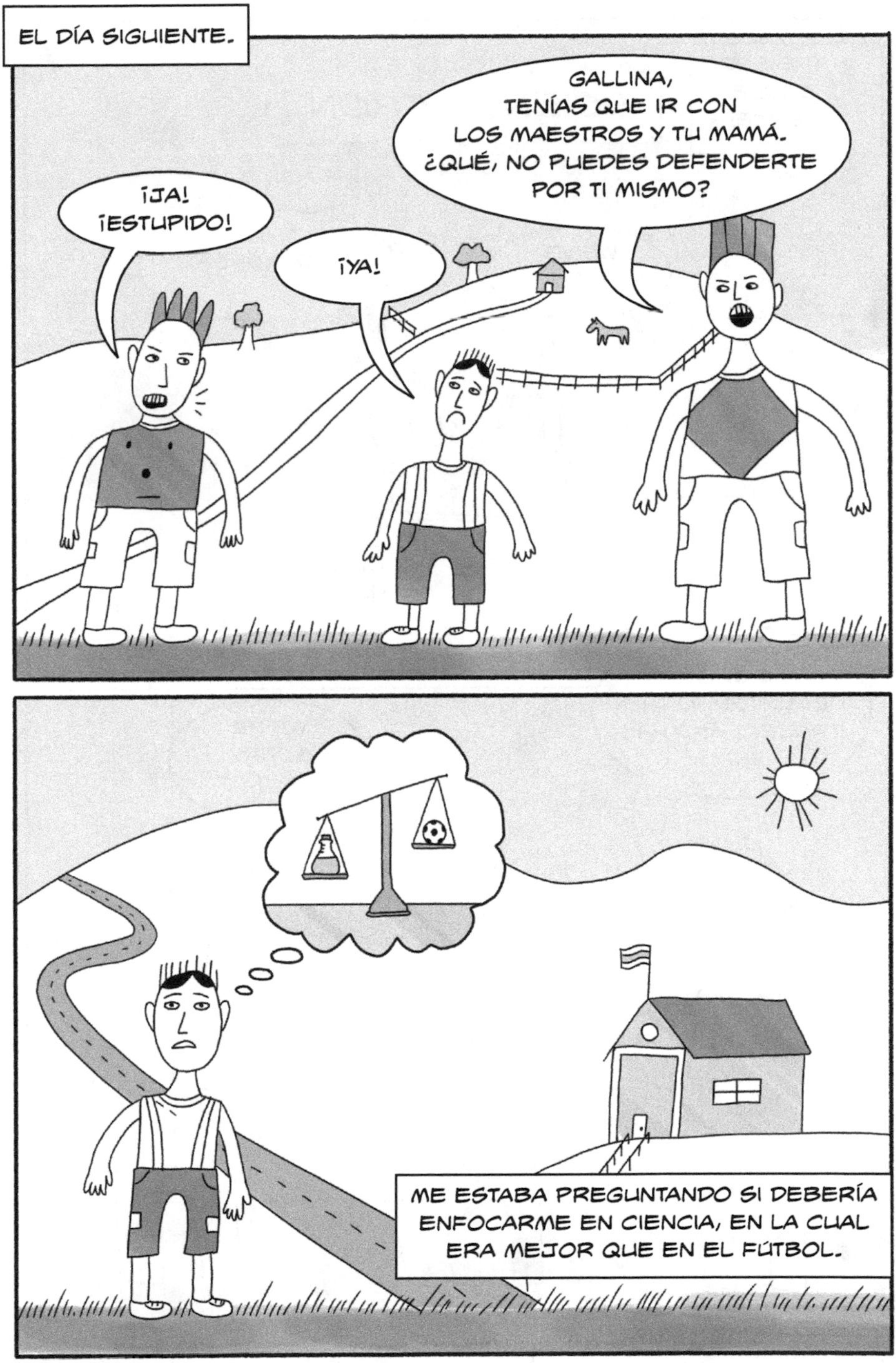
EL DÍA SIGUIENTE.
GALLINA, TENÍAS QUE IR CON LOS MAESTROS Y TU MAMÁ. ¿QUÉ, NO PUEDES DEFENDERTE POR TI MISMO?
¡JA! ¡ESTUPIDO!
¡YA!
ME ESTABA PREGUNTANDO SI DEBERÍA ENFOCARME EN CIENCIA, EN LA CUAL ERA MEJOR QUE EN EL FÚTBOL.

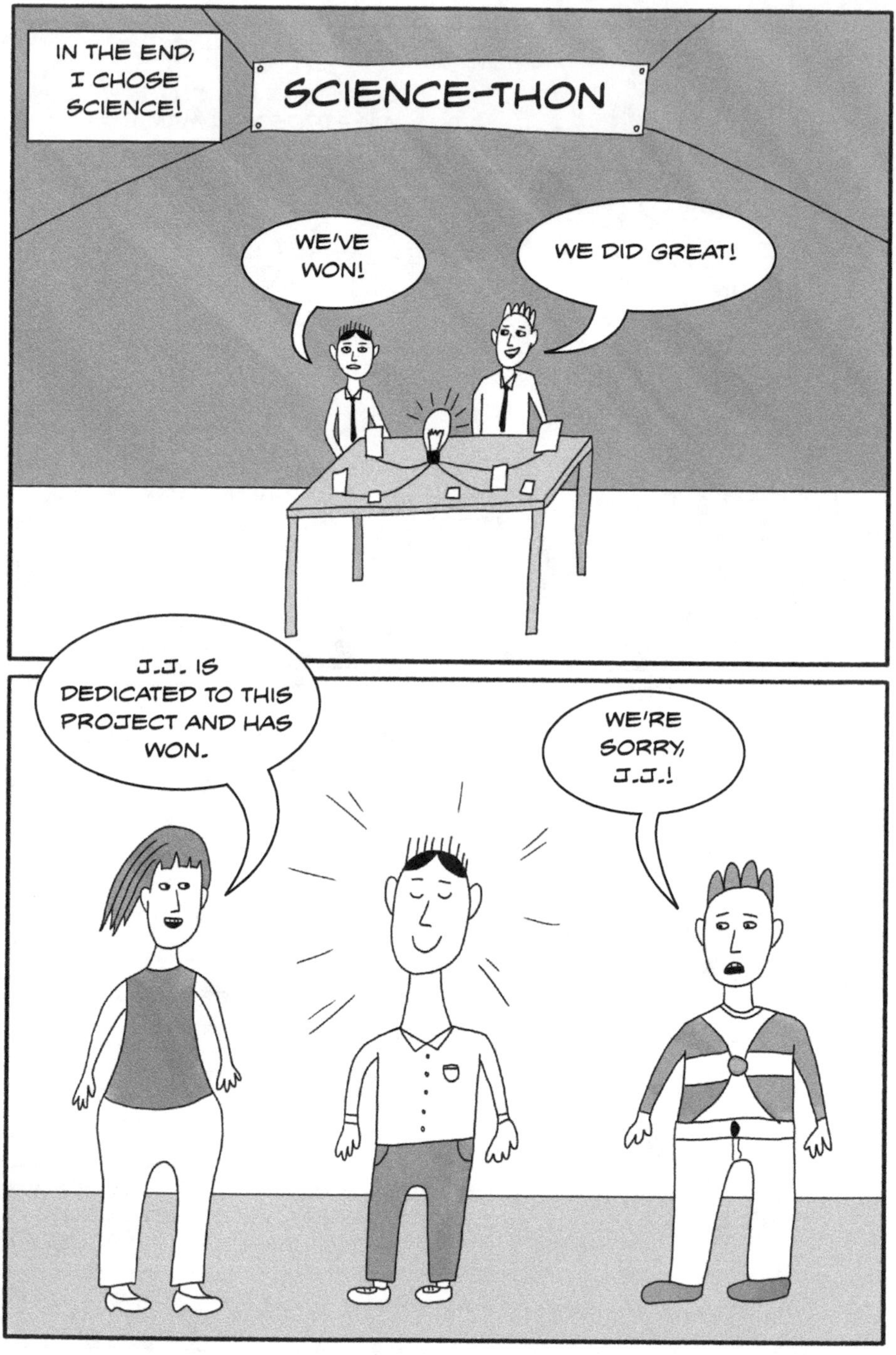
IN THE END, I CHOSE SCIENCE!
SCIENCE-THON
WE'VE WON!
WE DID GREAT!
J.J. IS DEDICATED TO THIS PROJECT AND HAS WON.
WE'RE SORRY, J.J.!

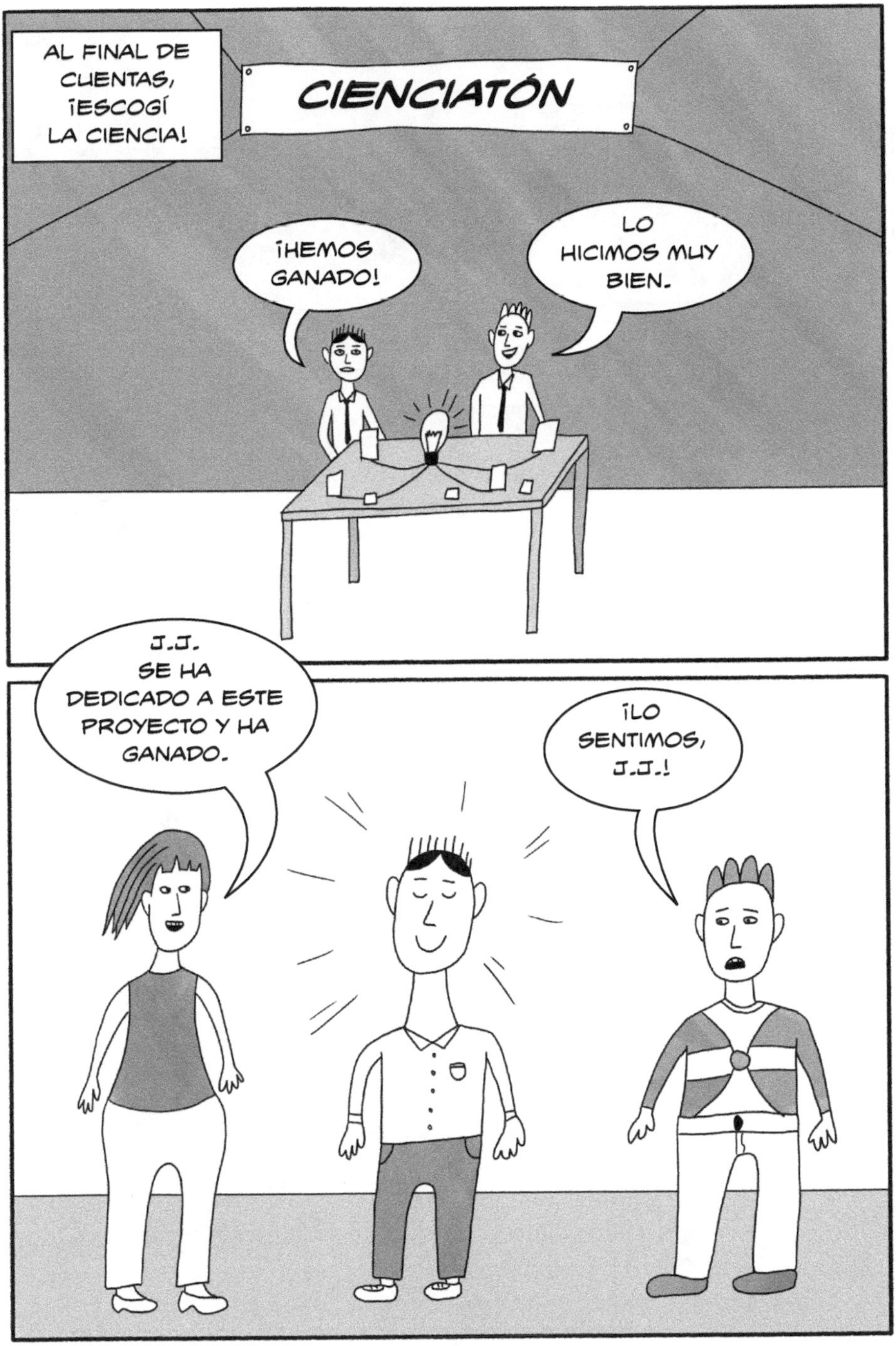
AL FINAL DE CUENTAS, ¡ESCOGÍ LA CIENCIA!
CIENCIATÓN
¡HEMOS GANADO!
LO HICIMOS MUY BIEN.
J.J. SE HA DEDICADO A ESTE PROYECTO Y HA GANADO.
¡LO SENTIMOS, J.J.!

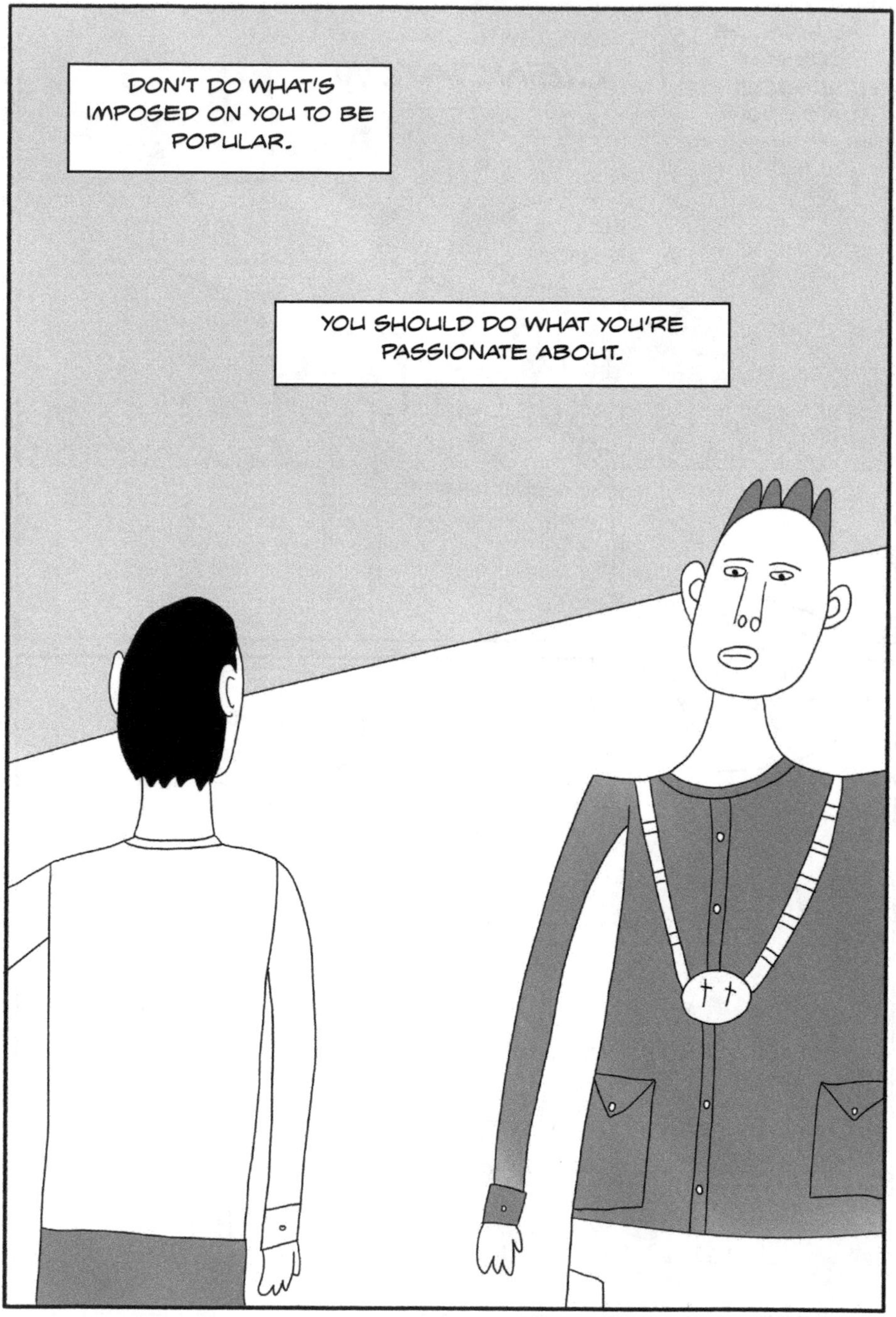
DON'T DO WHAT'S IMPOSED ON YOU TO BE POPULAR.
YOU SHOULD DO WHAT YOU'RE PASSIONATE ABOUT.

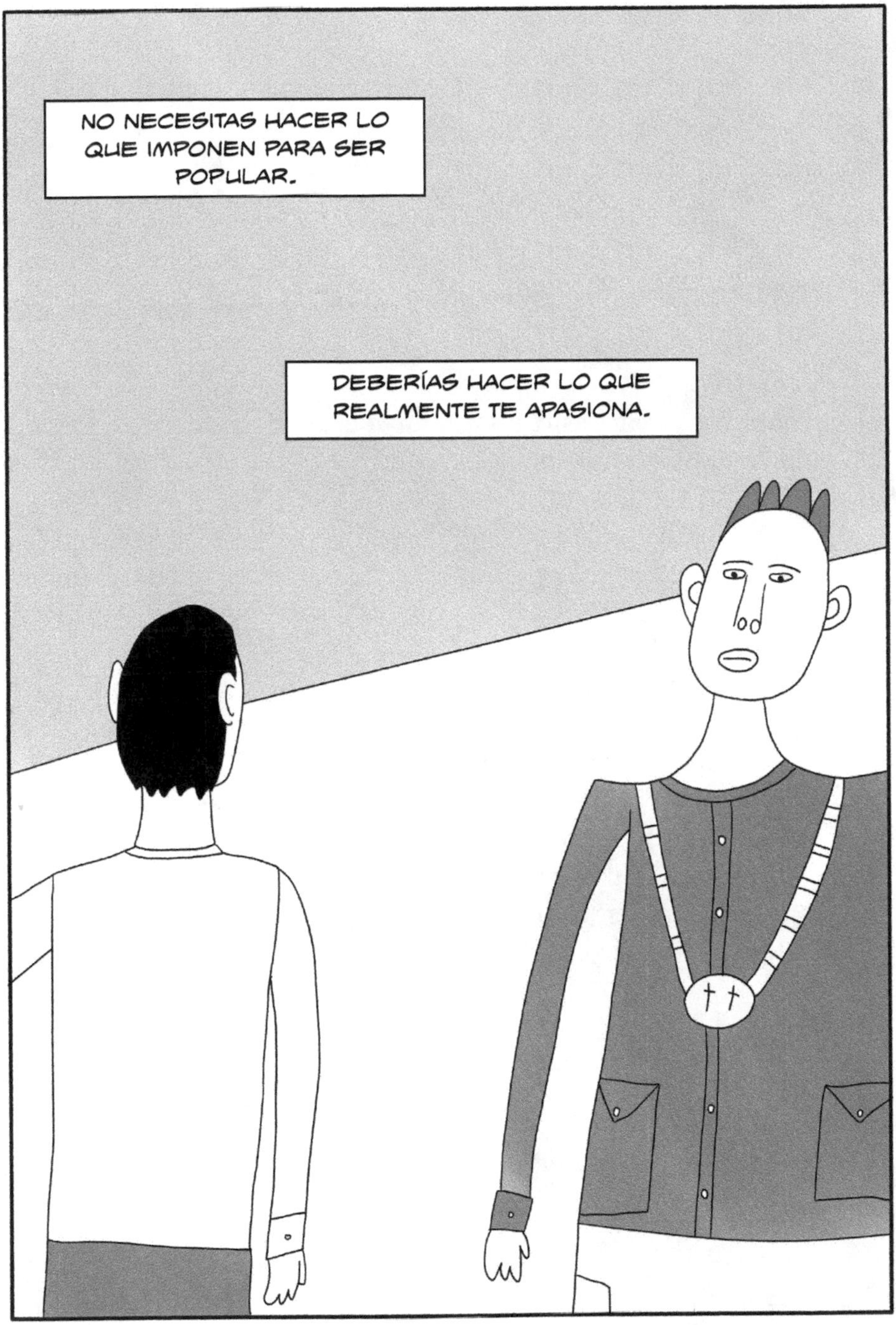
NO NECESITAS HACER LO QUE IMPONEN PARA SER POPULAR.
DEBERÍAS HACER LO QUE REALMENTE TE APASIONA.

J.J.'s Story

My story is about being bullied while I was still living in El Salvador.

I was on a soccer field and everybody was playing. But not me. Sometimes they told me that I couldn't play because I had stick legs, or I was stupid. When they kept doing that, after a couple times, it wasn't just about soccer anymore. They bullied me because it was a habit.

I wanted to share this story because many others have similar experiences. Mentally, physically, they feel bad. And in many other situations the bully is even stronger. I wanted others who experience this to know that you have to tell someone about it. There are always people who can help.

For me, this experience helped me to be more confident in who I am. When I came to the United States, for example, this lesson was important. I knew how to act, how to be stronger. I've experienced bullying here, too. Sometimes some kids at school have used strong words, cursed at me. They looked for me in the hallways between classes. They would denigrate me. But now I have the confidence to not let their words hurt me mentally. I have gone through these challenges before and developed the strength to overcome.

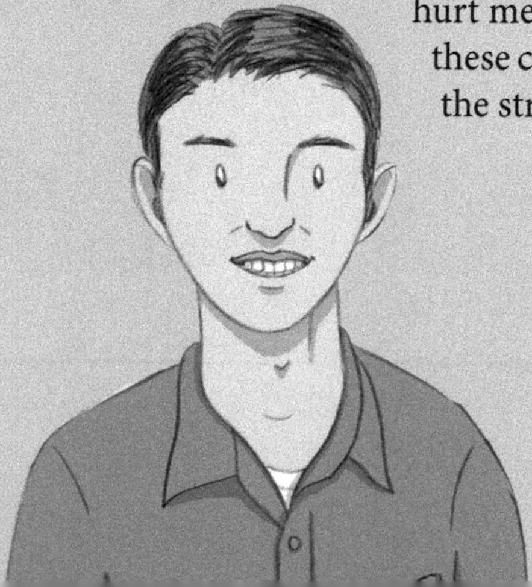

LA HISTORIA DE J.J.

Mi historia es acerca del acoso escolar mientras todavía vivía en El Salvador.

Estaba en un campo de fútbol y todos estaban jugando. Pero yo no. A veces me decían que no podía jugar porque tenía piernas de palo o que era estúpido. Cuando siguieron haciendo eso, después de un par de veces, ya no se trataba solo de fútbol. El acoso escolar era un hábito.

Quería compartir esta historia porque muchos tienen experiencias similares. Mentalmente, físicamente, se sienten mal. Y en muchas situaciones el bully es aún más fuerte. Quería que otros que experimentaran esto supieran que debes contarle a alguien sobre eso. Siempre hay personas que pueden ayudar.

Para mí, esta experiencia me ayudó a tener más confianza en quién soy. Cuando vine a los Estados Unidos, por ejemplo, esta lección fue importante. Sabía cómo actuar, cómo ser más fuerte. He experimentado acoso escolar aquí, también. A veces algunos niños en la escuela han usado palabras fuertes, me han maldecido. Me buscaban en los pasillos entre clases. Ellos me denigraban. Pero ahora tengo la confianza para no dejar que sus palabras me lastimen mentalmente. He pasado por estos desafíos antes y he desarrollado la fuerza para superar.

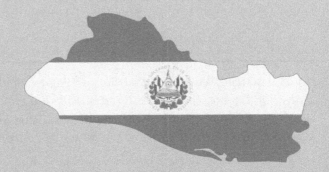

"I have the confidence and strength I need to achieve my dreams."

I needed this strength for many reasons when I came to settle in a new country. I had to remake my life and adapt to a whole new environment. I am learning English, and I get help at school, but it's still a big challenge. Especially understanding different accents!

I know that because I'm an immigrant, it's going to be a lot harder to be successful. But I have the confidence and strength that I need to achieve my dreams. I want to go college and study engineering. I want to become a professional, and I would like help my family and be a good man for the country and for my family. For my people.

I hope others identify with the stories told in this book, that they can see that others have the same problems. I hope it motivates them to move forward. Books are like life, and they contain many lessons. The important thing is to be able to share and learn from each other.

— J.J.

J.J. is a sixteen-year-old sophomore in high school. He is from El Salvador. He likes to read, listen to music, and play badminton. He wants to study engineering. JJ is an inquisitive young man, hungry for knowledge, and he respects the power of education.

"Tengo la confianza y la fuerza que necesito para lograr mis sueños."

Necesitaba esta fortaleza por muchas razones cuando vine a establecerme en un nuevo país. Tuve que rehacer mi vida y adaptarme a un ambiente completamente nuevo. Estoy aprendiendo inglés y recibo ayuda en la escuela, pero sigue siendo un gran desafío. ¡Especialmente entendiendo diferentes acentos!

Sé que porque soy un inmigrante, va a ser mucho más difícil tener éxito. Pero tengo la confianza y la fuerza que necesito para lograr mis sueños. Quiero ir a la universidad y estudiar ingeniería. Quiero convertirme en un profesional, y me gustaría ayudar a mi familia y ser un buen hombre para el país y para mi familia. Para mi gente.

Espero que los demás se identifiquen con las historias contadas en este libro, que puedan ver que otros tienen los mismos problemas. Espero que los motive a seguir adelante. Los libros son como la vida y contienen muchas lecciones. Lo importante es poder compartir y aprender de uno a otro.

– J.J.

J.J. es un estudiante de 16 años de segundo año en la escuela secundaria. Él es de El Salvador. Le gusta leer, escuchar música, y jugar bádminton. Él quiere estudiar ingeniería. JJ es un joven inquisitivo, hambriento de conocimiento, y respeta el poder de la educación.

DON'T BELIEVE EVERYTHING YOU THINK

BY TANIA

WHEN I FIRST ARRIVED IN THE US, I DID NOT WANT TO GO OUTSIDE. I WAS AFRAID OF FACING A NEW CULTURE.

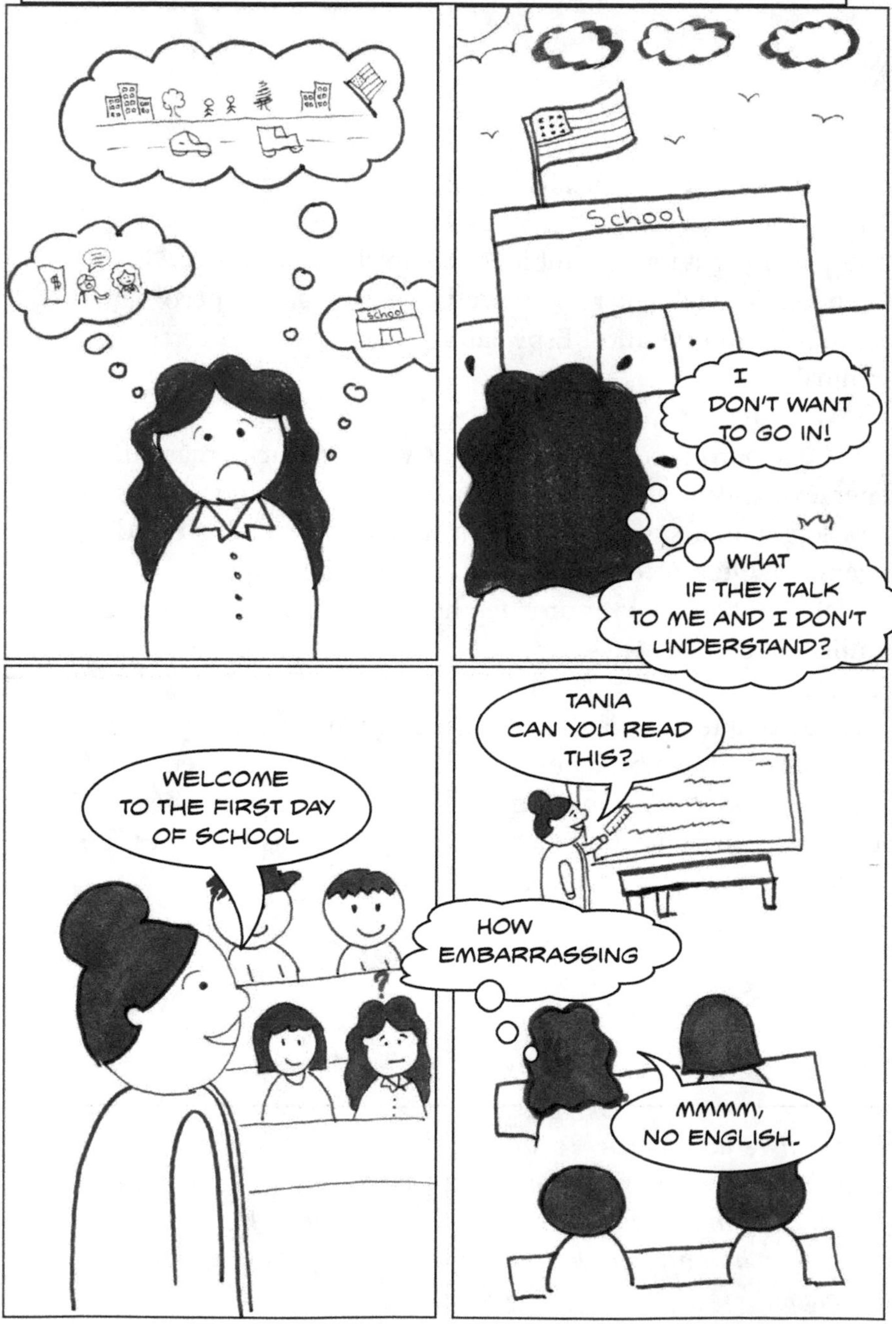

School
I DON'T WANT TO GO IN!
WHAT IF THEY TALK TO ME AND I DON'T UNDERSTAND?
WELCOME TO THE FIRST DAY OF SCHOOL
TANIA CAN YOU READ THIS?
HOW EMBARRASSING
MMMM, NO ENGLISH.

No Creas Todo Lo Que Piensas

Por Tania

Cuando llegué a los EEUU, no quería ir afuera. Tenía miedo de enfrentar una nueva cultura.

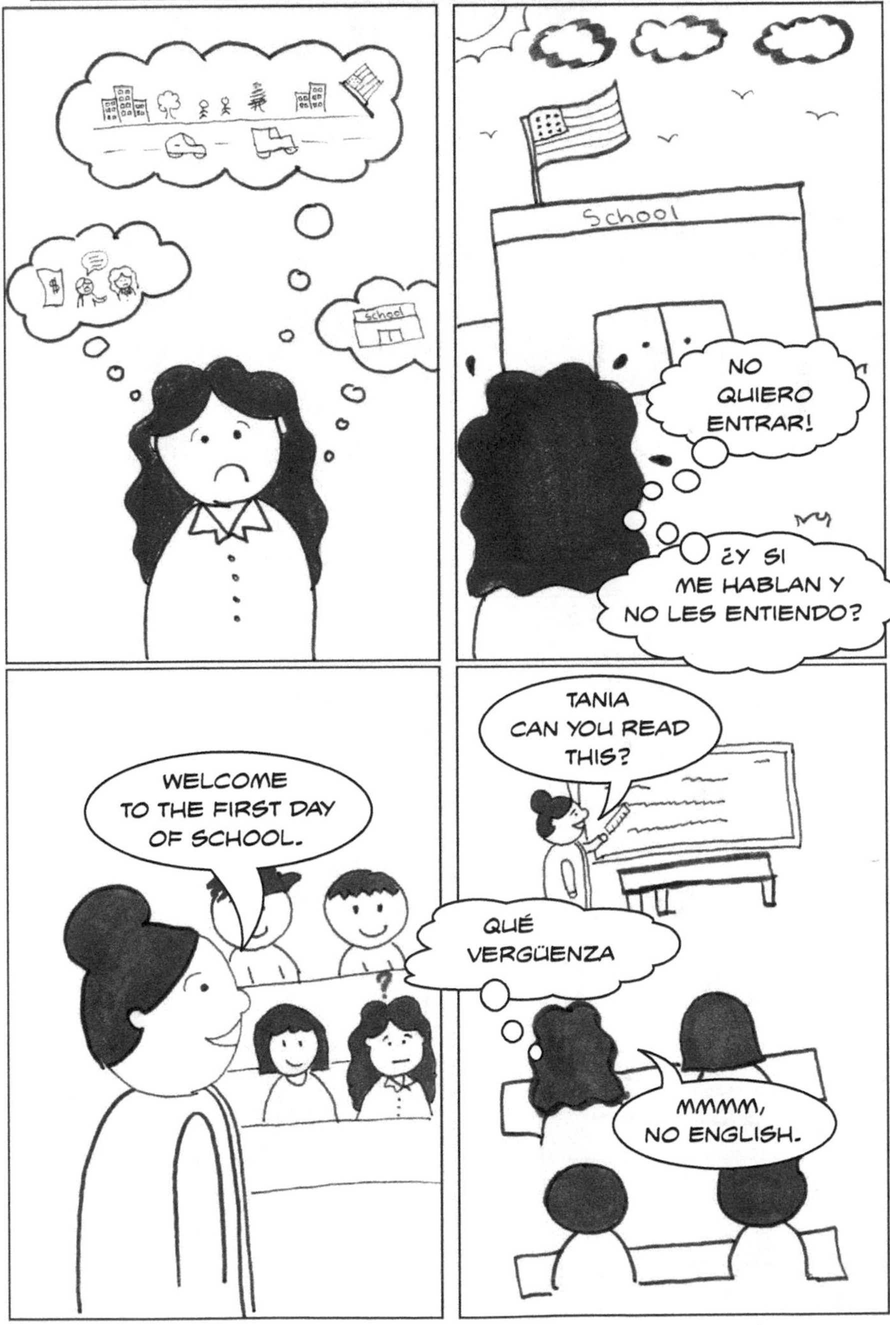
school
School
NO QUIERO ENTRAR!
¿Y SI ME HABLAN Y NO LES ENTIENDO?
WELCOME TO THE FIRST DAY OF SCHOOL.
TANIA CAN YOU READ THIS?
QUÉ VERGÜENZA
MMMM, NO ENGLISH.

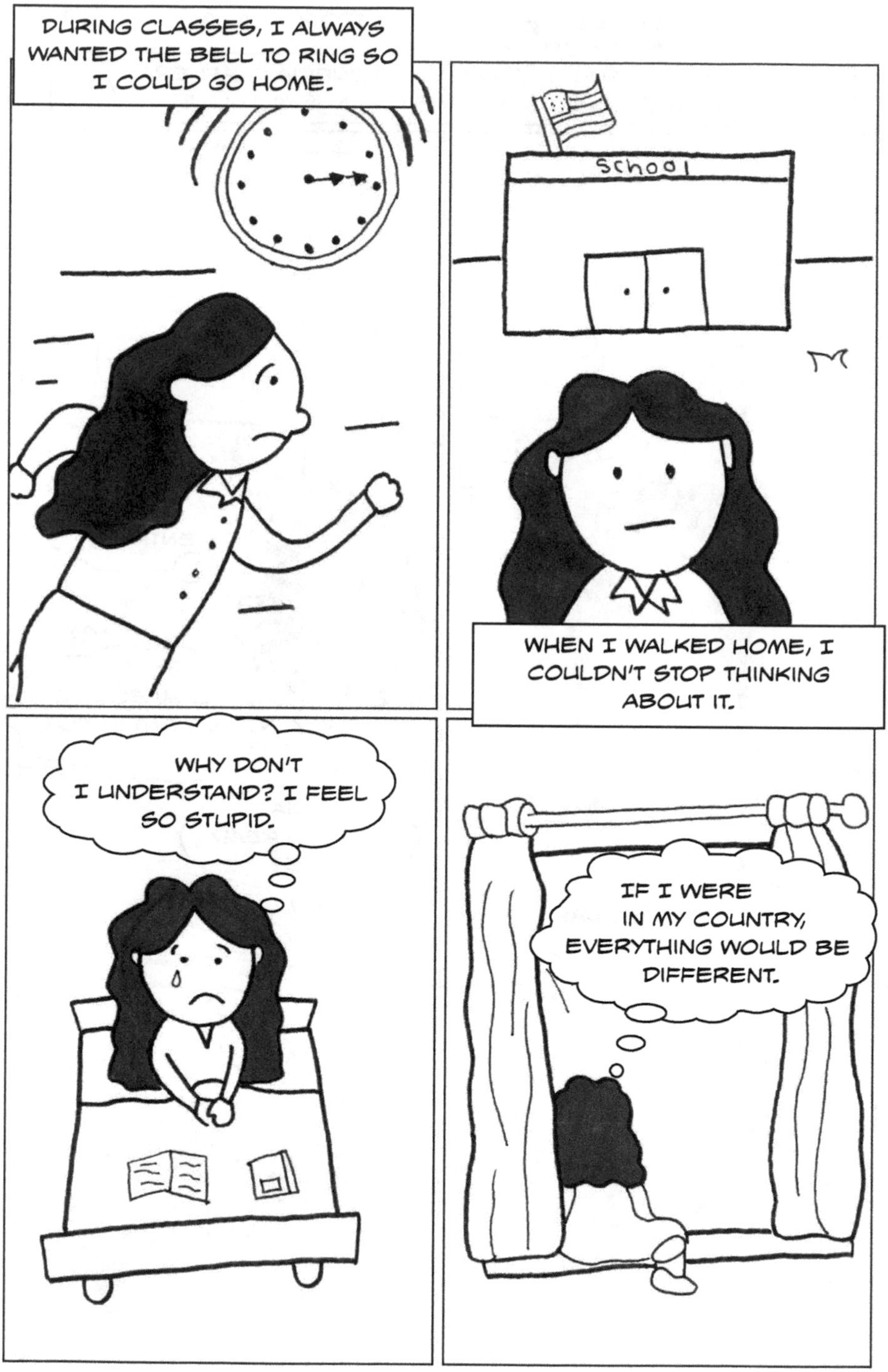
DURING CLASSES, I ALWAYS WANTED THE BELL TO RING SO I COULD GO HOME.
SCHOOL
WHEN I WALKED HOME, I COULDN'T STOP THINKING ABOUT IT.
WHY DON'T I UNDERSTAND? I FEEL SO STUPID.
IF I WERE IN MY COUNTRY, EVERYTHING WOULD BE DIFFERENT.

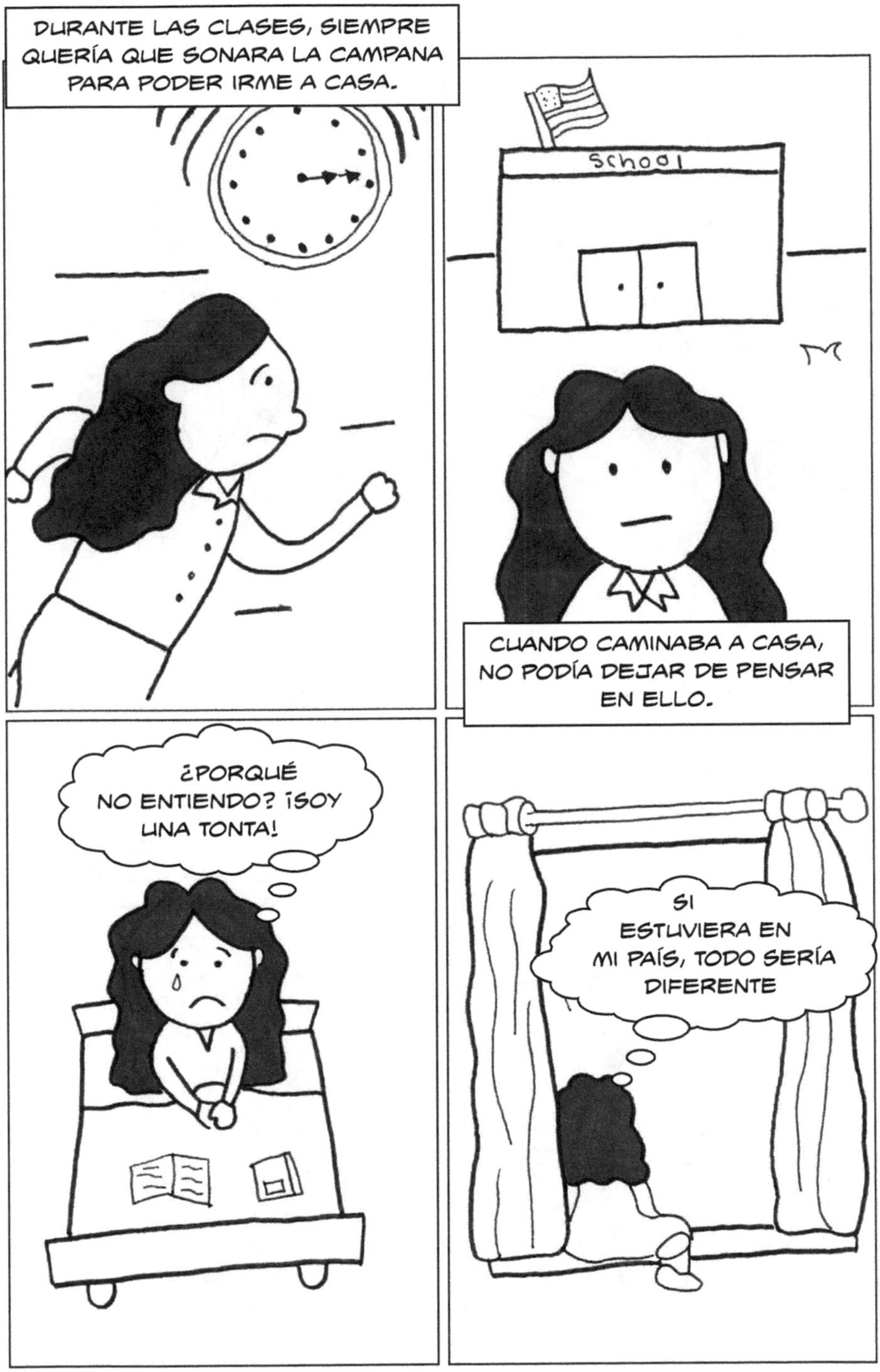
DURANTE LAS CLASES, SIEMPRE QUERÍA QUE SONARA LA CAMPANA PARA PODER IRME A CASA.
SCHOOL
CUANDO CAMINABA A CASA, NO PODÍA DEJAR DE PENSAR EN ELLO.
¿PORQUÉ NO ENTIENDO? ¡SOY UNA TONTA!
SI ESTUVIERA EN MI PAÍS, TODO SERÍA DIFERENTE

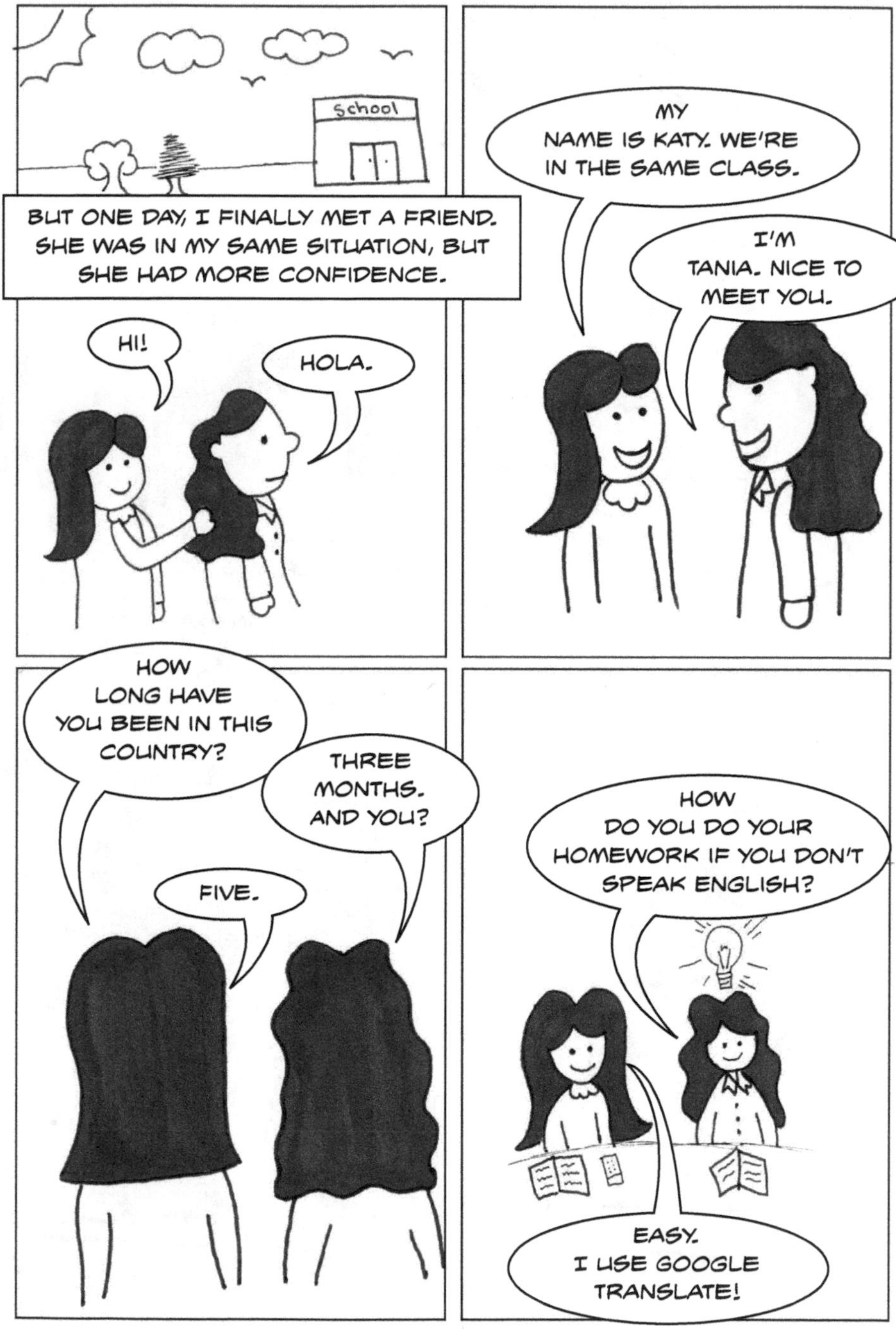
School
BUT ONE DAY, I FINALLY MET A FRIEND. SHE WAS IN MY SAME SITUATION, BUT SHE HAD MORE CONFIDENCE.
HI!
HOLA.
MY NAME IS KATY. WE'RE IN THE SAME CLASS.
I'M TANIA. NICE TO MEET YOU.
HOW LONG HAVE YOU BEEN IN THIS COUNTRY?
THREE MONTHS. AND YOU?
FIVE.
HOW DO YOU DO YOUR HOMEWORK IF YOU DON'T SPEAK ENGLISH?
EASY. I USE GOOGLE TRANSLATE!

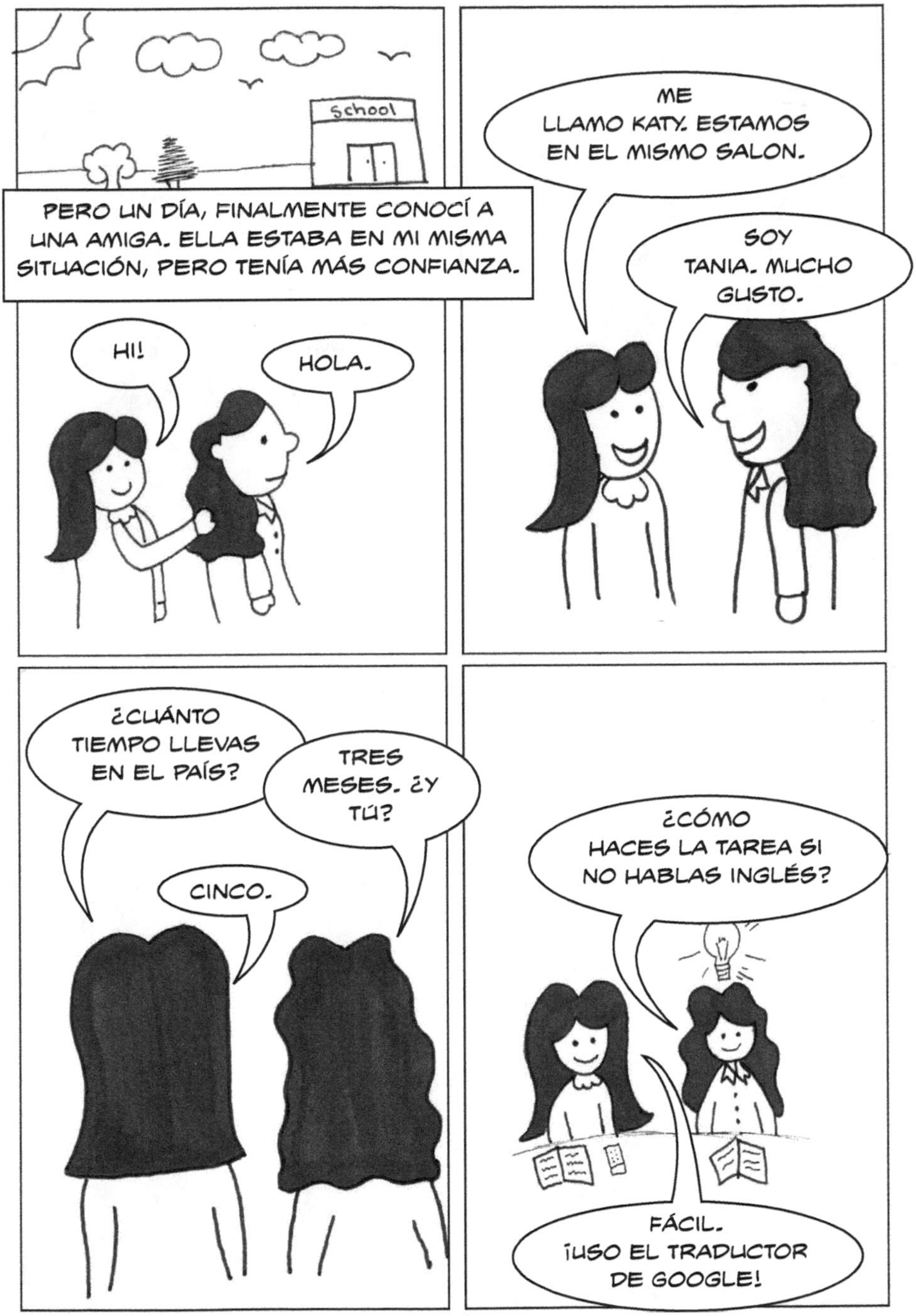
School
PERO UN DÍA, FINALMENTE CONOCÍ A UNA AMIGA. ELLA ESTABA EN MI MISMA SITUACIÓN, PERO TENÍA MÁS CONFIANZA.
HI!
HOLA.
ME LLAMO KATY. ESTAMOS EN EL MISMO SALON.
SOY TANIA. MUCHO GUSTO.
¿CUÁNTO TIEMPO LLEVAS EN EL PAÍS?
TRES MESES. ¿Y TÚ?
CINCO.
¿CÓMO HACES LA TAREA SI NO HABLAS INGLÉS?
FÁCIL. ¡USO EL TRADUCTOR DE GOOGLE!

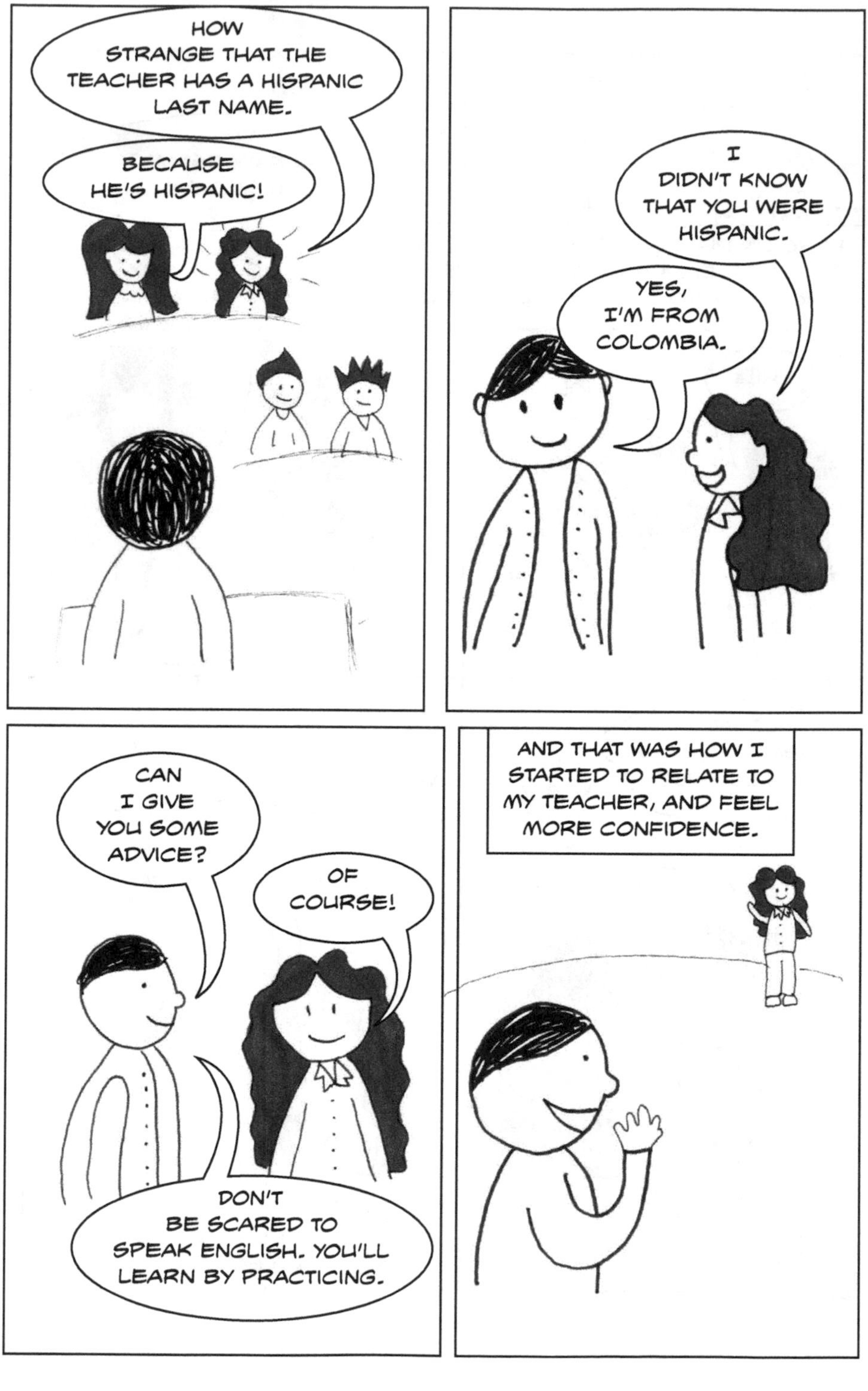
HOW STRANGE THAT THE TEACHER HAS A HISPANIC LAST NAME.
BECAUSE HE'S HISPANIC!
I DIDN'T KNOW THAT YOU WERE HISPANIC.
YES, I'M FROM COLOMBIA.
CAN I GIVE YOU SOME ADVICE?
OF COURSE!
DON'T BE SCARED TO SPEAK ENGLISH. YOU'LL LEARN BY PRACTICING.
AND THAT WAS HOW I STARTED TO RELATE TO MY TEACHER, AND FEEL MORE CONFIDENCE.

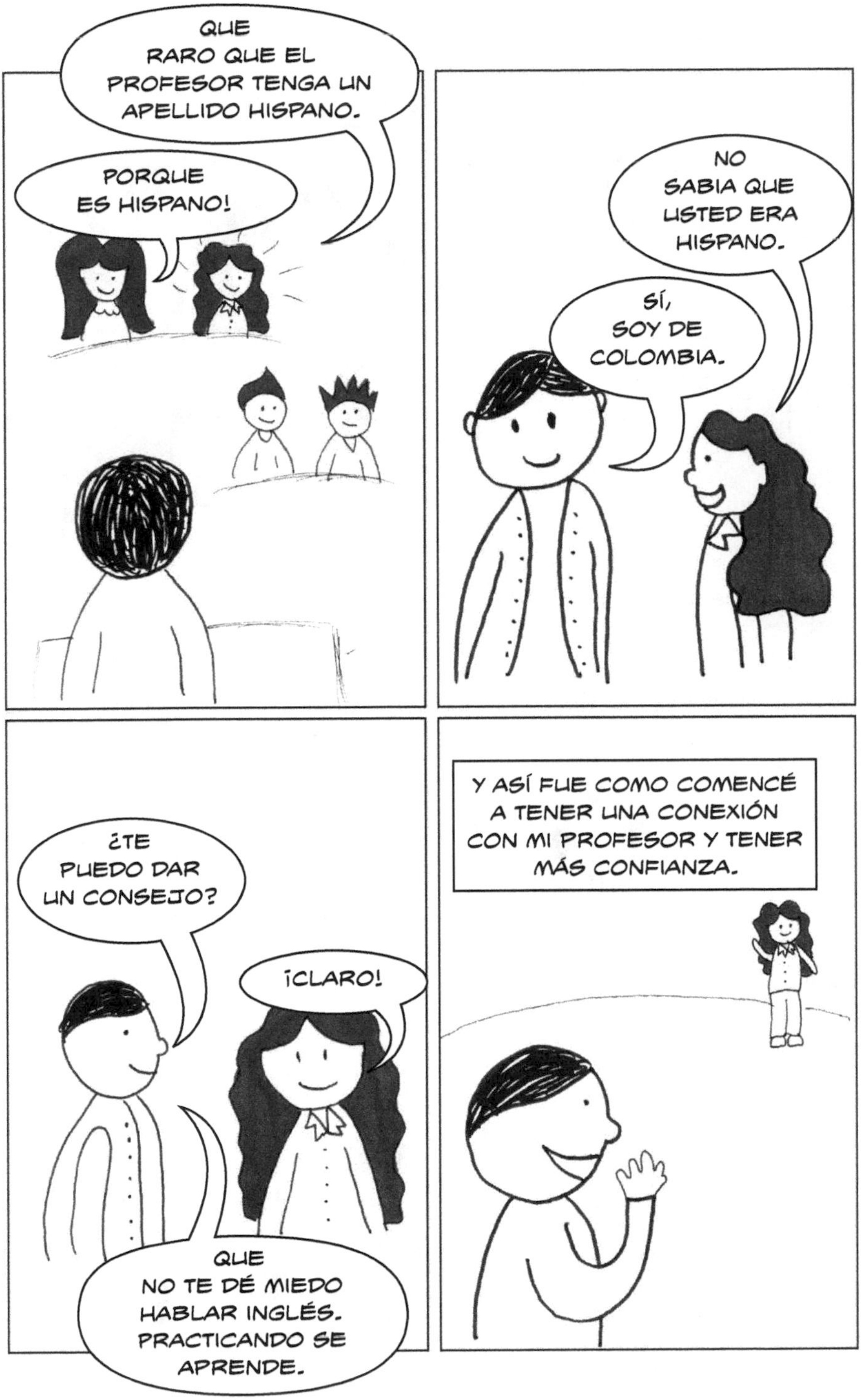
QUE RARO QUE EL PROFESOR TENGA UN APELLIDO HISPANO.
PORQUE ES HISPANO!
NO SABIA QUE USTED ERA HISPANO.
SÍ, SOY DE COLOMBIA.
¿TE PUEDO DAR UN CONSEJO?
¡CLARO!
QUE NO TE DÉ MIEDO HABLAR INGLÉS. PRACTICANDO SE APRENDE.
Y ASÍ FUE COMO COMENCÉ A TENER UNA CONEXIÓN CON MI PROFESOR Y TENER MÁS CONFIANZA.

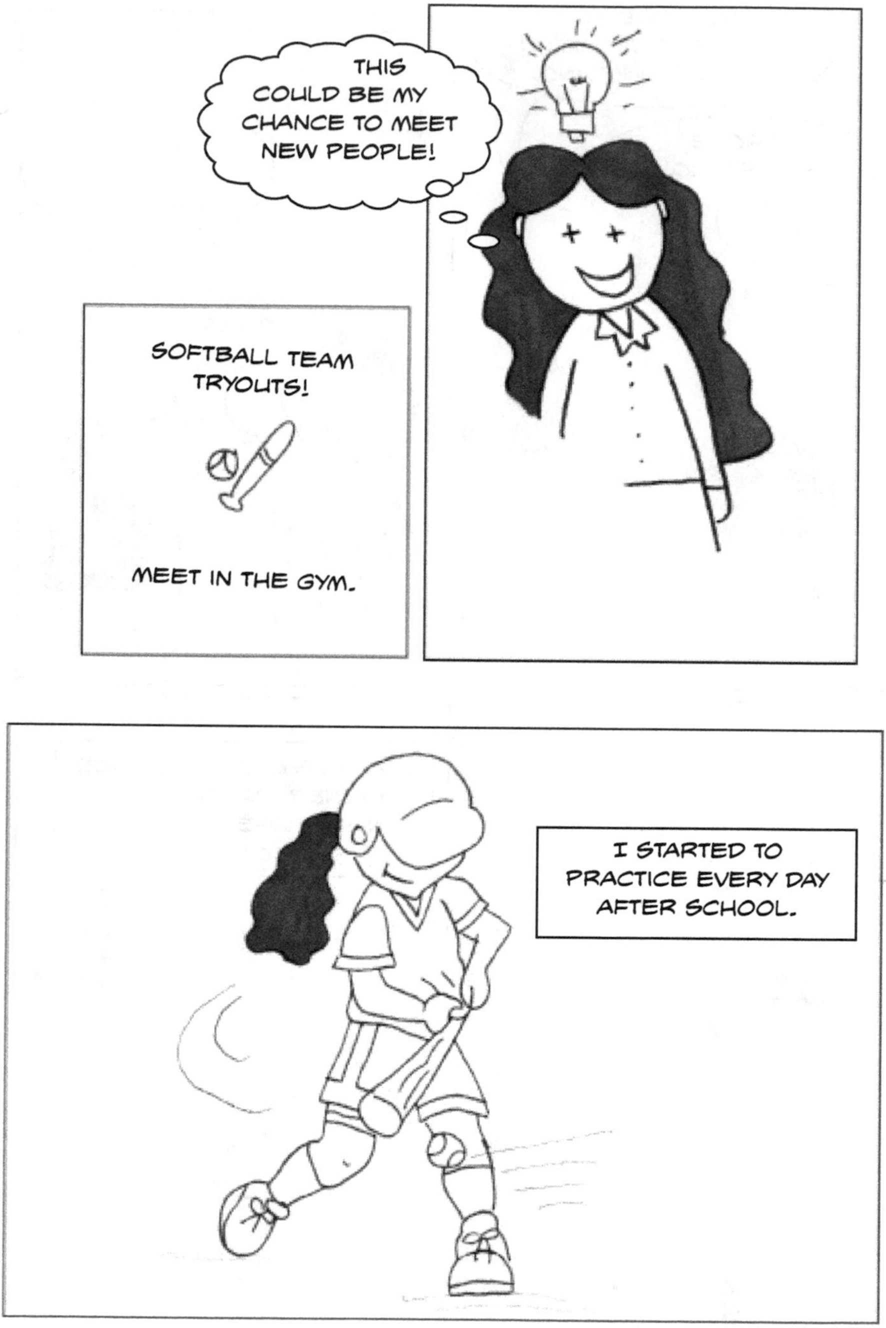
SOFTBALL TEAM TRYOUTS!
MEET IN THE GYM.
THIS COULD BE MY CHANCE TO MEET NEW PEOPLE!
I STARTED TO PRACTICE EVERY DAY AFTER SCHOOL.

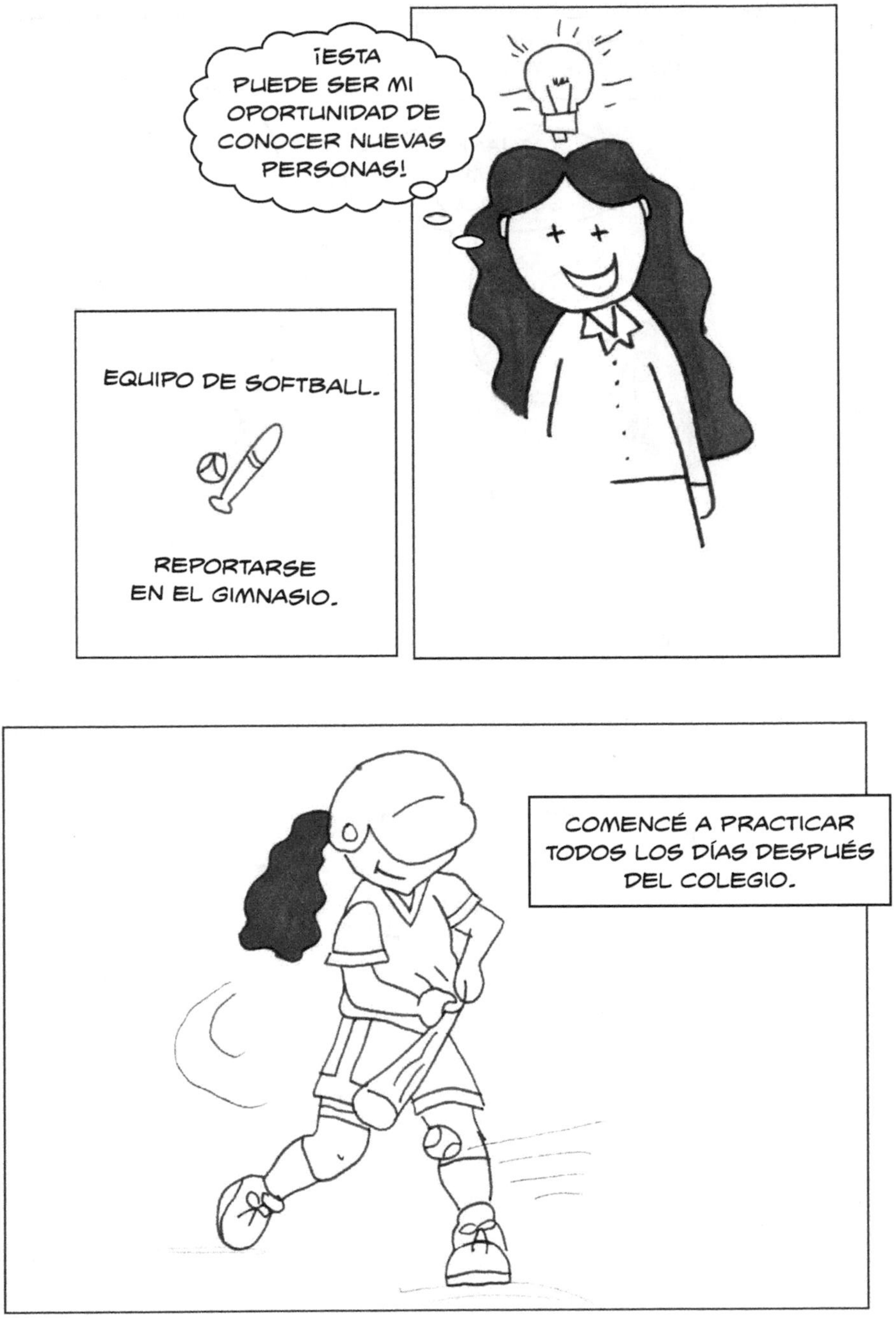
EQUIPO DE SOFTBALL.
REPORTARSE EN EL GIMNASIO.
¡ESTA PUEDE SER MI OPORTUNIDAD DE CONOCER NUEVAS PERSONAS!
COMENCÉ A PRACTICAR TODOS LOS DÍAS DESPUÉS DEL COLEGIO.

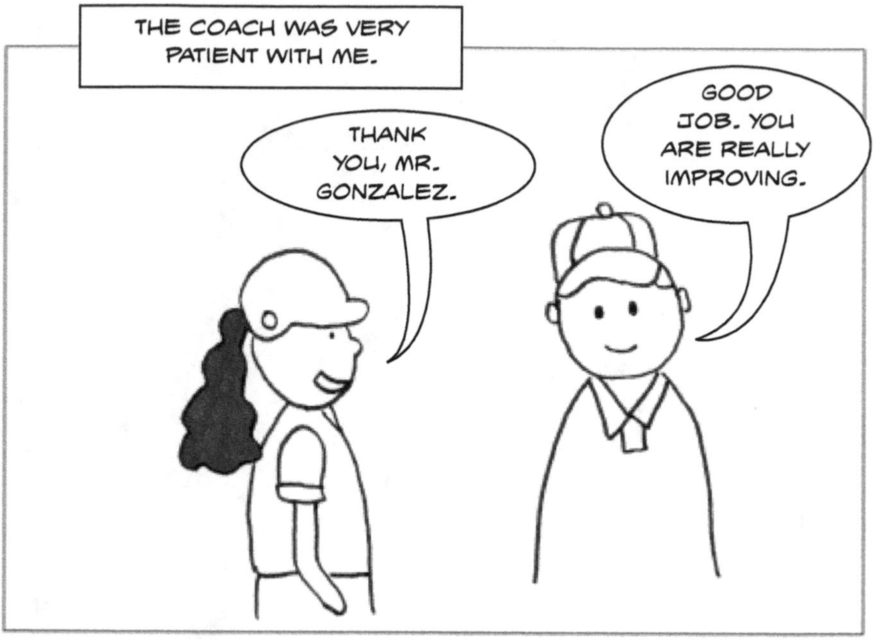
THE COACH WAS VERY PATIENT WITH ME.
THANK YOU, MR. GONZALEZ.
GOOD JOB. YOU ARE REALLY IMPROVING.

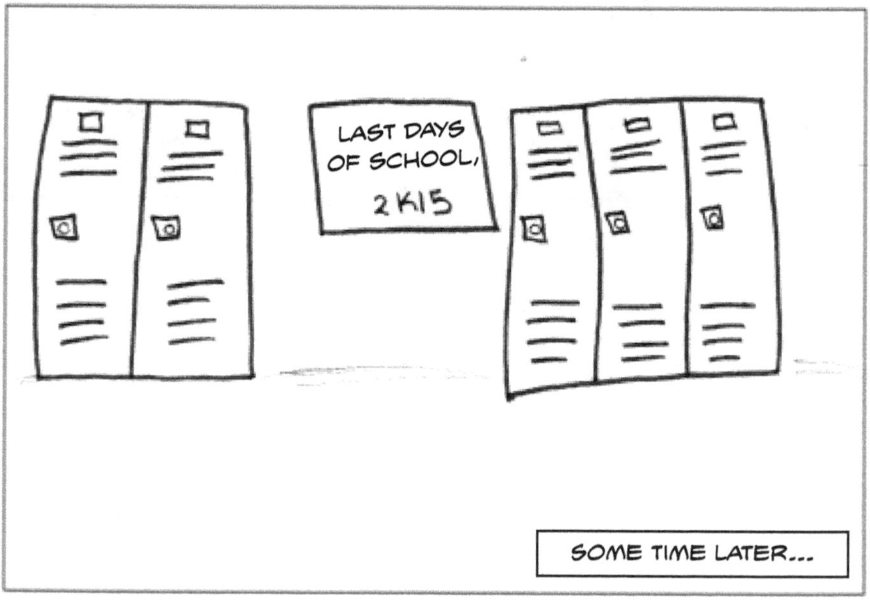
LAST DAYS OF SCHOOL, 2K15
SOME TIME LATER...

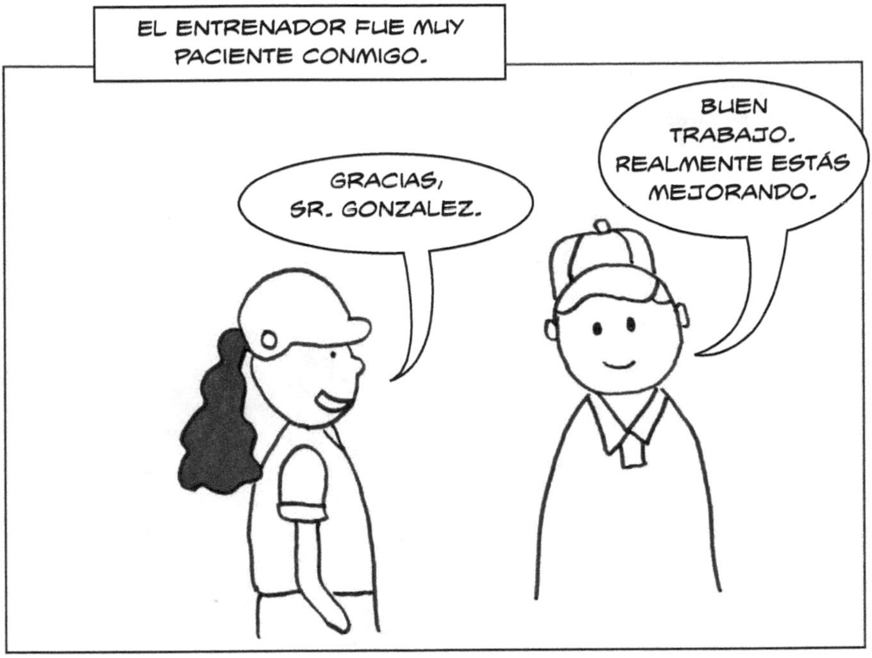
EL ENTRENADOR FUE MUY PACIENTE CONMIGO.
BUEN TRABAJO. REALMENTE ESTÁS MEJORANDO.
GRACIAS, SR. GONZALEZ.

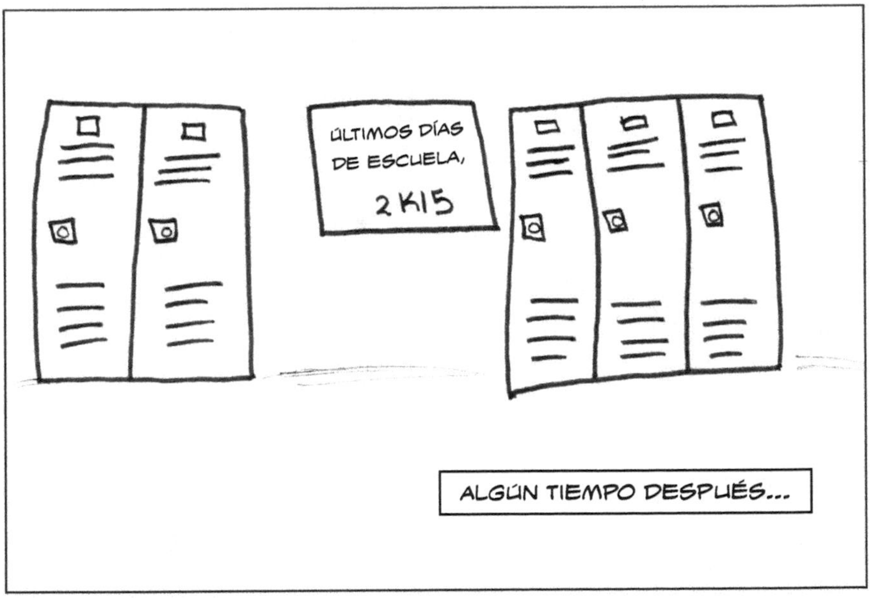
ÚLTIMOS DÍAS DE ESCUELA, 2K15
ALGÚN TIEMPO DESPUÉS...

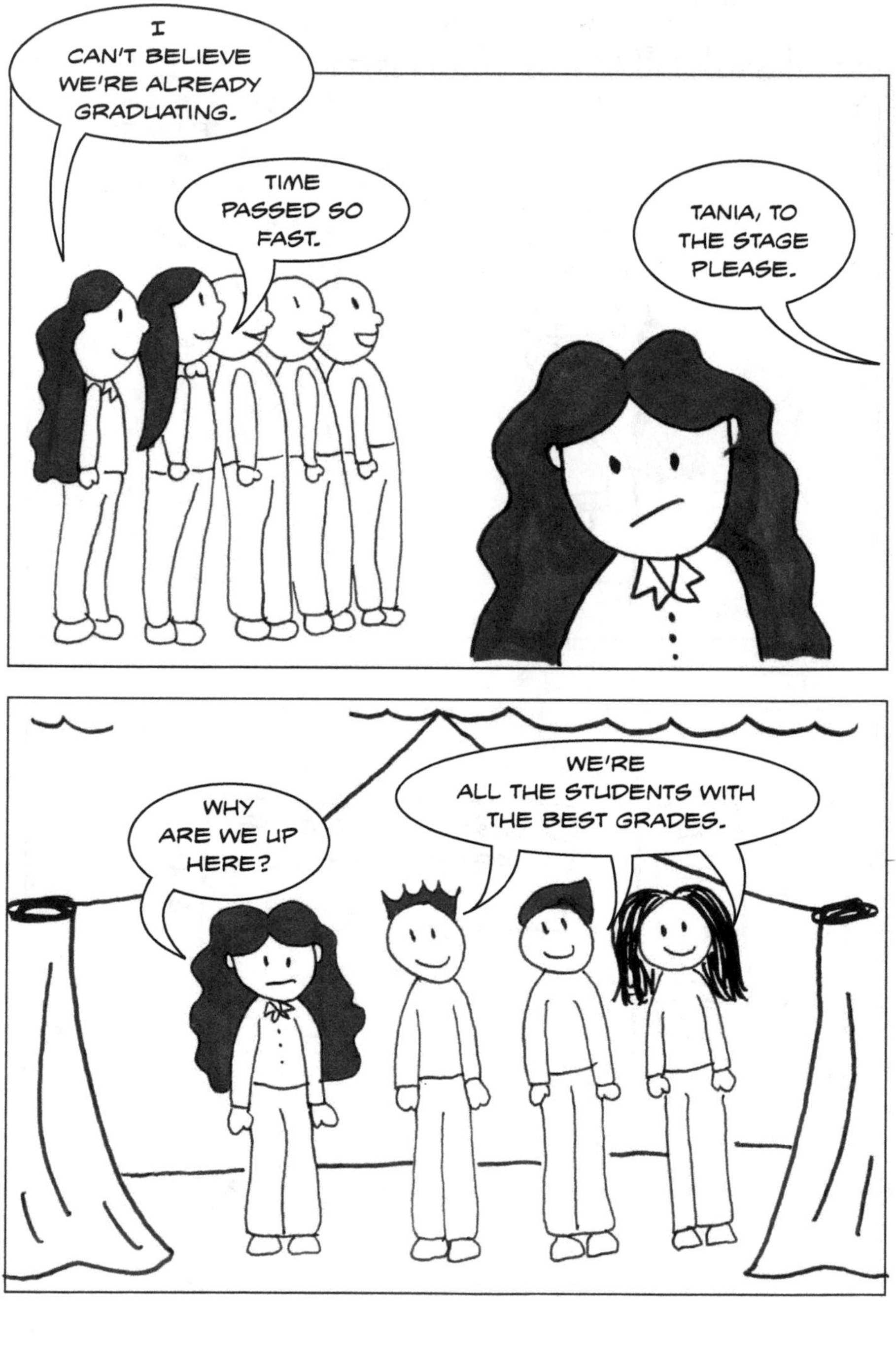
I CAN'T BELIEVE WE'RE ALREADY GRADUATING.
TIME PASSED SO FAST.
TANIA, TO THE STAGE PLEASE.
WHY ARE WE UP HERE?
WE'RE ALL THE STUDENTS WITH THE BEST GRADES.

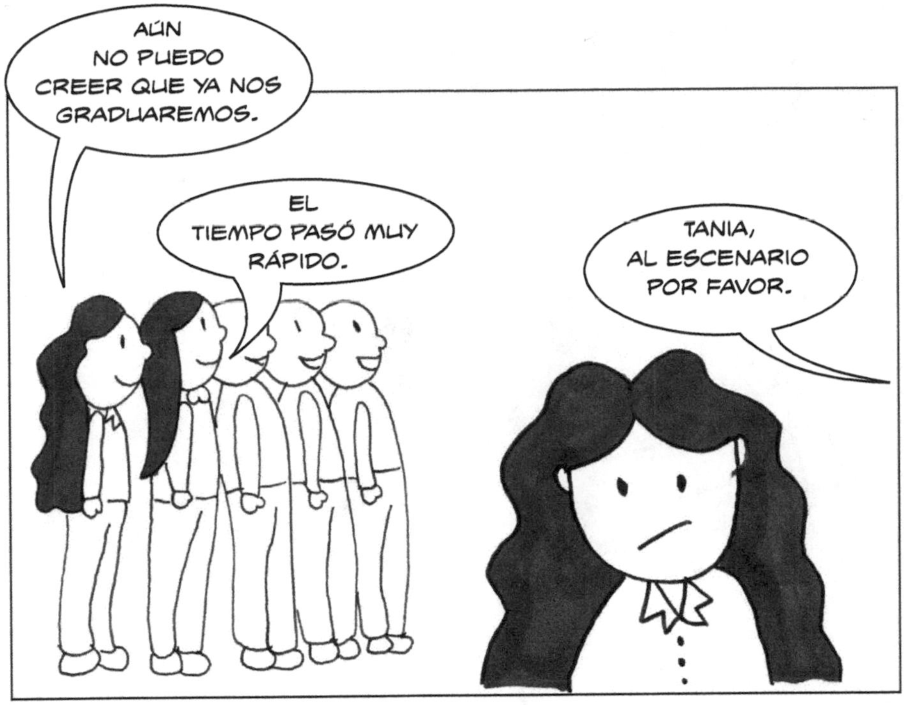
AÚN NO PUEDO CREER QUE YA NOS GRADUAREMOS.
EL TIEMPO PASÓ MUY RÁPIDO.
TANIA, AL ESCENARIO POR FAVOR.

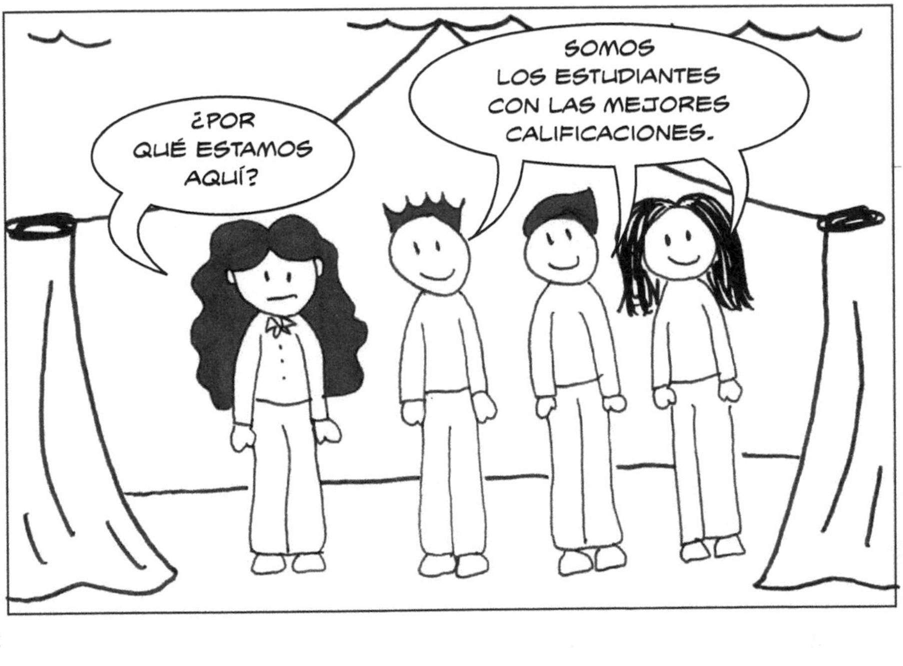
¿POR QUÉ ESTAMOS AQUÍ?
SOMOS LOS ESTUDIANTES CON LAS MEJORES CALIFICACIONES.

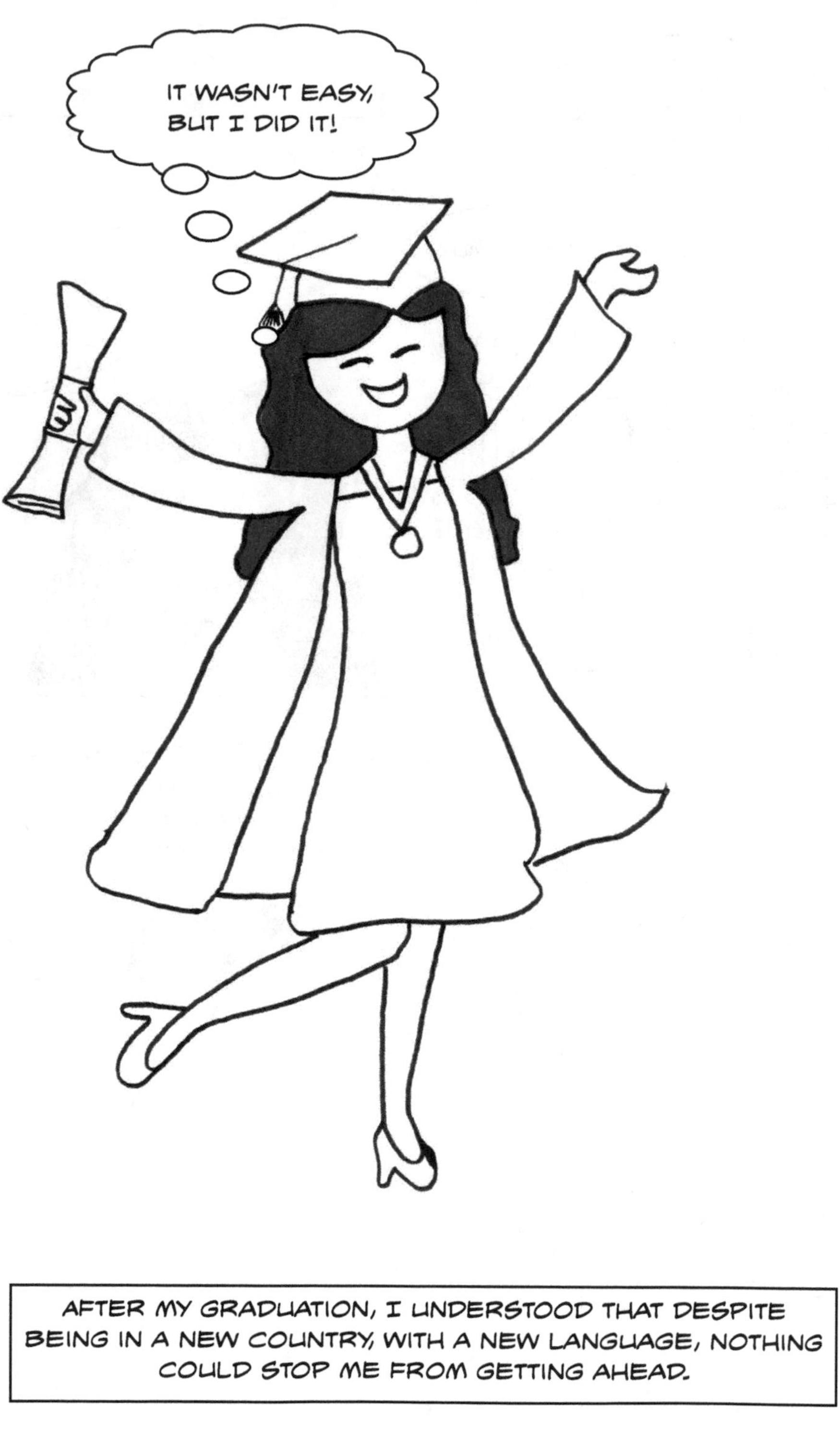
IT WASN'T EASY,
BUT I DID IT!
AFTER MY GRADUATION, I UNDERSTOOD THAT DESPITE BEING IN A NEW COUNTRY, WITH A NEW LANGUAGE, NOTHING COULD STOP ME FROM GETTING AHEAD.

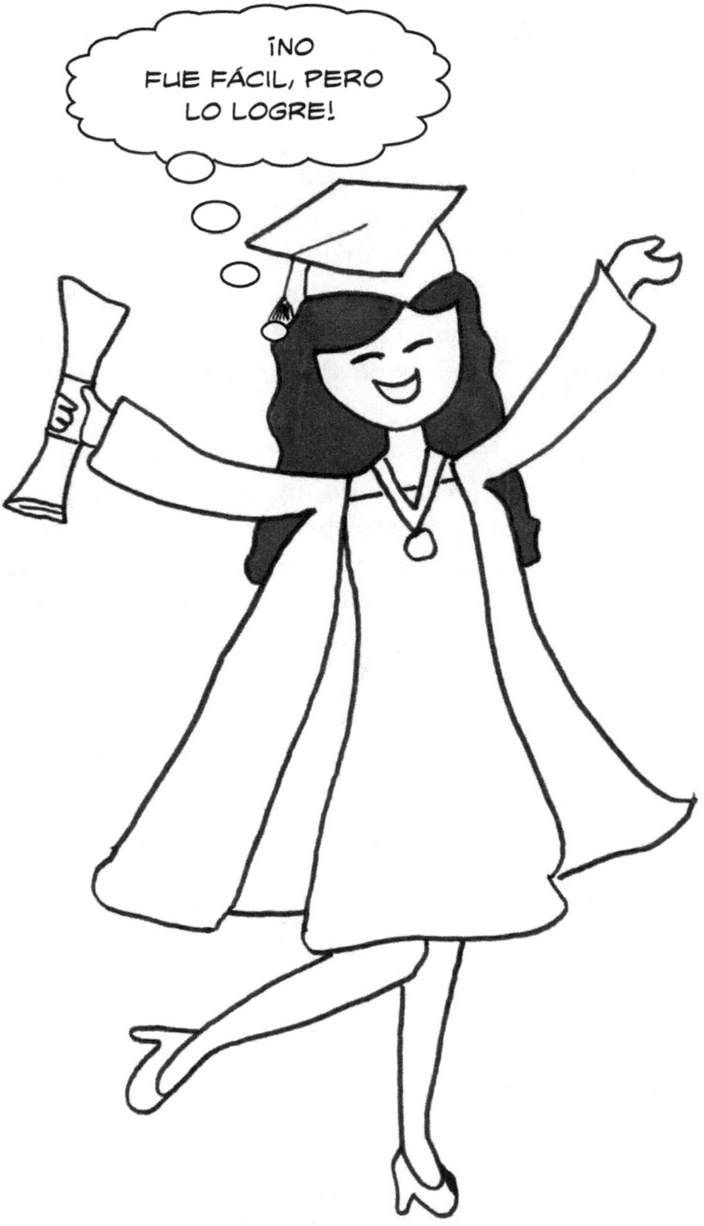
¡NO FUE FÁCIL, PERO LO LOGRE!

DESPUÉS DE MI GRADUACIÓN, ENTENDÍ QUE A PESAR DE ESTAR EN UN NUEVO PAÍS CON UN NUEVO LENGUAJE, NADA ME IMPEDIRÍA SALIR ADELANTE.

Tania's Story

When I first arrived in the United States from Guatemala, I was very anti-social. I was always hiding and didn't want to talk to people. I didn't know how to do my homework, because I didn't know English very well. I was afraid that I would not pass the eighth grade, which really scared me because I never failed a grade in Guatemala. I was a good student in my own country.

But then I made a friend, and that friend helped me to go out and meet people. I started to do my homework, at first by using Google Translate, and later by learning more English. Then I started to build relationships with my teachers, especially my Hispanic teachers, and they helped me. And then the time just passed, and by the end of the year I graduated from middle school with honors.

I surprised myself by what I accomplished, and that's why I wanted to share this story. The message is, like the title of my comic, "Don't Believe Everything You Think." Sometimes, at the beginning, you might tell yourself you're not going to be able to do something because of difficulties. But things can change if you want to improve and do your best.

Sometimes I still feel disappointed in myself. I question whether or not all of my hard work will pay off or if I should just throw in the towel and give up. Self-doubt is my worst enemy, not only in academic things but also in my daily life. There were times when I wanted to do something but because I didn't trust myself, I didn't follow through and do it. I never gave myself the opportunity to know what would have happened.

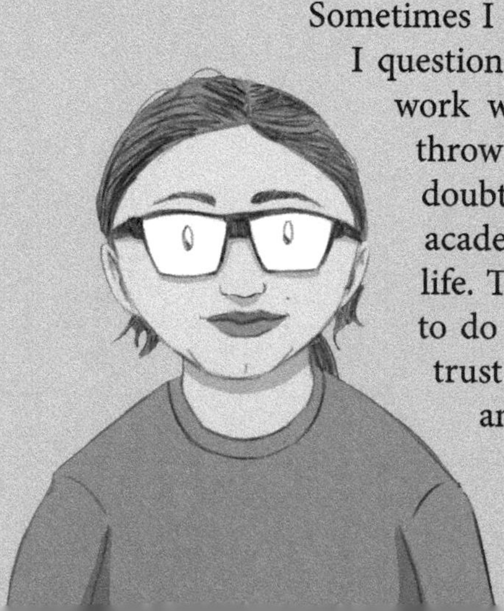

LA HISTORIA DE TANIA

Cuando llegué por primera vez a los Estados Unidos desde Guatemala, era muy antisocial. Siempre me estaba escondiendo y no quería hablar con la gente. No sabía cómo hacer mi tarea, porque no sabía inglés. Tenía miedo de no pasar el octavo grado, lo que realmente me asustó porque nunca reprobé un grado en Guatemala. Fui una buena estudiante en mi país.

Pero luego hice una amiga, y esa amiga me ayudó a salir y conocer gente. Comencé a hacer mi tarea, al principio usando Google Translate, y más adelante aprendiendo más inglés. Luego comencé a establecer relaciones con mis maestros, especialmente mis profesores hispanos, y ellos me ayudaron. Y luego el tiempo pasó, y a al final del año me gradué de la escuela secundaria con honores.

Me sorprendí por lo que logré, y es por eso que quería compartir esta historia. El mensaje es, como el título de mi cómic, "No Creas Todo Lo Que Piensas". A veces, al principio, puedes decirte a ti mismo que no vas a poder hacer algo debido a las dificultades. Pero las cosas pueden cambiar si quieres superarte y dar lo mejor de ti.

A veces todavía me siento decepcionado de mí misma. Me pregunto si todo mi trabajo duro valdrá la pena o si debería tirar la toalla y rendirme. La duda es mi peor enemigo, no solo en lo académico sino también en mi vida diaria. Hubo momentos en los que quería hacer algo, pero como no confiaba en mí misma, no lo hice. Nunca me di la oportunidad de saber que hubiese pasado.

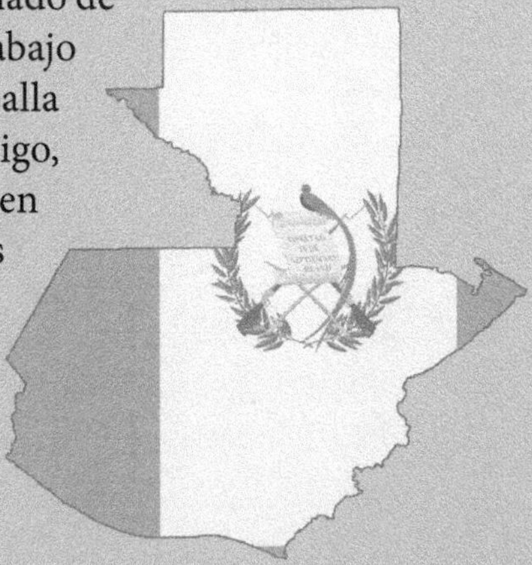

"The mind is treacherous, and just because it tells us we can not, does not mean that it is true."

I am a bit of a loner, but something that has helped me overcome my self-doubt has been getting involved in programs and volunteering. It makes me feel very good to be part of something and see that my voice matters to others. People in the groups I joined have been kind to me and made me feel part of something larger than myself. This feeling has led to another feeling of pride, a pride of having achieved goals that I did not expect.

I chose to tell this story because I know other immigrants have challenges like mine: they don't know English, the culture, or what school is like in the United States. I wanted to inspire other immigrants and let them know they're not alone in their problems. I want them to know that although everything may seem dark at first, circumstances change. On the other hand, people who do not share my immigrant story can relate to the fact that sometimes all we need is to trust ourselves and look for new paths to success. The mind is treacherous, and just because it tells us that we can not, does not mean that it is true.

— TANIA

Tania is an eleventh grader in Washington, D.C. She is from Guatemala. Tania likes to act, and over the summer, she helped write and perform in a play with the GALA Theatre.

"La mente es traicionera, y solo porque nos diga que no podemos, no significa que es cierto."

Soy un poco solitaria, pero algo que me ha ayudado a creer en mí misma ha sido involucrarme en programas y voluntariado. Me hace sentir muy bien ser parte de algo y ver que mi opinión le importa a los demás. Las personas en los grupos a los que me uní han sido amables conmigo y me hicieron sentir parte de algo más grande que yo. Este sentimiento me ha llevado al sentimiento de orgullo, el orgullo de haber logrado metas que no esperaba.

Elegí contar esta historia porque sé que otros inmigrantes tienen desafíos como el mío: no saben inglés, la cultura, o cómo funcionan las escuelas en los Estados Unidos. Quería inspirar a otros inmigrantes y hacerles saber que no están solos en sus problemas. Quiero que sepan que aunque todo parezca oscuro al principio las circunstancias cambian. Por otro lado, las personas que no comparten mi historia de inmigrante pueden relacionarse con el hecho de que a veces todo lo que necesitamos es confiar en nosotros mismos y buscar nuevos caminos hacia el éxito. La mente es traicionera y solo porque nos diga que no podemos, no significa que es cierto.

— TANIA

Tania es estudiante en el undécimo grado de la escuela secundaria en Washington, D.C. Ella es de Guatemala. A Tania le gusta actuar, y durante el verano, ella ayudó a escribir y actuar en una obra de teatro con el Teatro GALA.

SELF-MOTIVATION

BY S.R.P.

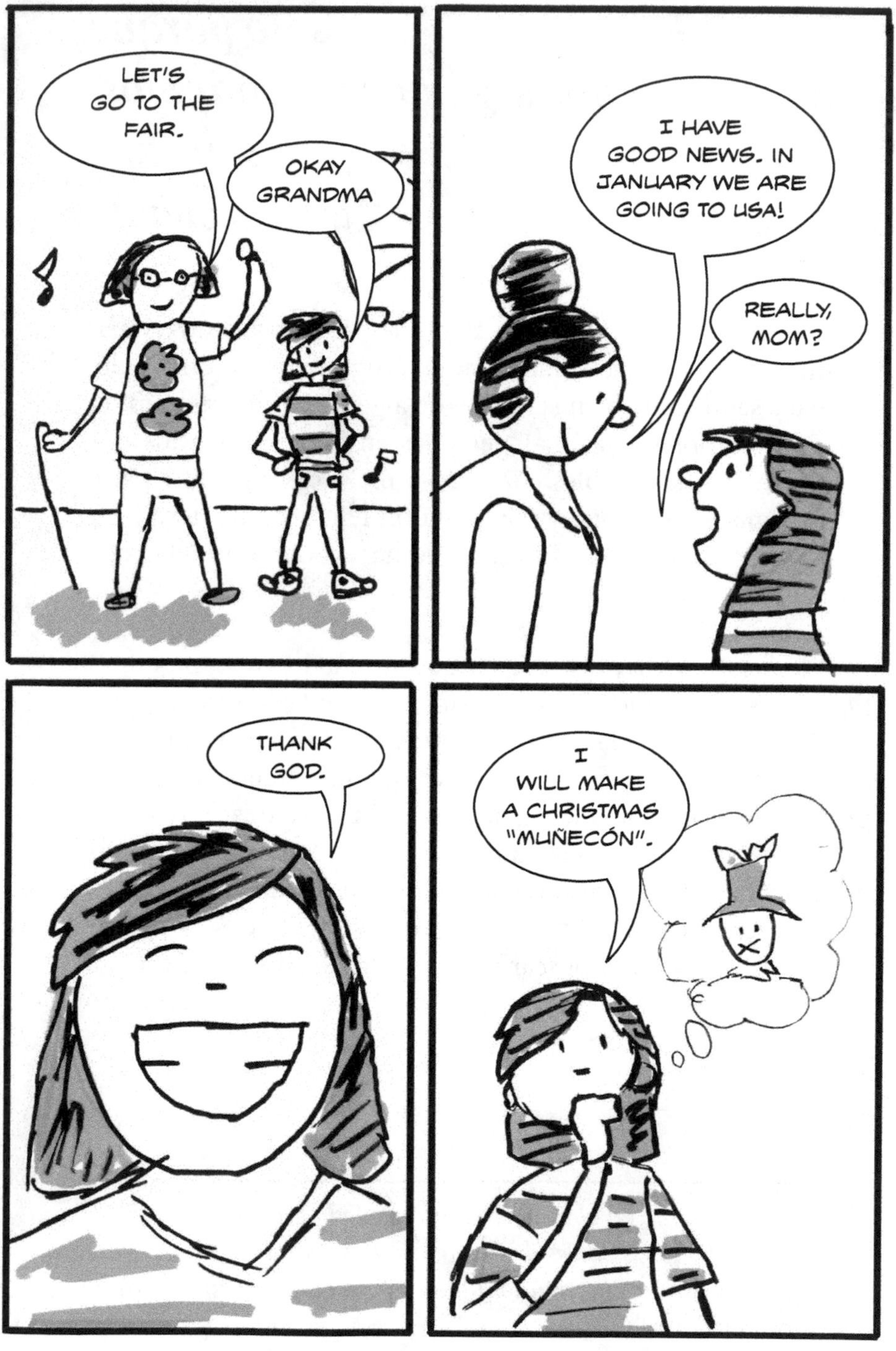
LET'S GO TO THE FAIR.
OKAY GRANDMA
I HAVE GOOD NEWS. IN JANUARY WE ARE GOING TO USA!
REALLY, MOM?
THANK GOD.
I WILL MAKE A CHRISTMAS "MUÑECÓN".

AUTOMOTIVACIÓN

POR S.R.P.

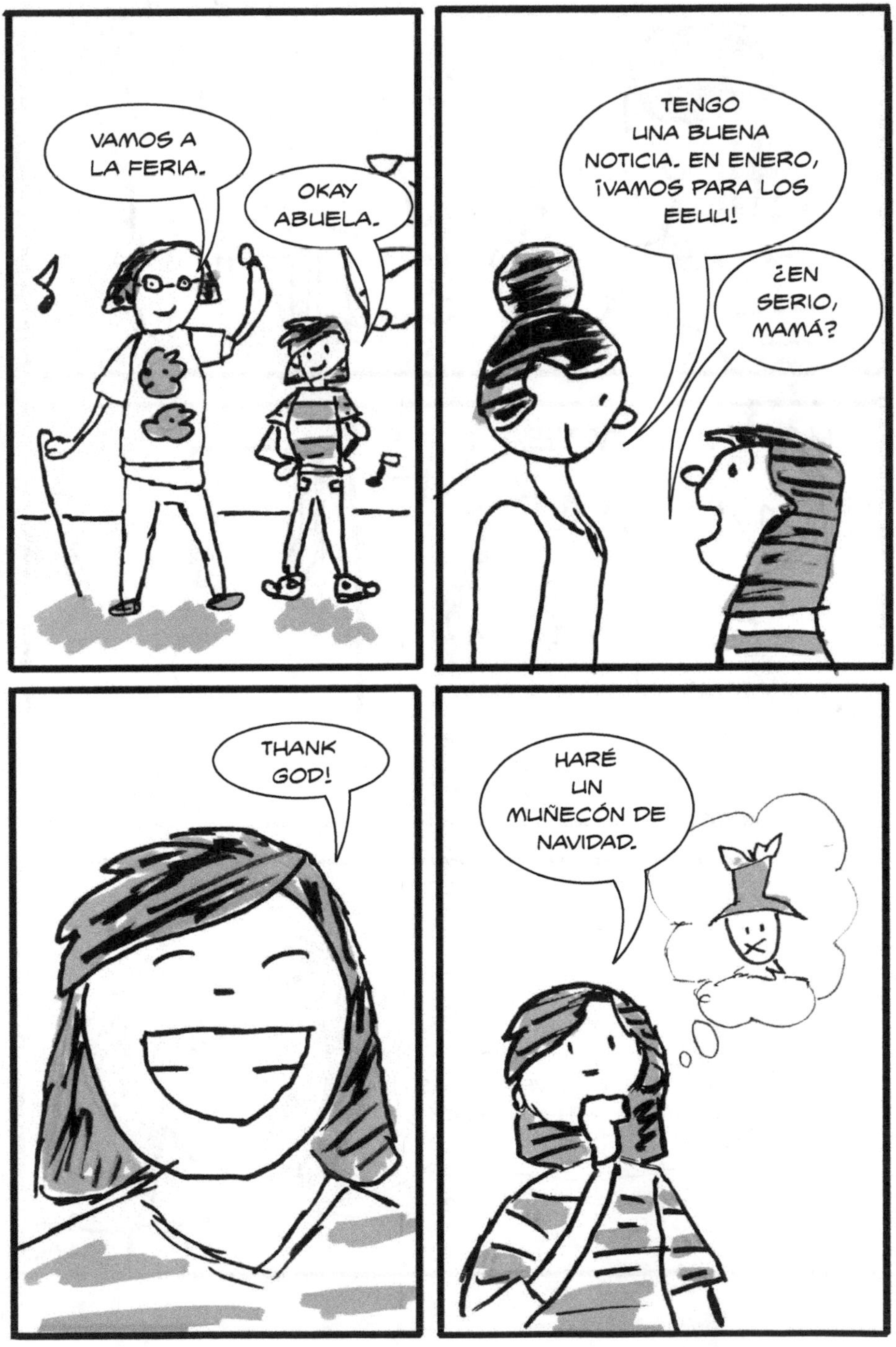
VAMOS A LA FERIA.
OKAY ABUELA.
TENGO UNA BUENA NOTICIA. EN ENERO, ¡VAMOS PARA LOS EEUU!
¿EN SERIO, MAMÁ?
THANK GOD!
HARÉ UN MUÑECÓN DE NAVIDAD.

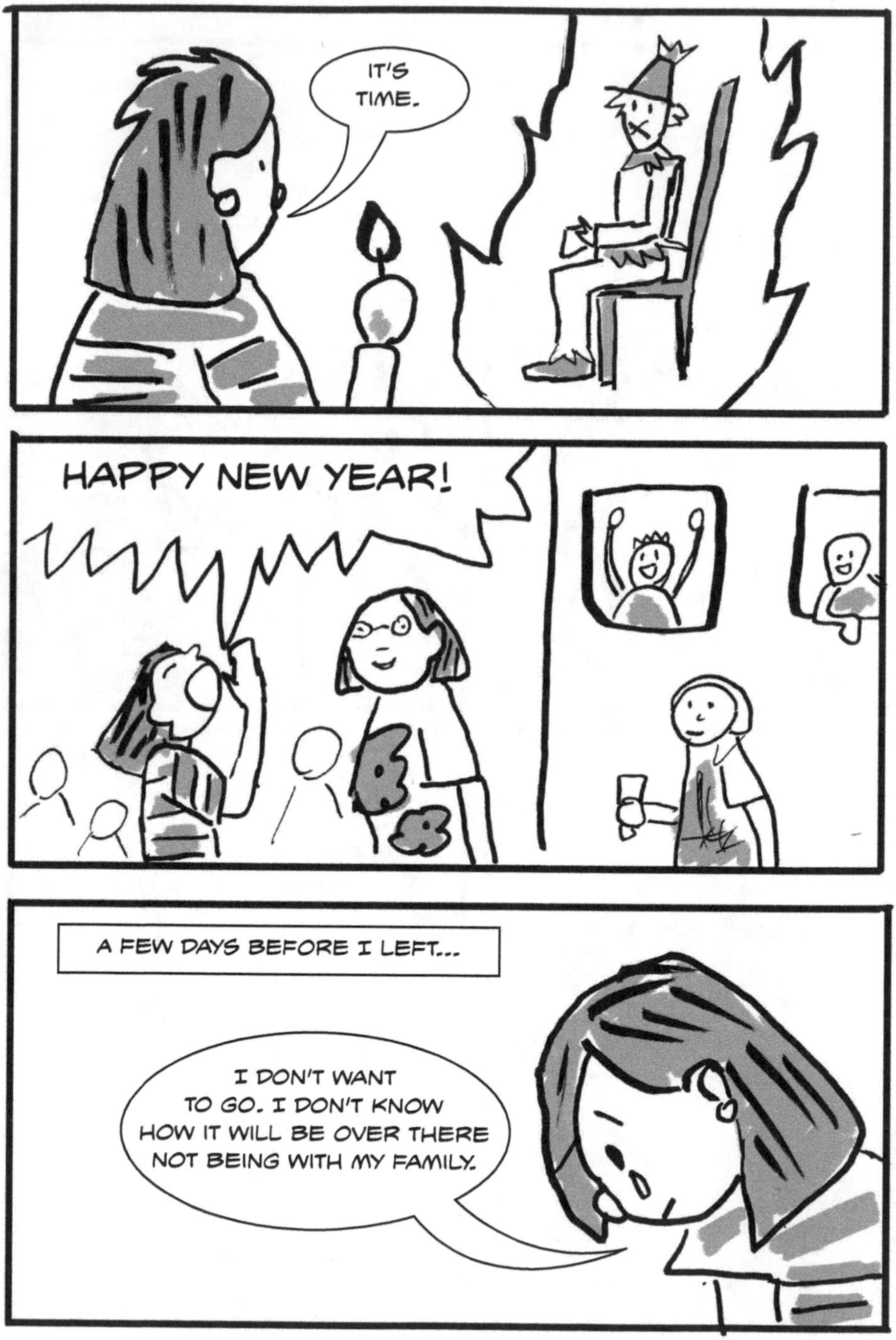
IT'S TIME.
HAPPY NEW YEAR!
A FEW DAYS BEFORE I LEFT...
I DON'T WANT TO GO. I DON'T KNOW HOW IT WILL BE OVER THERE NOT BEING WITH MY FAMILY.

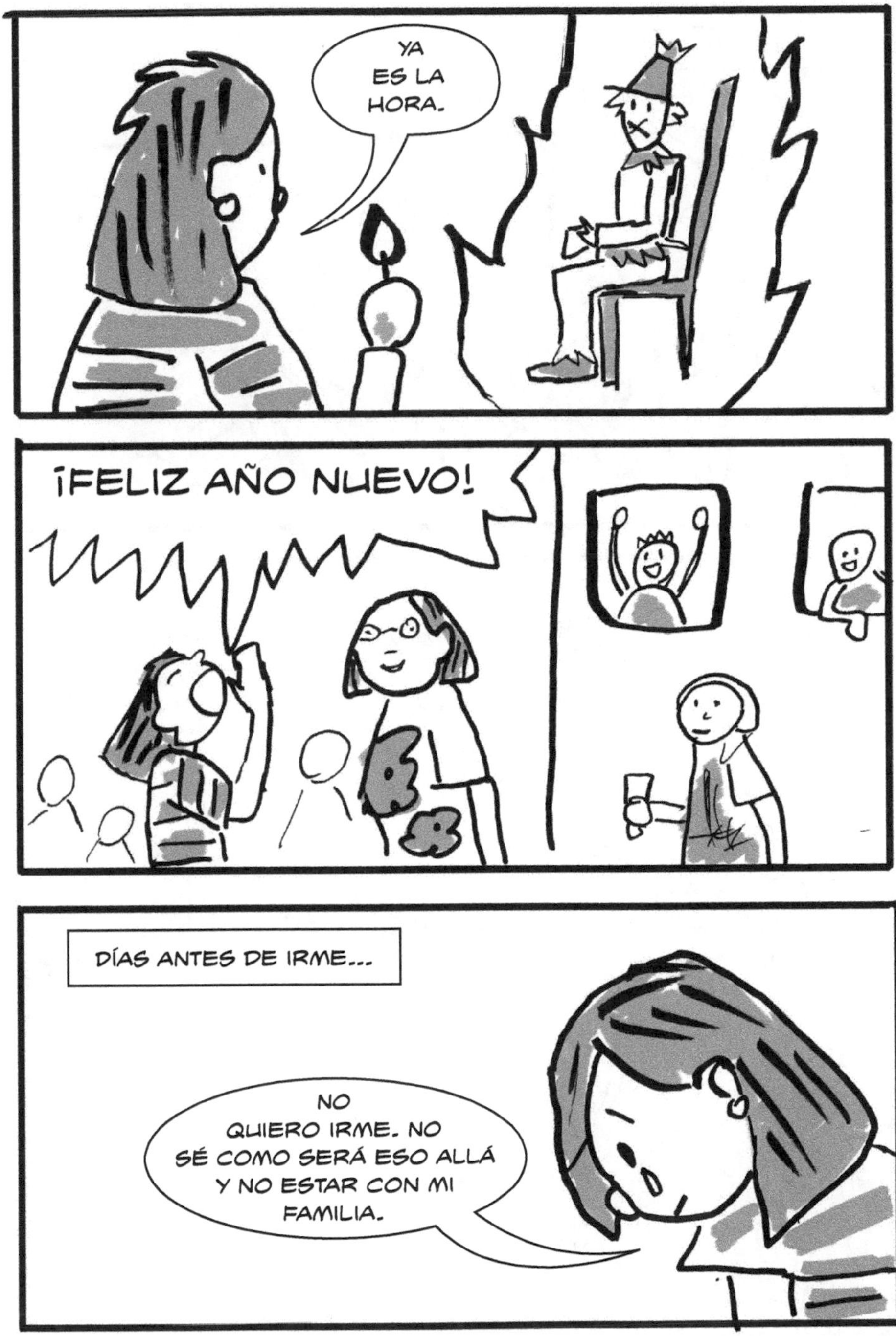
YA ES LA HORA.
¡FELIZ AÑO NUEVO!
DÍAS ANTES DE IRME...
NO QUIERO IRME. NO SÉ COMO SERÁ ESO ALLÁ Y NO ESTAR CON MI FAMILIA.

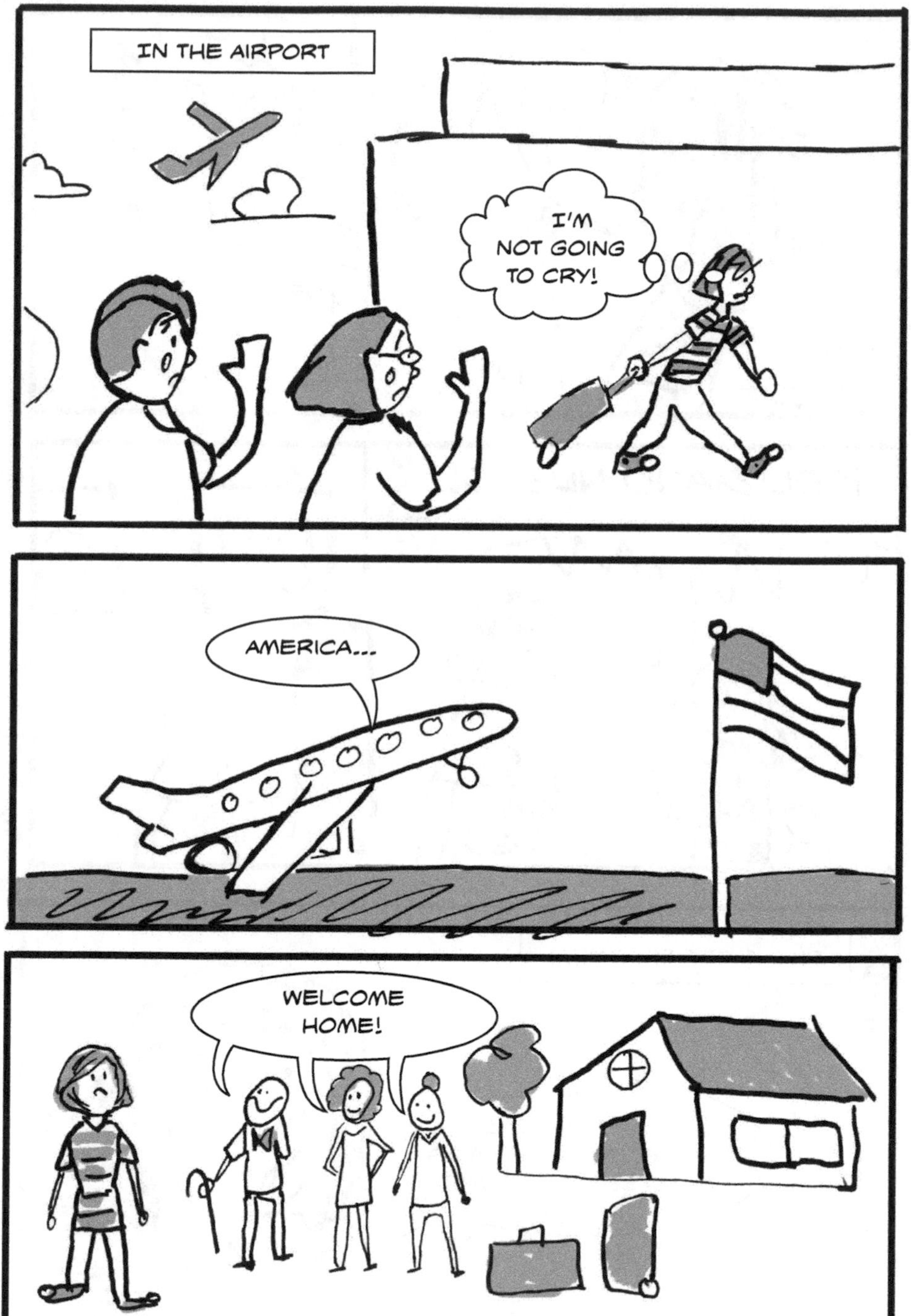
IN THE AIRPORT
I'M NOT GOING TO CRY!
AMERICA...
WELCOME HOME!

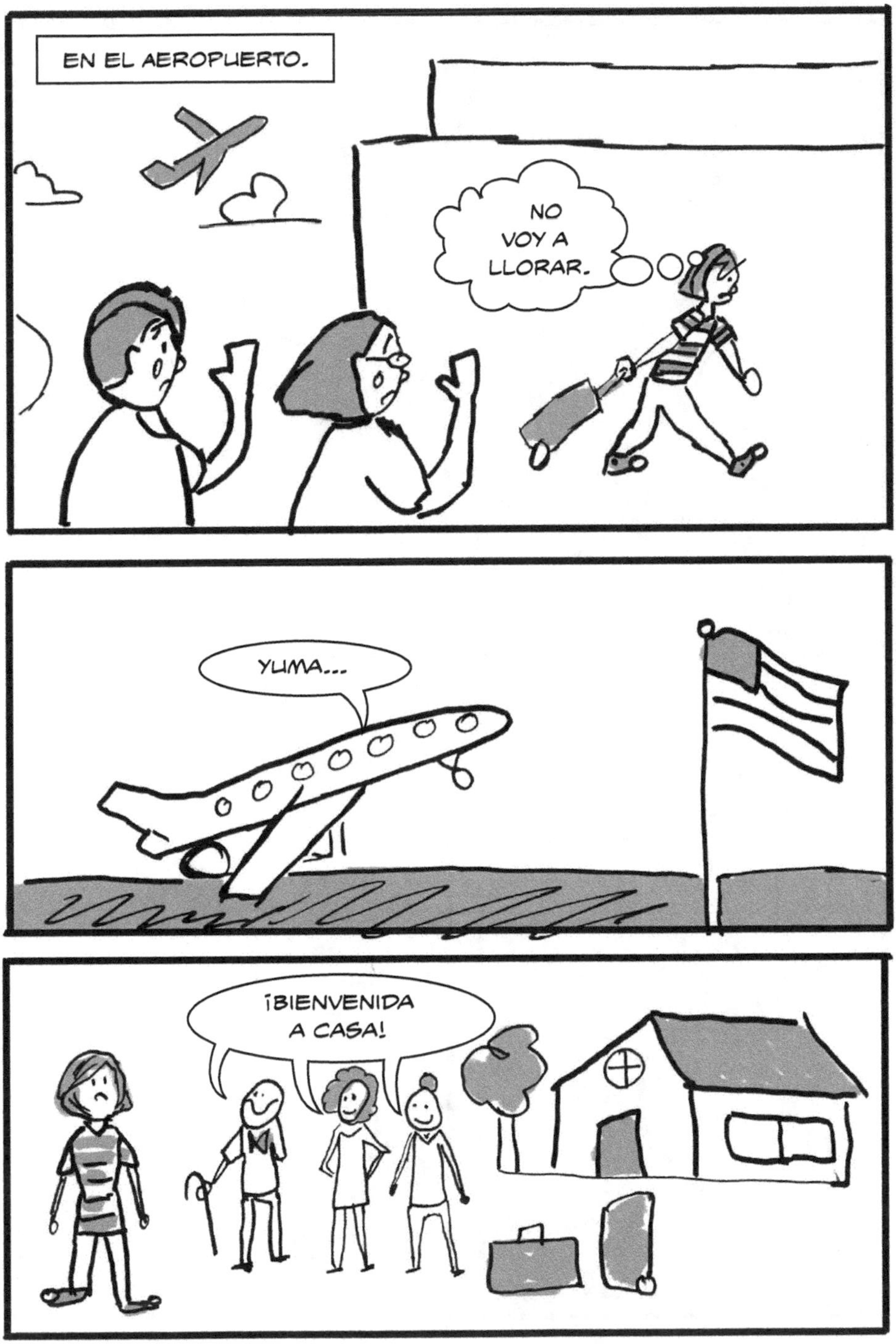
EN EL AEROPUERTO.
NO VOY A LLORAR.
YUMA...
¡BIENVENIDA A CASA!

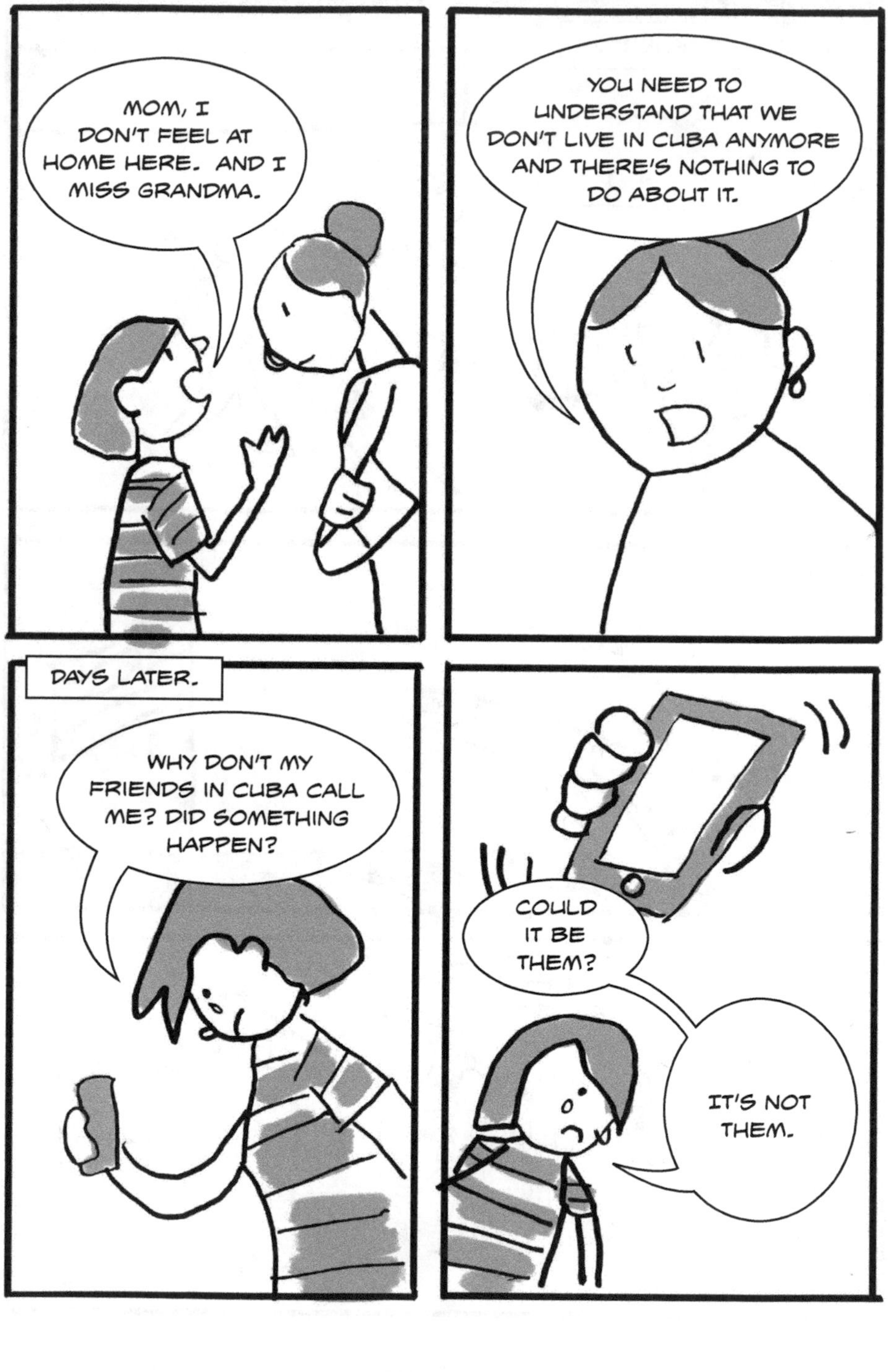
MOM, I DON'T FEEL AT HOME HERE. AND I MISS GRANDMA.
YOU NEED TO UNDERSTAND THAT WE DON'T LIVE IN CUBA ANYMORE AND THERE'S NOTHING TO DO ABOUT IT.
DAYS LATER.
WHY DON'T MY FRIENDS IN CUBA CALL ME? DID SOMETHING HAPPEN?
COULD IT BE THEM?
IT'S NOT THEM.

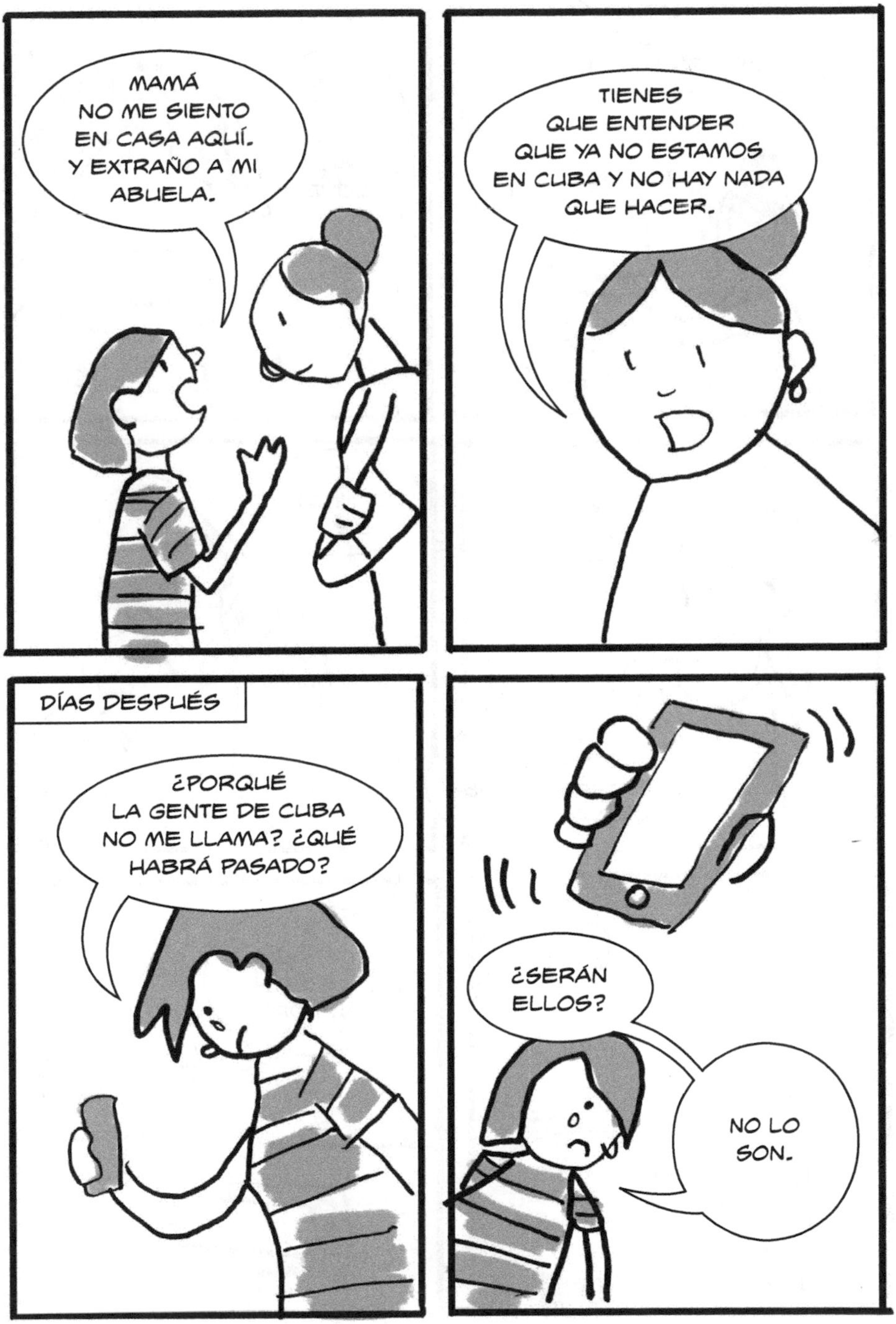
MAMÁ NO ME SIENTO EN CASA AQUÍ. Y EXTRAÑO A MI ABUELA.
TIENES QUE ENTENDER QUE YA NO ESTAMOS EN CUBA Y NO HAY NADA QUE HACER.
DÍAS DESPUÉS
¿PORQUÉ LA GENTE DE CUBA NO ME LLAMA? ¿QUÉ HABRÁ PASADO?
¿SERÁN ELLOS?
NO LO SON.

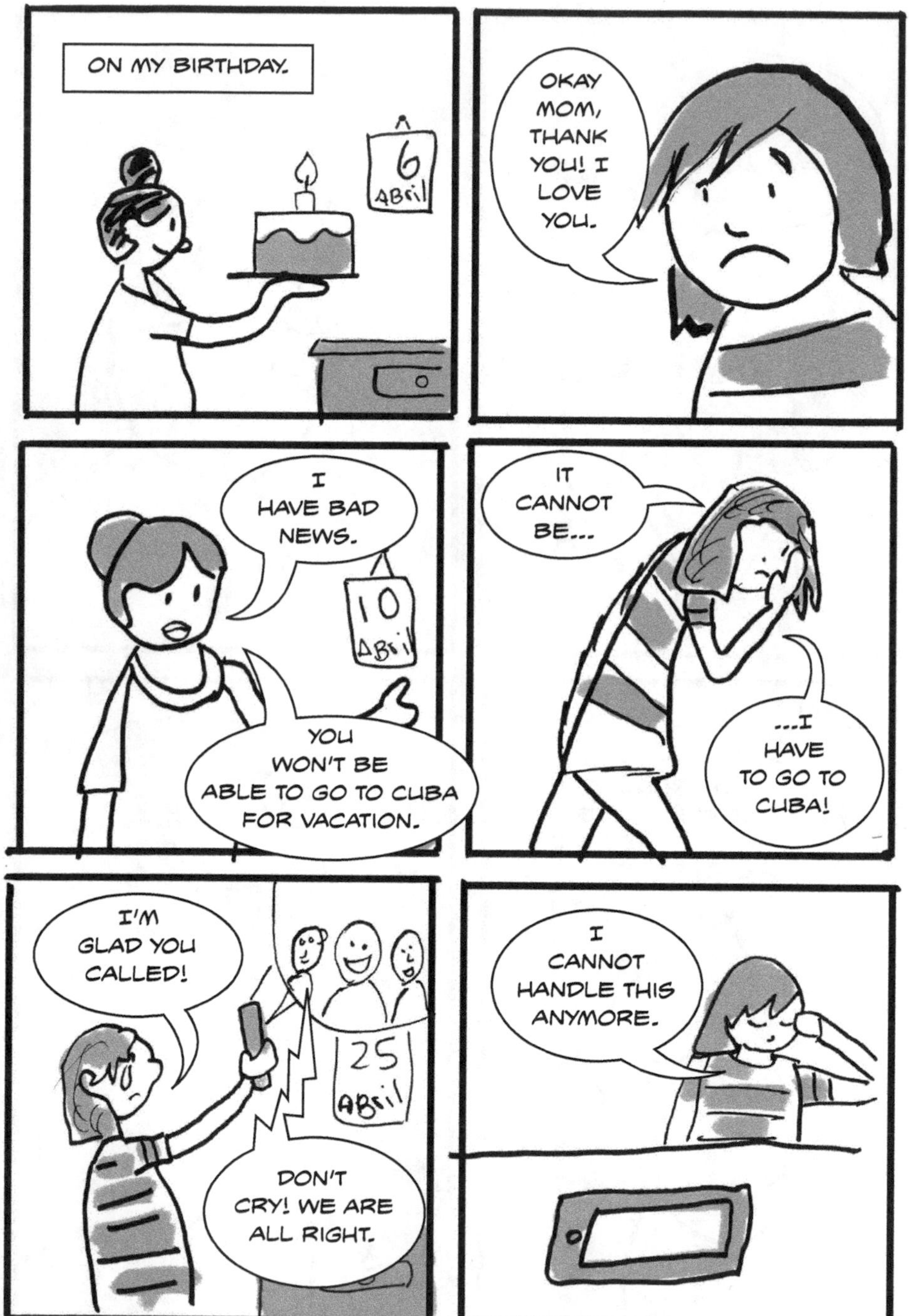
ON MY BIRTHDAY.
6 ABRIL
OKAY MOM, THANK YOU! I LOVE YOU.
I HAVE BAD NEWS.
10 ABRIL
YOU WON'T BE ABLE TO GO TO CUBA FOR VACATION.
IT CANNOT BE...
...I HAVE TO GO TO CUBA!
I'M GLAD YOU CALLED!
25 ABRIL
DON'T CRY! WE ARE ALL RIGHT.
I CANNOT HANDLE THIS ANYMORE.

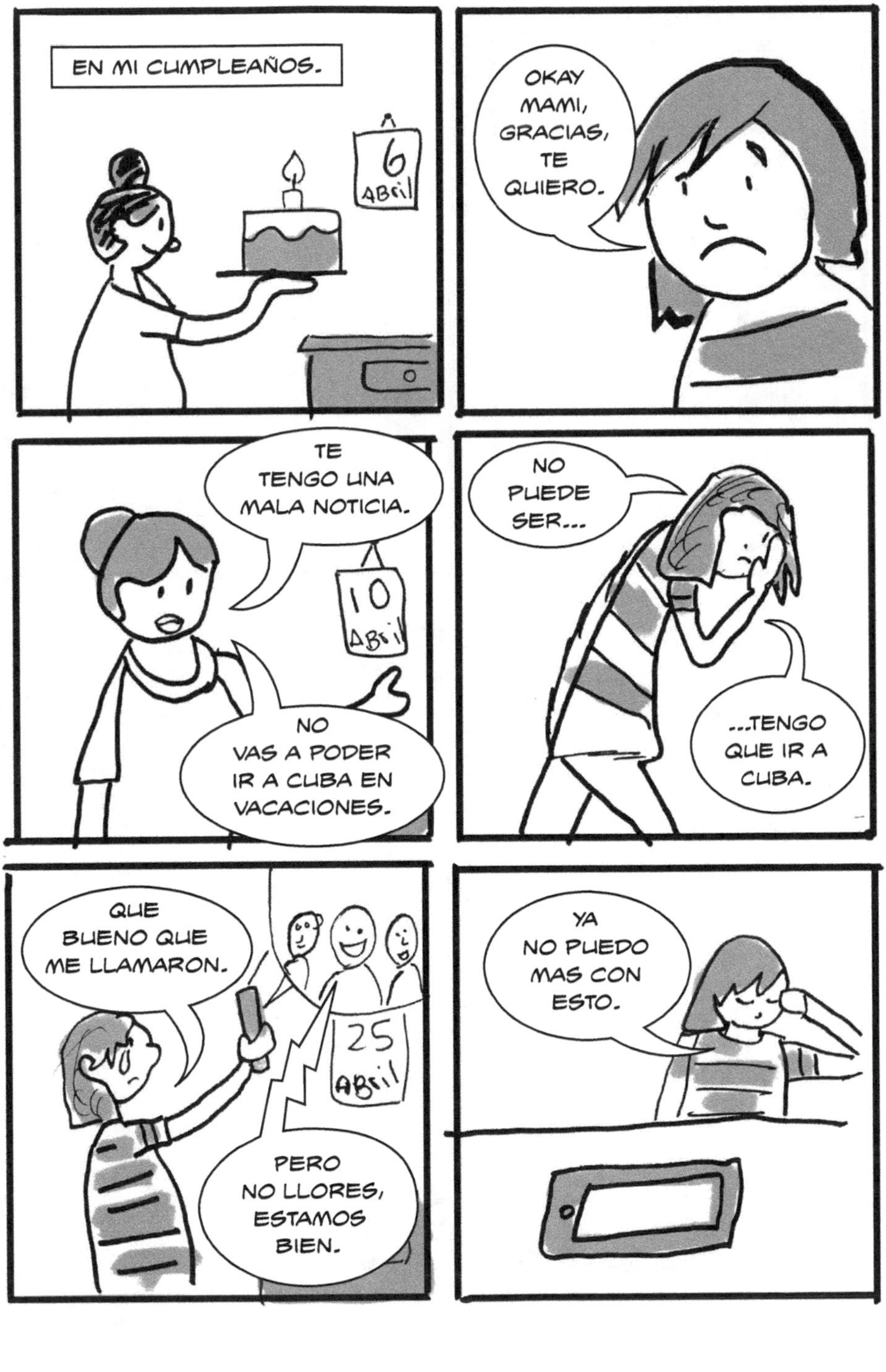
EN MI CUMPLEAÑOS.
6 ABRIL
OKAY MAMI, GRACIAS, TE QUIERO.
TE TENGO UNA MALA NOTICIA.
10 ABRIL
NO VAS A PODER IR A CUBA EN VACACIONES.
NO PUEDE SER...
...TENGO QUE IR A CUBA.
QUE BUENO QUE ME LLAMARON.
25 ABRIL
PERO NO LLORES, ESTAMOS BIEN.
YA NO PUEDO MAS CON ESTO.

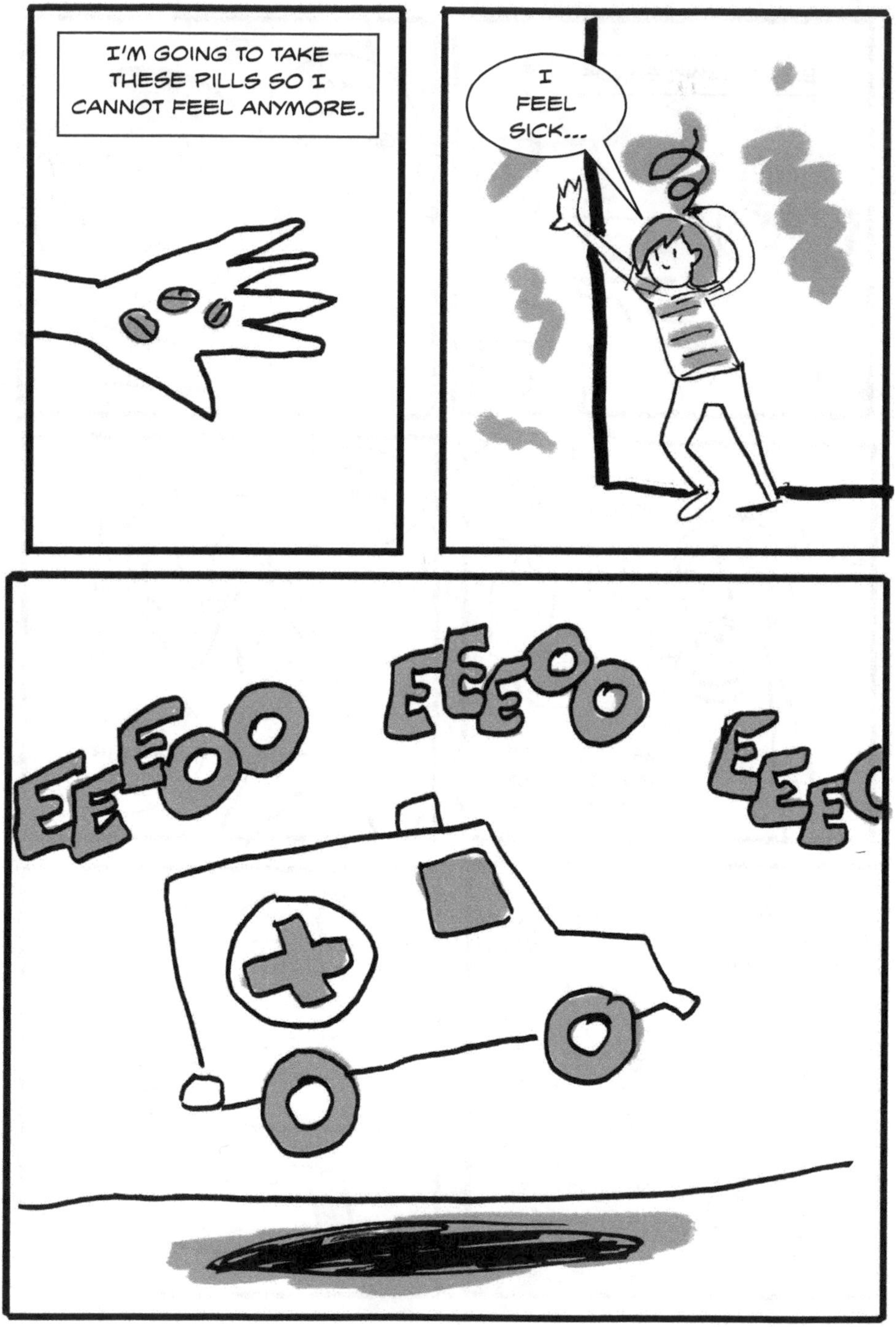
I'M GOING TO TAKE THESE PILLS SO I CANNOT FEEL ANYMORE.
I FEEL SICK...
EEEOO
EEEOO
EEEO

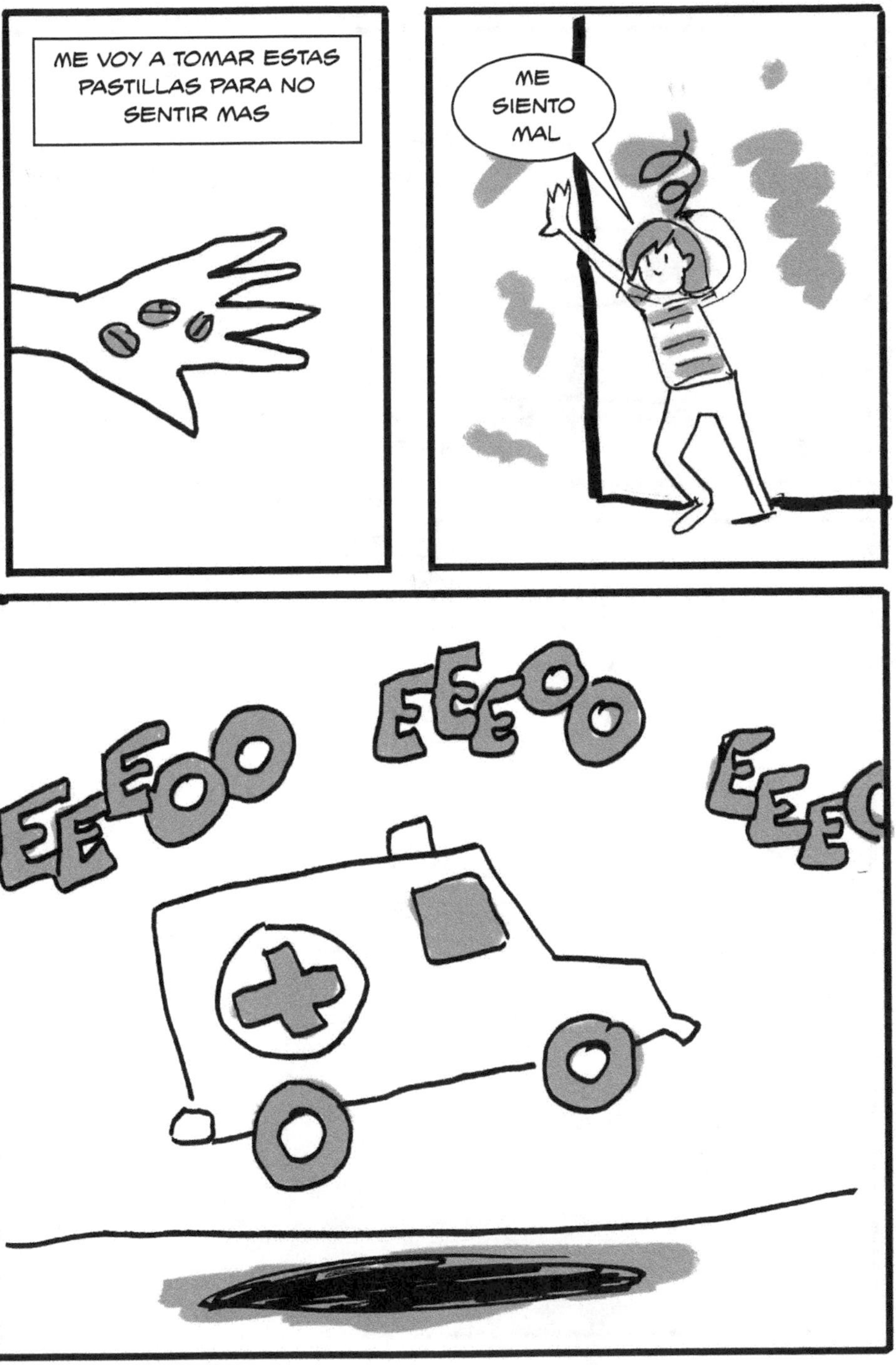
ME VOY A TOMAR ESTAS PASTILLAS PARA NO SENTIR MAS
ME SIENTO MAL
EEEOO EEEOO EEEO

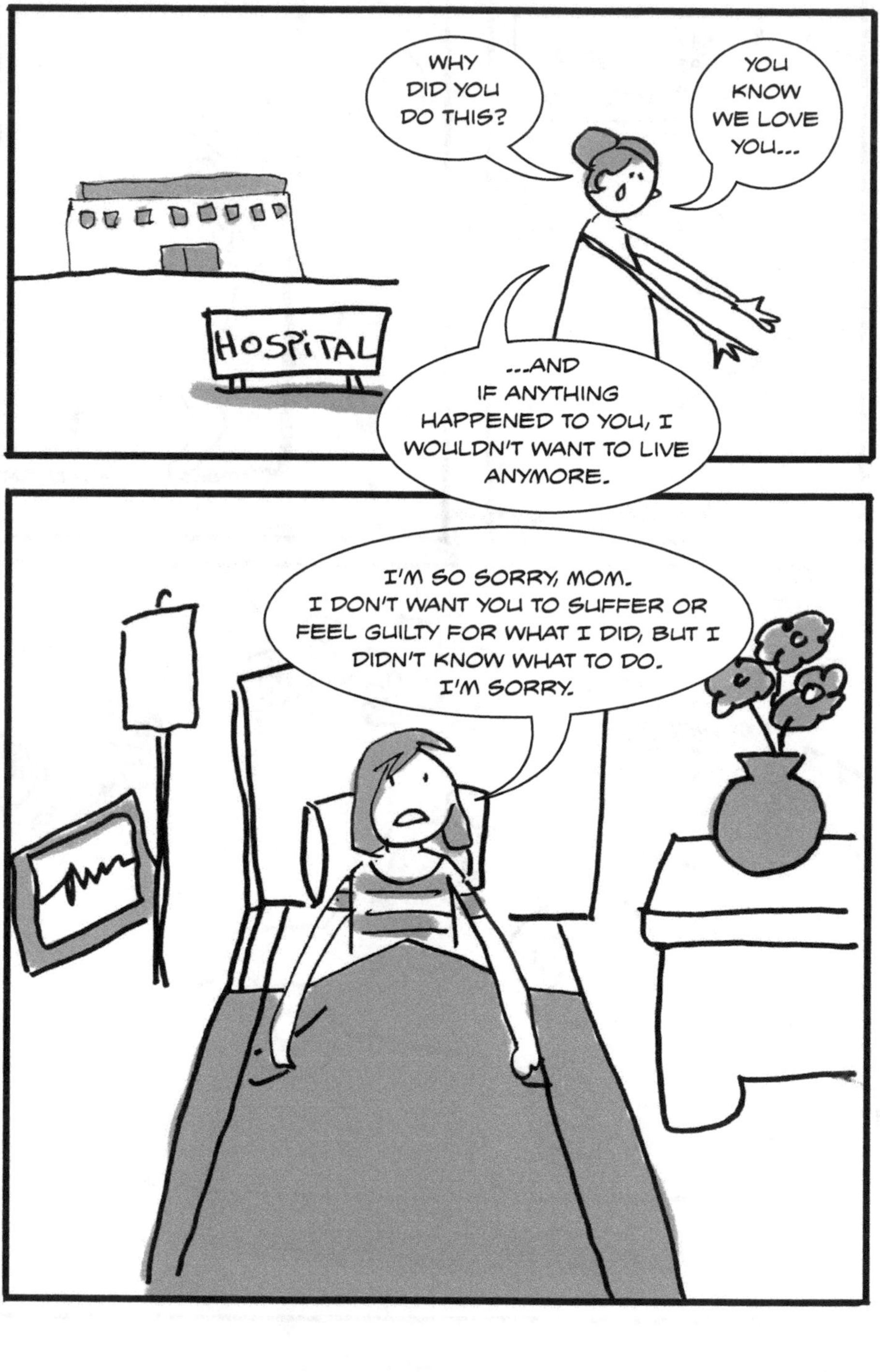
WHY DID YOU DO THIS?
YOU KNOW WE LOVE YOU...
...AND IF ANYTHING HAPPENED TO YOU, I WOULDN'T WANT TO LIVE ANYMORE.
HOSPITAL
I'M SO SORRY, MOM. I DON'T WANT YOU TO SUFFER OR FEEL GUILTY FOR WHAT I DID, BUT I DIDN'T KNOW WHAT TO DO. I'M SORRY.

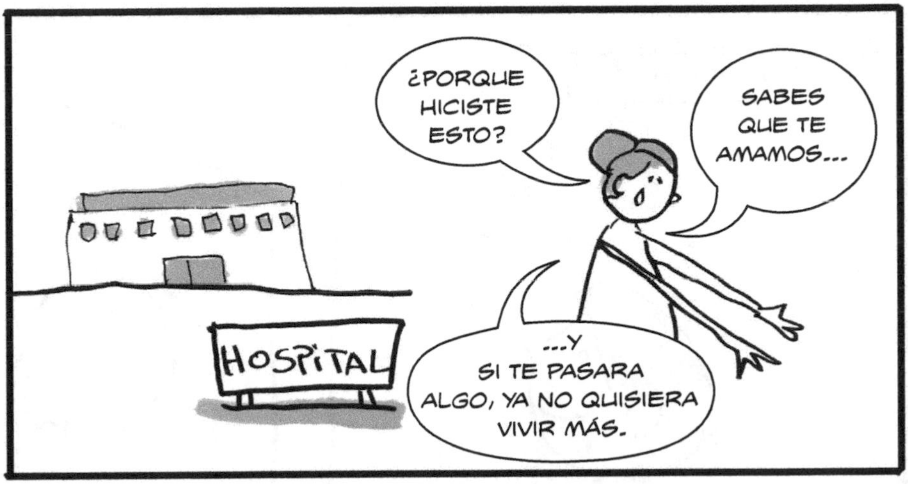
¿PORQUE HICISTE ESTO?
SABES QUE TE AMAMOS...
...Y SI TE PASARA ALGO, YA NO QUISIERA VIVIR MÁS.
HOSPITAL

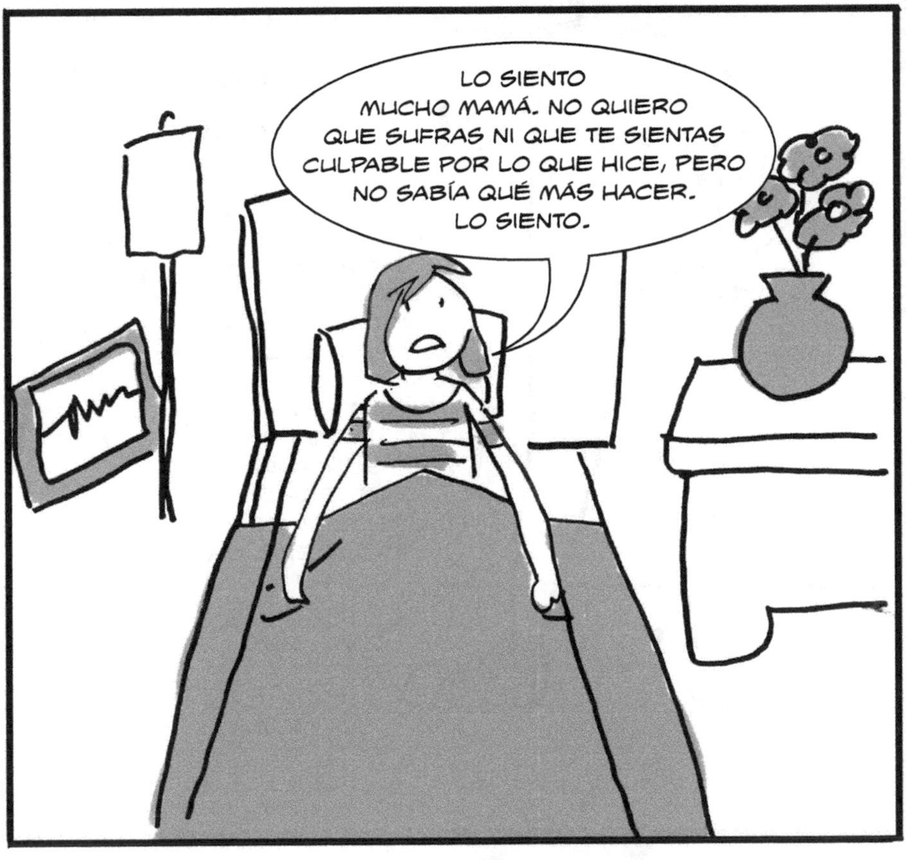
LO SIENTO MUCHO MAMÁ. NO QUIERO QUE SUFRAS NI QUE TE SIENTAS CULPABLE POR LO QUE HICE, PERO NO SABÍA QUÉ MÁS HACER. LO SIENTO.

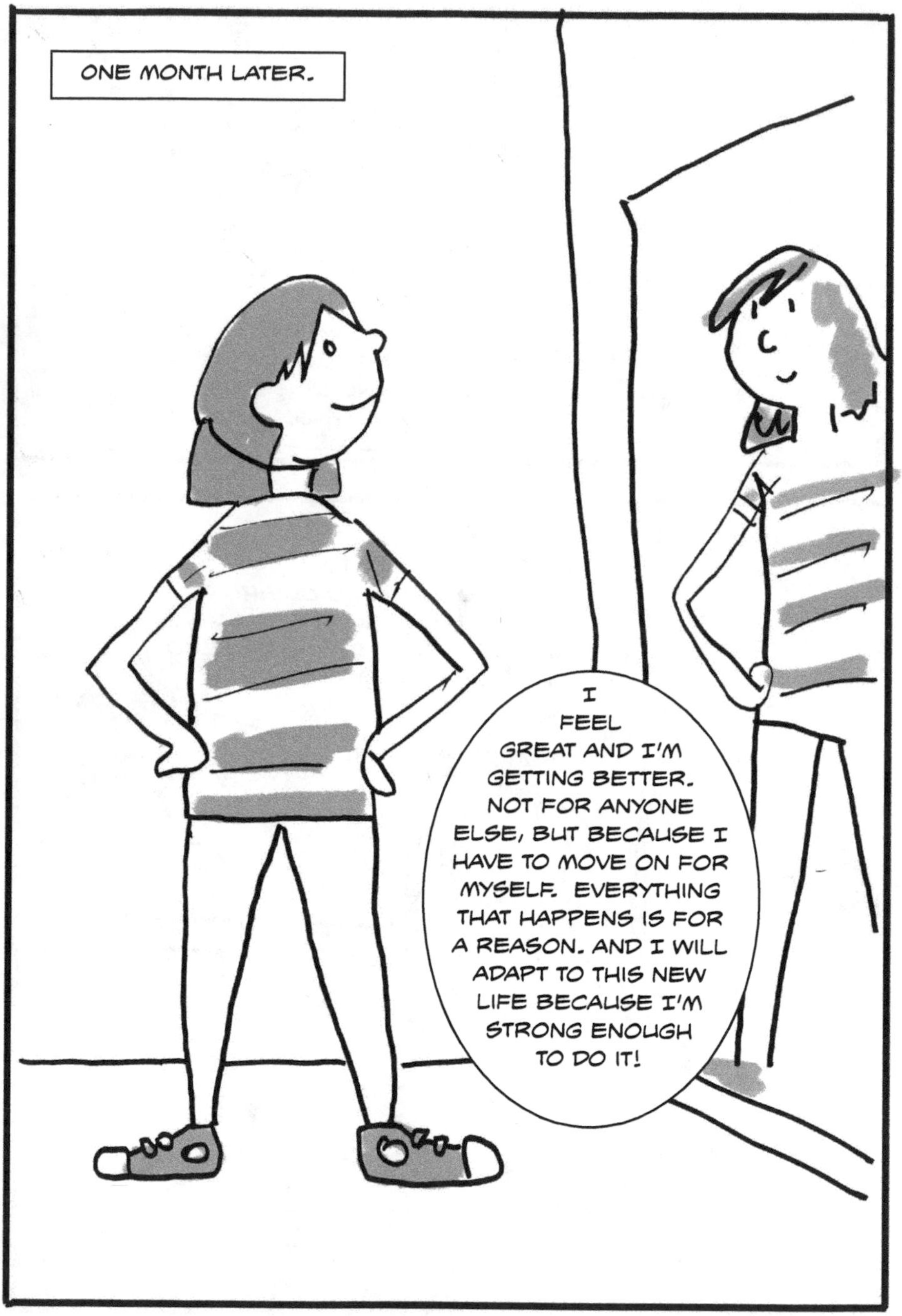
ONE MONTH LATER.
I FEEL GREAT AND I'M GETTING BETTER. NOT FOR ANYONE ELSE, BUT BECAUSE I HAVE TO MOVE ON FOR MYSELF. EVERYTHING THAT HAPPENS IS FOR A REASON. AND I WILL ADAPT TO THIS NEW LIFE BECAUSE I'M STRONG ENOUGH TO DO IT!

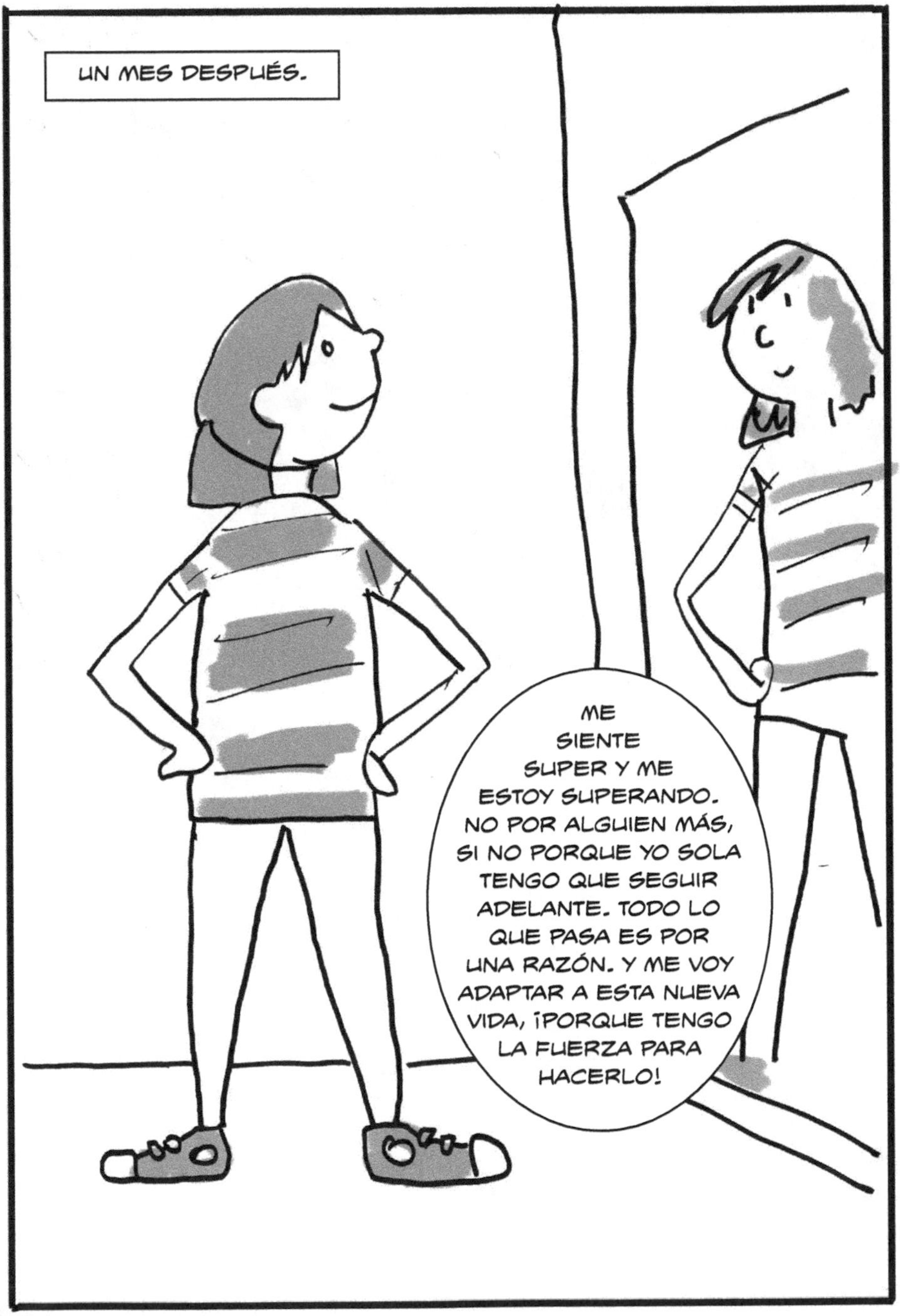
UN MES DESPUÉS.
ME SIENTE SUPER Y ME ESTOY SUPERANDO. NO POR ALGUIEN MÁS, SI NO PORQUE YO SOLA TENGO QUE SEGUIR ADELANTE. TODO LO QUE PASA ES POR UNA RAZÓN. Y ME VOY ADAPTAR A ESTA NUEVA VIDA, ¡PORQUE TENGO LA FUERZA PARA HACERLO!

S.R.P.'s Story

When I was in Cuba, I had everything. I had family, I had a house. But I did not have the opportunities I needed for my future.

When I first learned about coming to the U.S., I was looking forward to a new life, new opportunities. I could study a career that I would enjoy. When I got here, though, I was in a whole new world and I was feeling disoriented and frustrated. I really missed my family. Everything was so confusing: the food, the people. I did not understand English. I would try to speak English and people would not really understand. I was trying my hardest. But it was not enough.

Eventually, I felt like I did not want to feel anything anymore, so I did something drastic. Immediately after I took the pills, I felt dizzy. I felt regret. My family didn't deserve what I did to them. I really really regretted it.

After I recovered from the pill incident, I went to therapy. I became a lot more conscious of my decisions. I still missed my family, but I accepted that I had moved to the U.S. and I had a new life here. Thinking about home wasn't an obsession any more. I knew that I didn't want to give up. I knew that I could not give up.

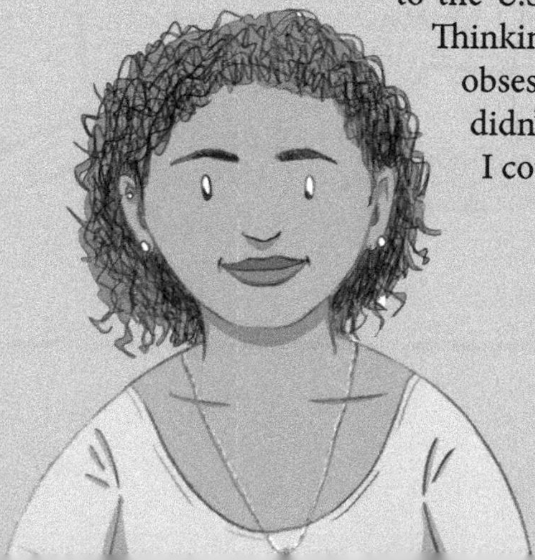

LA HISTORIA DE S.R.P.

Cuando estaba en Cuba, tenía todo. Tenía familia, tenía una casa. Pero no tenía las oportunidades que necesitaba para mi futuro.

Cuando supe por primera vez acerca de venir a los Estados Unidos, estaba esperando una nueva vida, nuevas oportunidades. Podría estudiar una carrera que disfrutaría. Cuando llegué aquí, estaba en un mundo completamente nuevo y me sentía desorientada y frustrada. Realmente extrañaba a mi familia. Todo era tan confuso: la comida, la gente. No entendía inglés. Intentaba hablar inglés y la gente no me entendía. Estaba haciendo todo lo posible. Pero no fue suficiente.

Eventualmente, sentí que ya no quería sentir nada, así que hice algo drástico. Inmediatamente después de tomar las pastillas, me sentí mareada. Sentí arrepentimiento. Mi familia no se merecía lo que les hice. Realmente lo lamenté mucho.

Después de que me recuperé del incidente de las pastillas, fui a la terapia. Me volví mucho más consciente de mis decisiones. Todavía extrañaba a mi familia, pero acepté que me había mudado a los Estados Unidos y que tenía una nueva vida aquí. Pensar en mi hogar en Cuba ya no era una obsesión. Sabía que no quería rendirme. Sabía que no podía rendirme.

> *"When you arrive
> in a new country,
> your life as you know it dies,
> and you are born again
> somewhere new."*

When people read my story I want them to think about overcoming obstacles for yourself and not for others. Not because you want your friends and family to be happy, but because YOU deserve to be happy. It was important for me to learn this.

I also want other immigrants to know that when you arrive in a new country, your life as you know it dies, and you are born again somewhere new. I feel good about being born again. I know that I'm not like everyone else here, and I'm glad that by telling my story in this book I can help other people who are going through the same thing. I also want people to know that it's important to listen to your elders. No matter if you are an immigrant or not, you still go through difficulties. It's even harder when you don't let help in. I hope my story can help you take that first step.

— S.R.P.

S.R.P. is a sixteen-year-old eleventh grader in Washington, D.C. She is from Cuba. She likes to learn and to listen to people. In the future, she would like to study math.

"Cuando llegas a un país nuevo, tu vida como la conoces muere, y naces de nuevo en algún lugar nuevo."

Cuando personas lean mi historia, quiero que piensen en superar obstáculos para ellos mismos y no para los demás. No porque quieras que tus amigos y familiares sean felices, sino porque TÚ mereces ser feliz. Fue importante aprender esto para mí.

También quiero que otros inmigrantes sepan que cuando llegas a un país nuevo, tu vida como la conoces muere y naces de nuevo en algún lugar nuevo. Me siento bien por haber nacido de nuevo. Sé que no soy como todos los demás aquí, y me alegra que al contar mi historia en este libro pueda ayudar a otras personas que están pasando por lo mismo. También quiero que las personas sepan que es importante escuchar a sus mayores. No importa si eres inmigrante o no, todos atraviesan dificultades. Es aún más difícil cuando no dejas entrar la ayuda. Espero que mi historia pueda ayudarte a dar ese primer paso.

— S.R.P.

S.R.P. es una estudiante de dieciséis años en el 11° grado en Washington, D.C. Ella es de Cuba. A ella le gusta aprender y escuchar a la gente. En el futuro, le gustaría estudiar matemáticas.

Broken Pieces

By Brenda

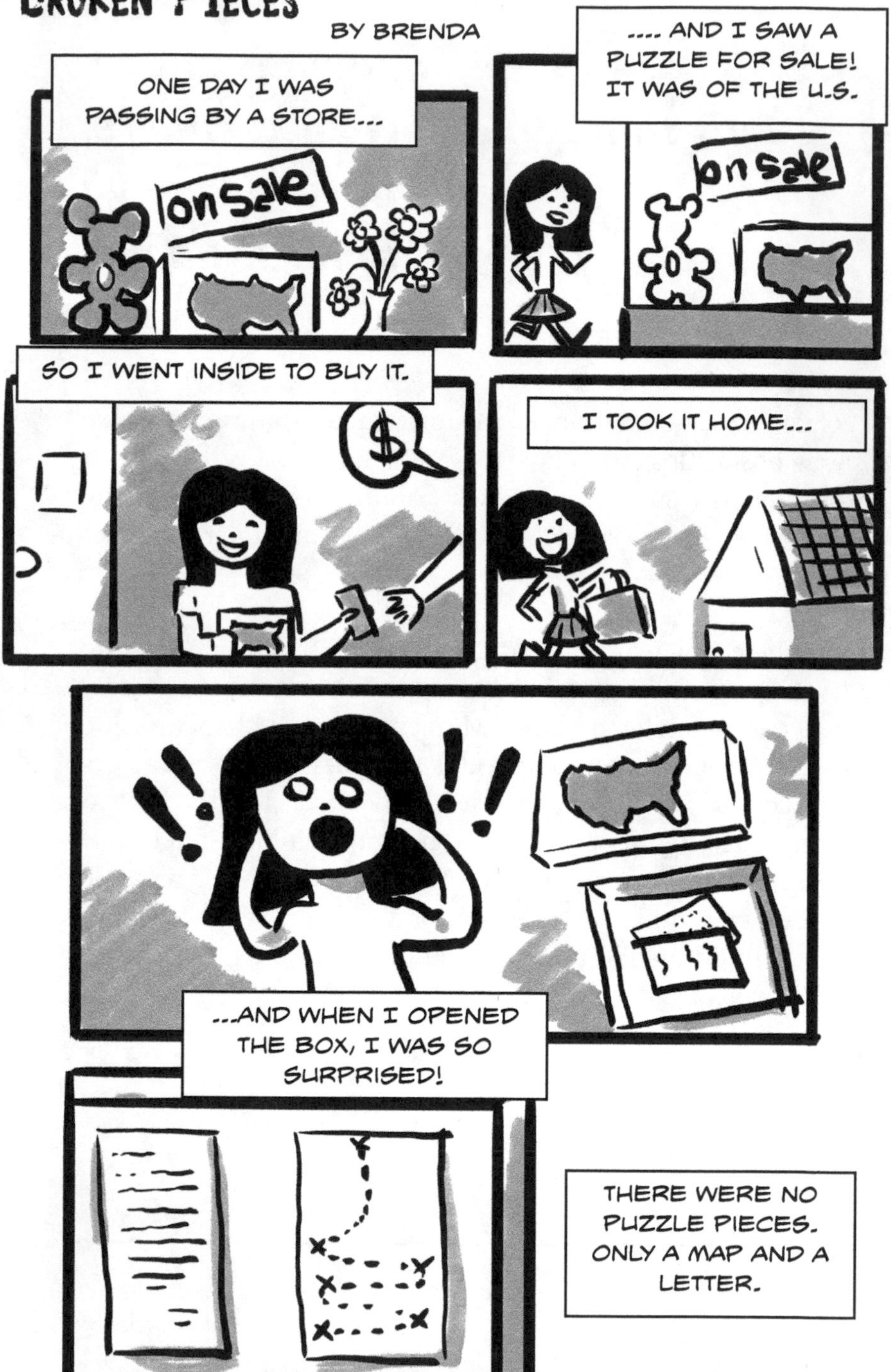

ONE DAY I WAS PASSING BY A STORE...
on sale
.... AND I SAW A PUZZLE FOR SALE! IT WAS OF THE U.S.
on sale
SO I WENT INSIDE TO BUY IT.
$
I TOOK IT HOME...
...AND WHEN I OPENED THE BOX, I WAS SO SURPRISED!
THERE WERE NO PUZZLE PIECES. ONLY A MAP AND A LETTER.

PIEZAS ROTAS POR BRENDA

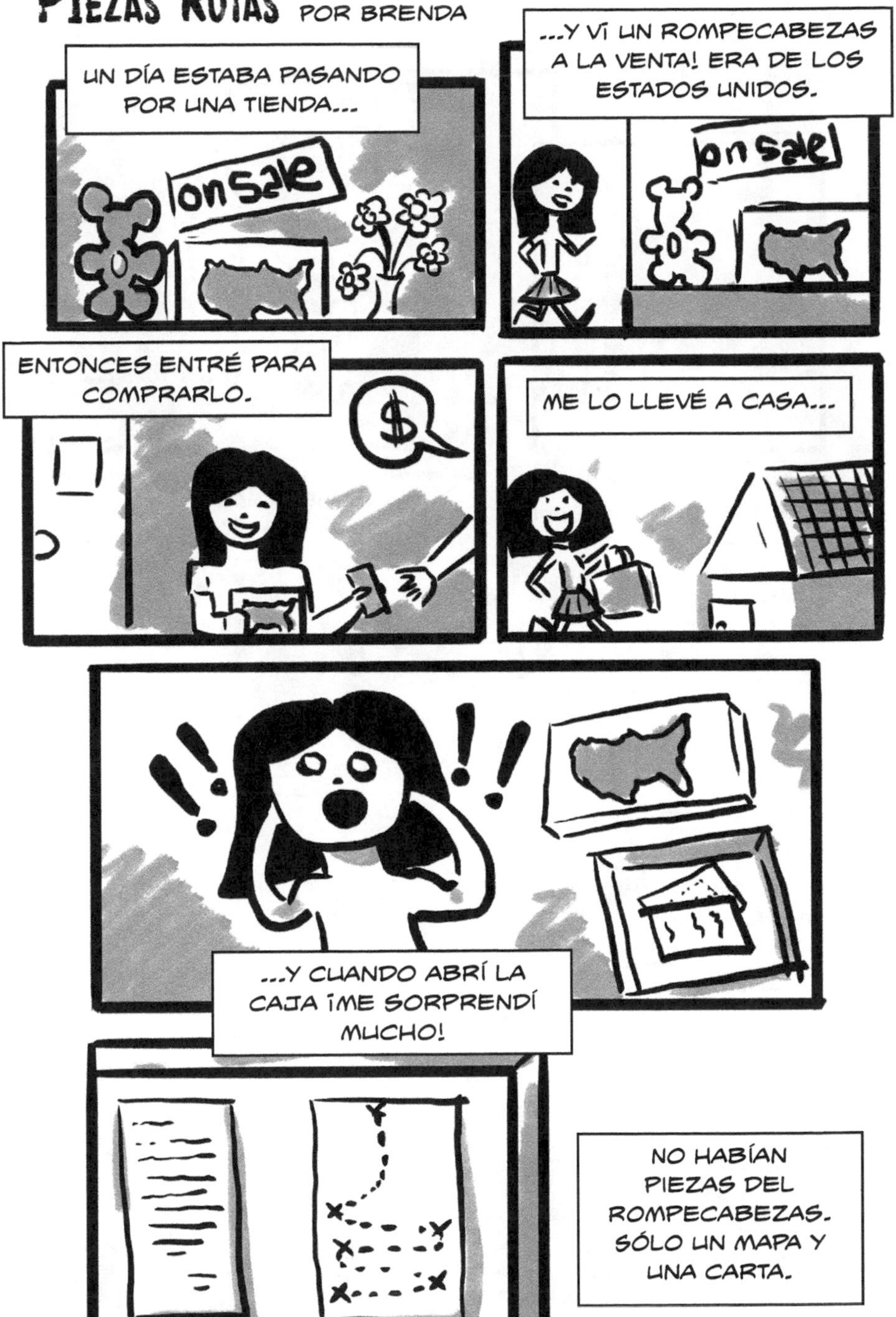
UN DÍA ESTABA PASANDO POR UNA TIENDA...
on sale
...Y VÍ UN ROMPECABEZAS A LA VENTA! ERA DE LOS ESTADOS UNIDOS.
on sale
ENTONCES ENTRÉ PARA COMPRARLO.
$
ME LO LLEVÉ A CASA...
...Y CUANDO ABRÍ LA CAJA ¡ME SORPRENDÍ MUCHO!
NO HABÍAN PIEZAS DEL ROMPECABEZAS. SÓLO UN MAPA Y UNA CARTA.

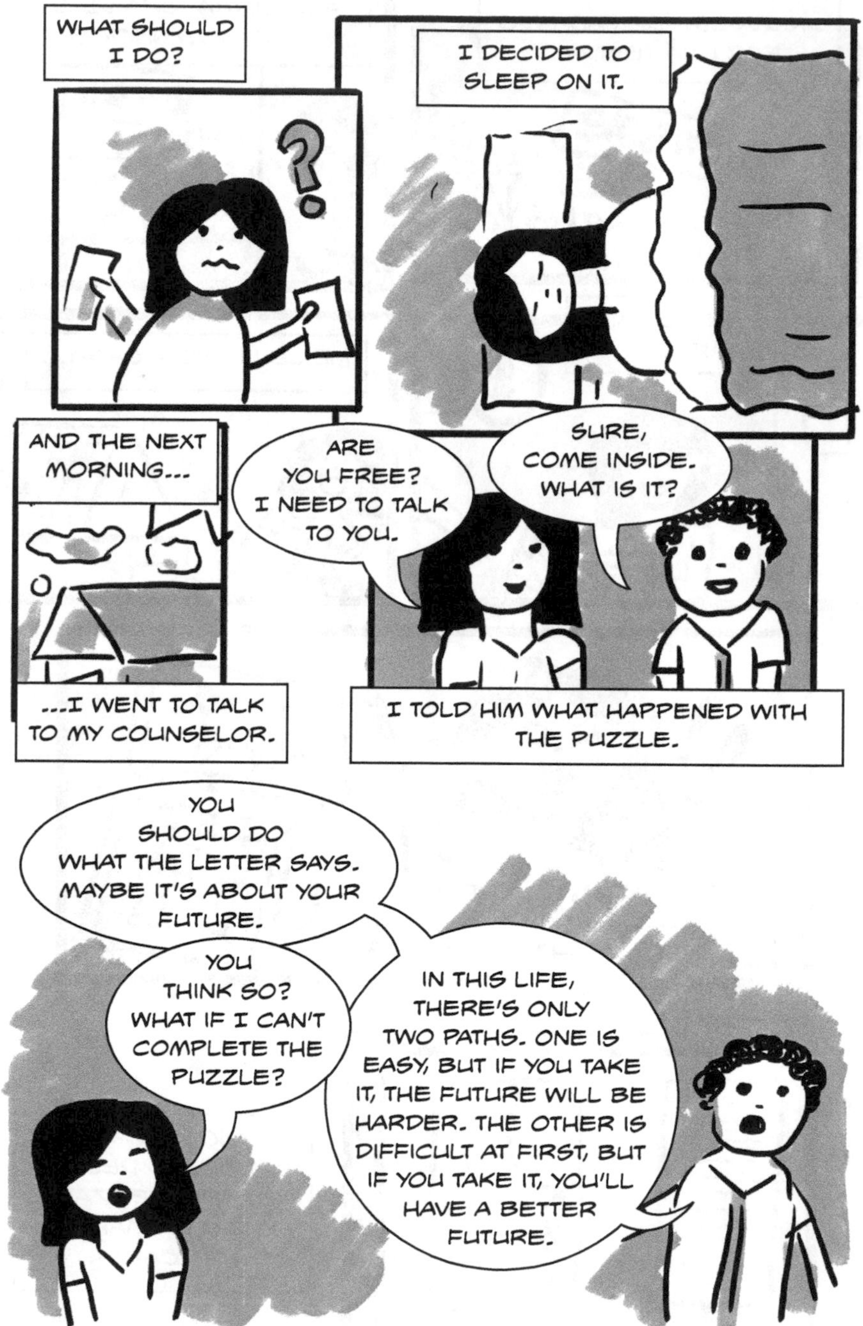
WHAT SHOULD I DO?
I DECIDED TO SLEEP ON IT.
AND THE NEXT MORNING...
...I WENT TO TALK TO MY COUNSELOR.
ARE YOU FREE? I NEED TO TALK TO YOU.
SURE, COME INSIDE. WHAT IS IT?
I TOLD HIM WHAT HAPPENED WITH THE PUZZLE.
YOU SHOULD DO WHAT THE LETTER SAYS. MAYBE IT'S ABOUT YOUR FUTURE.
YOU THINK SO? WHAT IF I CAN'T COMPLETE THE PUZZLE?
IN THIS LIFE, THERE'S ONLY TWO PATHS. ONE IS EASY, BUT IF YOU TAKE IT, THE FUTURE WILL BE HARDER. THE OTHER IS DIFFICULT AT FIRST, BUT IF YOU TAKE IT, YOU'LL HAVE A BETTER FUTURE.

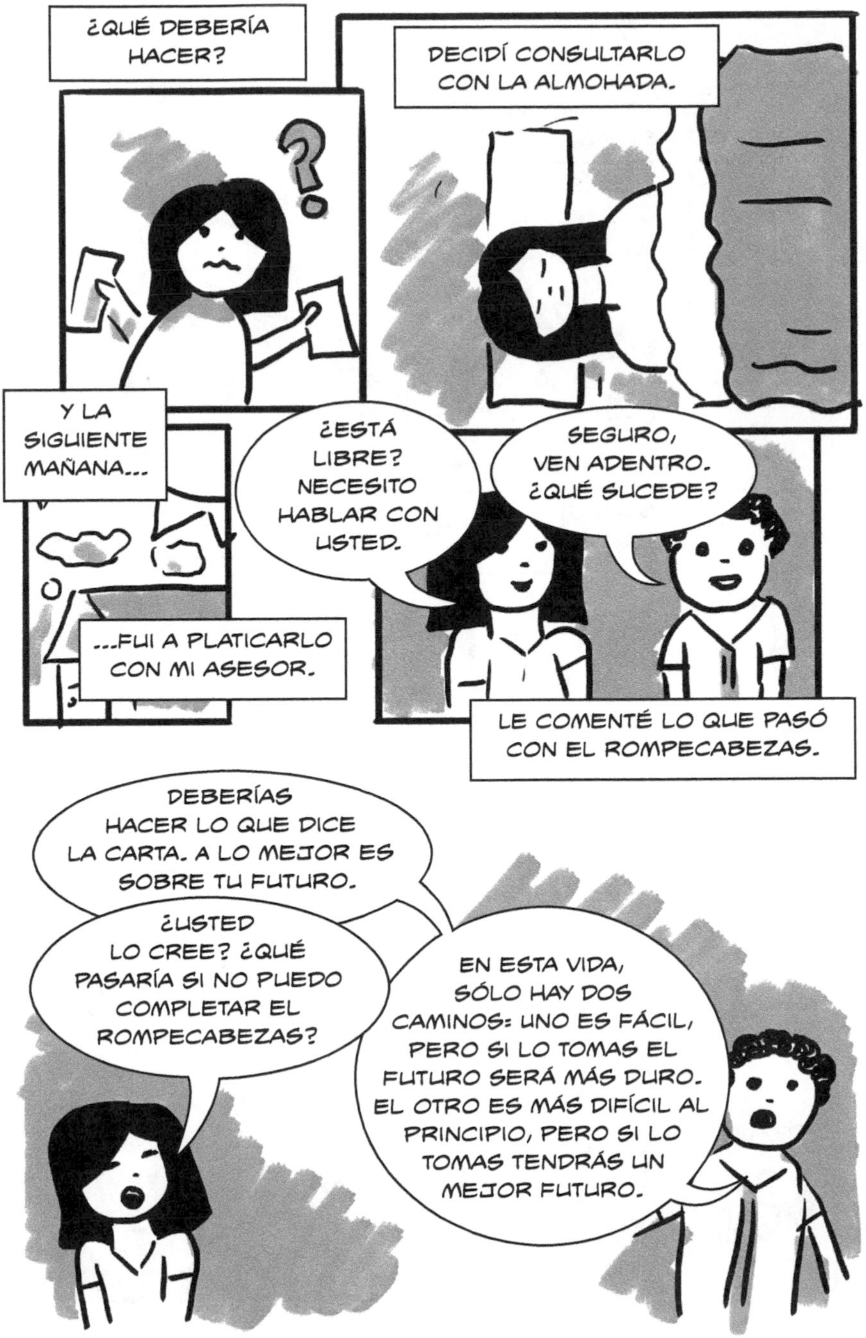
¿QUÉ DEBERÍA HACER?
DECIDÍ CONSULTARLO CON LA ALMOHADA.
Y LA SIGUIENTE MAÑANA...
...FUI A PLATICARLO CON MI ASESOR.
¿ESTÁ LIBRE? NECESITO HABLAR CON USTED.
SEGURO, VEN ADENTRO. ¿QUÉ SUCEDE?
LE COMENTÉ LO QUE PASÓ CON EL ROMPECABEZAS.
DEBERÍAS HACER LO QUE DICE LA CARTA. A LO MEJOR ES SOBRE TU FUTURO.
¿USTED LO CREE? ¿QUÉ PASARÍA SI NO PUEDO COMPLETAR EL ROMPECABEZAS?
EN ESTA VIDA, SÓLO HAY DOS CAMINOS: UNO ES FÁCIL, PERO SI LO TOMAS EL FUTURO SERÁ MÁS DURO. EL OTRO ES MÁS DIFÍCIL AL PRINCIPIO, PERO SI LO TOMAS TENDRÁS UN MEJOR FUTURO.

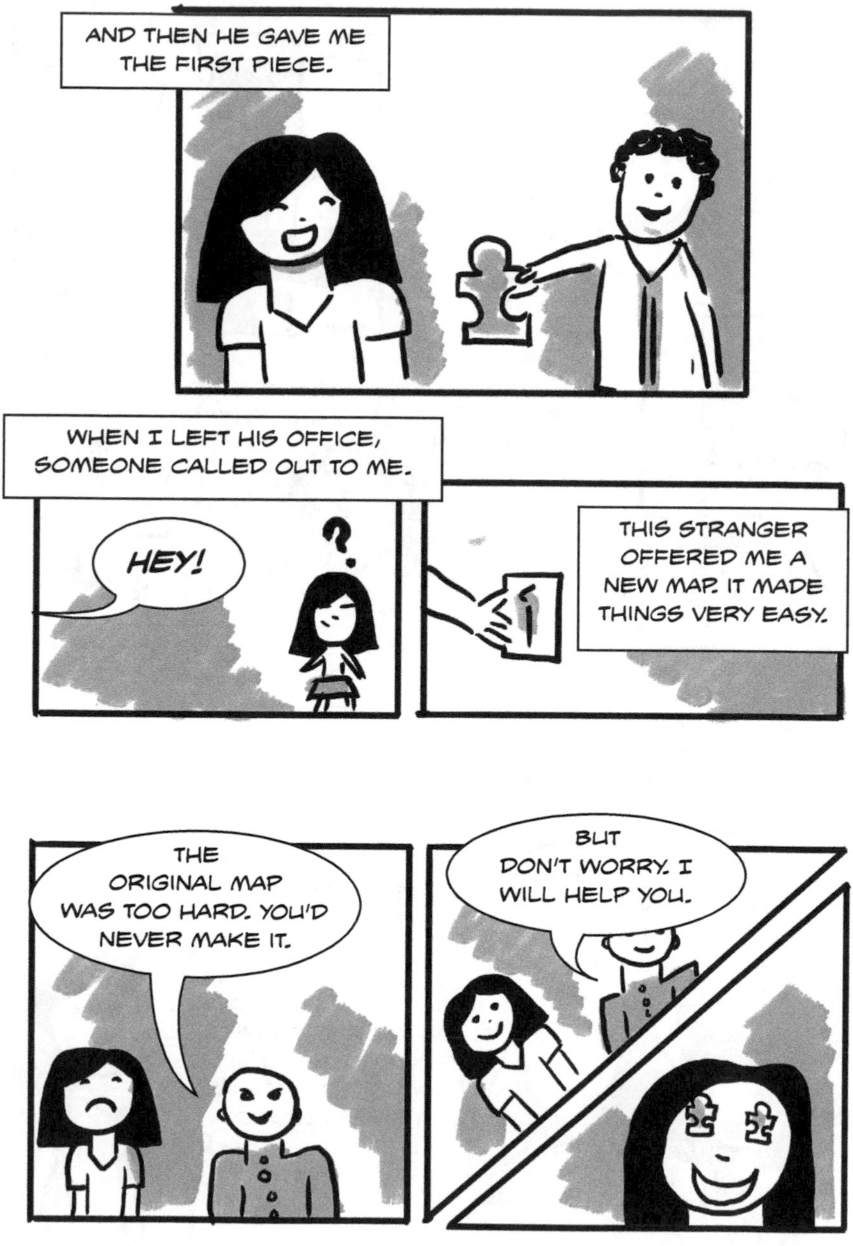
AND THEN HE GAVE ME THE FIRST PIECE.
WHEN I LEFT HIS OFFICE, SOMEONE CALLED OUT TO ME.
HEY!
?
THIS STRANGER OFFERED ME A NEW MAP. IT MADE THINGS VERY EASY.
THE ORIGINAL MAP WAS TOO HARD. YOU'D NEVER MAKE IT.
BUT DON'T WORRY. I WILL HELP YOU.

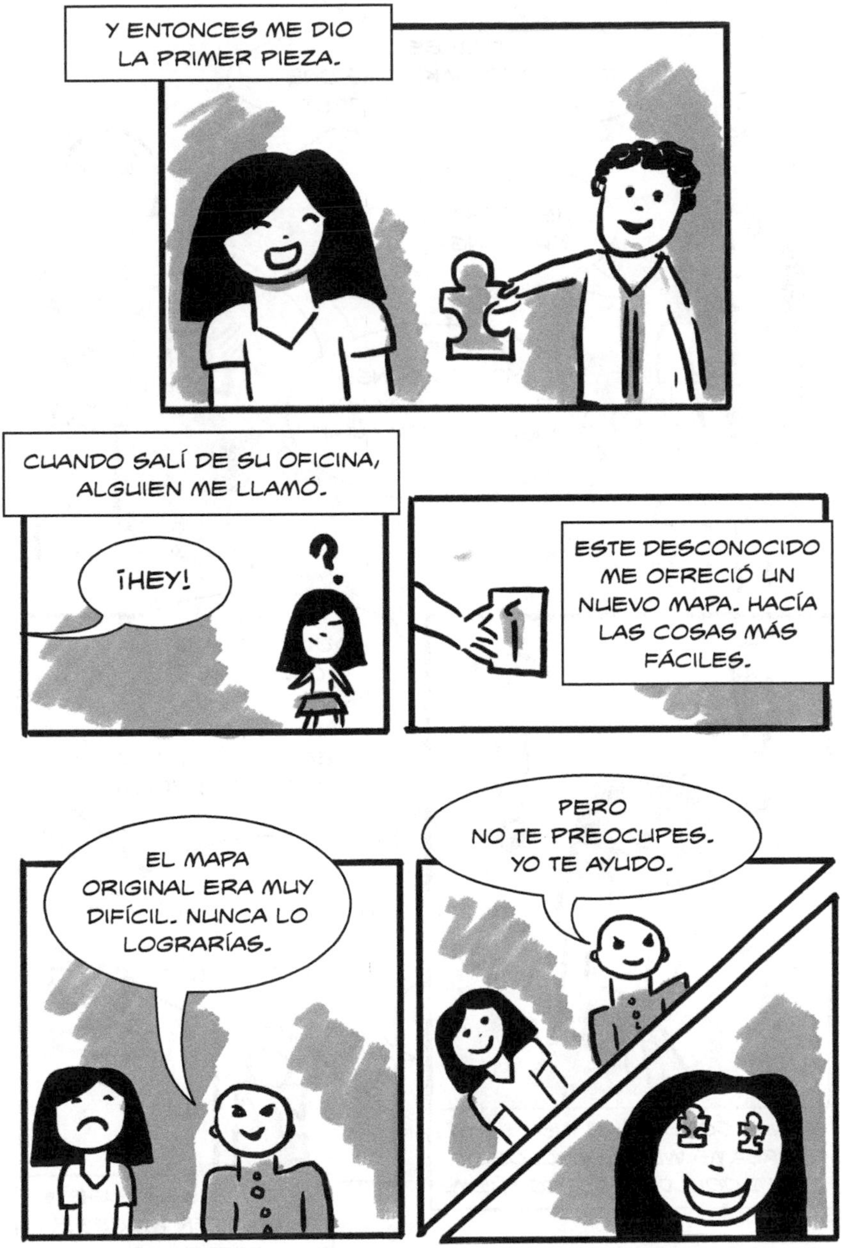
Y ENTONCES ME DIO LA PRIMER PIEZA.
CUANDO SALÍ DE SU OFICINA, ALGUIEN ME LLAMÓ.
¡HEY!
?
ESTE DESCONOCIDO ME OFRECIÓ UN NUEVO MAPA. HACÍA LAS COSAS MÁS FÁCILES.
EL MAPA ORIGINAL ERA MUY DIFÍCIL. NUNCA LO LOGRARÍAS.
PERO NO TE PREOCUPES. YO TE AYUDO.

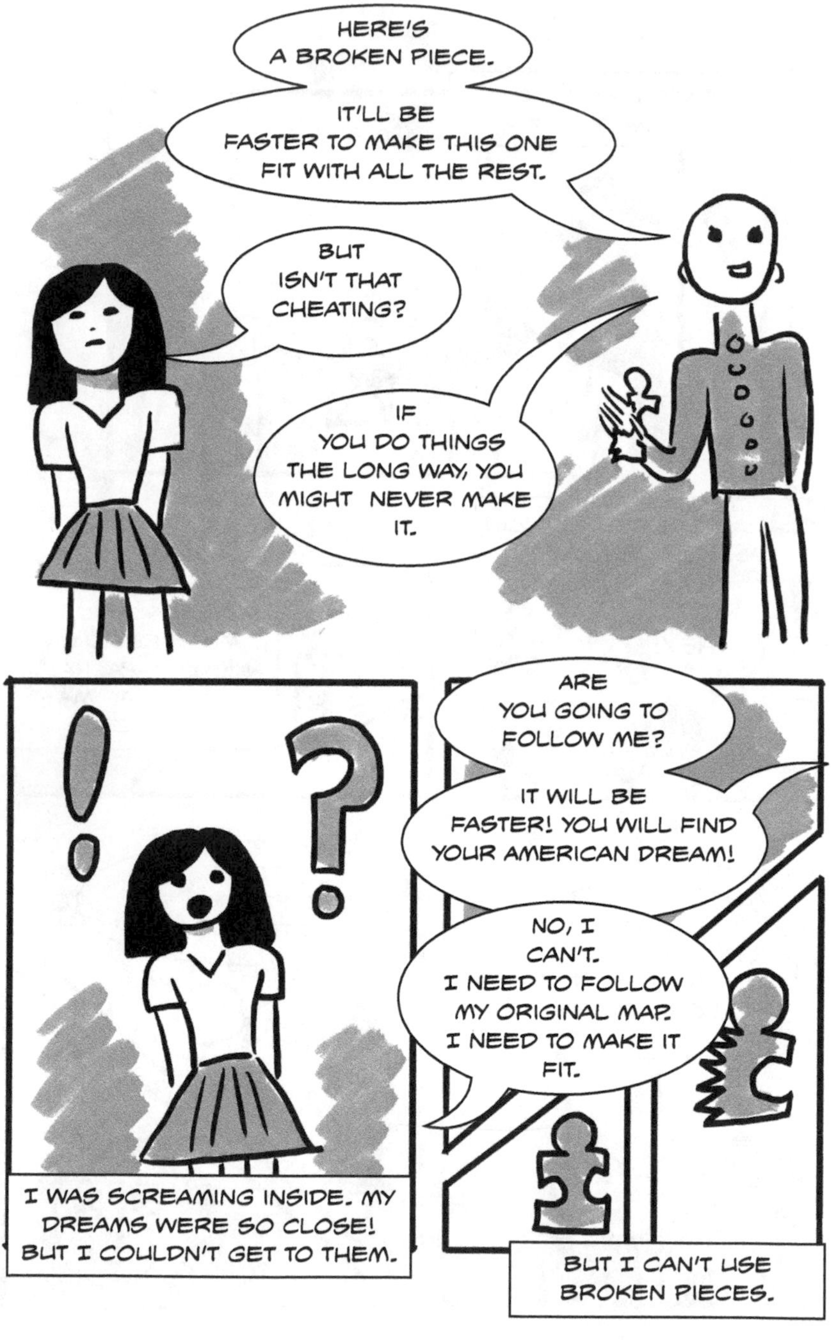
HERE'S A BROKEN PIECE.
IT'LL BE FASTER TO MAKE THIS ONE FIT WITH ALL THE REST.
BUT ISN'T THAT CHEATING?
IF YOU DO THINGS THE LONG WAY, YOU MIGHT NEVER MAKE IT.
I WAS SCREAMING INSIDE. MY DREAMS WERE SO CLOSE! BUT I COULDN'T GET TO THEM.
ARE YOU GOING TO FOLLOW ME?
IT WILL BE FASTER! YOU WILL FIND YOUR AMERICAN DREAM!
NO, I CAN'T. I NEED TO FOLLOW MY ORIGINAL MAP. I NEED TO MAKE IT FIT.
BUT I CAN'T USE BROKEN PIECES.

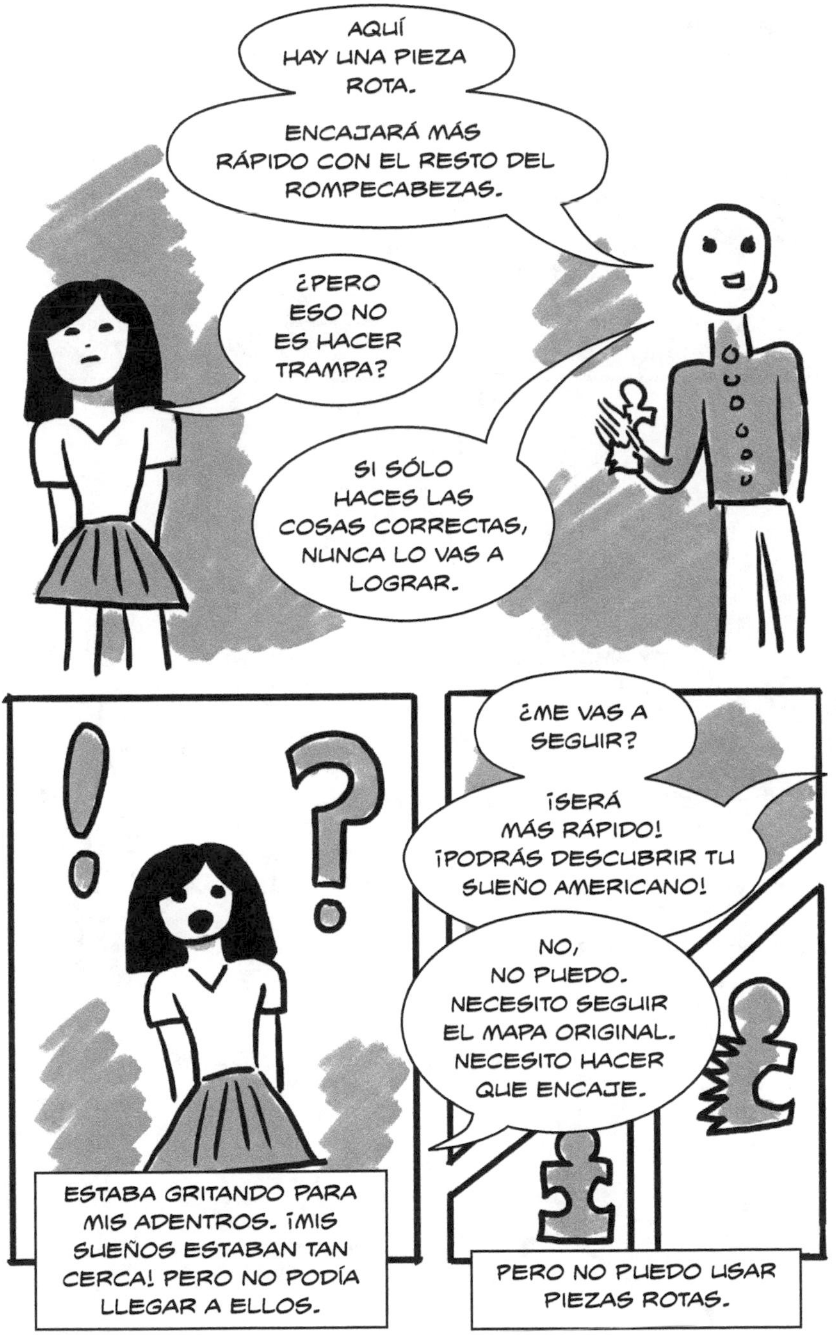
AQUÍ HAY UNA PIEZA ROTA.
ENCAJARÁ MÁS RÁPIDO CON EL RESTO DEL ROMPECABEZAS.
¿PERO ESO NO ES HACER TRAMPA?
SI SÓLO HACES LAS COSAS CORRECTAS, NUNCA LO VAS A LOGRAR.
ESTABA GRITANDO PARA MIS ADENTROS. ¡MIS SUEÑOS ESTABAN TAN CERCA! PERO NO PODÍA LLEGAR A ELLOS.
¿ME VAS A SEGUIR?
¡SERÁ MÁS RÁPIDO! ¡PODRÁS DESCUBRIR TU SUEÑO AMERICANO!
NO, NO PUEDO. NECESITO SEGUIR EL MAPA ORIGINAL. NECESITO HACER QUE ENCAJE.
PERO NO PUEDO USAR PIEZAS ROTAS.

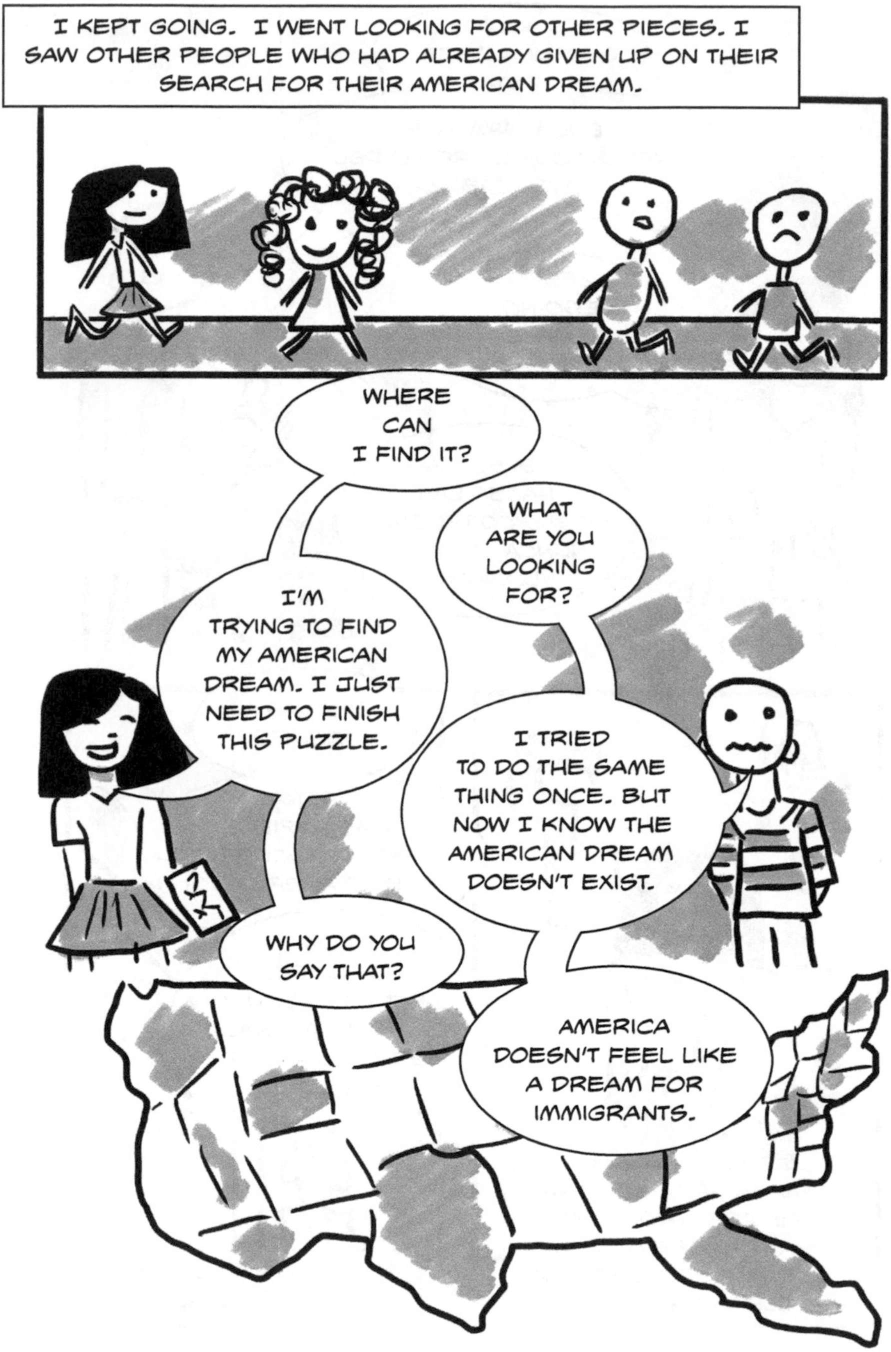
I KEPT GOING. I WENT LOOKING FOR OTHER PIECES. I SAW OTHER PEOPLE WHO HAD ALREADY GIVEN UP ON THEIR SEARCH FOR THEIR AMERICAN DREAM.
WHERE CAN I FIND IT?
WHAT ARE YOU LOOKING FOR?
I'M TRYING TO FIND MY AMERICAN DREAM. I JUST NEED TO FINISH THIS PUZZLE.
I TRIED TO DO THE SAME THING ONCE. BUT NOW I KNOW THE AMERICAN DREAM DOESN'T EXIST.
WHY DO YOU SAY THAT?
AMERICA DOESN'T FEEL LIKE A DREAM FOR IMMIGRANTS.

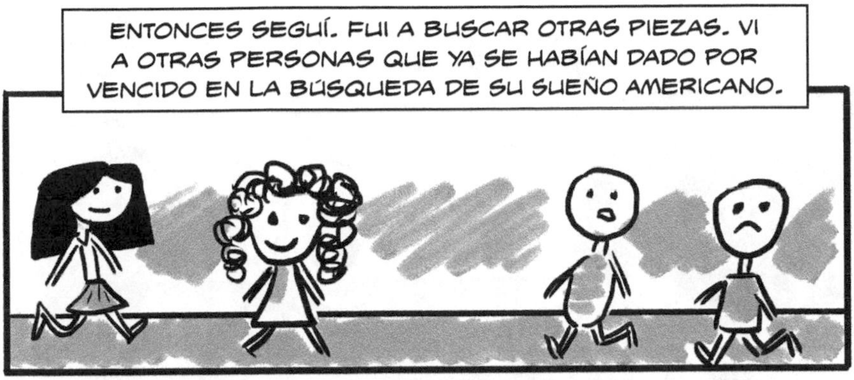
ENTONCES SEGUÍ. FUI A BUSCAR OTRAS PIEZAS. VI A OTRAS PERSONAS QUE YA SE HABÍAN DADO POR VENCIDO EN LA BÚSQUEDA DE SU SUEÑO AMERICANO.

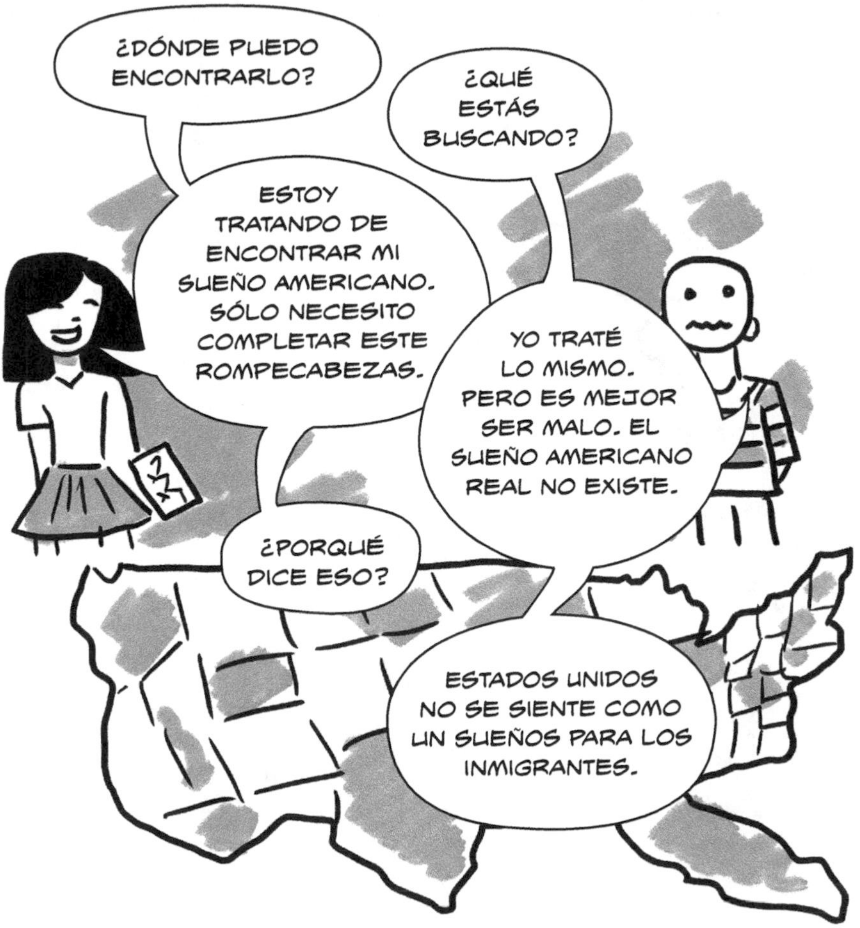
¿DÓNDE PUEDO ENCONTRARLO?
¿QUÉ ESTÁS BUSCANDO?
ESTOY TRATANDO DE ENCONTRAR MI SUEÑO AMERICANO. SÓLO NECESITO COMPLETAR ESTE ROMPECABEZAS.
YO TRATÉ LO MISMO. PERO ES MEJOR SER MALO. EL SUEÑO AMERICANO REAL NO EXISTE.
¿PORQUÉ DICE ESO?
ESTADOS UNIDOS NO SE SIENTE COMO UN SUEÑOS PARA LOS INMIGRANTES.

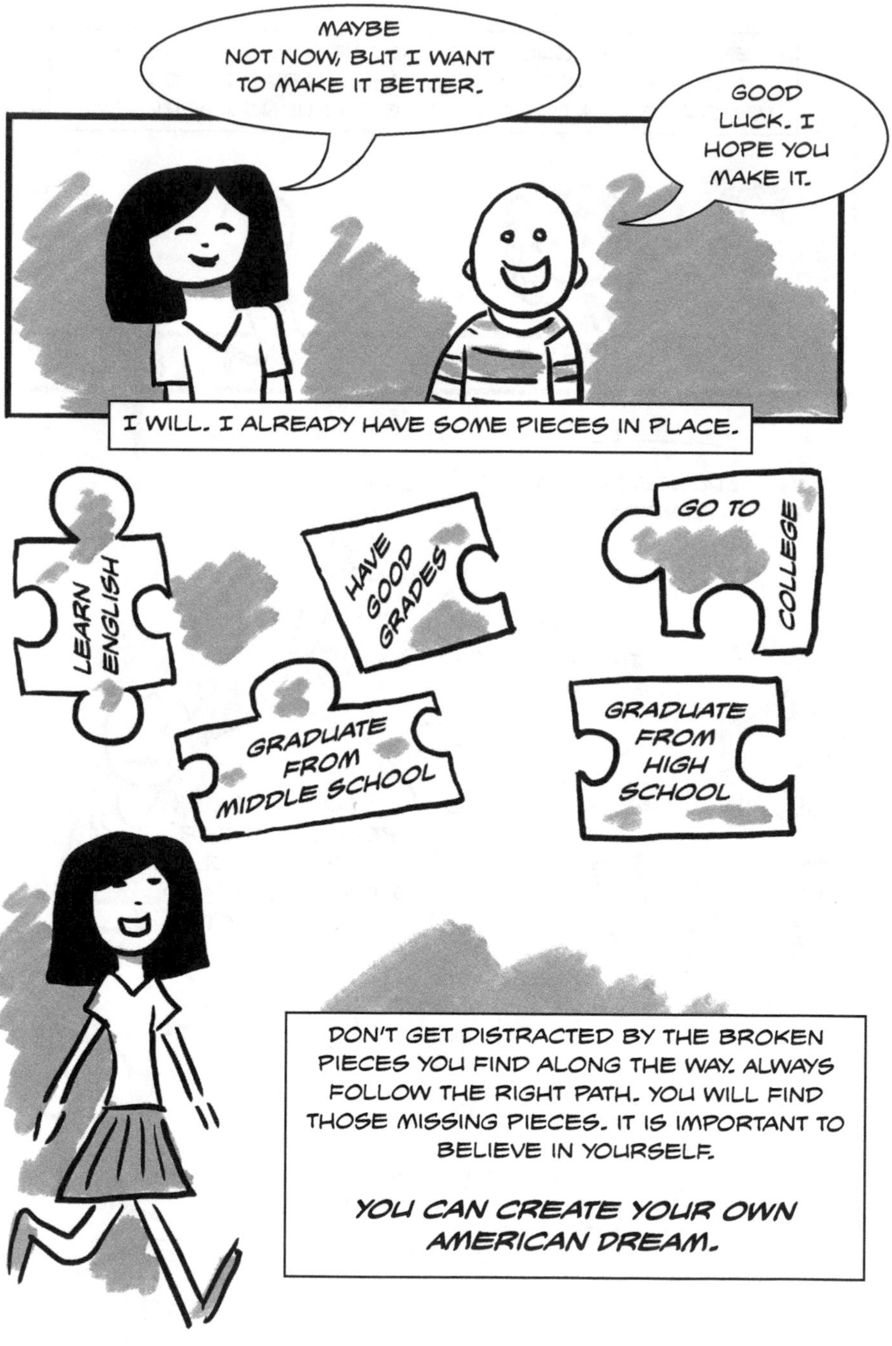
MAYBE NOT NOW, BUT I WANT TO MAKE IT BETTER.
GOOD LUCK. I HOPE YOU MAKE IT.
I WILL. I ALREADY HAVE SOME PIECES IN PLACE.
LEARN ENGLISH
HAVE GOOD GRADES
GO TO COLLEGE
GRADUATE FROM MIDDLE SCHOOL
GRADUATE FROM HIGH SCHOOL
DON'T GET DISTRACTED BY THE BROKEN PIECES YOU FIND ALONG THE WAY. ALWAYS FOLLOW THE RIGHT PATH. YOU WILL FIND THOSE MISSING PIECES. IT IS IMPORTANT TO BELIEVE IN YOURSELF.
YOU CAN CREATE YOUR OWN AMERICAN DREAM.

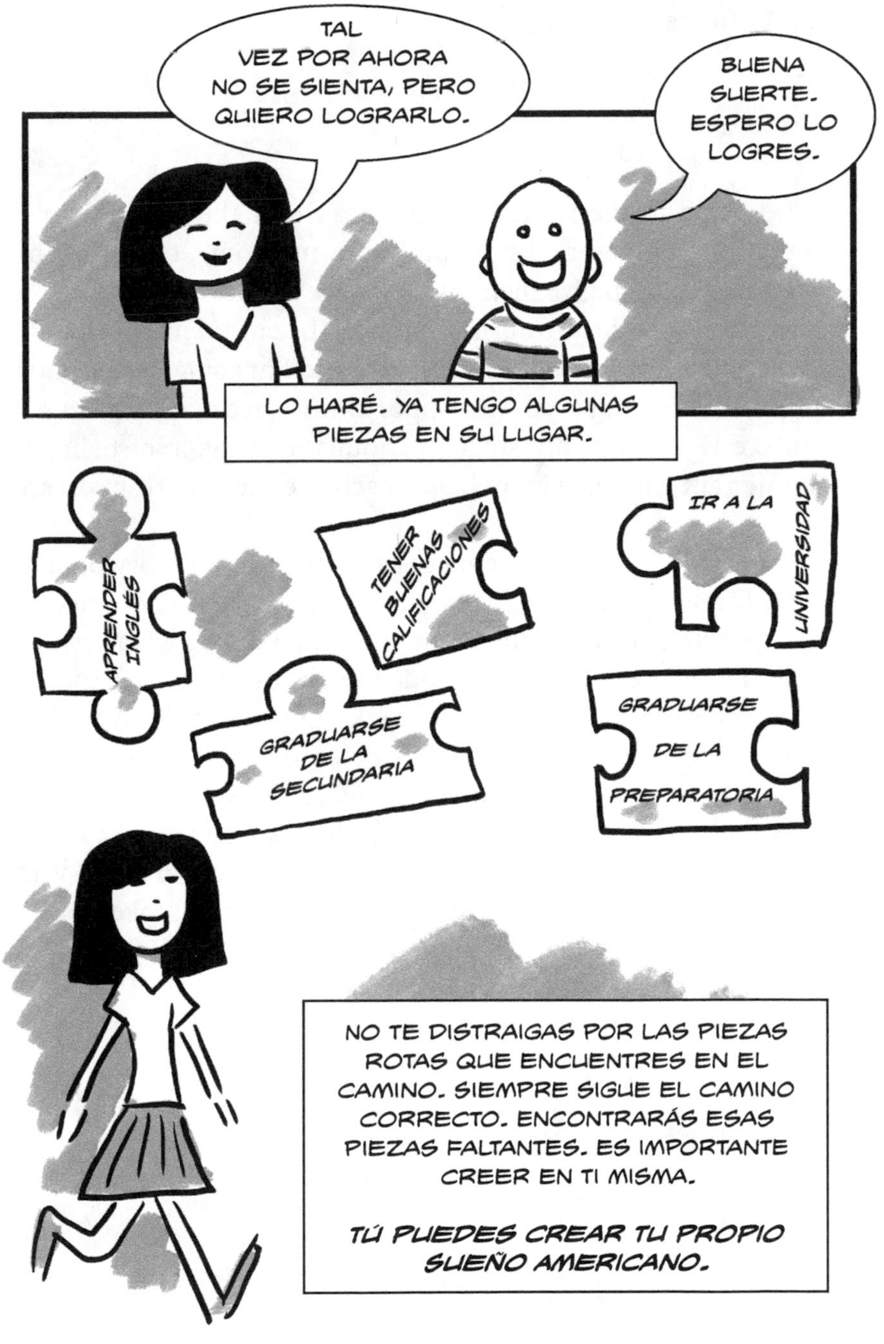
TAL VEZ POR AHORA NO SE SIENTA, PERO QUIERO LOGRARLO.
BUENA SUERTE. ESPERO LO LOGRES.
LO HARÉ. YA TENGO ALGUNAS PIEZAS EN SU LUGAR.
APRENDER INGLÉS
TENER BUENAS CALIFICACIONES
IR A LA UNIVERSIDAD
GRADUARSE DE LA SECUNDARIA
GRADUARSE DE LA PREPARATORIA
NO TE DISTRAIGAS POR LAS PIEZAS ROTAS QUE ENCUENTRES EN EL CAMINO. SIEMPRE SIGUE EL CAMINO CORRECTO. ENCONTRARÁS ESAS PIEZAS FALTANTES. ES IMPORTANTE CREER EN TI MISMA.
TÚ PUEDES CREAR TU PROPIO SUEÑO AMERICANO.

Brenda's Story

I came to the United States because of the violence in El Salvador. There were gangs coming to my home, telling us that we had to pay, to give them money if we wanted to stay alive. So my parents decided to bring me here because I'm going to be safer here, there's going to be security and I'm going to have more opportunities. But even with opportunities, it can be hard to stay on the right path. My story is about the struggle of being an immigrant without a lot of help to achieve the American dream.

I decided to use puzzle pieces and maps in my story because I see life as a big puzzle. Every choice you make is like a piece of this puzzle that will define your future. And, like when using a map, I used the directions to guide me through life. When people read my story, I want them to think about what the American dream means for them and to ask themselves what are they doing to achieve that dream. Like what puzzle pieces are they missing? Are they collecting the right ones? Sometimes we are given broken pieces, or bad advice and influence. But also, I want to remind the reader that sometimes we give the broken pieces to others ourselves, even though we don't mean to. It's never an easy path.

LA HISTORIA DE BRENDA

Vine a los Estados Unidos debido a la violencia en El Salvador. Había pandillas viniendo a mi casa, diciéndonos que teníamos que pagar, para darles dinero si queríamos seguir viviendo. Entonces mis padres decidieron traerme aquí porque estaré más segura aquí, habrá seguridad y tendré más oportunidades. Pero incluso con oportunidades, puede ser difícil mantenerse en el camino correcto. Mi historia es sobre la lucha de ser un inmigrante sin mucha ayuda para lograr el sueño americano.

Decidí usar piezas de rompecabezas y mapas en mi historia porque veo la vida como un gran rompecabezas. Cada decisión que hagas es como una pieza de este rompecabezas que definirá tu futuro. Y, como al usar un mapa, utilicé las instrucciones para guiarme en la vida. Cuando las personas lean mi historia, quiero que piensen en lo que el sueño americano significa para ellos y que se pregunten qué están haciendo para lograr ese sueño. ¿Como qué piezas de rompecabezas faltan? ¿Están recolectando las adecuadas piezas? A veces nos dan piezas rotas, o malos consejos e influencia. Pero también, quiero recordarle al lector que algunas veces le damos los pedazos rotos a otros, aunque no es nuestra intención. Nunca es un camino fácil.

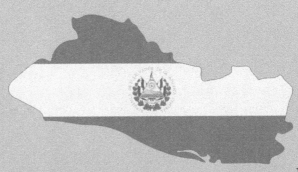

"It's like you don't exist. That's not right. I'm a human being, and I have the right to be heard."

At one point in my comic, a character says, "America is full of injustice. It's not fair for immigrants." I included this part because I've seen this injustice, like deportations of innocent people. Sometimes jobs and opportunities are lost, because we don't have social security numbers. I was reading an article the other day that said that sometimes it doesn't matter if you had a career in your own country, if you don't have a permit for working here, it's like you don't have anything. It doesn't matter if you have a higher education, you have to have papers. It's like you don't exist. That's not right. I'm a human being, and I have the right to be heard. Sometimes we think that we don't get a voice just because we don't have papers, but it isn't true. We all have a voice, and we can raise it.

– BRENDA

Brenda is a recent high school graduate. She is from El Salvador. She likes to spend time with her family and watch movies. She wants to go to college, possibly to study medicine or international business.

> *"Es como si no existieras.*
> *Eso no está bien.*
> *Soy un humano,*
> *y tengo el derecho*
> *de ser escuchada."*

En un momento en mi cómic, un personaje dice: "Los Estados Unidos está lleno de injusticia. No es justo para los inmigrantes." Incluí esta parte porque he visto esta injusticia, como las deportaciones de personas inocentes. En ocasiones, se pierden empleos y oportunidades porque no tenemos números de seguridad social. Estaba leyendo un artículo el otro día que decía que a veces no importa si tienes una carrera en tu propio país, si no tienes un permiso para trabajar aquí, es como si no tuvieras nada. No importa si tienes una educación superior, tienes que tener documentos. Es como si no existieras. Eso no está bien. Soy un humano, y tengo el derecho de ser escuchada. A veces pensamos que no tenemos voz solo porque no tenemos documentos, pero no es cierto. Todos tenemos una voz, y podemos levantarla.

— BRENDA

Brenda es una recién graduada de la escuela secundaria. Ella es de El Salvador. Le gusta pasar tiempo con su familia y ver películas. Ella quiere ir a la universidad, posiblemente para estudiar medicina o negocios internacionales.

Hope Never Dies

By Selena

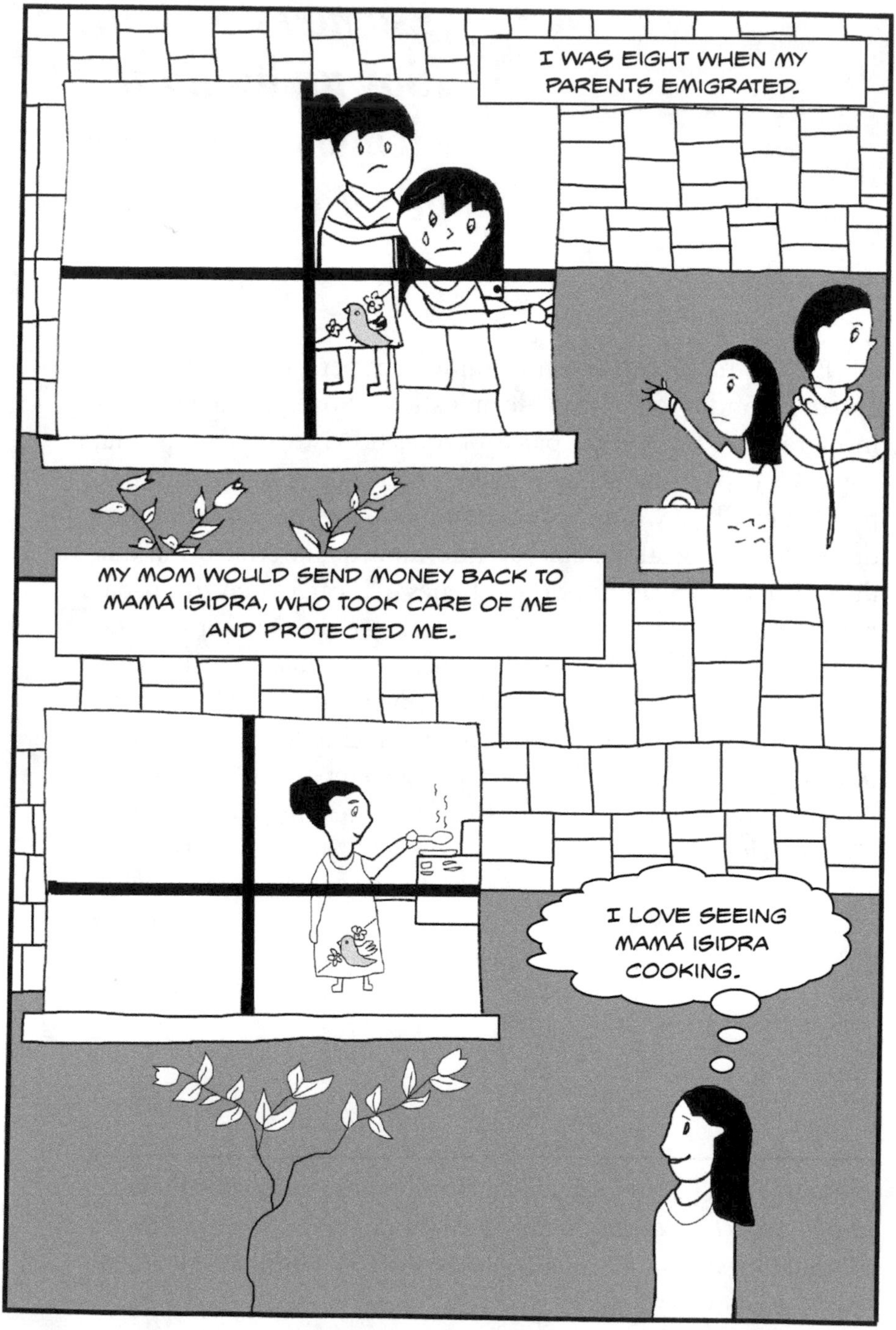

I WAS EIGHT WHEN MY PARENTS EMIGRATED.
MY MOM WOULD SEND MONEY BACK TO MAMÁ ISIDRA, WHO TOOK CARE OF ME AND PROTECTED ME.
I LOVE SEEING MAMÁ ISIDRA COOKING.

La Esperanza Nunca Muere

Por Selena

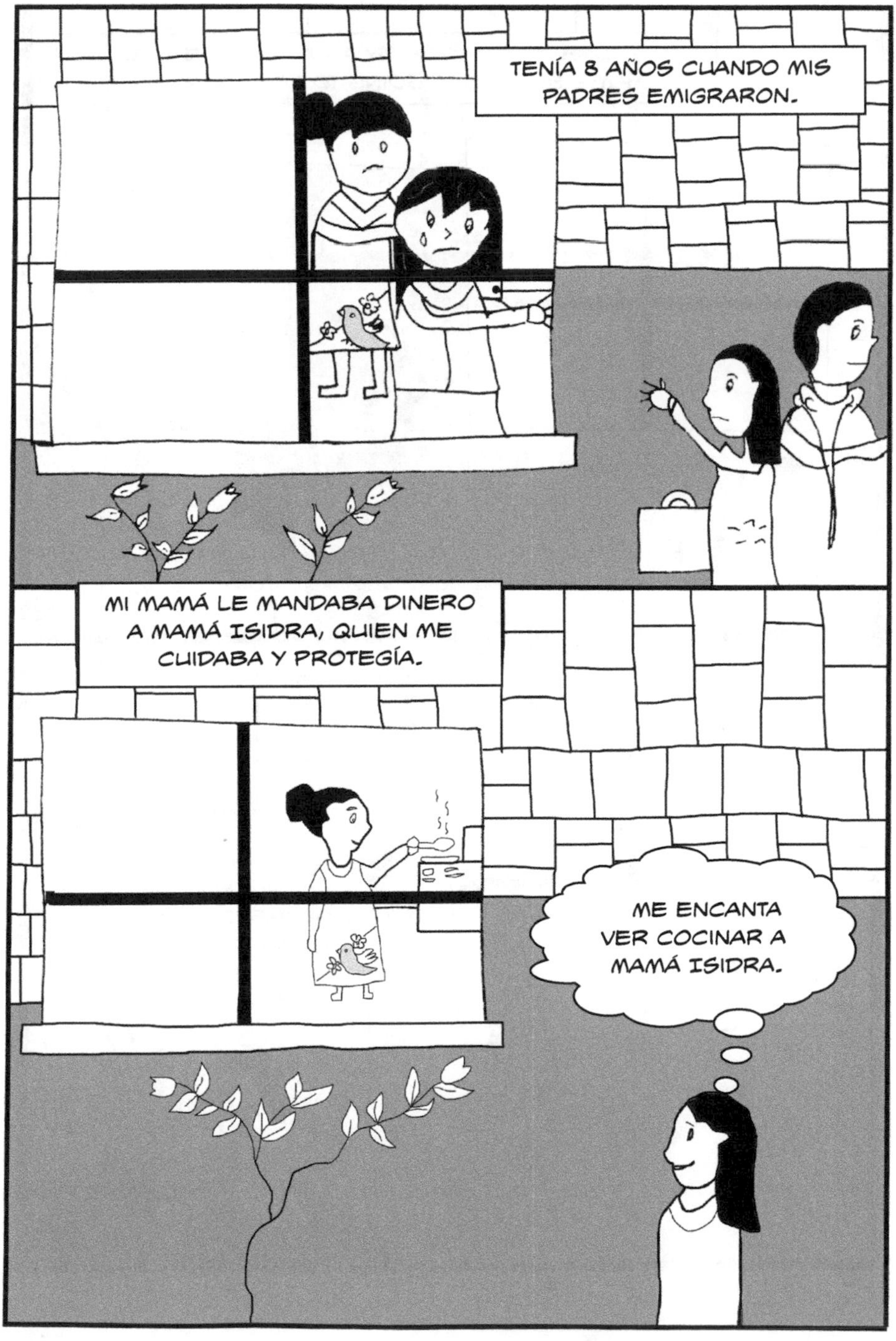
TENÍA 8 AÑOS CUANDO MIS PADRES EMIGRARON.
MI MAMÁ LE MANDABA DINERO A MAMÁ ISIDRA, QUIEN ME CUIDABA Y PROTEGÍA.
ME ENCANTA VER COCINAR A MAMÁ ISIDRA.

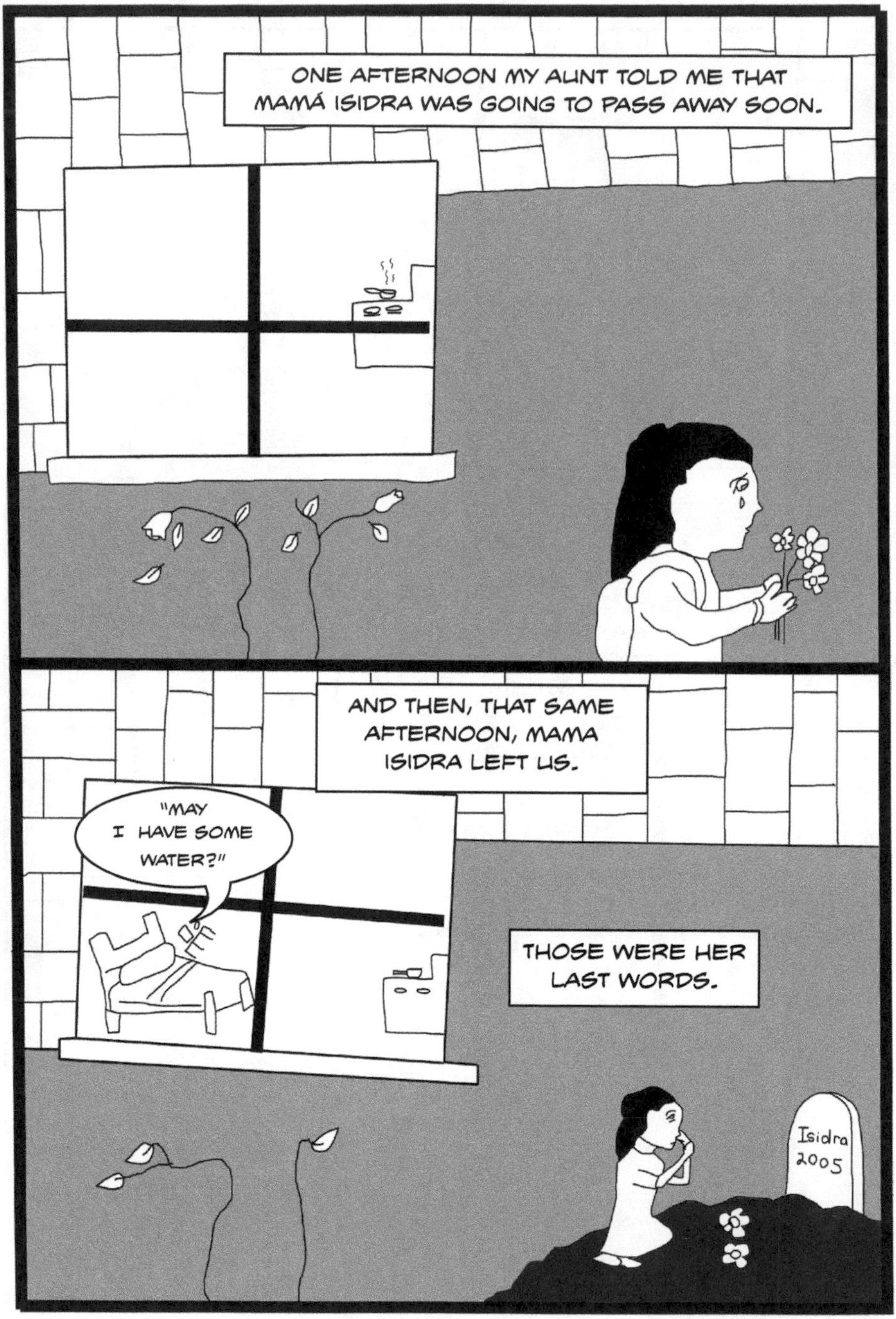
ONE AFTERNOON MY AUNT TOLD ME THAT MAMÁ ISIDRA WAS GOING TO PASS AWAY SOON.
AND THEN, THAT SAME AFTERNOON, MAMA ISIDRA LEFT US.
"MAY I HAVE SOME WATER?"
THOSE WERE HER LAST WORDS.
Isidra 2005

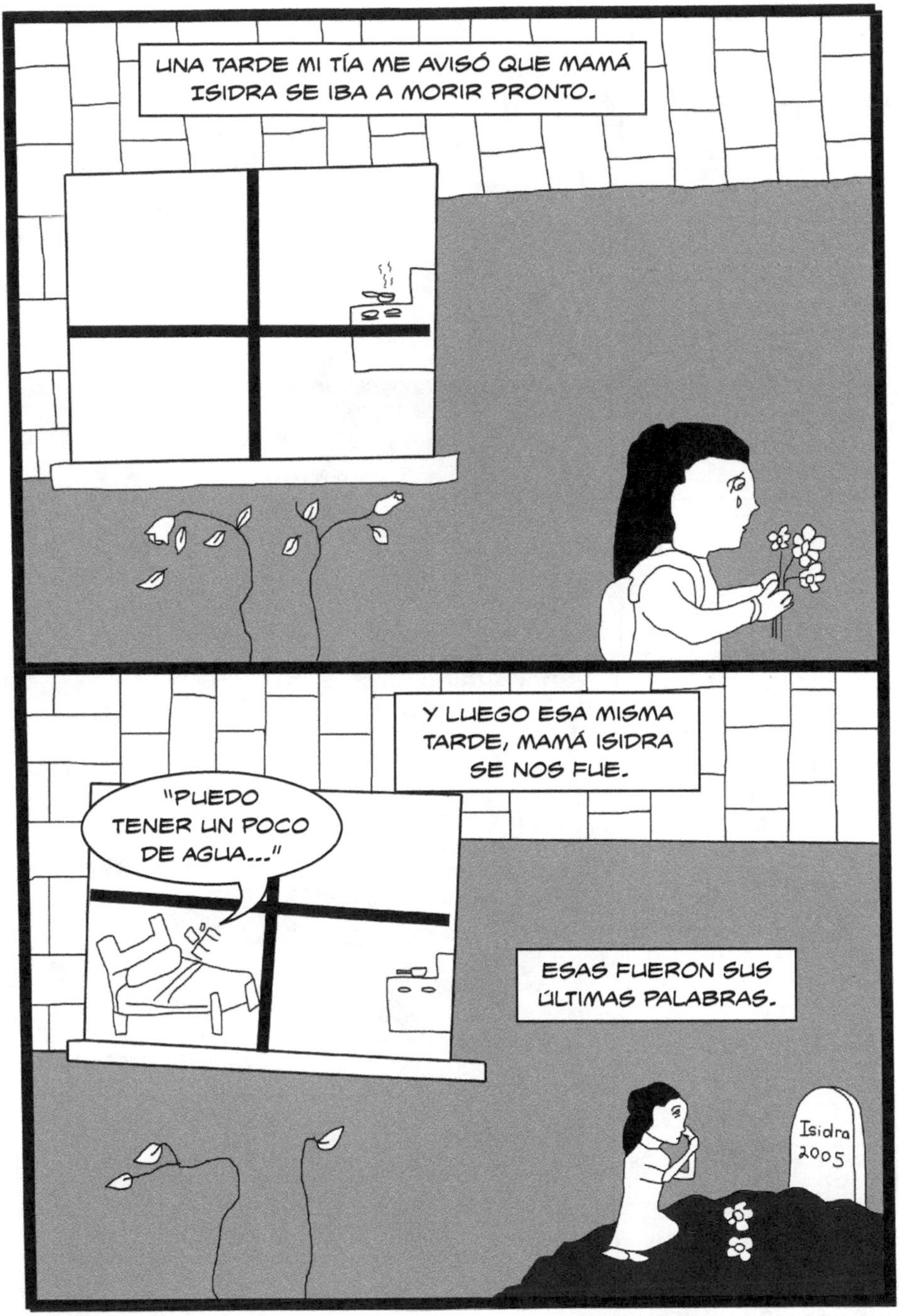
UNA TARDE MI TÍA ME AVISÓ QUE MAMÁ ISIDRA SE IBA A MORIR PRONTO.
Y LUEGO ESA MISMA TARDE, MAMÁ ISIDRA SE NOS FUE.
"PUEDO TENER UN POCO DE AGUA..."
ESAS FUERON SUS ÚLTIMAS PALABRAS.
Isidra 2005

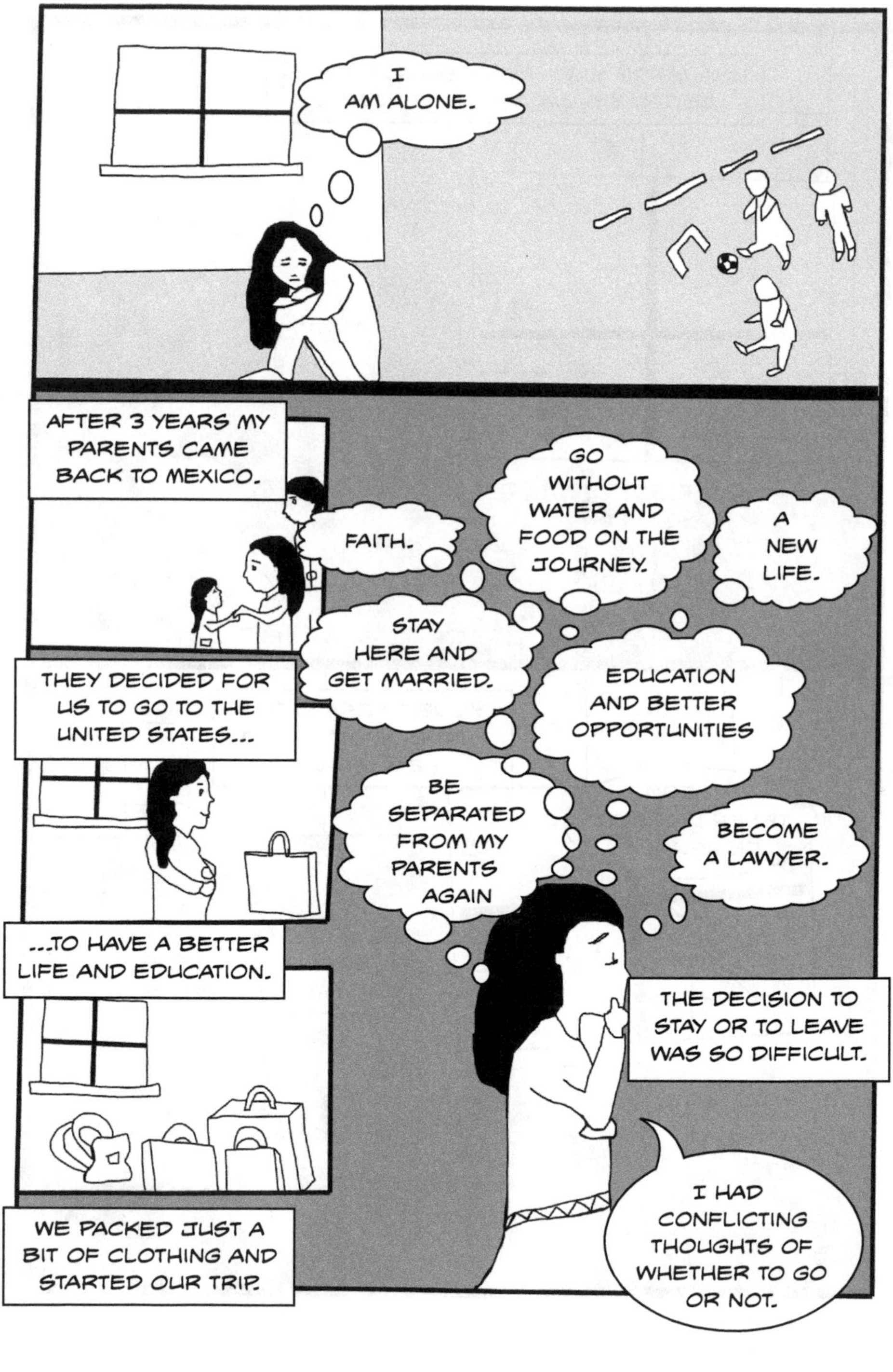
I AM ALONE.
AFTER 3 YEARS MY PARENTS CAME BACK TO MEXICO.
FAITH.
GO WITHOUT WATER AND FOOD ON THE JOURNEY.
A NEW LIFE.
STAY HERE AND GET MARRIED.
THEY DECIDED FOR US TO GO TO THE UNITED STATES...
EDUCATION AND BETTER OPPORTUNITIES
BE SEPARATED FROM MY PARENTS AGAIN
BECOME A LAWYER.
...TO HAVE A BETTER LIFE AND EDUCATION.
THE DECISION TO STAY OR TO LEAVE WAS SO DIFFICULT.
WE PACKED JUST A BIT OF CLOTHING AND STARTED OUR TRIP.
I HAD CONFLICTING THOUGHTS OF WHETHER TO GO OR NOT.

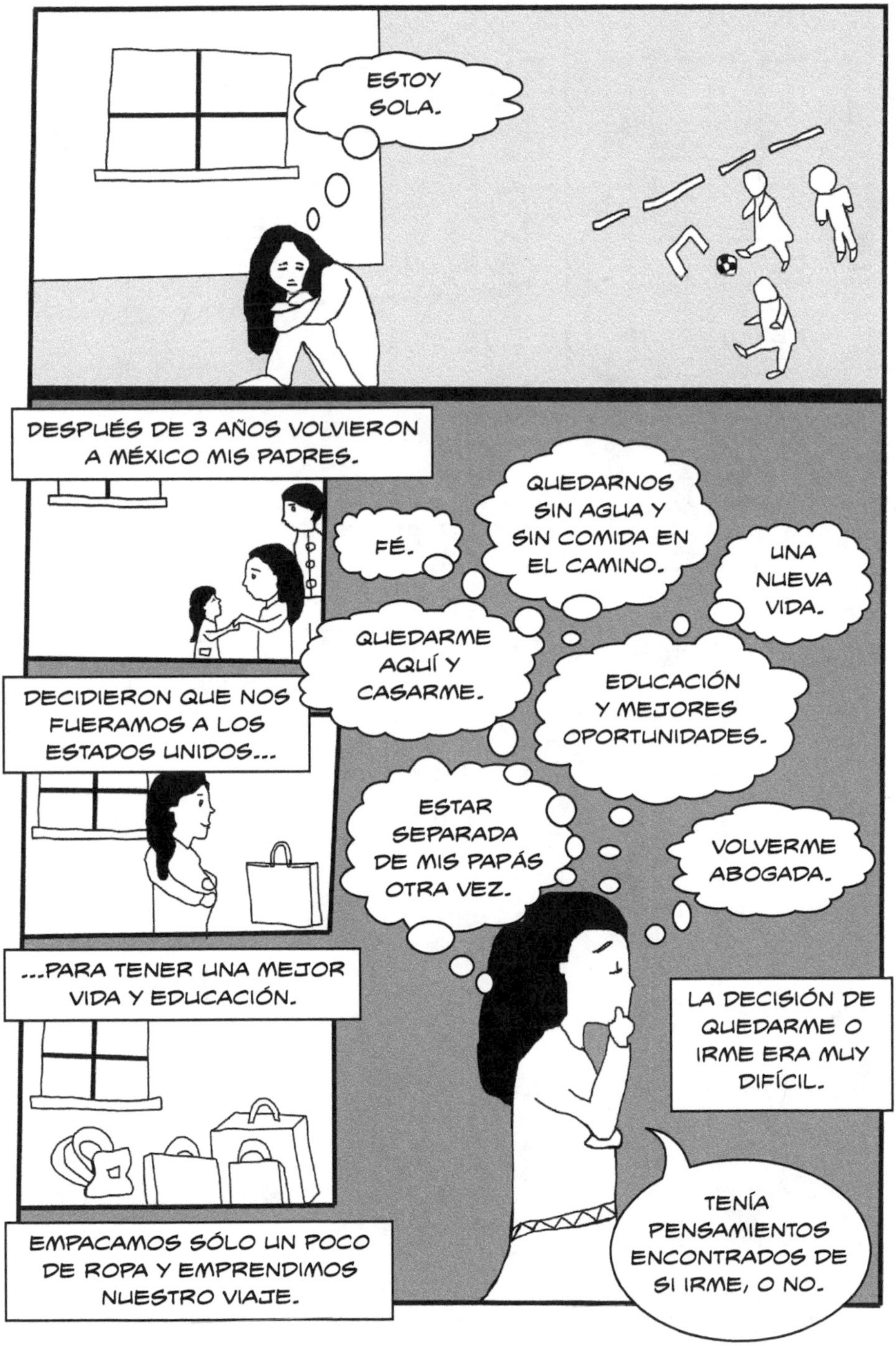
ESTOY SOLA.
DESPUÉS DE 3 AÑOS VOLVIERON A MÉXICO MIS PADRES.
DECIDIERON QUE NOS FUERAMOS A LOS ESTADOS UNIDOS...
...PARA TENER UNA MEJOR VIDA Y EDUCACIÓN.
EMPACAMOS SÓLO UN POCO DE ROPA Y EMPRENDIMOS NUESTRO VIAJE.
FÉ.
QUEDARNOS SIN AGUA Y SIN COMIDA EN EL CAMINO.
UNA NUEVA VIDA.
QUEDARME AQUÍ Y CASARME.
EDUCACIÓN Y MEJORES OPORTUNIDADES.
ESTAR SEPARADA DE MIS PAPÁS OTRA VEZ.
VOLVERME ABOGADA.
LA DECISIÓN DE QUEDARME O IRME ERA MUY DIFÍCIL.
TENÍA PENSAMIENTOS ENCONTRADOS DE SI IRME, O NO.

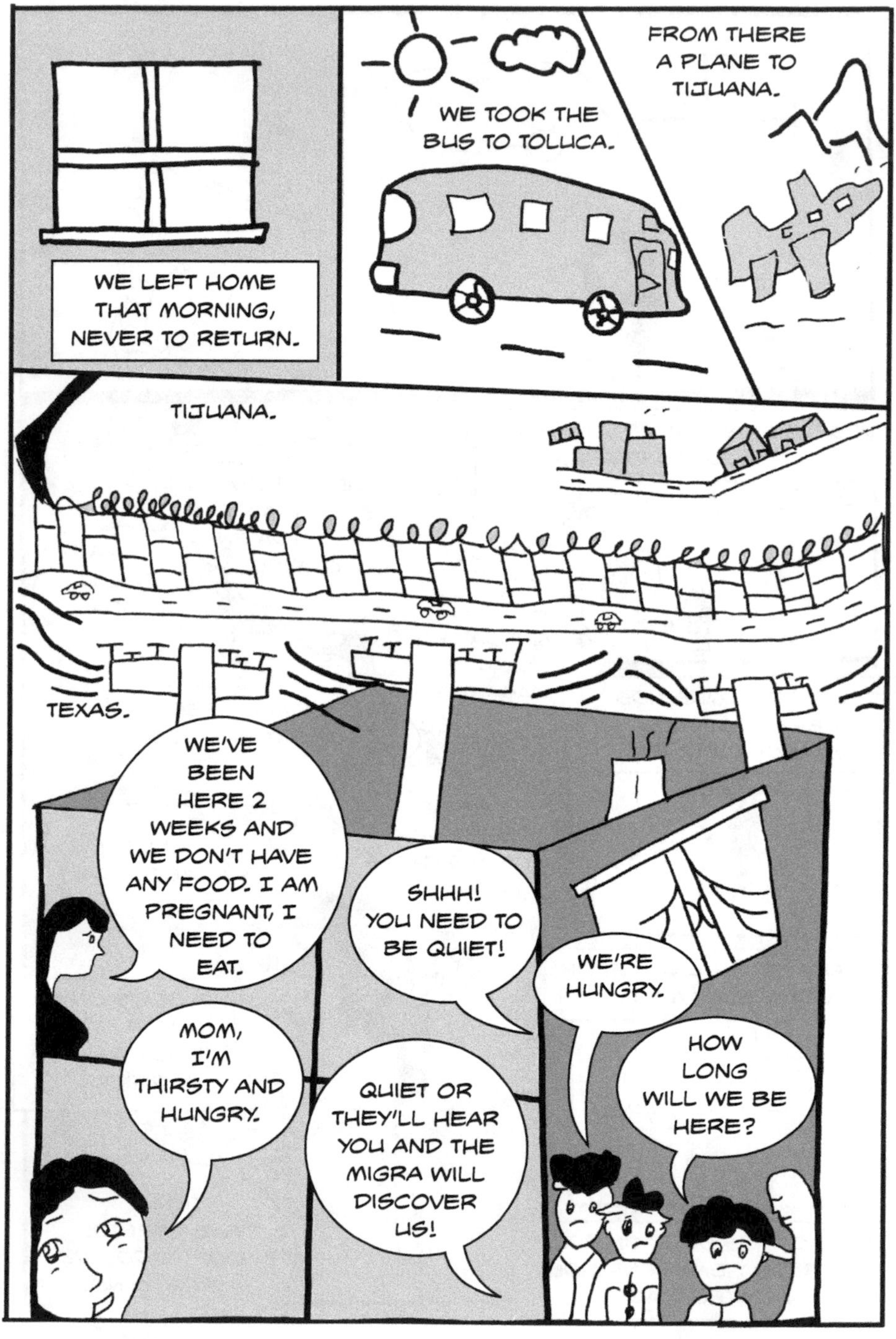
WE LEFT HOME THAT MORNING, NEVER TO RETURN.
WE TOOK THE BUS TO TOLUCA.
FROM THERE A PLANE TO TIJUANA.
TIJUANA.
TEXAS.
WE'VE BEEN HERE 2 WEEKS AND WE DON'T HAVE ANY FOOD. I AM PREGNANT, I NEED TO EAT.
SHHH! YOU NEED TO BE QUIET!
WE'RE HUNGRY.
MOM, I'M THIRSTY AND HUNGRY.
QUIET OR THEY'LL HEAR YOU AND THE MIGRA WILL DISCOVER US!
HOW LONG WILL WE BE HERE?

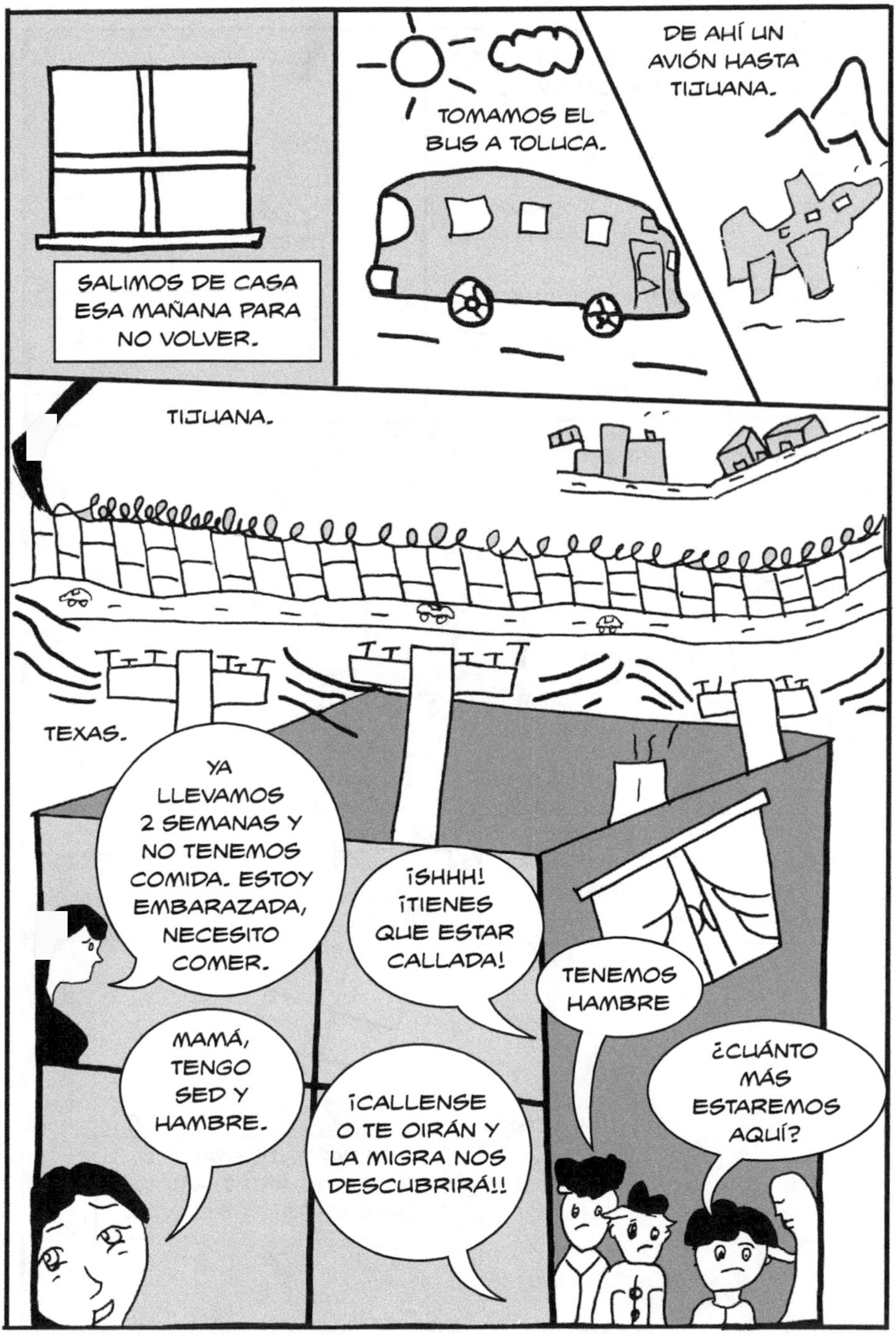
SALIMOS DE CASA ESA MAÑANA PARA NO VOLVER.
TOMAMOS EL BUS A TOLUCA.
DE AHÍ UN AVIÓN HASTA TIJUANA.
TIJUANA.
TEXAS.
YA LLEVAMOS 2 SEMANAS Y NO TENEMOS COMIDA. ESTOY EMBARAZADA, NECESITO COMER.
¡SHHH! ¡TIENES QUE ESTAR CALLADA!
TENEMOS HAMBRE
MAMÁ, TENGO SED Y HAMBRE.
¡CALLENSE O TE OIRÁN Y LA MIGRA NOS DESCUBRIRÁ!!
¿CUÁNTO MÁS ESTAREMOS AQUÍ?

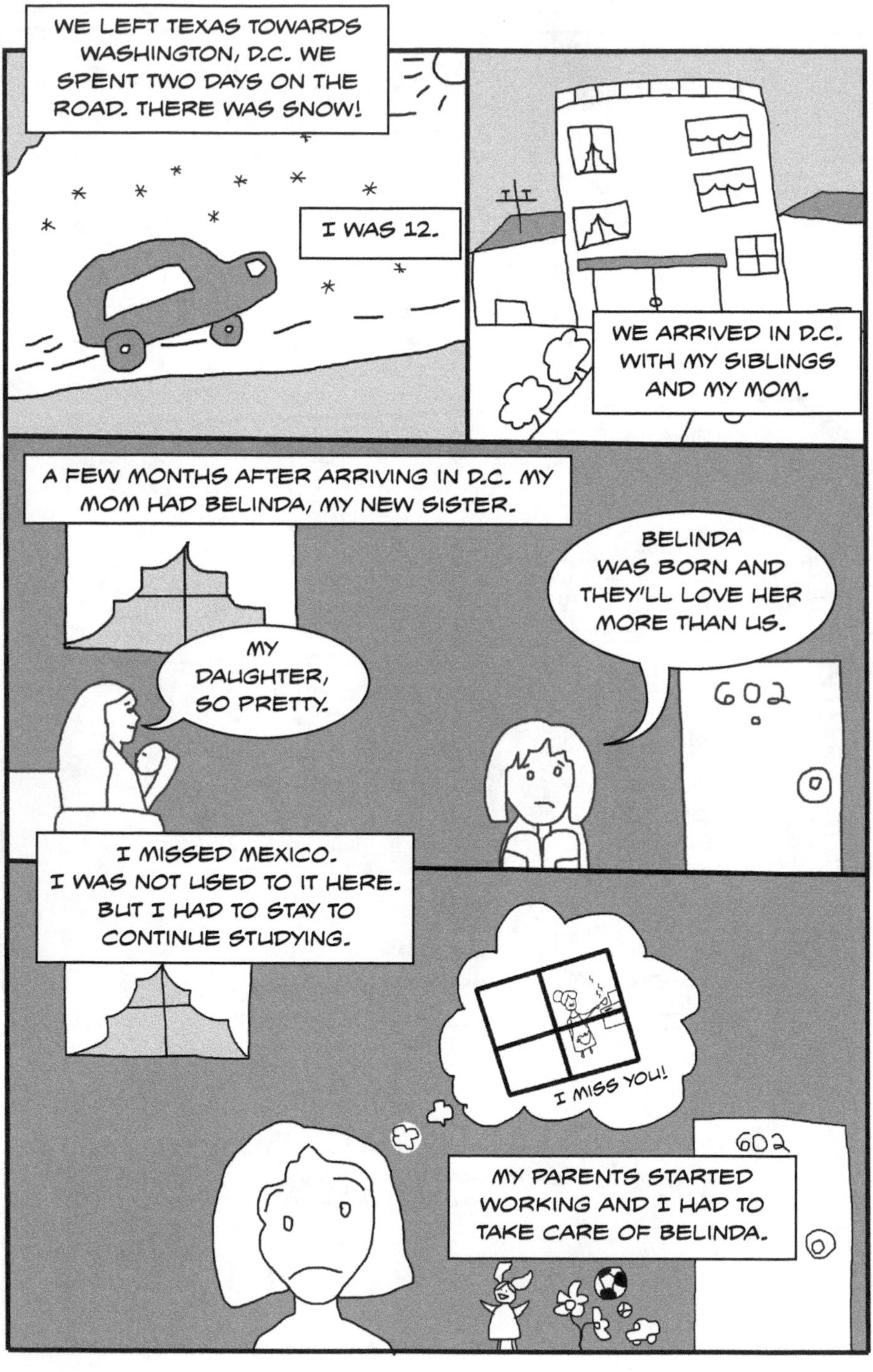
WE LEFT TEXAS TOWARDS WASHINGTON, D.C. WE SPENT TWO DAYS ON THE ROAD. THERE WAS SNOW!
I WAS 12.
WE ARRIVED IN D.C. WITH MY SIBLINGS AND MY MOM.
A FEW MONTHS AFTER ARRIVING IN D.C. MY MOM HAD BELINDA, MY NEW SISTER.
MY DAUGHTER, SO PRETTY.
BELINDA WAS BORN AND THEY'LL LOVE HER MORE THAN US.
602
I MISSED MEXICO. I WAS NOT USED TO IT HERE. BUT I HAD TO STAY TO CONTINUE STUDYING.
I MISS YOU!
602
MY PARENTS STARTED WORKING AND I HAD TO TAKE CARE OF BELINDA.

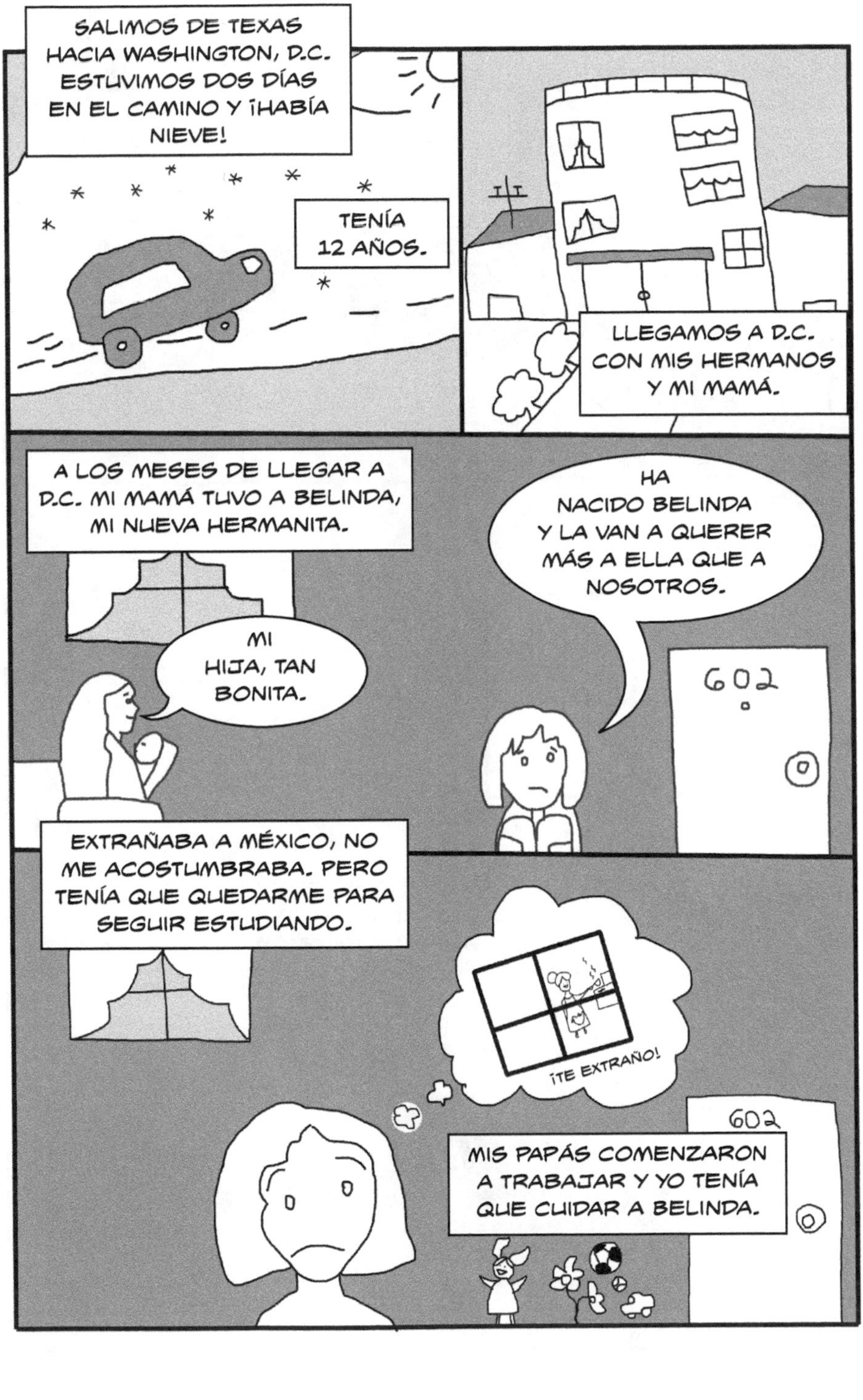
SALIMOS DE TEXAS HACIA WASHINGTON, D.C. ESTUVIMOS DOS DÍAS EN EL CAMINO Y ¡HABÍA NIEVE!
TENÍA 12 AÑOS.
LLEGAMOS A D.C. CON MIS HERMANOS Y MI MAMÁ.
A LOS MESES DE LLEGAR A D.C. MI MAMÁ TUVO A BELINDA, MI NUEVA HERMANITA.
MI HIJA, TAN BONITA.
HA NACIDO BELINDA Y LA VAN A QUERER MÁS A ELLA QUE A NOSOTROS.
602
EXTRAÑABA A MÉXICO, NO ME ACOSTUMBRABA. PERO TENÍA QUE QUEDARME PARA SEGUIR ESTUDIANDO.
¡TE EXTRAÑO!
602
MIS PAPÁS COMENZARON A TRABAJAR Y YO TENÍA QUE CUIDAR A BELINDA.

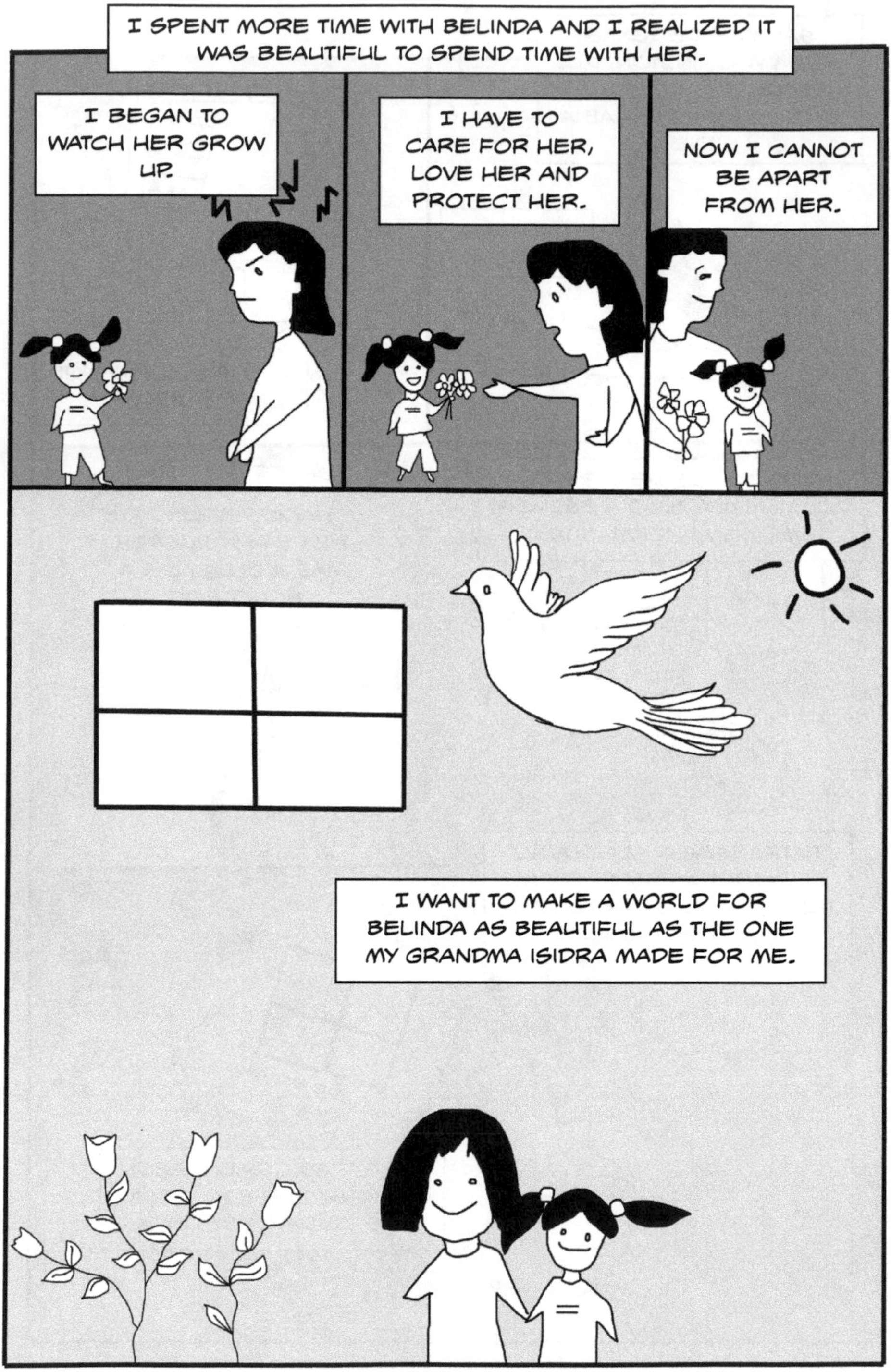
I SPENT MORE TIME WITH BELINDA AND I REALIZED IT WAS BEAUTIFUL TO SPEND TIME WITH HER.
I BEGAN TO WATCH HER GROW UP.
I HAVE TO CARE FOR HER, LOVE HER AND PROTECT HER.
NOW I CANNOT BE APART FROM HER.
I WANT TO MAKE A WORLD FOR BELINDA AS BEAUTIFUL AS THE ONE MY GRANDMA ISIDRA MADE FOR ME.

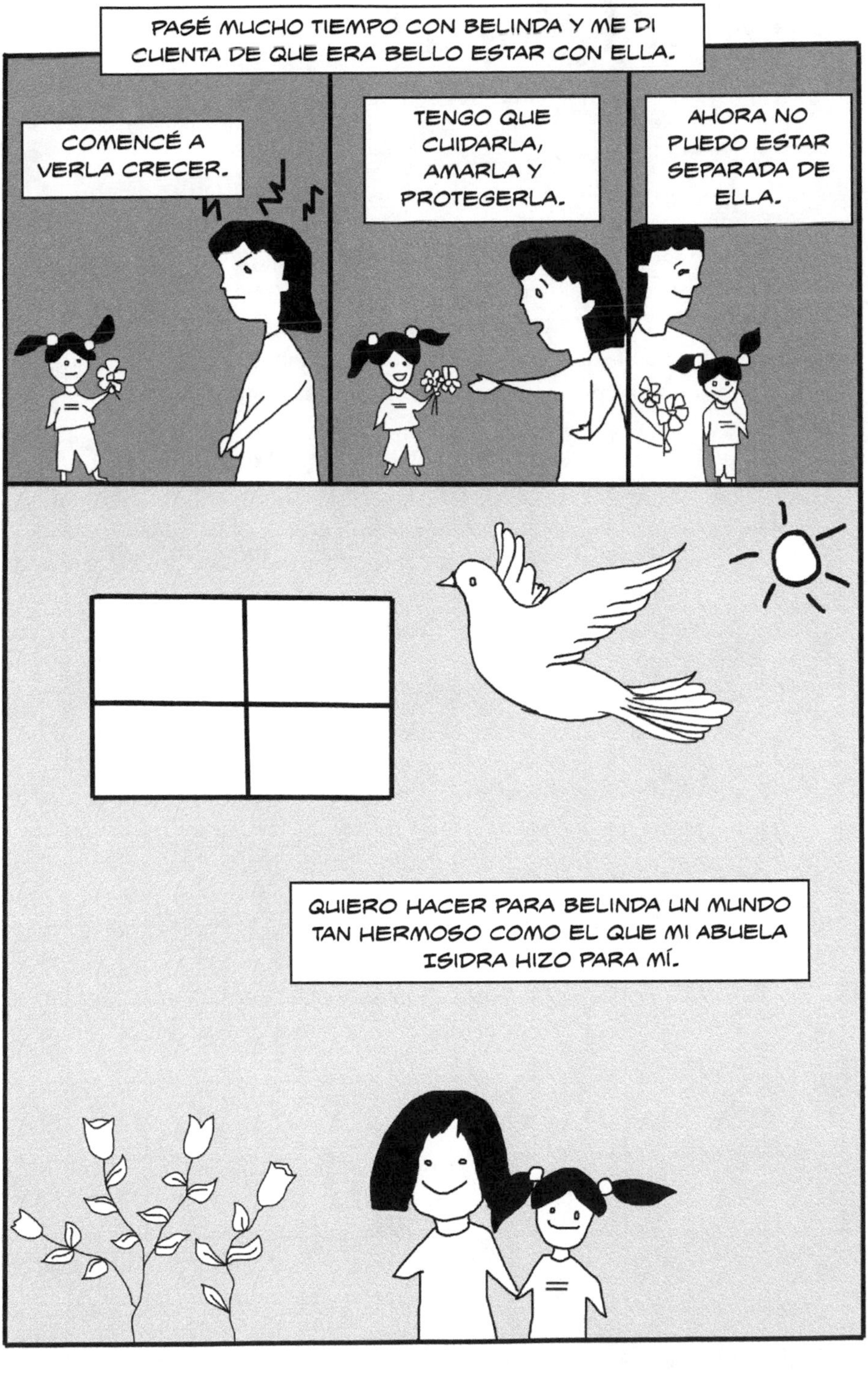
PASÉ MUCHO TIEMPO CON BELINDA Y ME DI CUENTA DE QUE ERA BELLO ESTAR CON ELLA.
COMENCÉ A VERLA CRECER.
TENGO QUE CUIDARLA, AMARLA Y PROTEGERLA.
AHORA NO PUEDO ESTAR SEPARADA DE ELLA.
QUIERO HACER PARA BELINDA UN MUNDO TAN HERMOSO COMO EL QUE MI ABUELA ISIDRA HIZO PARA MÍ.

Selena's Story

I chose to tell this part of my life story because the death of my grandmother affects me so much. She was the mother of my heart. She was with me throughout my childhood, protecting me and taking care of me. But after she died, I was left alone in Mexico while my parents were here in the United States. They were working so that we could have a better life and earn money to cure Mama Isidra. I feel that this story not only represents me, it represents other teenagers like me.

When I was around 9 years old, I dreamt of becoming a teacher and defending those who could not defend themselves. I still remember when I created a computer made out of wood, with a keyboard and everything else that I thought a computer would include. My cousins were my students, and I would teach them how to use the computer and to learn another language. These little memories are what make me feel proud of who I am and grateful for the values of my grandma Isidra. She told me that someday I would change the lives of other children like me.

I loved to learn. Every day that the teachers in my town came to teach, I was almost always the first to attend class. I liked sitting in the very front, because that way I could pay attention, even if the other students did not. The teachers would only come two or three days to teach, though, because they would always find an excuse and say that my town was too far away. Sometimes they would not come for two weeks, and some just simply would not come at all. Still, I did not give up on continuing to learn.

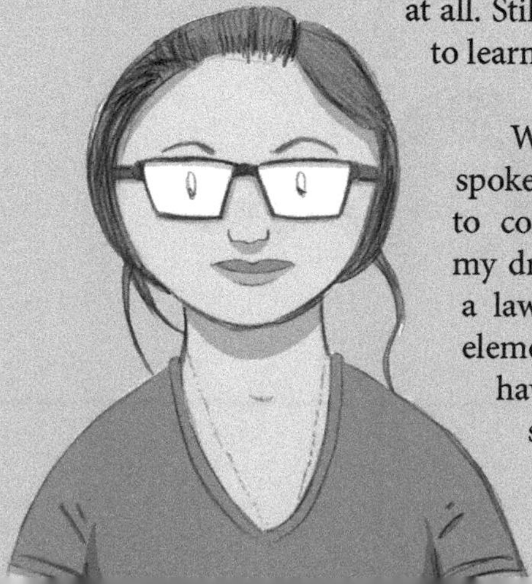

When I finished sixth grade, I spoke to my parents about wanting to continue studying and to achieve my dreams of becoming a teacher and a lawyer. I didn't want to just finish elementary school and get married and have children. I knew that I could do so much more than that.

LA HISTORIA DE SELENA

Elegí contar esta parte de mi vida porque la muerte de mi abuela me afecta mucho. Ella era mi mama de corazon. Ella estuvo conmigo durante toda mi niñez, protegiéndome y cuidándome. Pero después de que ella murió, yo me quedo sola en México mientras mis padres estaban aquí en los Estados Unidos. Ellos estaban trabajando para que nosotros pudiéramos tener una vida mejor y ganar dinero para curar a mi mamá Isidra. Siento que esta parte de mi vida no solo me representa a mi, sino que representa a otros jóvenes como yo.

Cuando tenía alrededor de 9 años, soñaba con ser maestra y defender a aquellos que no podían defenderse. Todavía recuerdo cuando creé una computadora hecha de madera, con un teclado y todo lo demás que pensé que incluiría una computadora. Mis primos eran mis alumnos, y yo les enseñaba cómo usar la computadora y aprender otro idioma. Estas pequeñas memorias son las que me hacen sentir orgullosa de quien soy y agradecido por los valores de mi abuelita Isidra. Isidra Ella me dijo que algun dia cambiaría la vida de otros niños como yo.

Me encantaba aprender. Cada día que los maestros de mi pueblo venían a enseñar, casi siempre era la primera en llegar a clase. Me gustaba siempre sentarme al frente, porque de esa manera podía prestar más atención, incluso si los otros estudiantes no. Aunque, los maestros solo venían dos o tres veces por semana para enseñarnos, porque siempre encontraban una excusa y decían que mi pueblo estaba demasiado lejos. A veces no venían durante dos semanas, y algunos simplemente paraban de venir. Pero aun así no me daban por vencida en seguir aprendiendo.

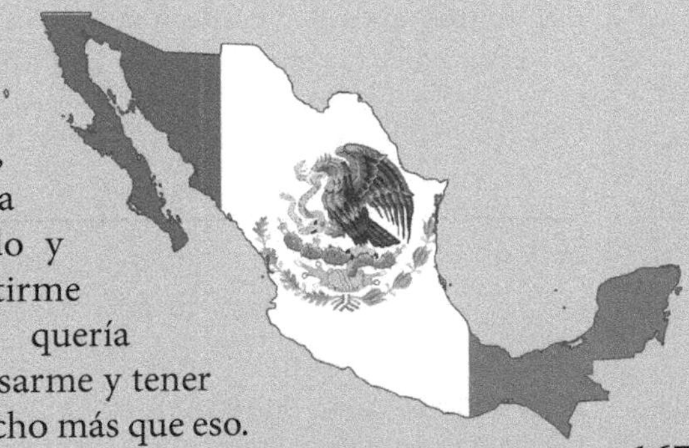

Cuando salir de sexto grado, hablé con mis padres acerca de querer continuar estudiando y cumplir mis sueños de convertirme en maestra y abogada. No quería terminar la escuela primaria, casarme y tener hijos. Sabía que podía hacer mucho más que eso.

"I dreamt of becoming a teacher and defending those who could not defend themselves."

My parents asked me to make a decision: leave everything behind and go to the U.S., or stay in Mexico and marry and have children. For me, the choice was clear. I decided to immigrate to the United States because I wanted to have the opportunity to continue studying and one day help other people.

In my comic I wanted to include the birth of my little sister Belinda. She was born here in the United States, and for me she is my everything, as was my Mama Isidra. Today I try to protect her as my grandmother protected me when I was eight years old. My little sister represents opportunity, not just because she had the chance to grow up with my parents, but because she's going to have an education, and she's not going to suffer as I suffered when I crossed the desert, when I immigrated to the United States.

My grandmother always told me that it doesn't matter how many bad things happen, because if you are strong and you have the hope to continue, there will always be a reason to carry on. She taught me to work hard and remember who I am. I know that everything that's happened on this journey is worth it because now I can see my little sister, and I know that she is going to have a better life. Maybe one day we can go back to Mexico together, knowing that we have a different life. And maybe by telling my story I can help young people like me know that even if we lose loved ones, we can always carry their love and their lessons with us. They can always inspire us to keep going.

– SELENA

Selena is a freshman in college. She is from Mexico. She is studying social work and wants to become an immigration lawyer. Selena hopes her story encourages those who misunderstand the refugee situation to have compassion for children fleeing violence.

"Soñaba con ser maestra y defender a aquellos que no podían defenderse."

Mis padres me pidieron que hiciera una decisión: dejar todo atrás e ir a los Estados Unidos, o quedarme en México, casarse y tener hijos. Para mí, mi decisión fue clara. Decidí emigrar a los Estados Unidos porque quería tener la oportunidad de seguir estudiando y algún día ayudar a otras personas.

En mi comic quería incluir el nacimiento de mi hermana menor Belinda. Ella nació aquí en los Estados Unidos, y para mi ella es mi todo, como lo era mi mamá Isidra. Hoy trato de protegerla como mi abuela me protegió a mi cuando tenía ocho años. Mi hermanita representa mejor oportunidad, no solo porque tuvo la oportunidad de crecer con mis padres, sino porque va a tener una educación, y no va a sufrir como yo sufrí cuando crucé el desierto, cuando emigré a los Estados Unidos.

Mi abuela siempre me decía que no importa cuántas cosas malas suceden, porque si eres fuerte y tienes la esperanza de continuar, siempre habrá una razón para seguir adelante. Ella me enseñó a trabajar duro y no olvidar de quién soy. Sé que todo lo que ha sucedido en el viaje vale la pena porque ahora puedo ver a mi hermanita, y sé que va a tener una vida mejor que yo. Tal vez algún día podamos volver a México juntos, sabiendo que tenemos una vida diferente. Y tal vez al contar mi historia, puedo ayudar a los jóvenes como yo a saber que incluso si perdemos a seres queridos, siempre podemos llevar su amor y sus lecciones con nosotros. Siempre pueden inspirarnos a seguir adelante.

— SELENA

Selena es estudiante de primer año en la universidad. Ella es de México. Está estudiando trabajo social y quiere convertirse en abogada de inmigración. Selena espera que su historia aliente a quienes malinterpretan la situación de los refugiados a tener compasión por los niños que huyen de la violencia.

You're Never Gonna Be Alone

BY SEBASTIAN

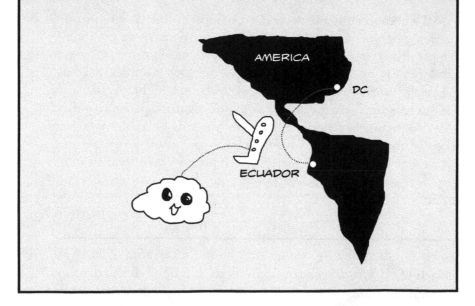

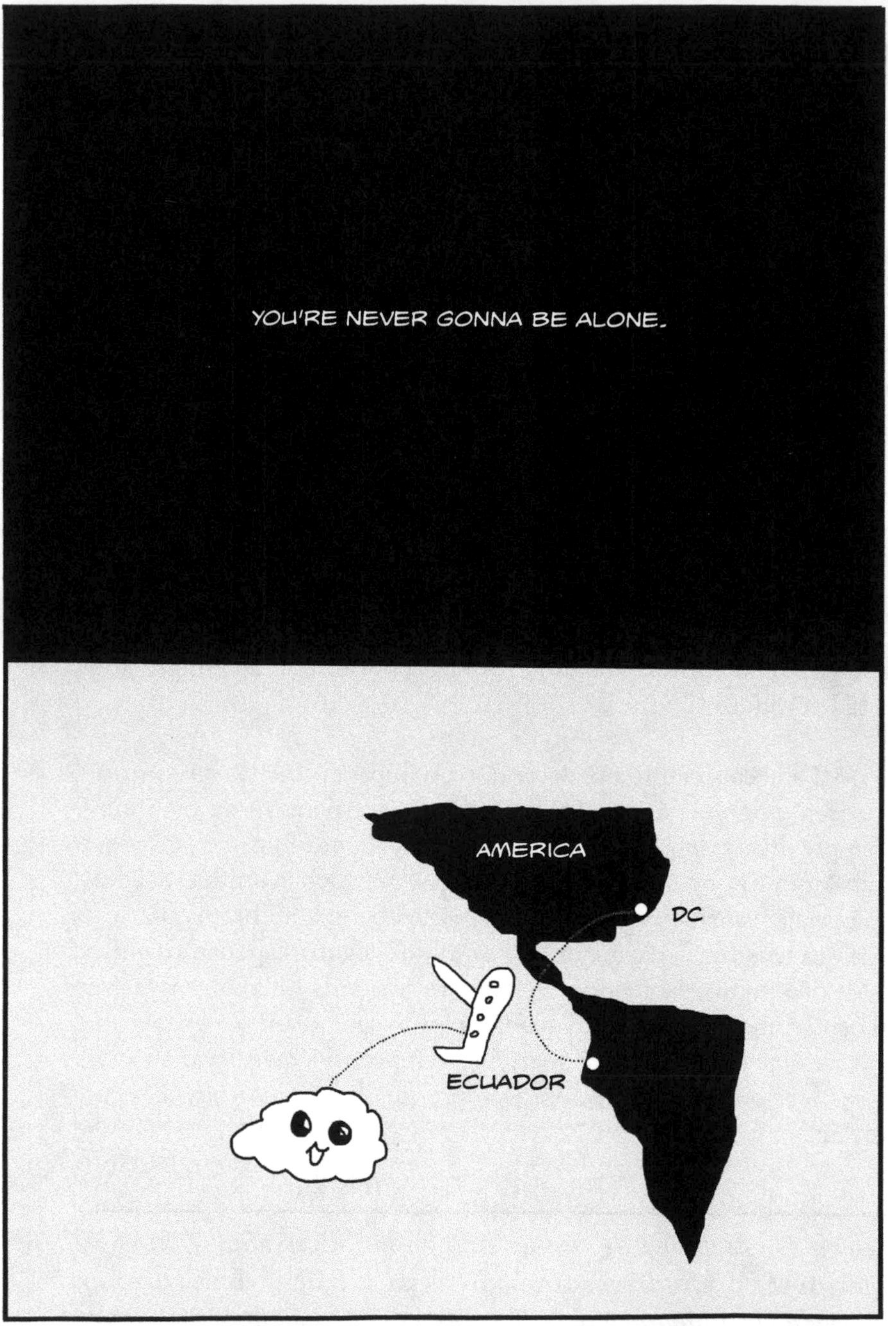

YOU'RE NEVER GONNA BE ALONE.

AMERICA

DC

ECUADOR

Nunca Vas a Estar Solo

POR SEBASTIAN

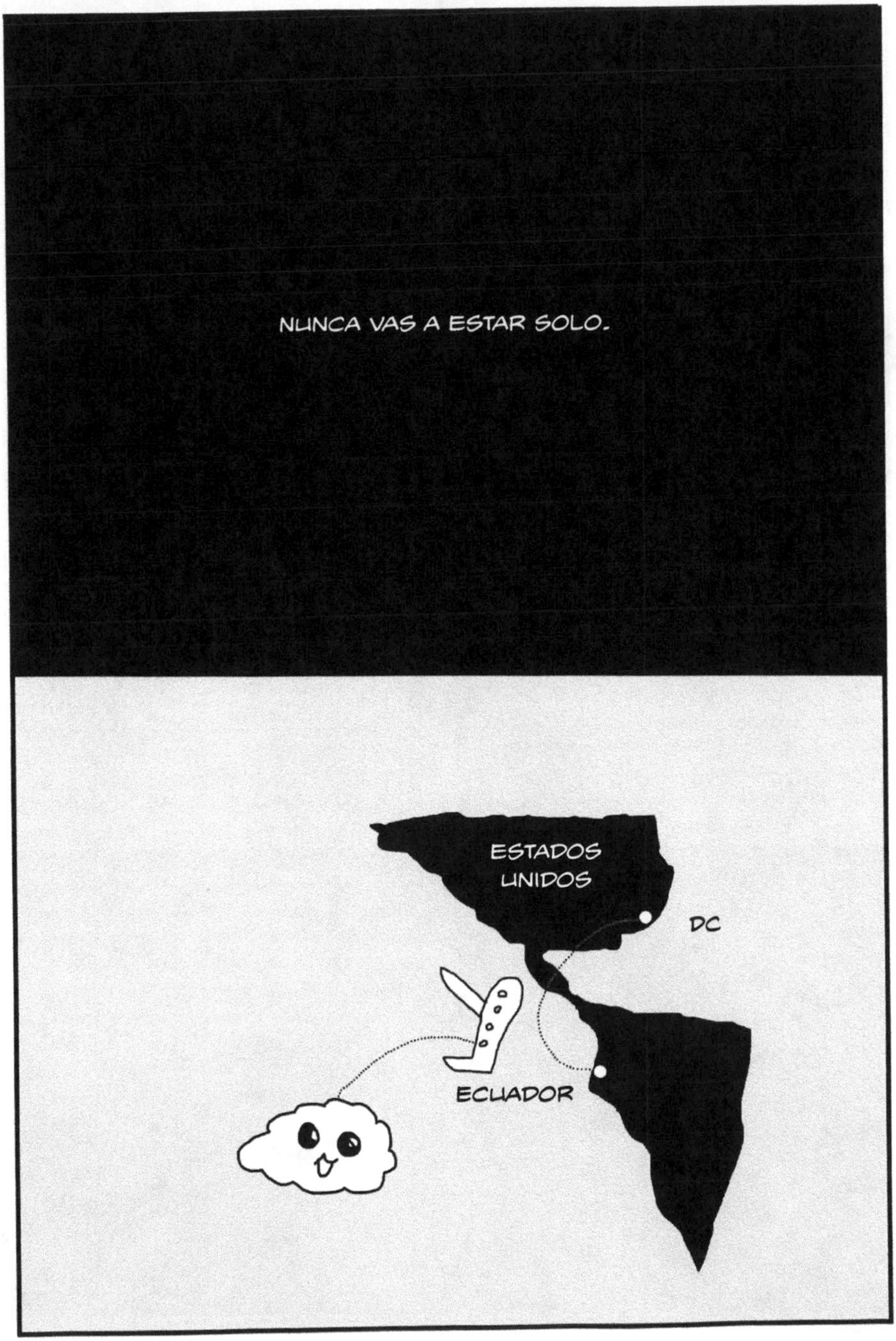
NUNCA VAS A ESTAR SOLO.
ESTADOS UNIDOS
DC
ECUADOR

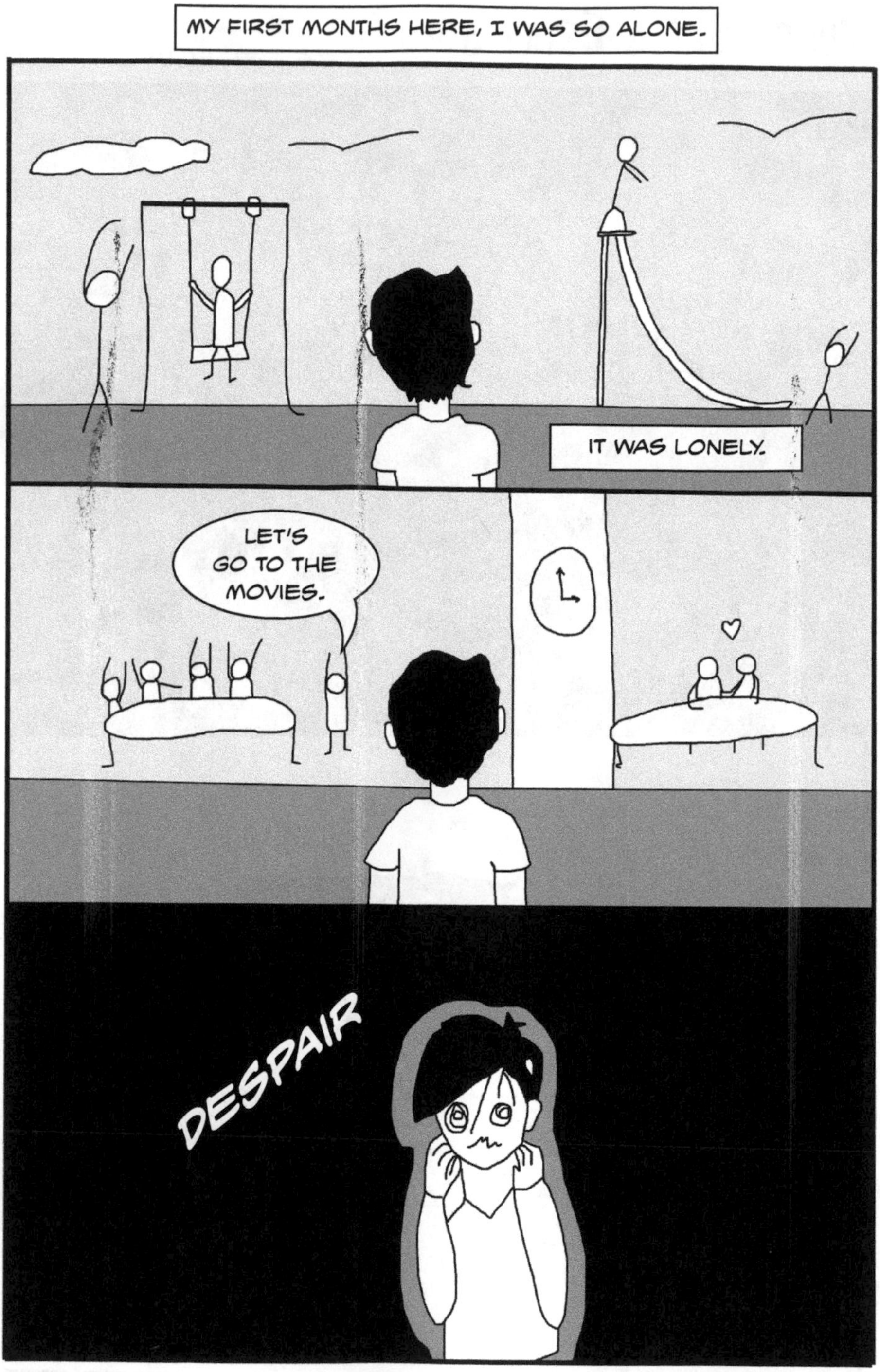
MY FIRST MONTHS HERE, I WAS SO ALONE.
IT WAS LONELY.
LET'S GO TO THE MOVIES.
DESPAIR

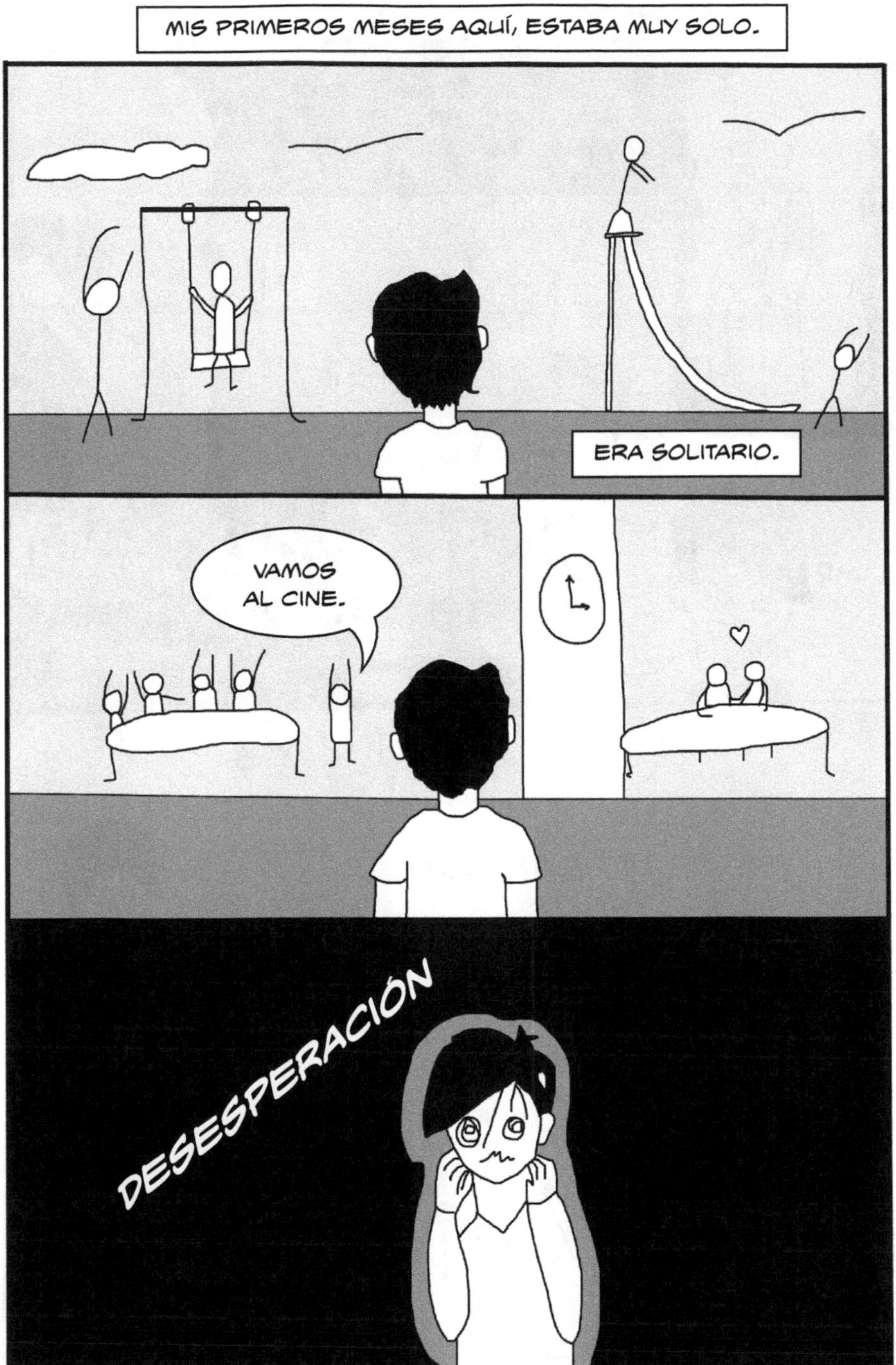
MIS PRIMEROS MESES AQUÍ, ESTABA MUY SOLO.
ERA SOLITARIO.
VAMOS AL CINE.
DESESPERACIÓN

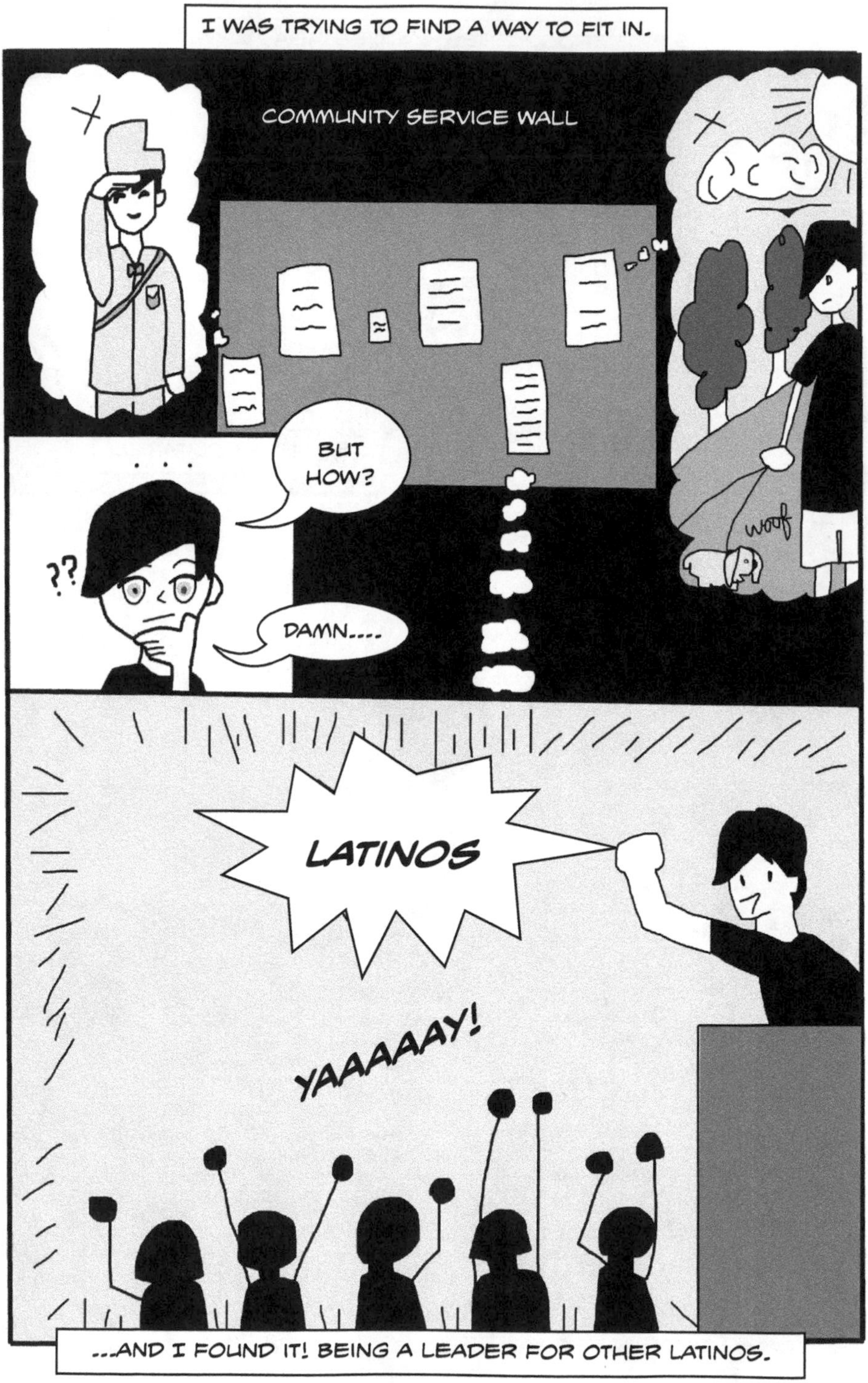
I WAS TRYING TO FIND A WAY TO FIT IN.
COMMUNITY SERVICE WALL
BUT HOW?
DAMN....
woof
LATINOS
YAAAAAY!
...AND I FOUND IT! BEING A LEADER FOR OTHER LATINOS.

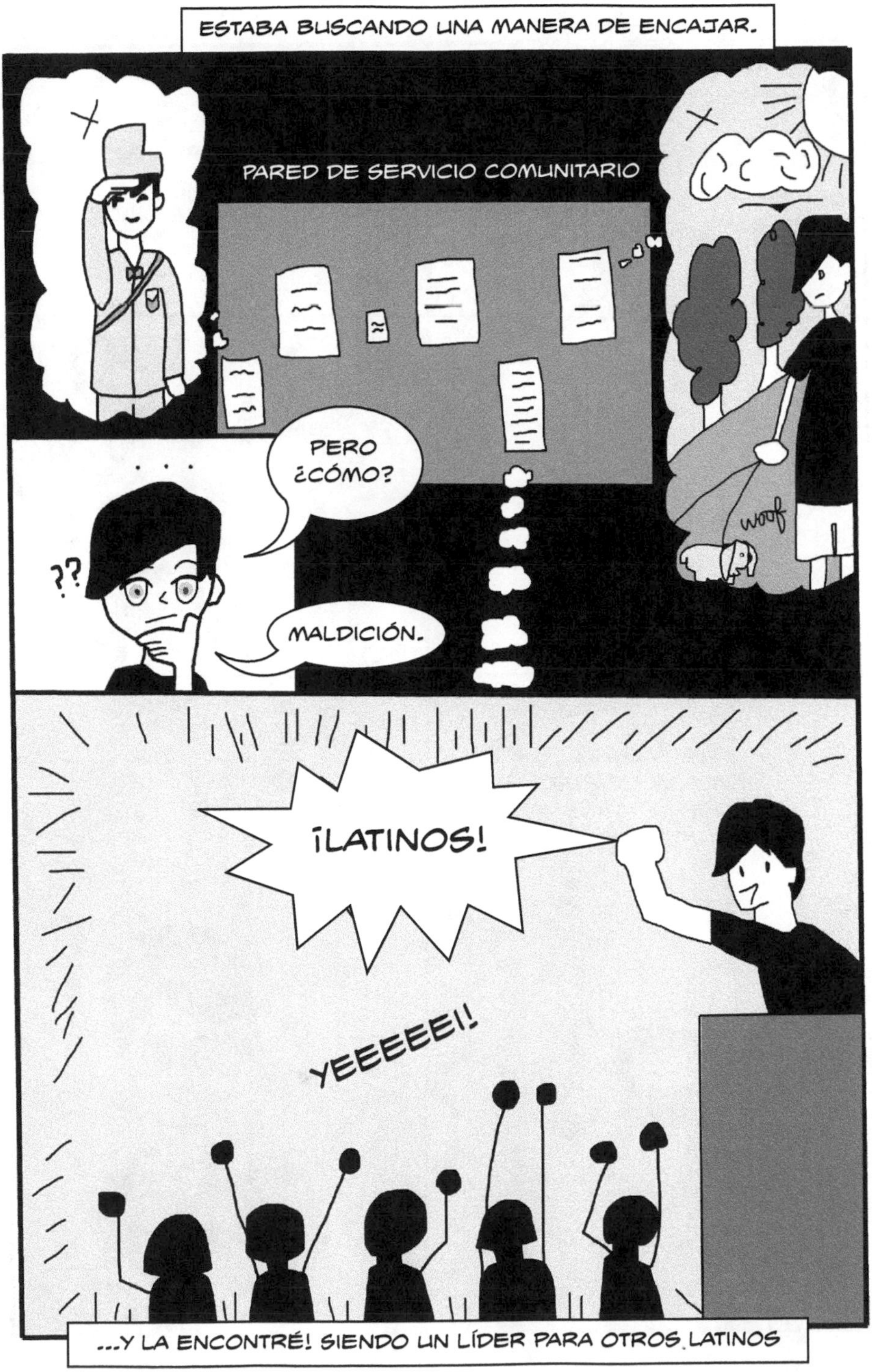
ESTABA BUSCANDO UNA MANERA DE ENCAJAR.
PARED DE SERVICIO COMUNITARIO
woof
. . .
PERO ¿CÓMO?
??
MALDICIÓN.
¡LATINOS!
YEEEEEE!!
...Y LA ENCONTRÉ! SIENDO UN LÍDER PARA OTROS LATINOS

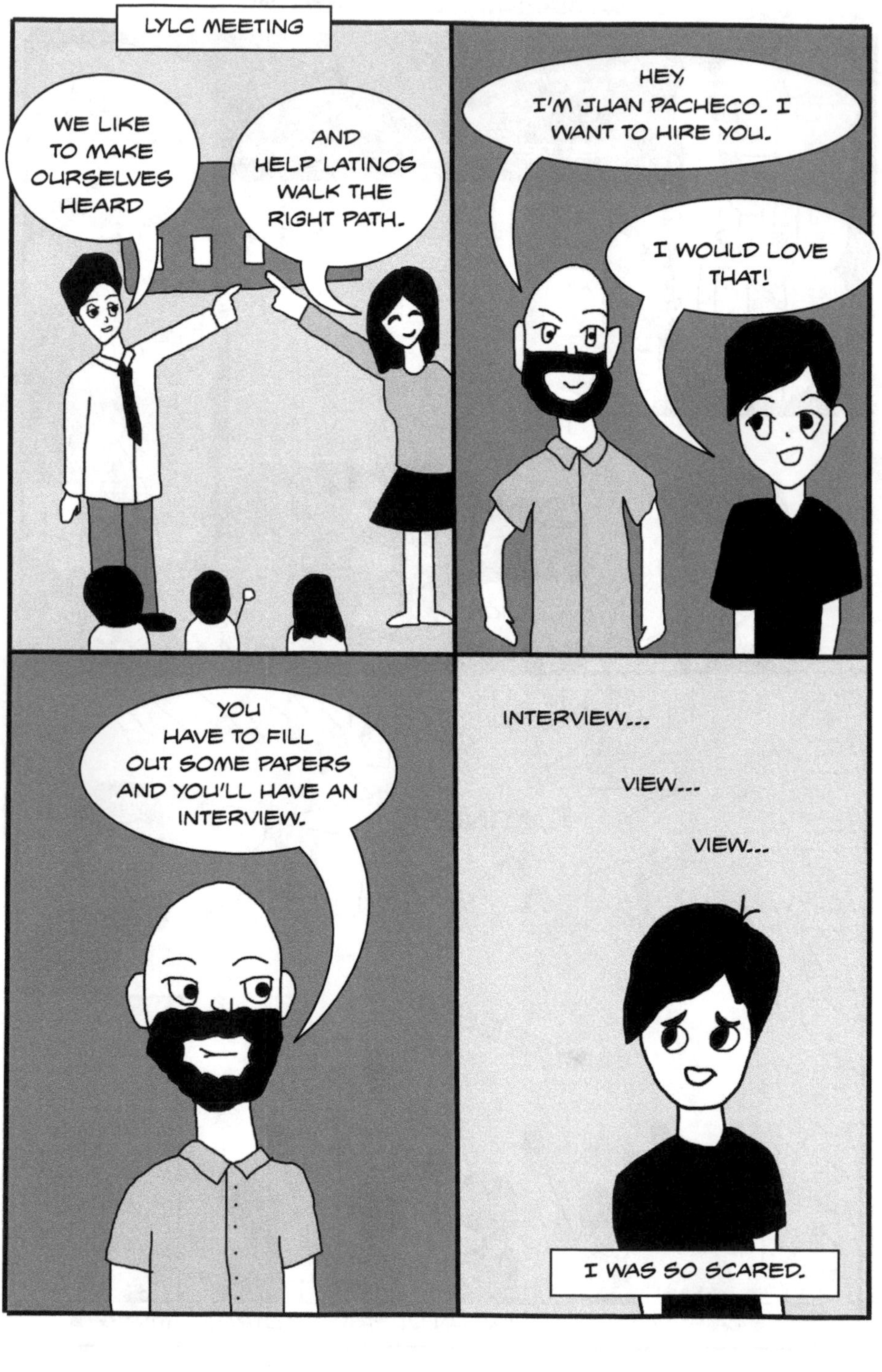
LYLC MEETING
WE LIKE TO MAKE OURSELVES HEARD
AND HELP LATINOS WALK THE RIGHT PATH.
HEY, I'M JUAN PACHECO. I WANT TO HIRE YOU.
I WOULD LOVE THAT!
YOU HAVE TO FILL OUT SOME PAPERS AND YOU'LL HAVE AN INTERVIEW.
INTERVIEW...
VIEW...
VIEW...
I WAS SO SCARED.

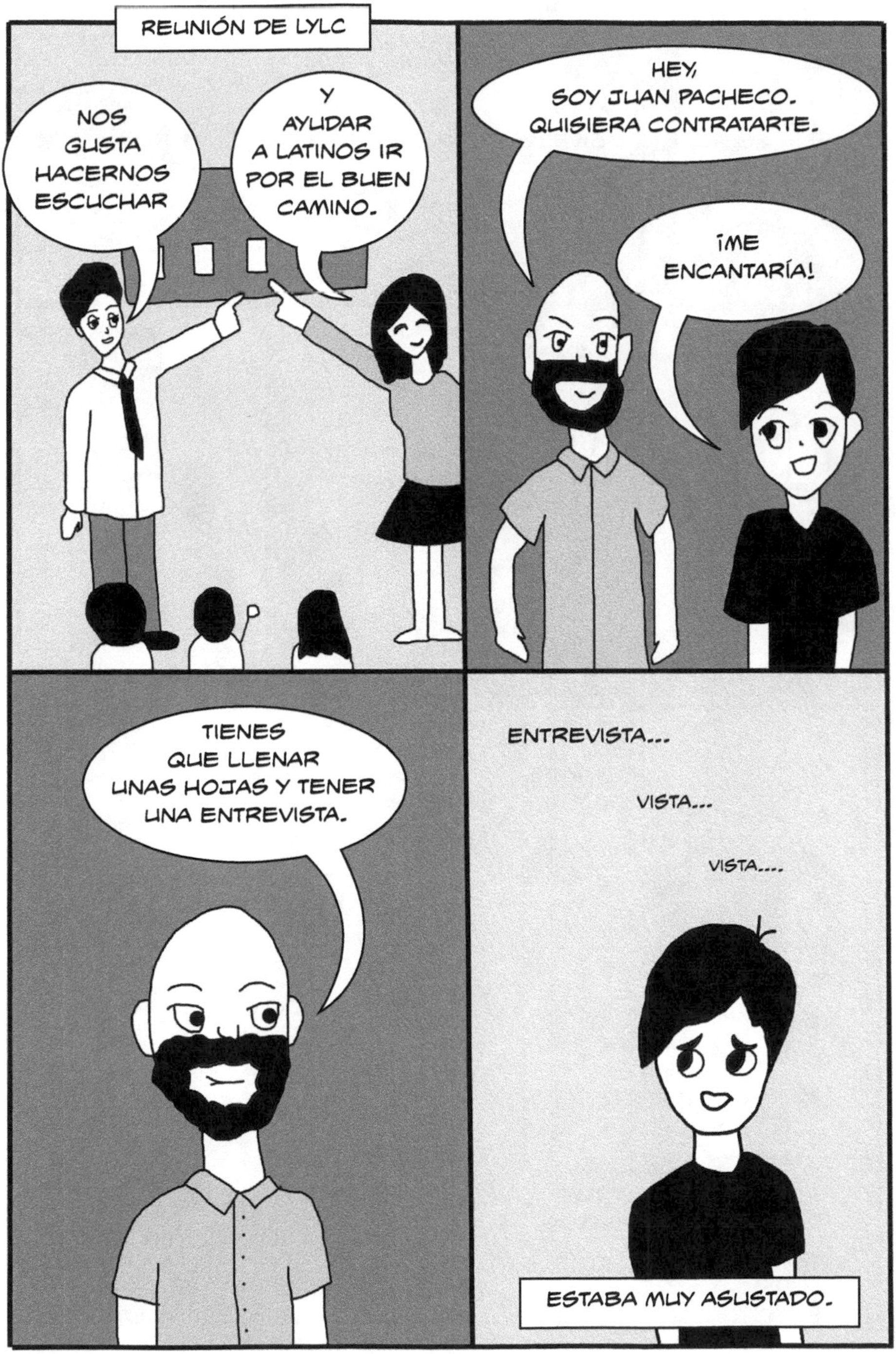
REUNIÓN DE LYLC
NOS GUSTA HACERNOS ESCUCHAR
Y AYUDAR A LATINOS IR POR EL BUEN CAMINO.
HEY, SOY JUAN PACHECO. QUISIERA CONTRATARTE.
¡ME ENCANTARÍA!
TIENES QUE LLENAR UNAS HOJAS Y TENER UNA ENTREVISTA.
ENTREVISTA...
VISTA...
VISTA....
ESTABA MUY ASUSTADO.

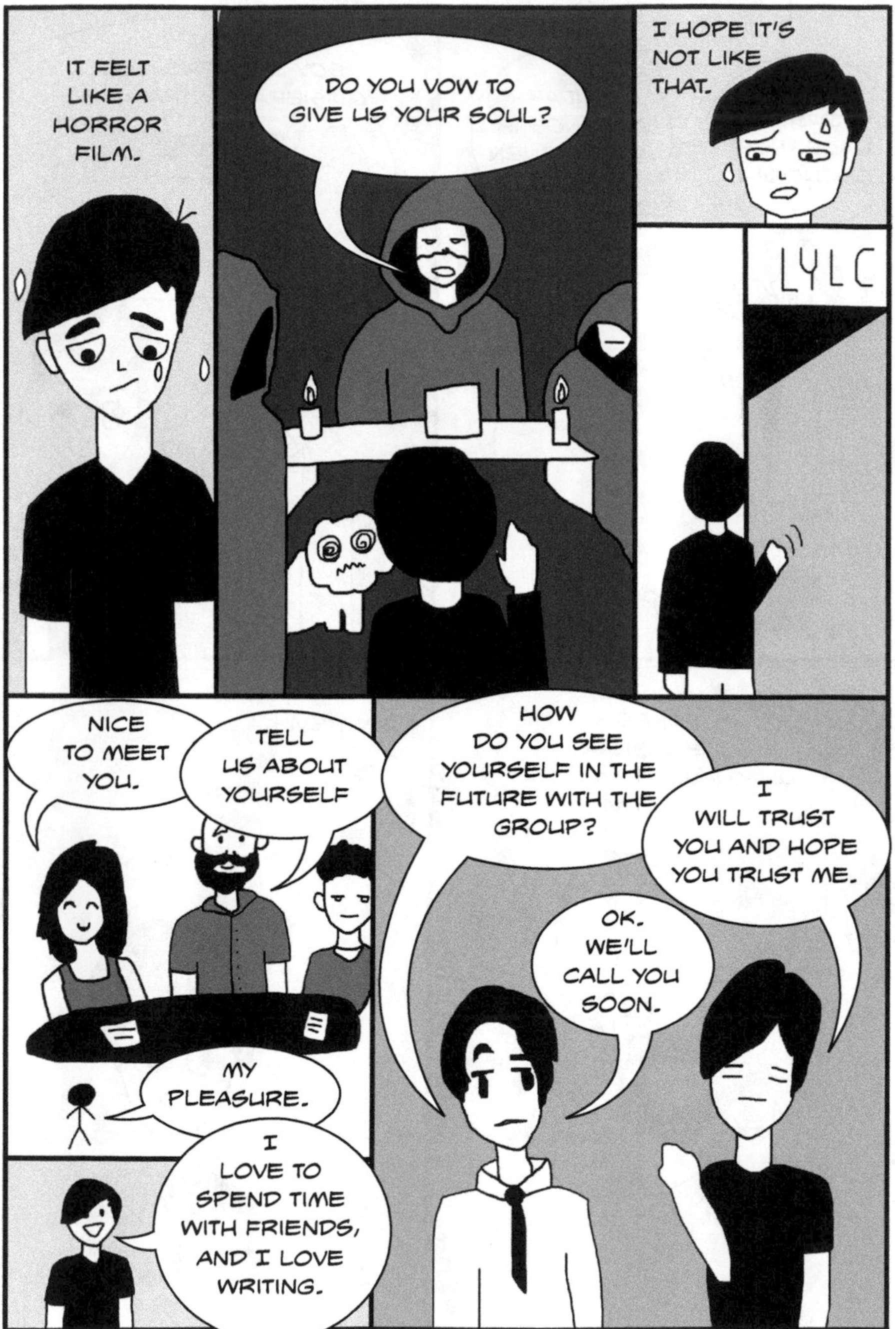
IT FELT LIKE A HORROR FILM.
DO YOU VOW TO GIVE US YOUR SOUL?
I HOPE IT'S NOT LIKE THAT.
LYLC
NICE TO MEET YOU.
TELL US ABOUT YOURSELF
MY PLEASURE.
I LOVE TO SPEND TIME WITH FRIENDS, AND I LOVE WRITING.
HOW DO YOU SEE YOURSELF IN THE FUTURE WITH THE GROUP?
I WILL TRUST YOU AND HOPE YOU TRUST ME.
OK. WE'LL CALL YOU SOON.

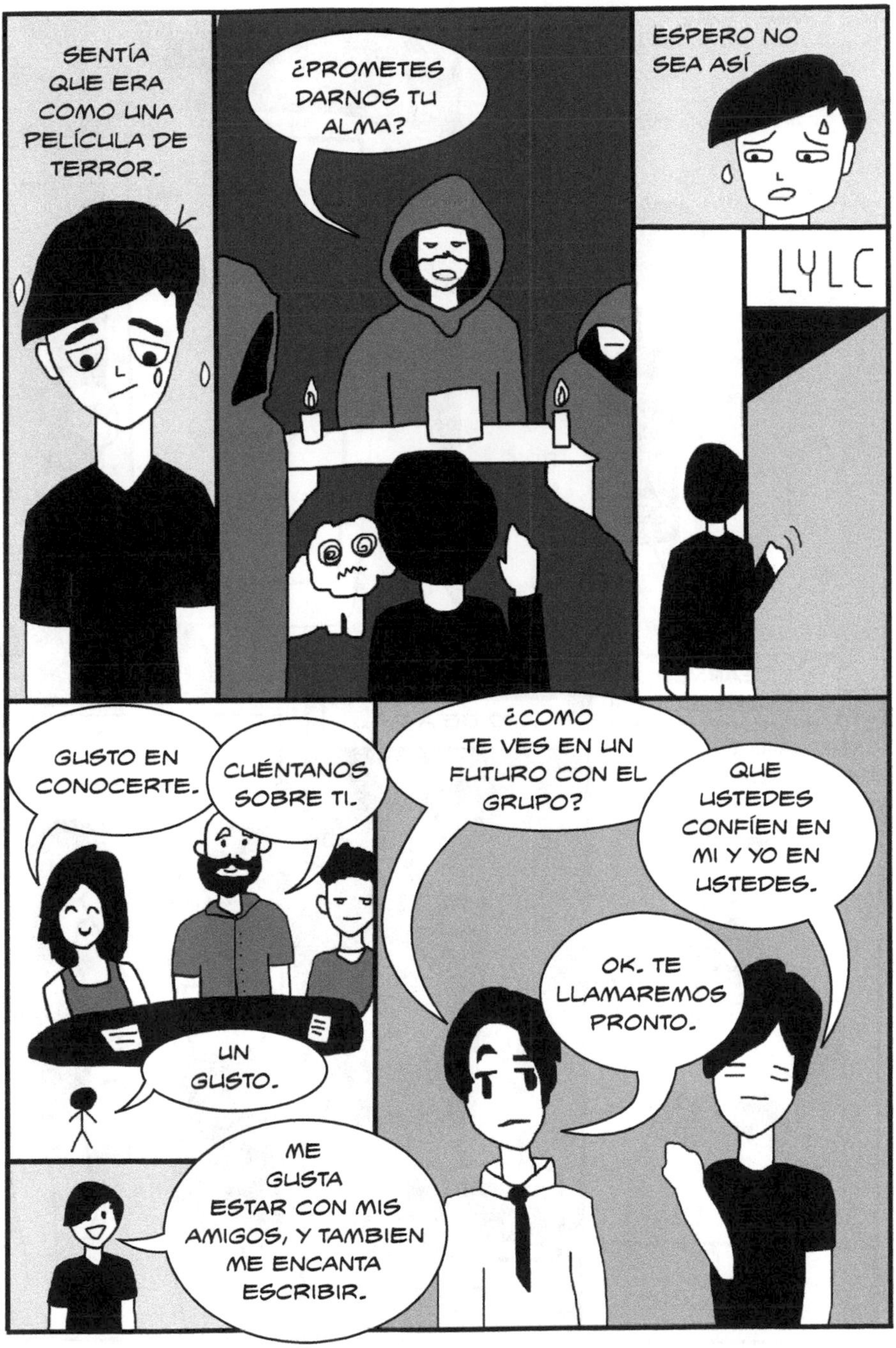
SENTÍA QUE ERA COMO UNA PELÍCULA DE TERROR.
¿PROMETES DARNOS TU ALMA?
ESPERO NO SEA ASÍ
LYLC
GUSTO EN CONOCERTE.
CUÉNTANOS SOBRE TI.
UN GUSTO.
ME GUSTA ESTAR CON MIS AMIGOS, Y TAMBIEN ME ENCANTA ESCRIBIR.
¿COMO TE VES EN UN FUTURO CON EL GRUPO?
QUE USTEDES CONFÍEN EN MI Y YO EN USTEDES.
OK. TE LLAMAREMOS PRONTO.

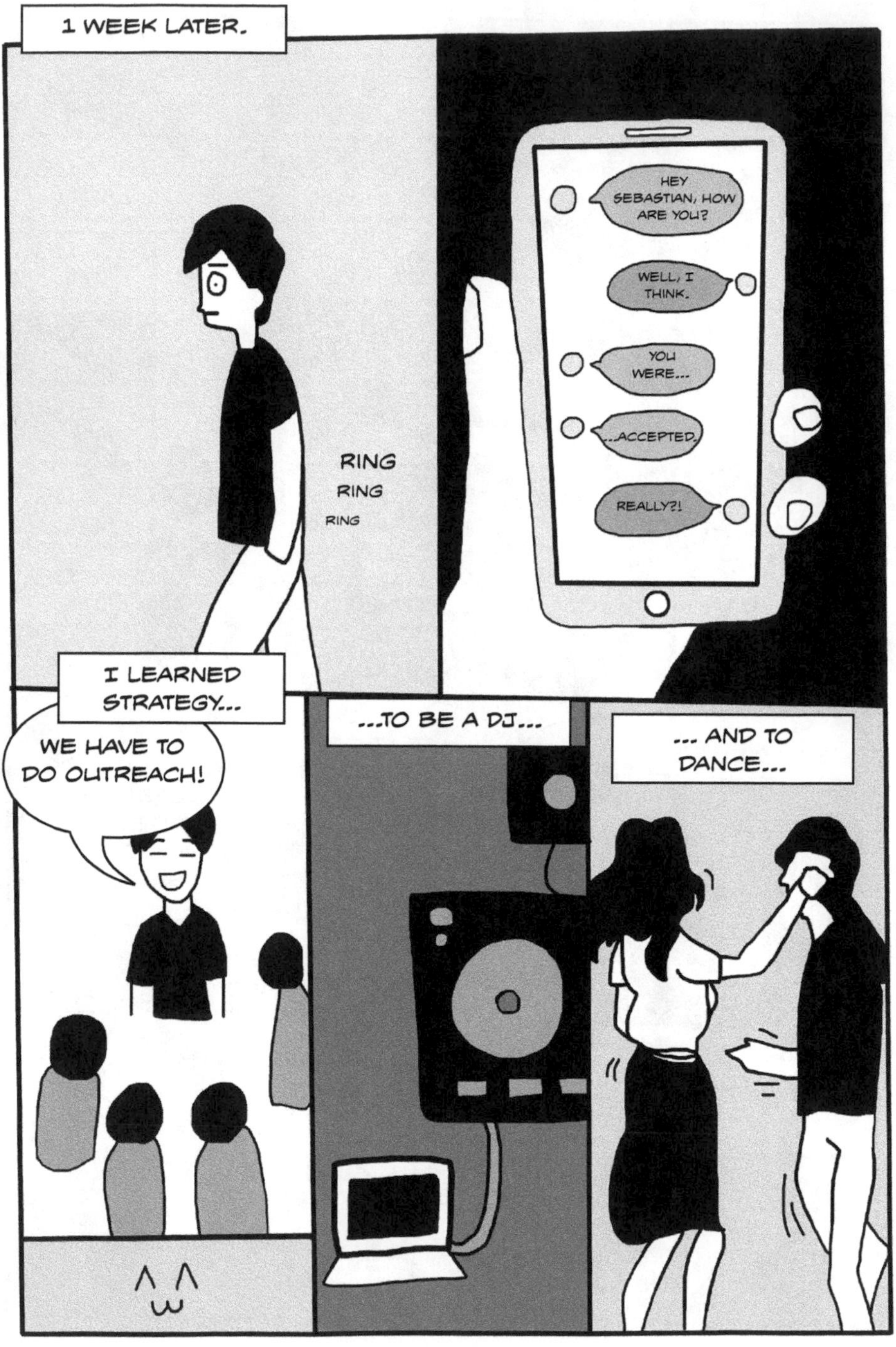
1 WEEK LATER.
RING
RING
RING
HEY SEBASTIAN, HOW ARE YOU?
WELL, I THINK.
YOU WERE...
...ACCEPTED.
REALLY?!
I LEARNED STRATEGY...
WE HAVE TO DO OUTREACH!
...TO BE A DJ...
... AND TO DANCE...

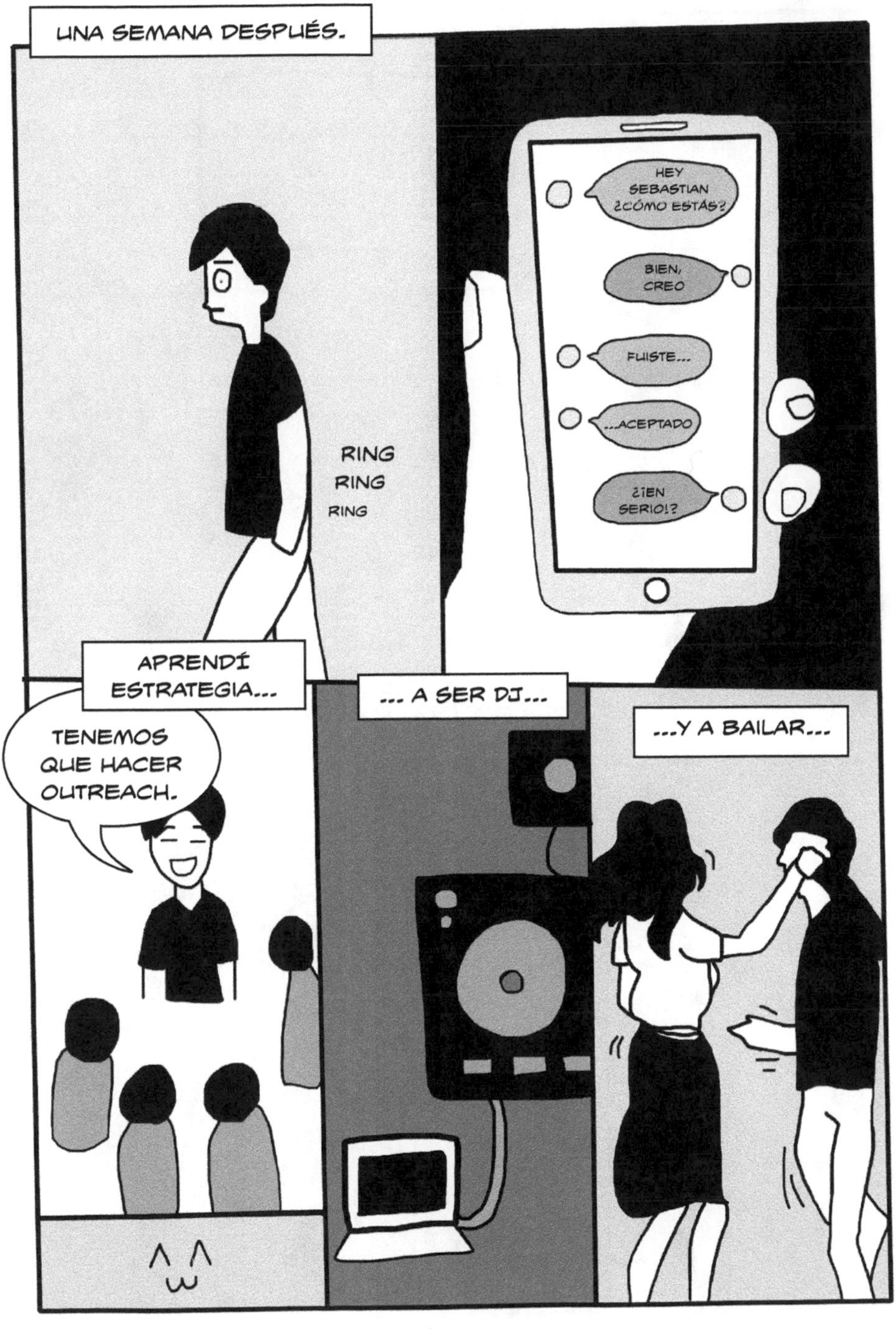
UNA SEMANA DESPUÉS.
RING
RING
RING
HEY SEBASTIAN ¿CÓMO ESTÁS?
BIEN, CREO
FUISTE...
...ACEPTADO
¿¡EN SERIO!?
APRENDÍ ESTRATEGIA...
TENEMOS QUE HACER OUTREACH.
... A SER DJ...
...Y A BAILAR...

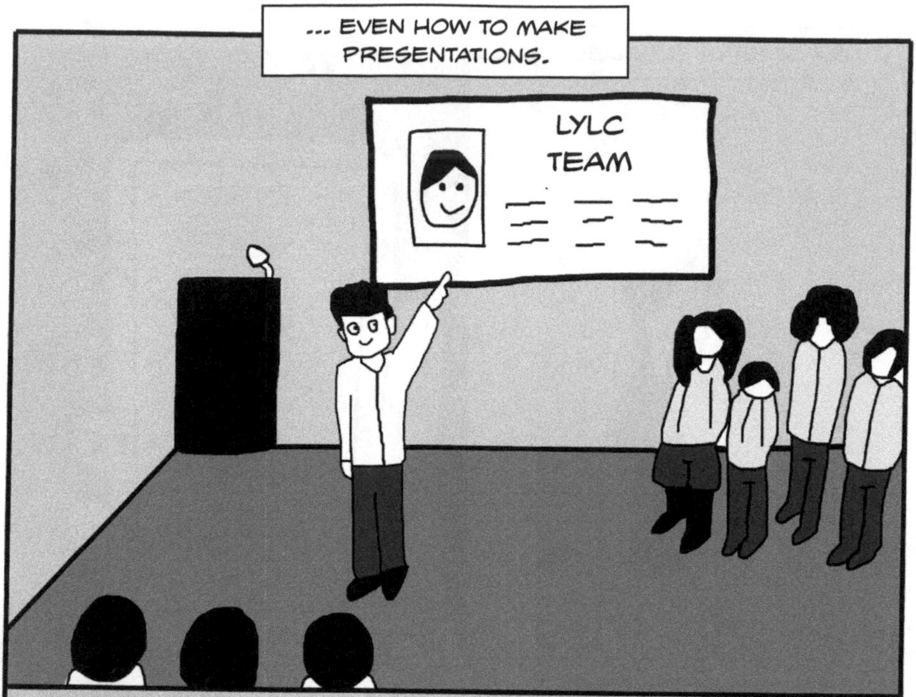
... EVEN HOW TO MAKE PRESENTATIONS.
LYLC TEAM

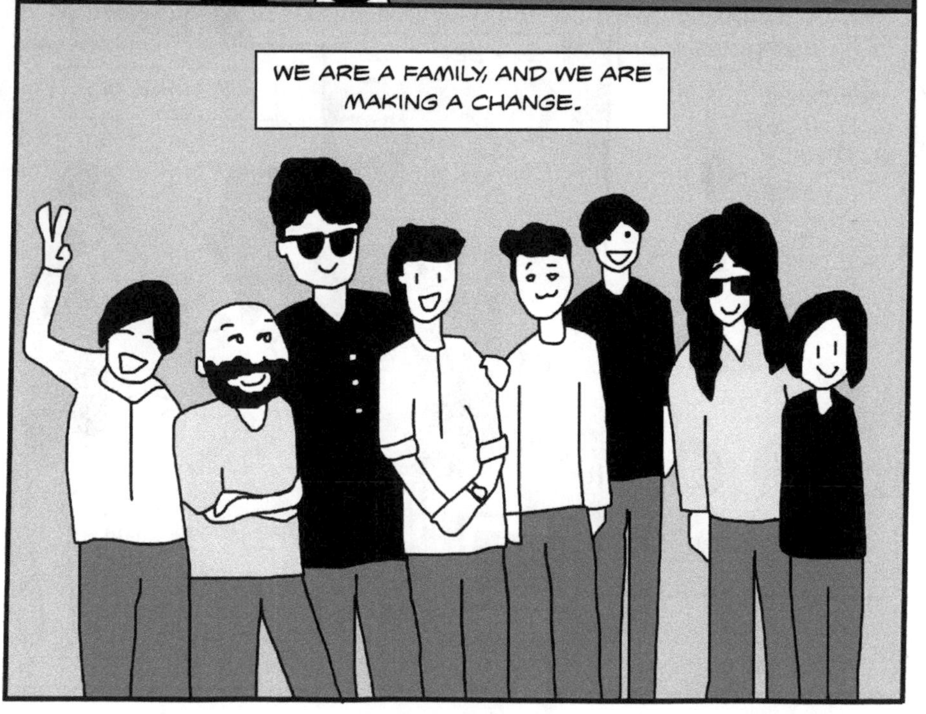
WE ARE A FAMILY, AND WE ARE MAKING A CHANGE.

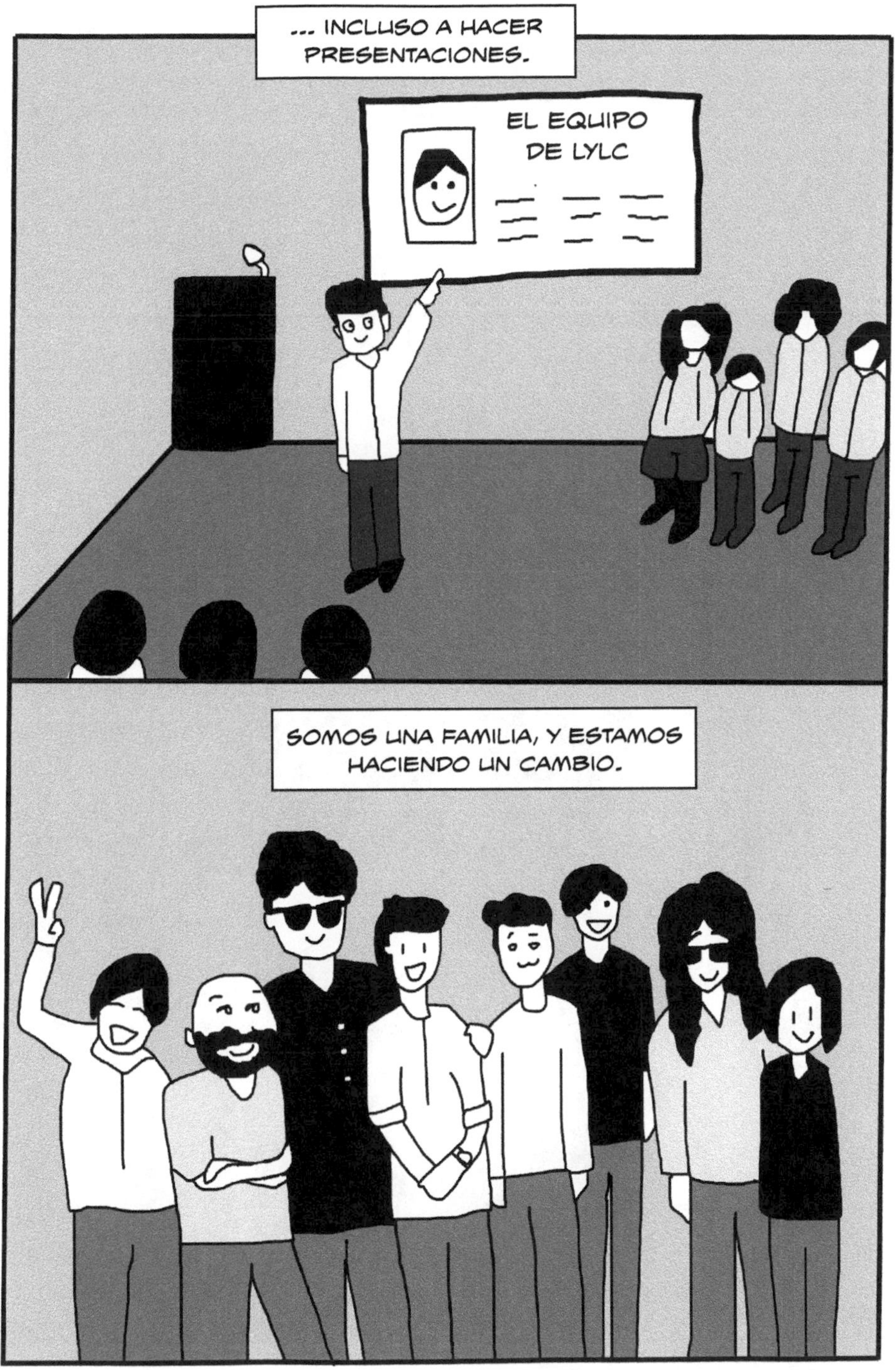
... INCLUSO A HACER PRESENTACIONES.
EL EQUIPO DE LYLC
SOMOS UNA FAMILIA, Y ESTAMOS HACIENDO UN CAMBIO.

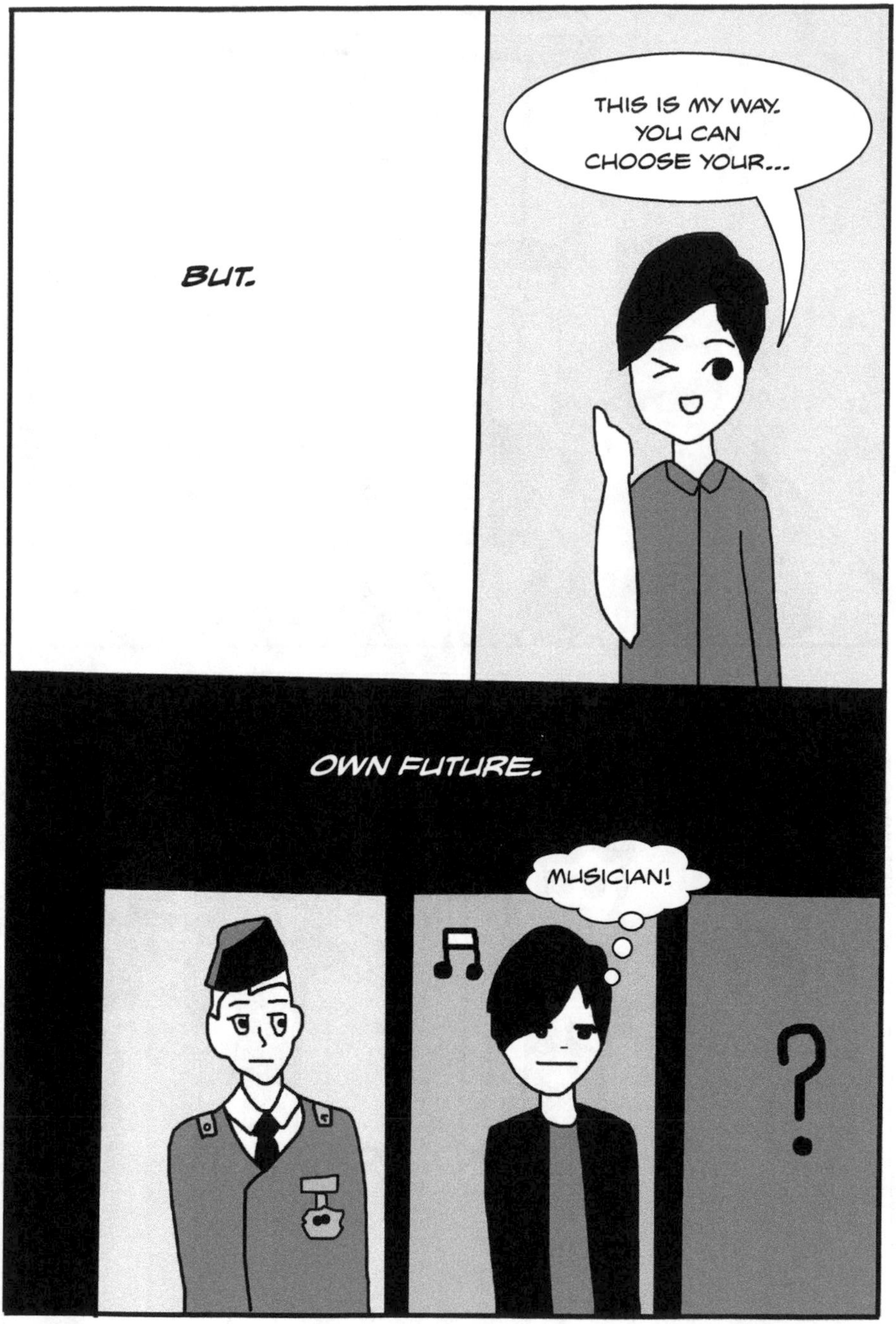
BUT.
THIS IS MY WAY. YOU CAN CHOOSE YOUR...
OWN FUTURE.
MUSICIAN!
?

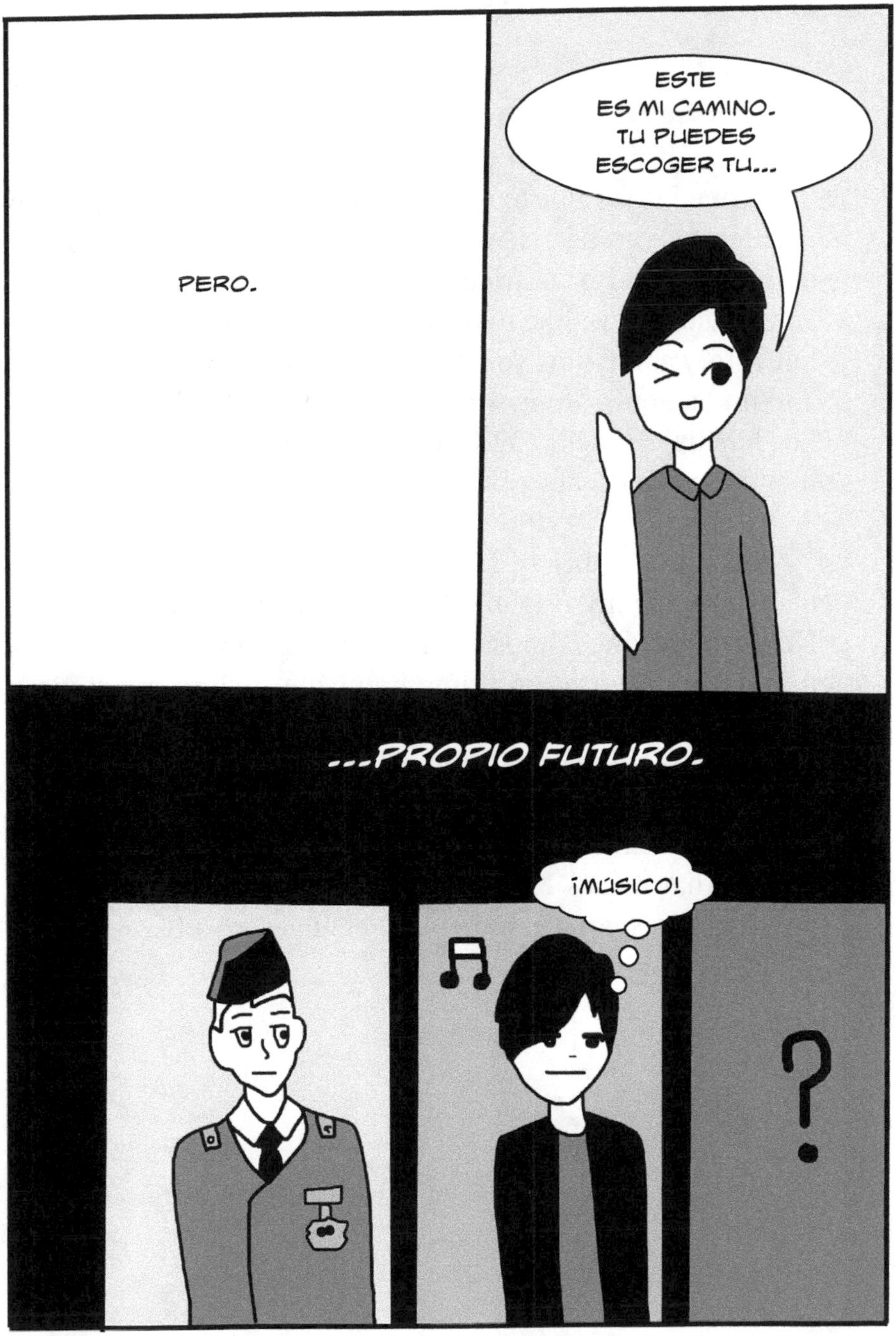
PERO.
ESTE ES MI CAMINO. TU PUEDES ESCOGER TU...
...PROPIO FUTURO.
¡MÚSICO!
?

Sebastian's Story

When I first came to the U.S. I was so lonely. I think many immigrants can relate. When you come, it's super difficult to be sociable and have friends. Especially for me. Sometimes I'm shy, and I just like to go away and be alone. But I tried to tell a story about how you can choose a lot of ways to connect and find a home. In my story I explain that the Latino Youth Leadership Council (LYLC) has helped me a lot, but there are many ways to get ahead.

Being a member of LYLC helps me believe in myself. It helps me lose my fear of speaking in front of many people. LYLC helps me choose the right option when making important decisions and then helps me stick to my choices. With my LYLC family, I feel like I can truly trust them. I am comfortable being myself and no one says bad things because they accept me for who I am and for my history. They support me and make me follow a good path. I give my heart for this group. That means I really give it the importance necessary because this is not a game — this changes my life.

LA Historia de Sebastian

Cuando recién llegué a los Estados Unidos, estaba solo. Creo que muchos inmigrantes pueden relacionarse. Cuando vienes, es muy difícil ser sociable y tener amigos. Especialmente para mi. A veces soy tímido, y solo me gusta irme y estar solo. Pero traté de contar una historia sobre cómo puedes elegir muchas formas de conectarte y encontrar un hogar. En mi historia, explico que el Latino Youth Leadership Council (LYLC) me ha ayudado mucho, pero que hay muchas maneras de salir adelante.

Ser miembro de LYLC me ayuda a creer en mí mismo. Me ayuda a perder el miedo de hablar delante de muchas personas. LYLC me ayuda a elegir la opción correcta al tomar decisiones importantes y luego me ayuda a mantener mis opciones. Con mi familia de LYLC, siento que realmente puedo confiar en ellos. Me siento cómodo siendo yo mismo y nadie dice cosas malas porque me aceptan por lo que soy y por mi historia. Me apoyan y me hacen seguir un buen camino. Doy mi corazón por este grupo. Eso significa que realmente le doy la importancia necesaria porque esto no es un juego, esto cambia mi vida.

*"Latinos are people
who fight for their dreams,
and for their family...
It is difficult to live with this fear,
but still we fight. "*

The work I do with LYLC, like making this book, is important. Sometimes people still believe stereotypes about Latinos, like that Latinos are in gangs or they are disrespectful. Some say Latinos are people without values. Those stereotypes make it so that others think Latinos are bad people. I want to change that stereotype. I want all the people here to say, "They are Latinos, they are good people, they can do it, they can succeed." Latinos are people who fight for their dreams, and for their family. They fight to survive in this country. For us, it is difficult to live with this fear, but we still fight. And we never give up.

– SEBASTIAN

Sebastian is eighteen years old and just graduated from high school in Washington, D.C. He is from Ecuador. He is planning to go to college to study graphic design. He likes to watch anime, play video games, hang out with his friends, and enjoy life.

> *"Los latinos son personas*
> *que luchan por sus sueños,*
> *y por su familia...*
> *Es difícil vivir con este miedo,*
> *pero aún luchamos."*

El trabajo que hago con LYLC, como hacer este libro, es importante. A veces las personas todavía creen en estereotipos sobre los latinos, como que los latinos son pandilleros o que son irrespetuosos. Algunos dicen que los latinos son personas sin valores. Esos estereotipos hacen que otros piensen que los latinos son malas personas. Quiero cambiar ese estereotipo. Quiero que toda la gente de aquí diga: "Son latinos, son buenas personas, pueden hacerlo, pueden tener éxito". Los latinos son personas que luchan por sus sueños y por su familia. Ellos luchan para sobrevivir en este país. Para nosotros, es difícil vivir con este miedo, pero aún luchamos. Y nunca nos damos por vencidos.

— SEBASTIAN

Sebastian tiene dieciocho años y acaba de graduarse de la escuela secundaria en Washington, D.C. Él es de Ecuador. Él está planeando ir a la universidad para estudiar diseño gráfico. Le gusta mirar anime, jugar videojuegos, pasar el rato con sus amigos, y disfrutar de la vida.

LOOKING FOR HOPE

BY YECA

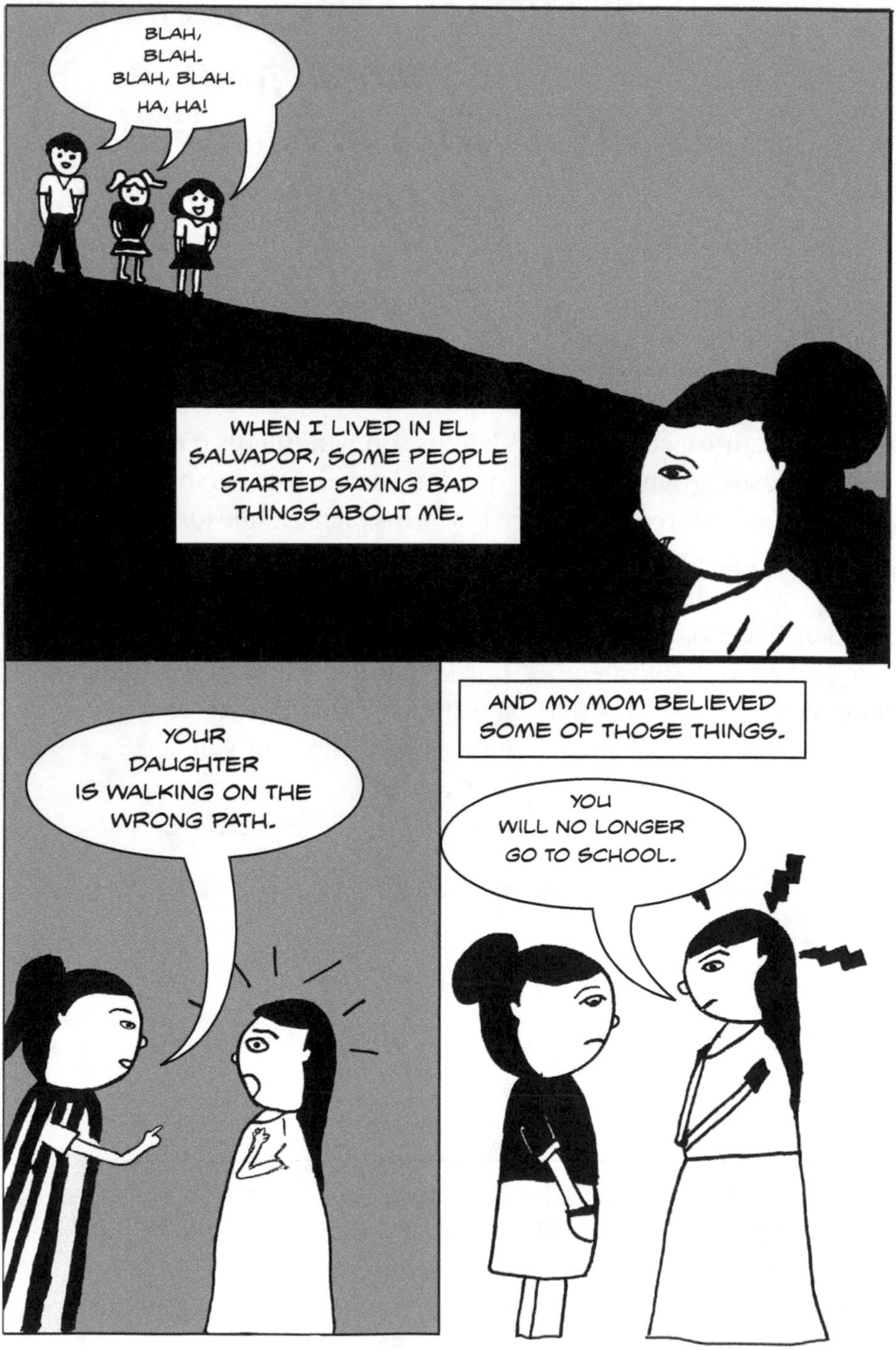
BLAH, BLAH. BLAH, BLAH. HA, HA!
WHEN I LIVED IN EL SALVADOR, SOME PEOPLE STARTED SAYING BAD THINGS ABOUT ME.
YOUR DAUGHTER IS WALKING ON THE WRONG PATH.
AND MY MOM BELIEVED SOME OF THOSE THINGS.
YOU WILL NO LONGER GO TO SCHOOL.

Buscando a Esperanza

Por Yeca

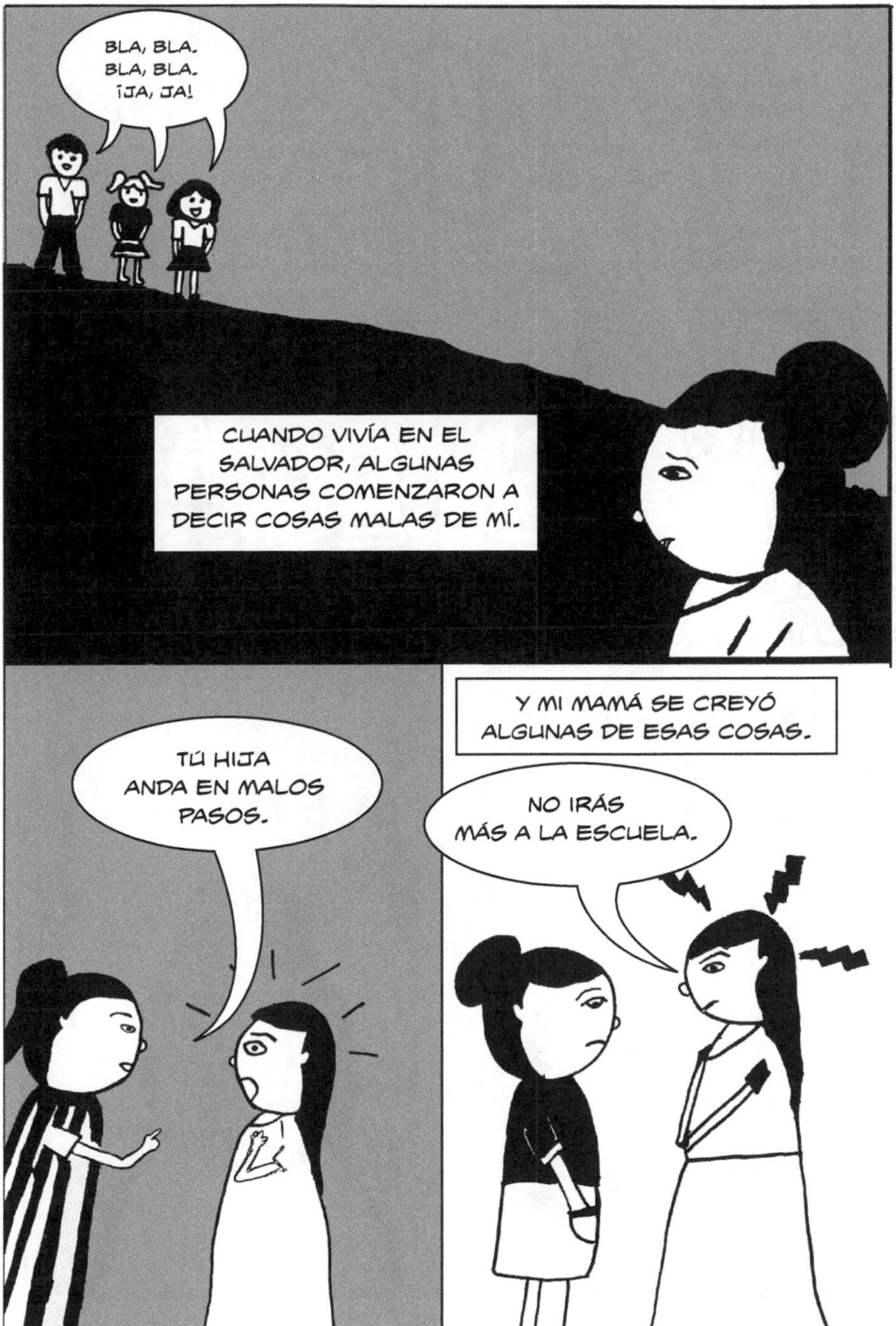

BLA, BLA.
BLA, BLA.
¡JA, JA!
CUANDO VIVÍA EN EL SALVADOR, ALGUNAS PERSONAS COMENZARON A DECIR COSAS MALAS DE MÍ.
TÚ HIJA ANDA EN MALOS PASOS.
Y MI MAMÁ SE CREYÓ ALGUNAS DE ESAS COSAS.
NO IRÁS MÁS A LA ESCUELA.

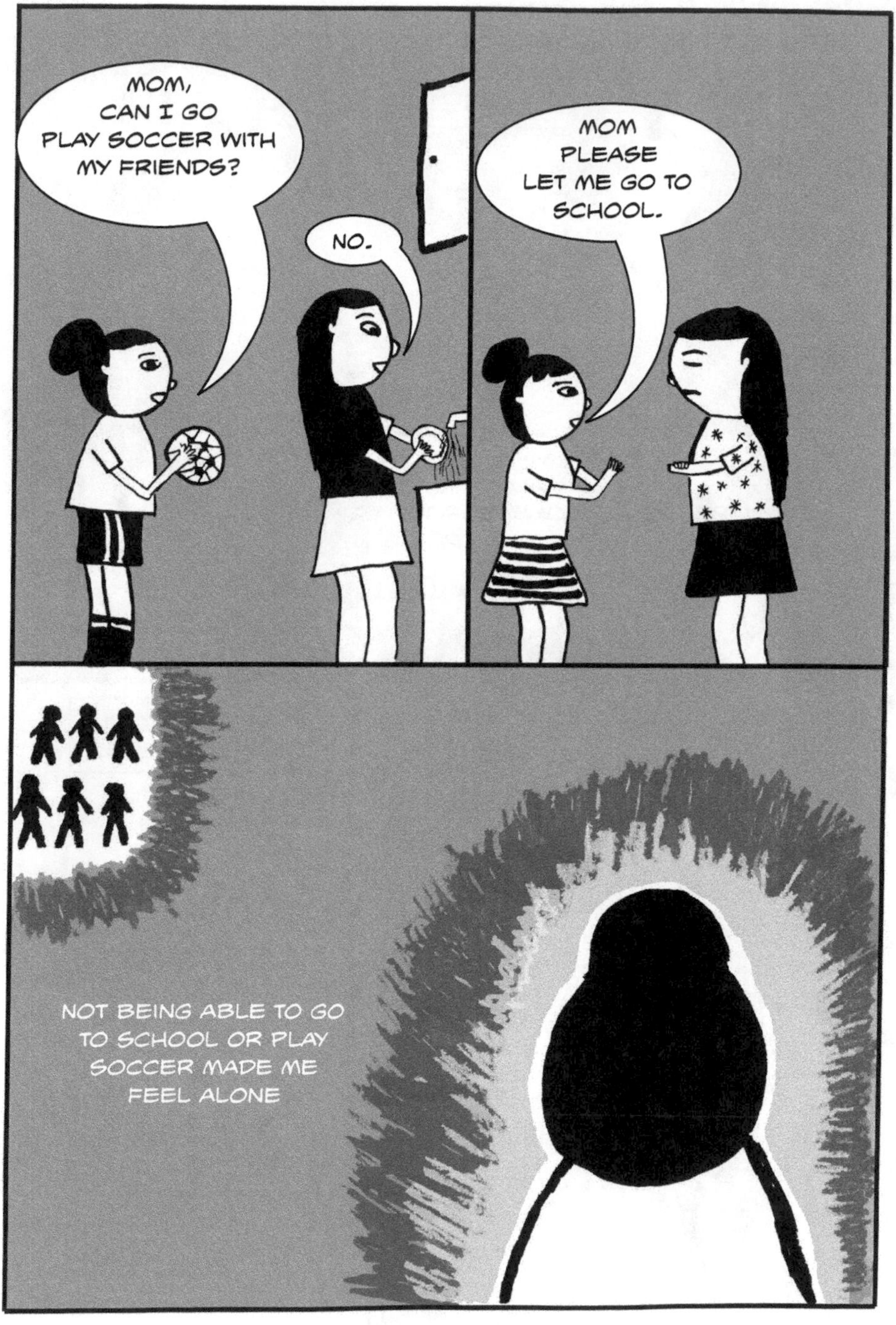
MOM,
CAN I GO
PLAY SOCCER WITH
MY FRIENDS?
NO.
MOM
PLEASE
LET ME GO TO
SCHOOL.
NOT BEING ABLE TO GO
TO SCHOOL OR PLAY
SOCCER MADE ME
FEEL ALONE

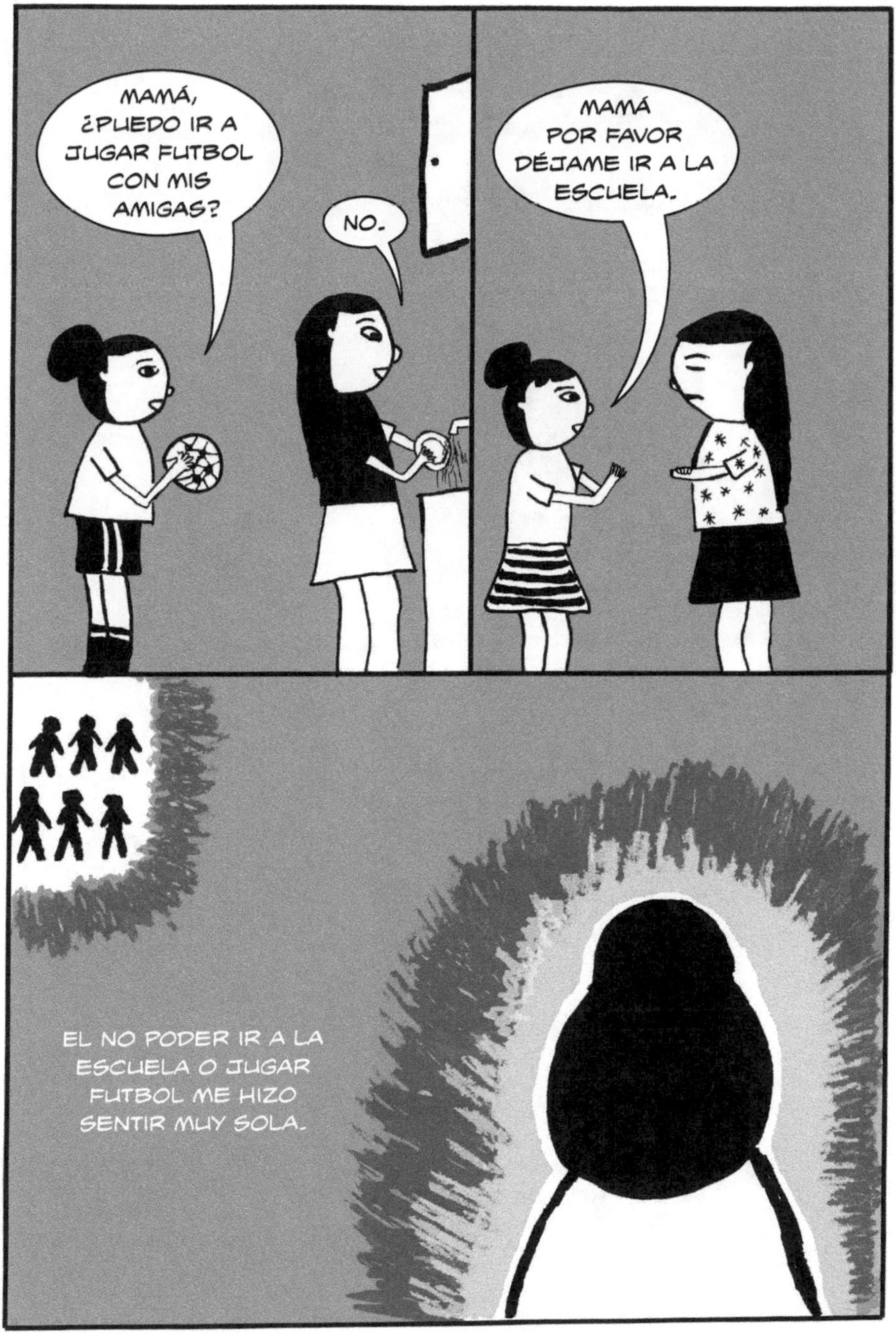
MAMÁ, ¿PUEDO IR A JUGAR FUTBOL CON MIS AMIGAS?
NO.
MAMÁ POR FAVOR DÉJAME IR A LA ESCUELA.
EL NO PODER IR A LA ESCUELA O JUGAR FUTBOL ME HIZO SENTIR MUY SOLA.

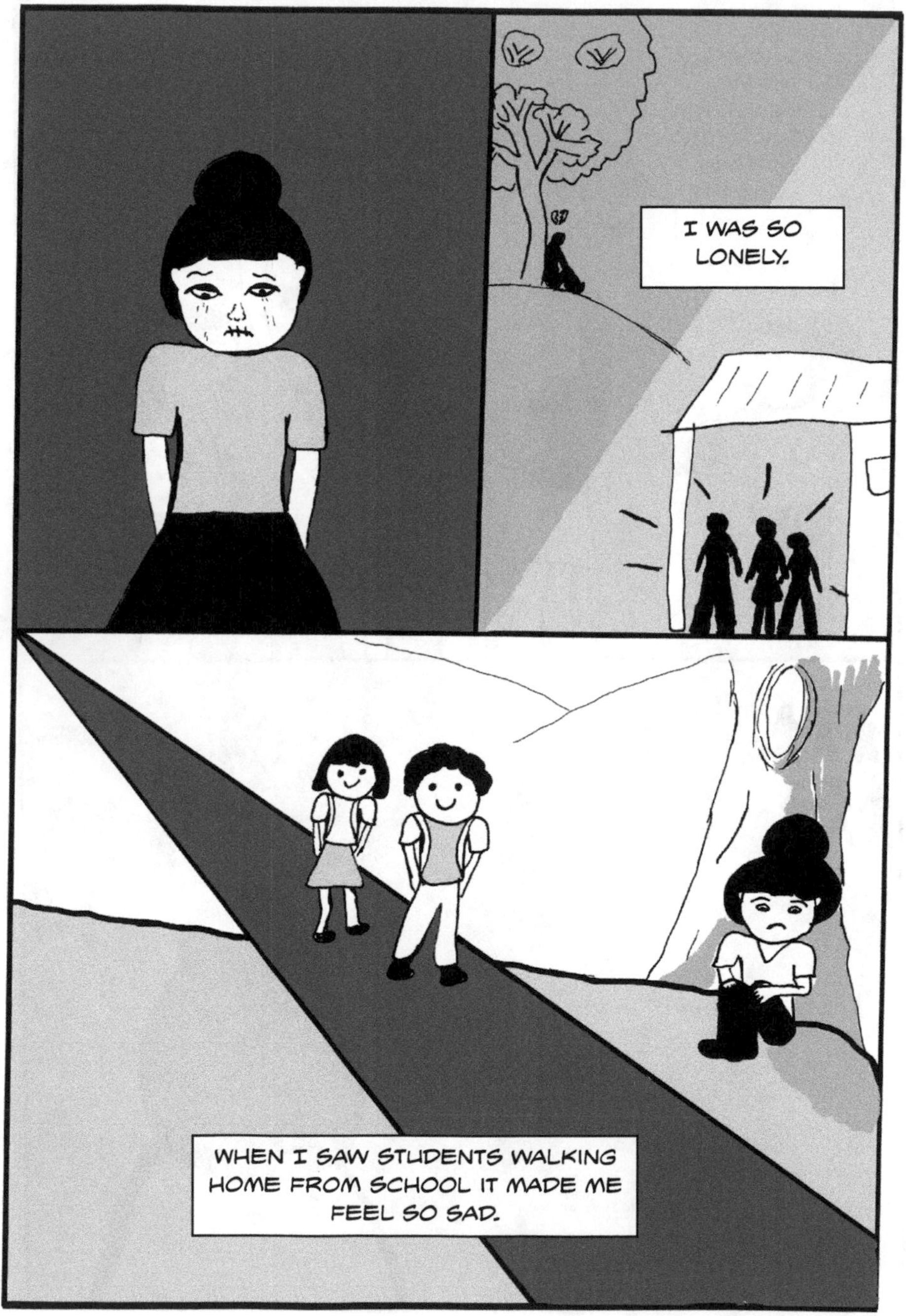
I WAS SO LONELY.
WHEN I SAW STUDENTS WALKING HOME FROM SCHOOL IT MADE ME FEEL SO SAD.

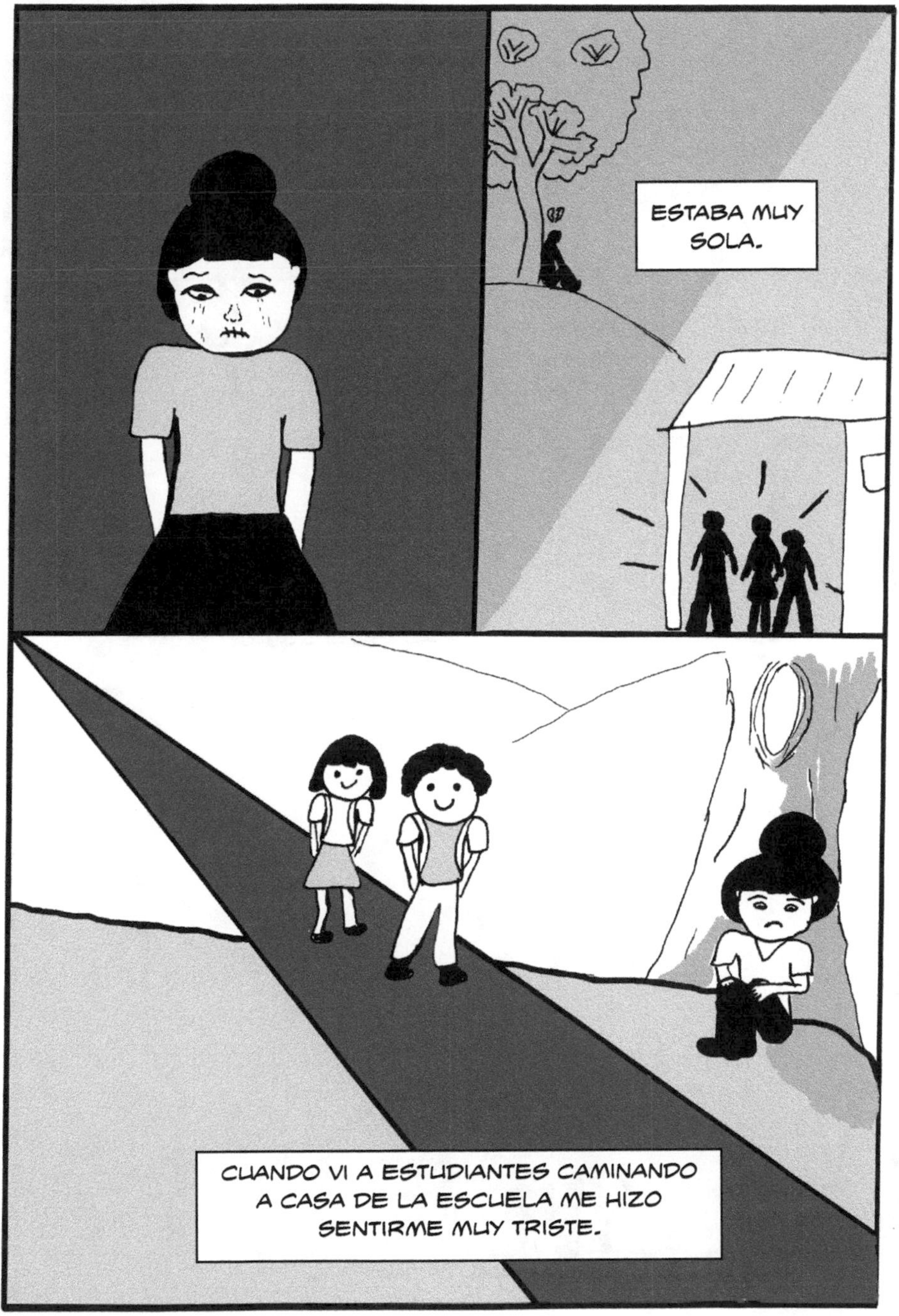
ESTABA MUY SOLA.
CUANDO VI A ESTUDIANTES CAMINANDO A CASA DE LA ESCUELA ME HIZO SENTIRME MUY TRISTE.

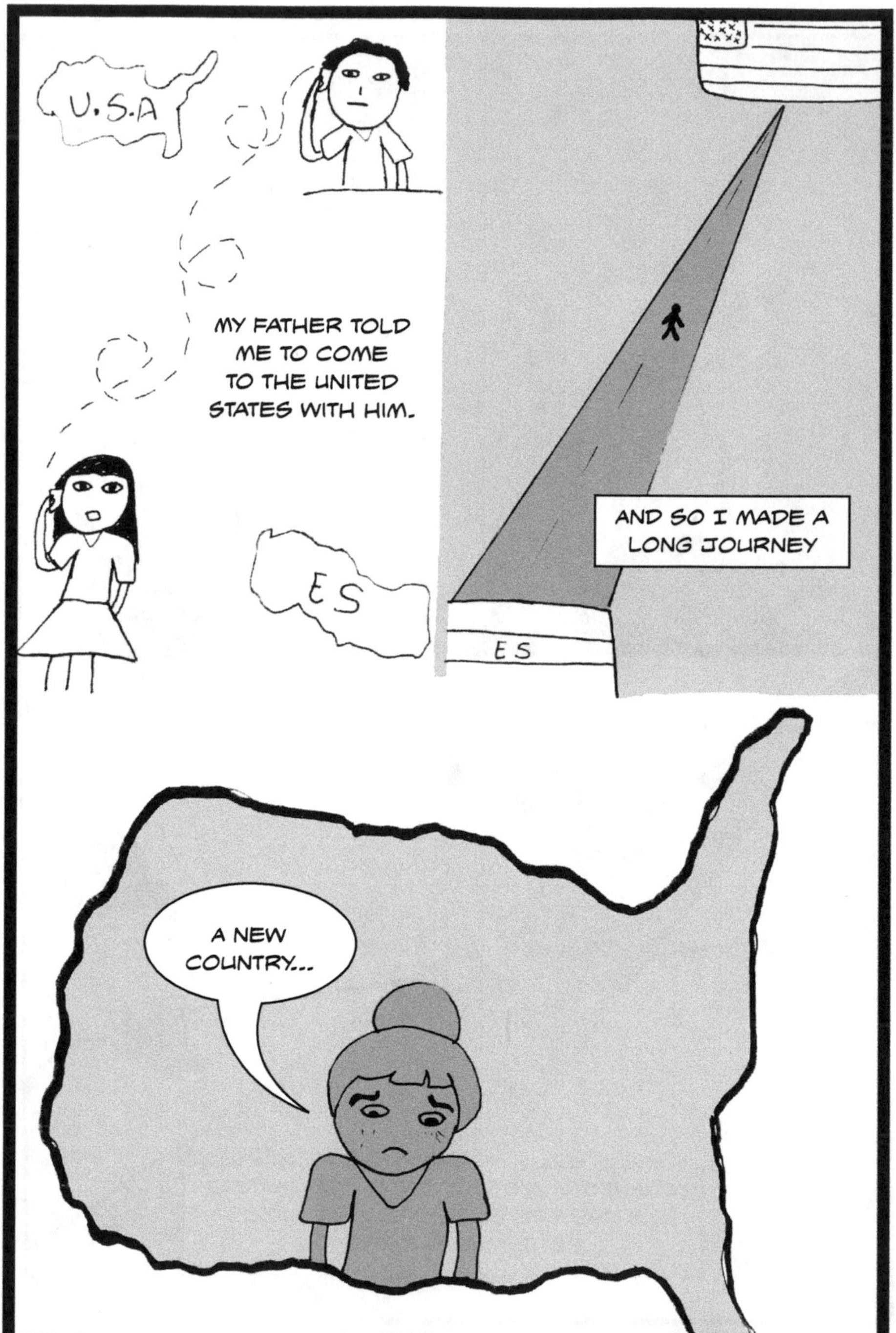
U.S.A
MY FATHER TOLD ME TO COME TO THE UNITED STATES WITH HIM.
ES
AND SO I MADE A LONG JOURNEY
ES
A NEW COUNTRY...

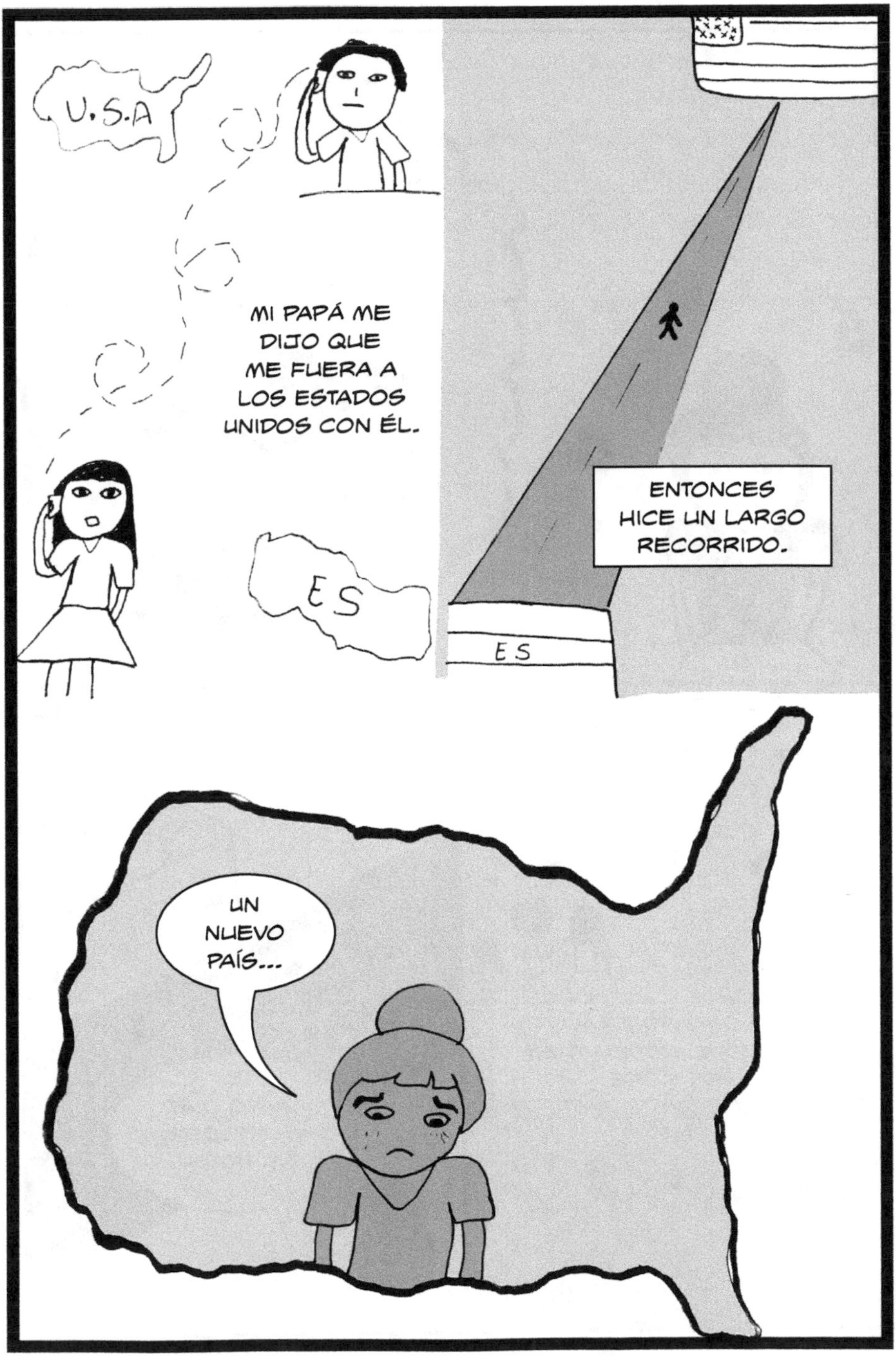
U.S.A
MI PAPÁ ME DIJO QUE ME FUERA A LOS ESTADOS UNIDOS CON ÉL.
ES
ES
ENTONCES HICE UN LARGO RECORRIDO.
UN NUEVO PAÍS...

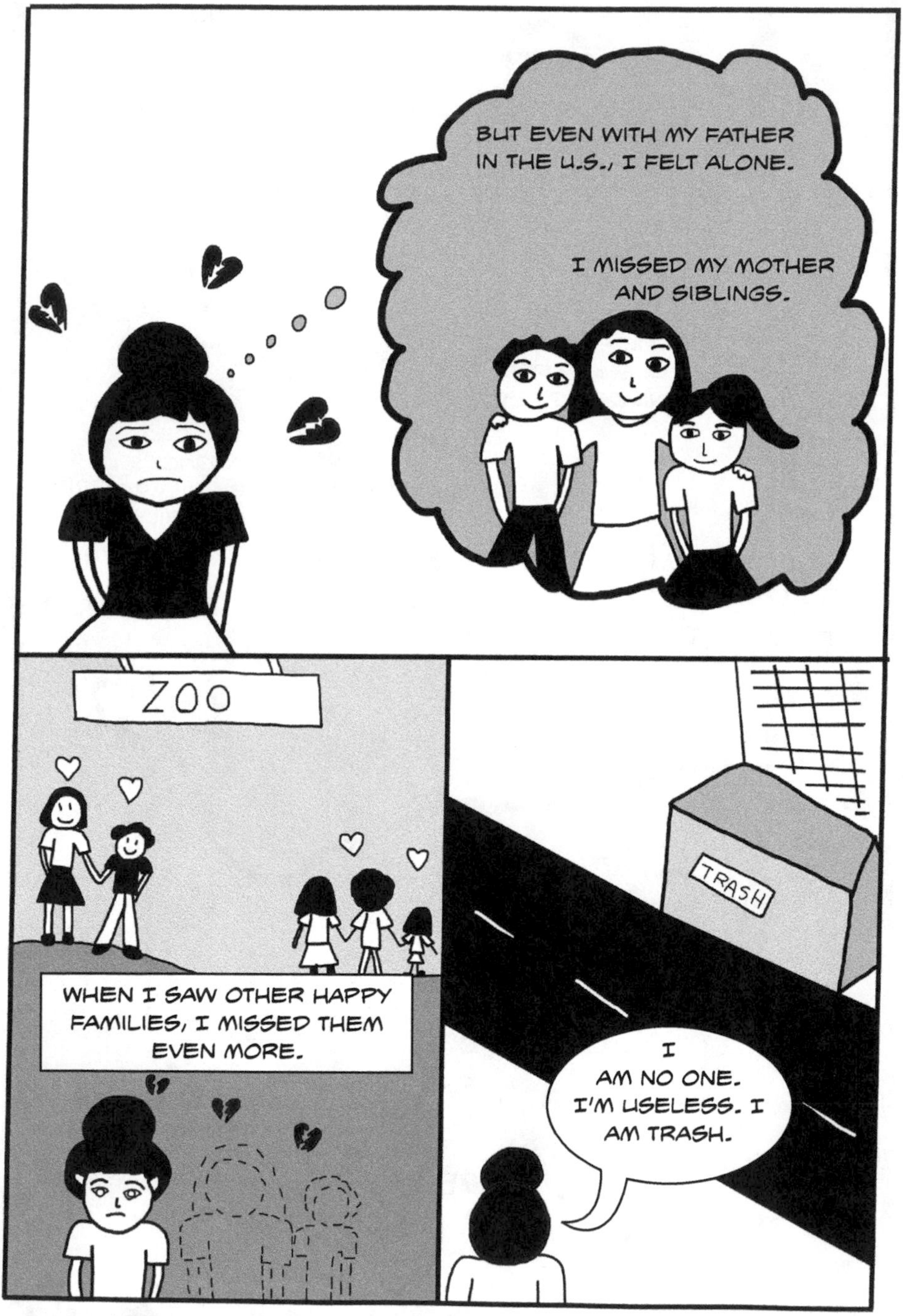
BUT EVEN WITH MY FATHER IN THE U.S., I FELT ALONE.
I MISSED MY MOTHER AND SIBLINGS.
ZOO
WHEN I SAW OTHER HAPPY FAMILIES, I MISSED THEM EVEN MORE.
TRASH
I AM NO ONE. I'M USELESS. I AM TRASH.

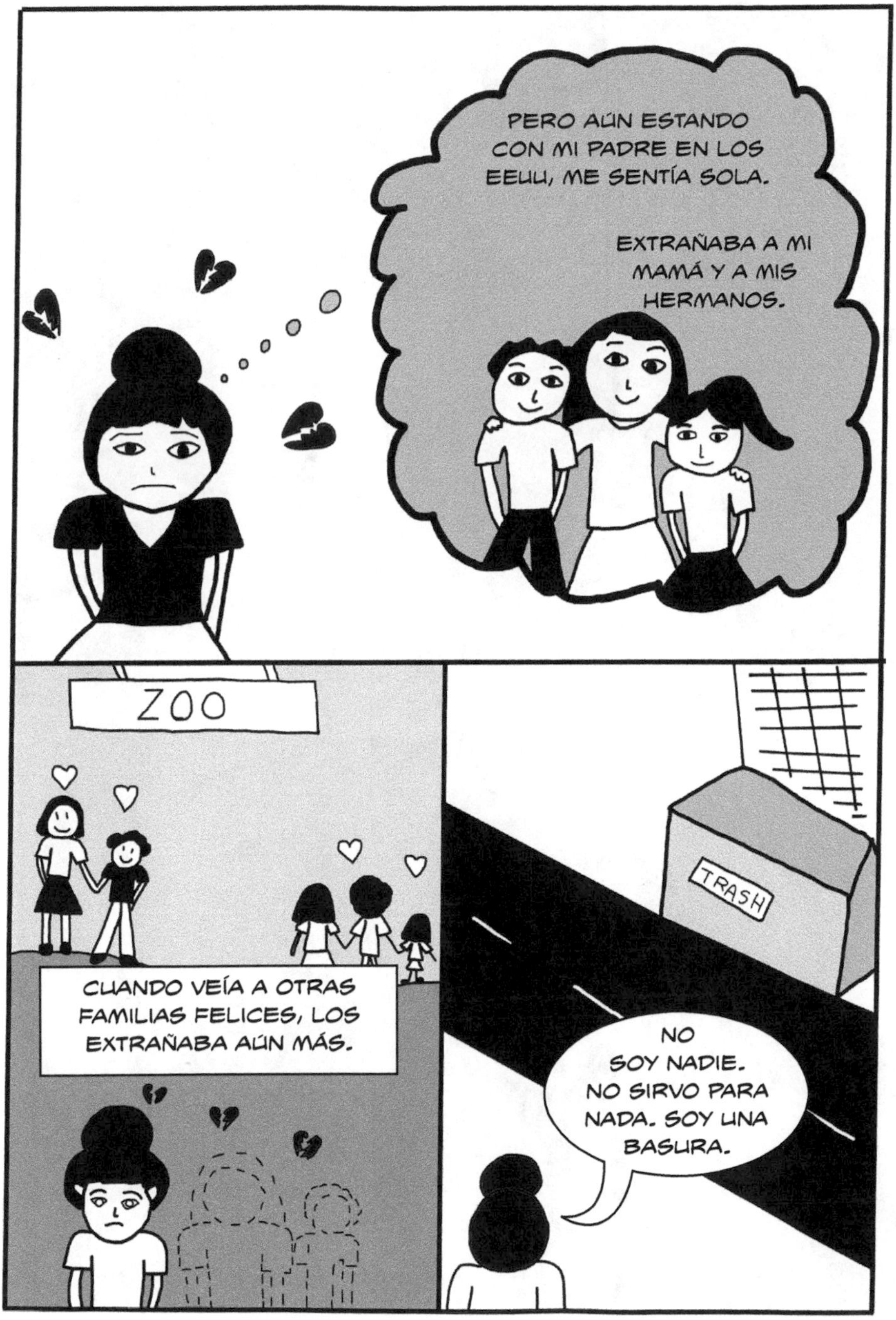
PERO AÚN ESTANDO CON MI PADRE EN LOS EEUU, ME SENTÍA SOLA.
EXTRAÑABA A MI MAMÁ Y A MIS HERMANOS.
ZOO
CUANDO VEÍA A OTRAS FAMILIAS FELICES, LOS EXTRAÑABA AÚN MÁS.
TRASH
NO SOY NADIE. NO SIRVO PARA NADA. SOY UNA BASURA.

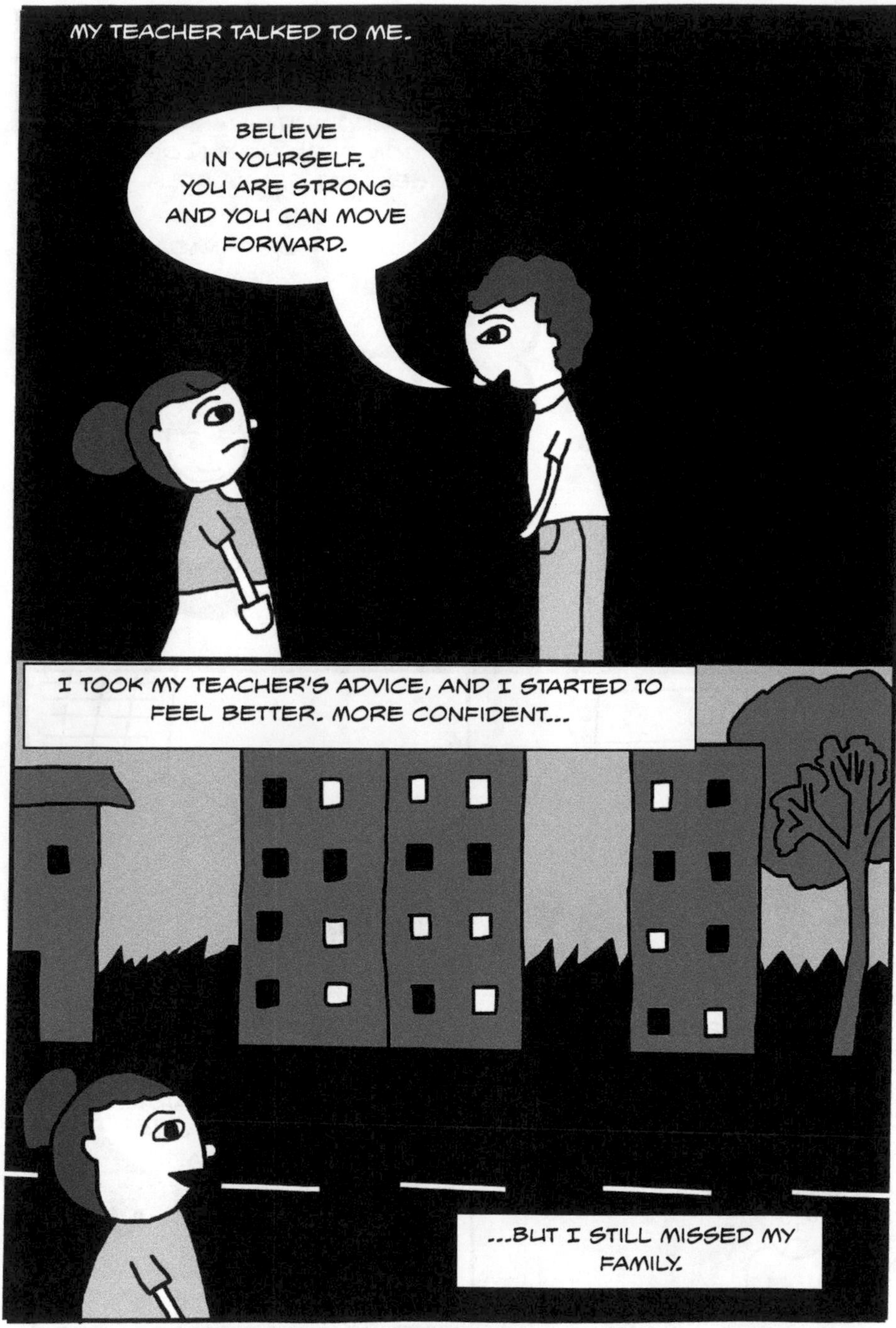
MY TEACHER TALKED TO ME.
BELIEVE IN YOURSELF. YOU ARE STRONG AND YOU CAN MOVE FORWARD.
I TOOK MY TEACHER'S ADVICE, AND I STARTED TO FEEL BETTER. MORE CONFIDENT...
...BUT I STILL MISSED MY FAMILY.

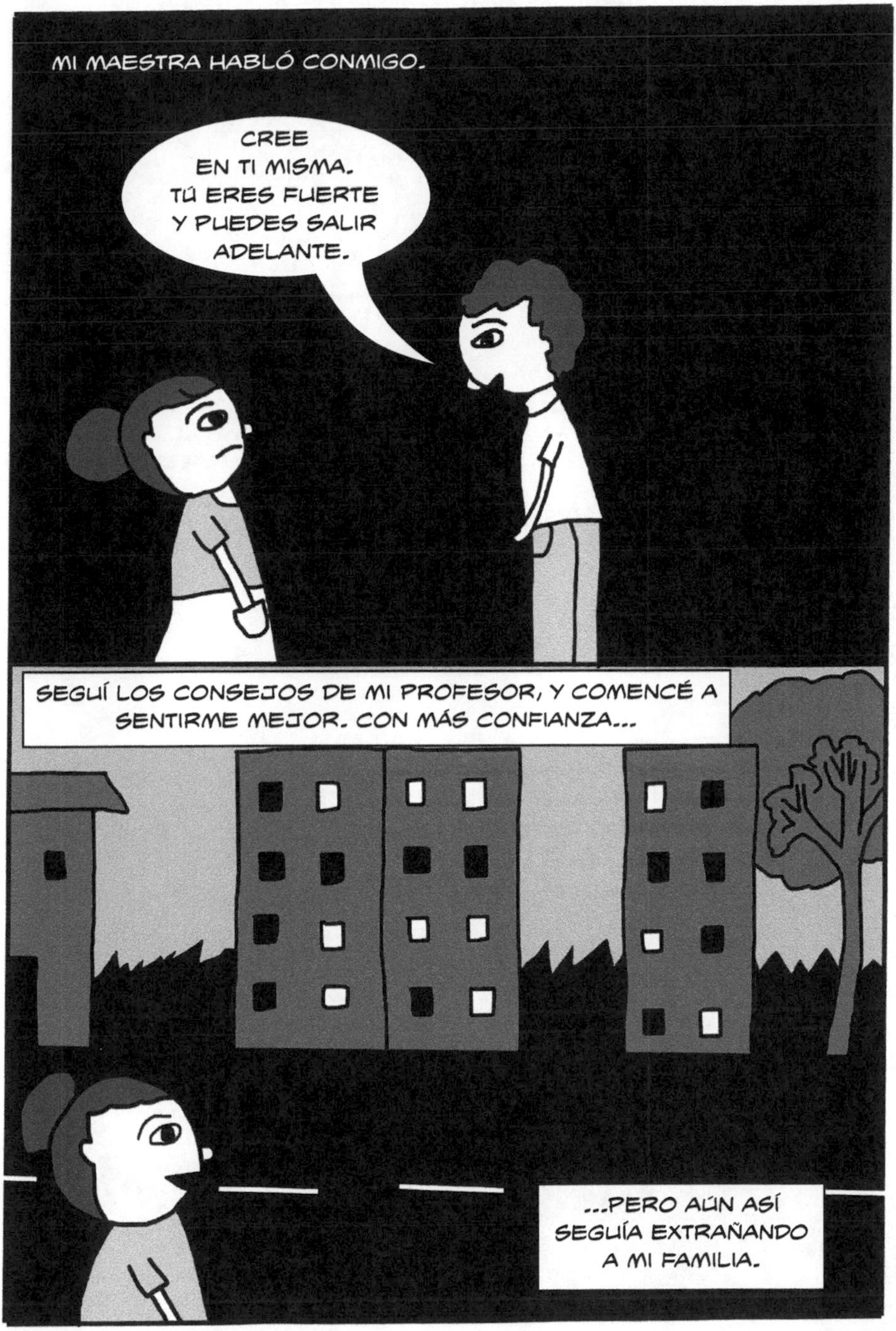
MI MAESTRA HABLÓ CONMIGO.
CREE EN TI MISMA. TÚ ERES FUERTE Y PUEDES SALIR ADELANTE.
SEGUÍ LOS CONSEJOS DE MI PROFESOR, Y COMENCÉ A SENTIRME MEJOR. CON MÁS CONFIANZA...
...PERO AÚN ASÍ SEGUÍA EXTRAÑANDO A MI FAMILIA.

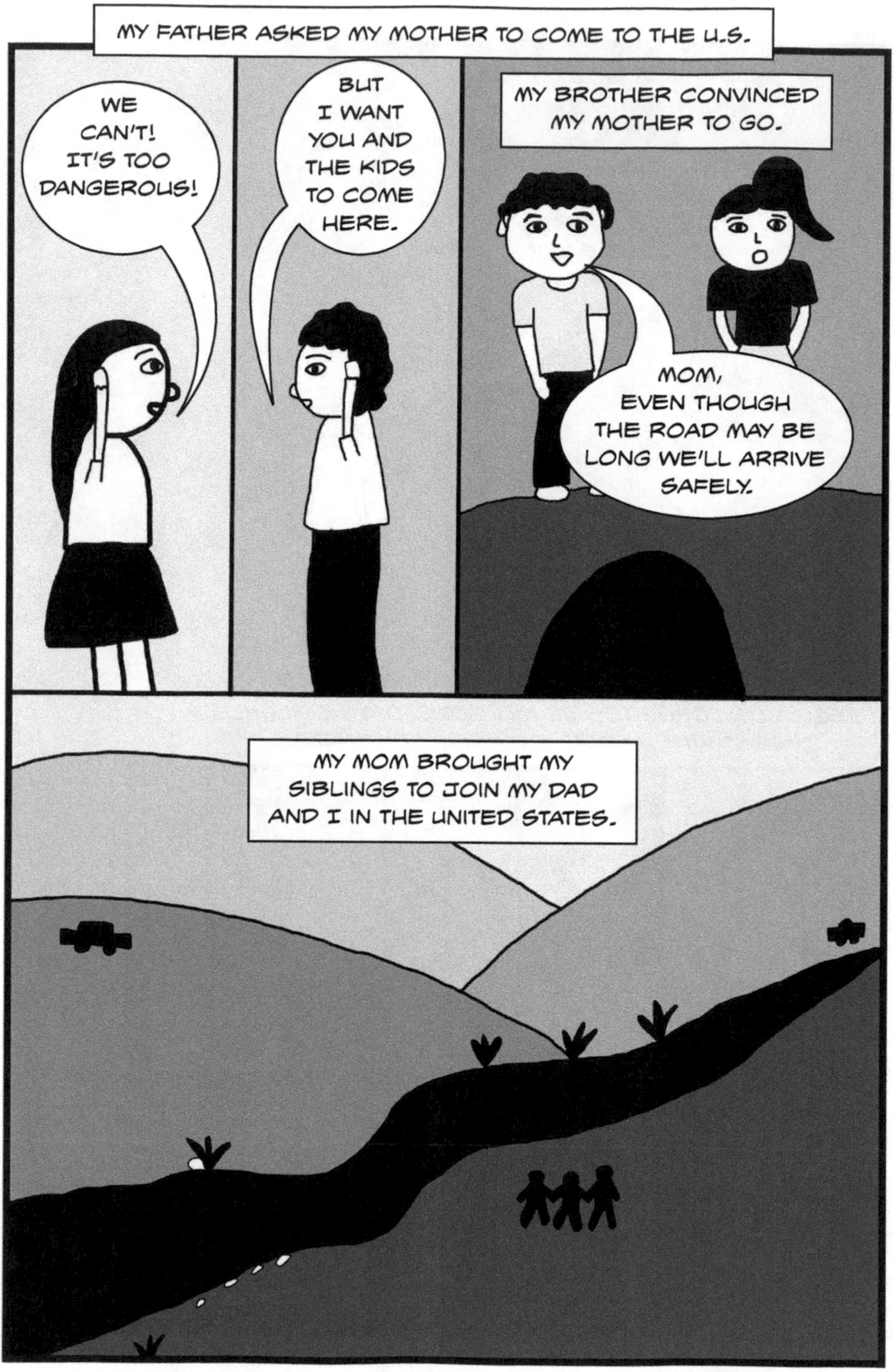

MY FATHER ASKED MY MOTHER TO COME TO THE U.S.
WE CAN'T! IT'S TOO DANGEROUS!
BUT I WANT YOU AND THE KIDS TO COME HERE.
MY BROTHER CONVINCED MY MOTHER TO GO.
MOM, EVEN THOUGH THE ROAD MAY BE LONG WE'LL ARRIVE SAFELY.
MY MOM BROUGHT MY SIBLINGS TO JOIN MY DAD AND I IN THE UNITED STATES.

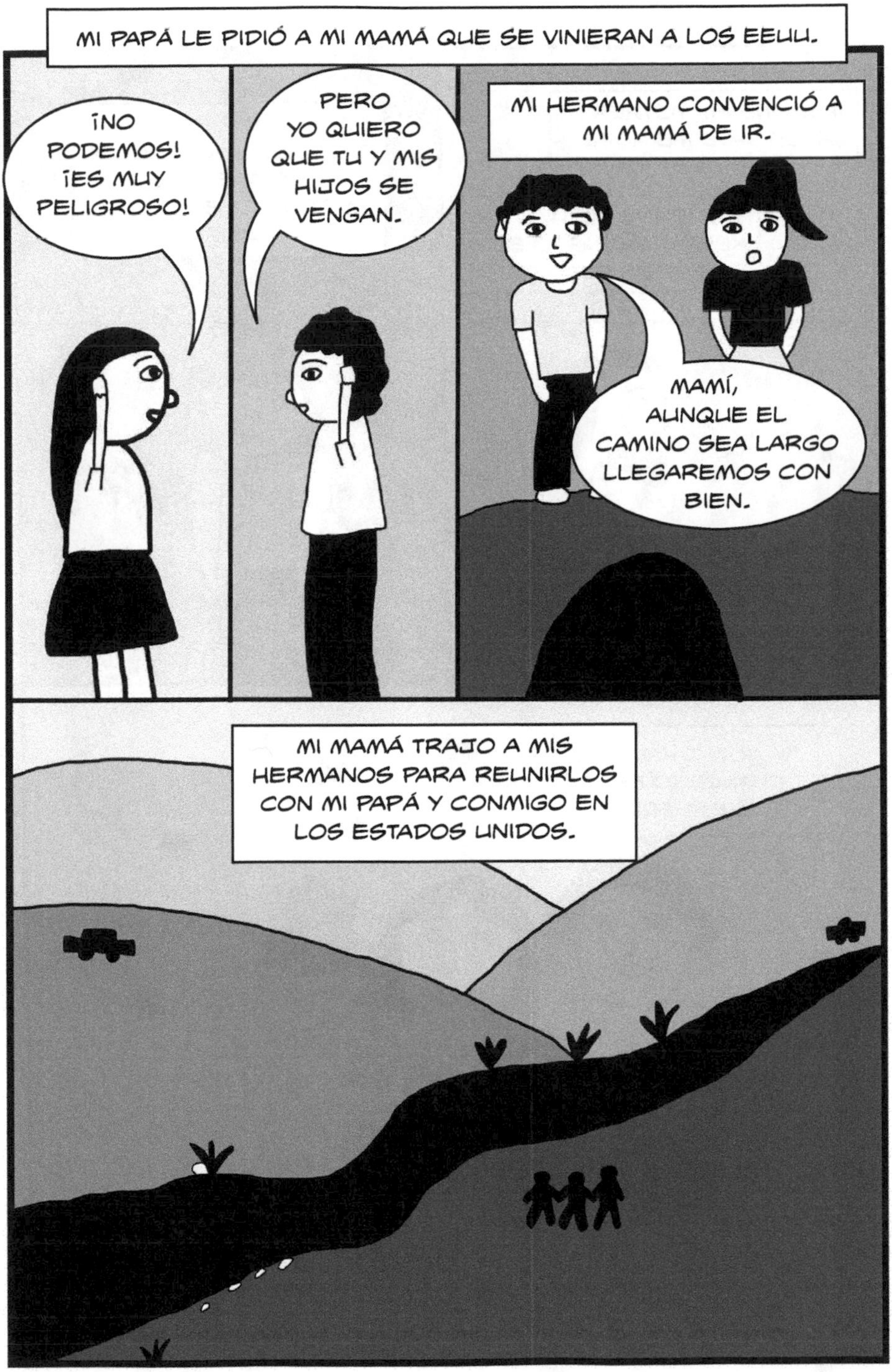
MI PAPÁ LE PIDIÓ A MI MAMÁ QUE SE VINIERAN A LOS EEUU.
¡NO PODEMOS! ¡ES MUY PELIGROSO!
PERO YO QUIERO QUE TU Y MIS HIJOS SE VENGAN.
MI HERMANO CONVENCIÓ A MI MAMÁ DE IR.
MAMÍ, AUNQUE EL CAMINO SEA LARGO LLEGAREMOS CON BIEN.
MI MAMÁ TRAJO A MIS HERMANOS PARA REUNIRLOS CON MI PAPÁ Y CONMIGO EN LOS ESTADOS UNIDOS.

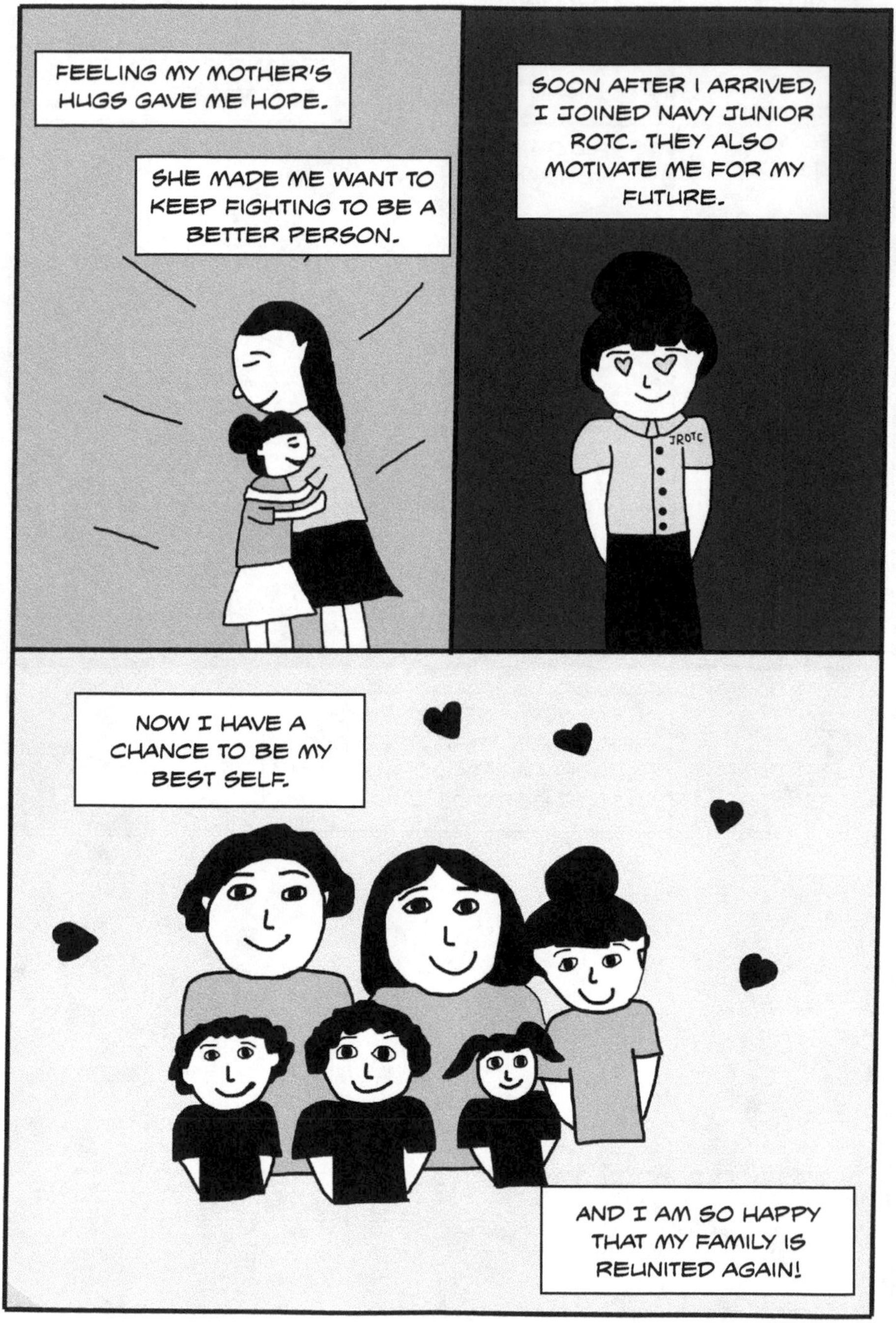
FEELING MY MOTHER'S HUGS GAVE ME HOPE.
SHE MADE ME WANT TO KEEP FIGHTING TO BE A BETTER PERSON.
SOON AFTER I ARRIVED, I JOINED NAVY JUNIOR ROTC. THEY ALSO MOTIVATE ME FOR MY FUTURE.
JROTC
NOW I HAVE A CHANCE TO BE MY BEST SELF.
AND I AM SO HAPPY THAT MY FAMILY IS REUNITED AGAIN!

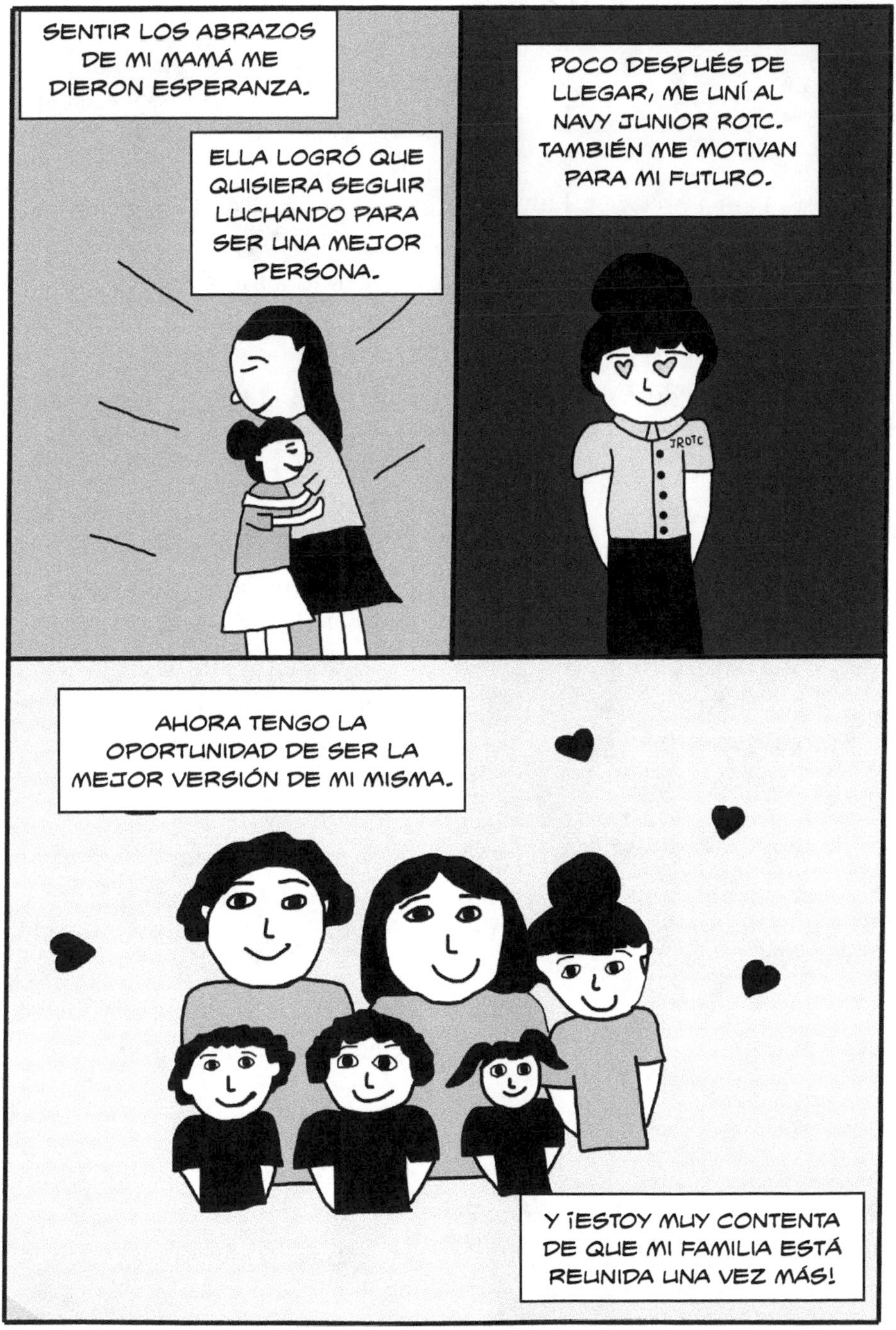
SENTIR LOS ABRAZOS DE MI MAMÁ ME DIERON ESPERANZA.
ELLA LOGRÓ QUE QUISIERA SEGUIR LUCHANDO PARA SER UNA MEJOR PERSONA.
POCO DESPUÉS DE LLEGAR, ME UNÍ AL NAVY JUNIOR ROTC. TAMBIÉN ME MOTIVAN PARA MI FUTURO.
JROTC
AHORA TENGO LA OPORTUNIDAD DE SER LA MEJOR VERSIÓN DE MI MISMA.
Y ¡ESTOY MUY CONTENTA DE QUE MI FAMILIA ESTÁ REUNIDA UNA VEZ MÁS!

Yeca's Story

I am a dreamer. I love to dream, and I know that nobody can take that from me. Nobody said that dreams are easily fulfilled like magic, nobody said that you have to sit and wait for them to be fulfilled. In order for our dreams to be fulfilled, we have to fight. We must study and work hard. One of my biggest dreams is to be a psychologist and help many people. I like to help people. I do not care about where they are from or what race they are, I just care that they that are human like me and that is what matters.

In El Salvador I did not have a chance to receive an education past the seventh grade. I loved going to school but my mother said that I couldn't go. Still, I never gave up. Now that I am in the U.S., and I have the opportunity, I try very hard in my studies. We never hear about the effort that Latino students put into their schooling to achieve their goals. People forget that every immigrant has a purpose when they reach this country. Immigrants don't make these long journeys, hiding from the immigration agents, as if we were criminals fleeing the authorities, for nothing. People call us Latinos criminals when they do not realize that most Latinos migrate to the United States for a better life, a better future. In our countries, even if we want to, we can not improve ourselves with things like education because we do not have enough opportunities.

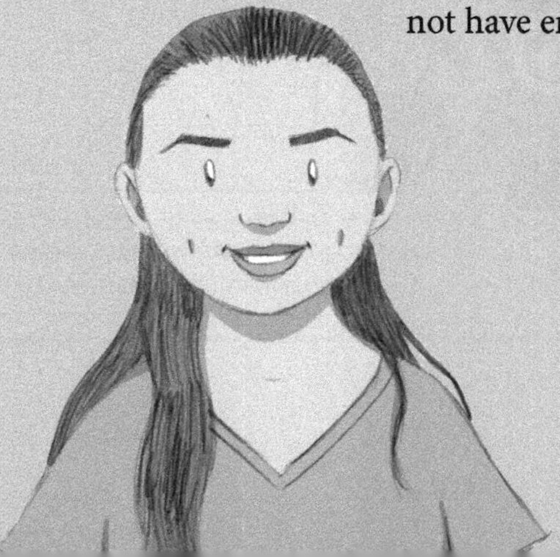

LA HISTORIA DE YECA

Soy una soñadora, me encanta soñar, y sé que nadie puede quitarme eso. Nadie dijo que los sueños se cumplen fácilmente como magia, nadie dijo que hay que sentarse y esperar a que se cumplan. Para que nuestros sueños se cumplan, tenemos que luchar. Debemos estudiar y trabajar duro. Uno de mis mayores sueños es poder ayudar a muchas personas. No me importa de dónde son o de qué raza son, solo me importa que sean humanos como yo y eso es lo que importa.

En El Salvador, no tuve la oportunidad de recibir una educación después del séptimo grado. Me encantaba ir a la escuela, pero mi madre me dijo que no podía ir. Aún así, nunca me rendí. Ahora que estoy en los EE. UU., y tengo la oportunidad, me esfuerzo mucho en mis estudios. Nunca escuchamos acerca del esfuerzo que los estudiantes latinos ponen en sus estudios para lograr sus metas. La gente olvida que todo inmigrante tiene un propósito cuando llega a este país. Los inmigrantes no hacen estos largos viajes, escondiéndose de los agentes de inmigración, como si fuéramos criminales huyendo de las autoridades, por nada. La gente nos llama criminales cuando no se dan cuenta de que la mayoría de los latinos emigran a los Estados Unidos para tener una vida mejor, un futuro mejor. En nuestros países, aunque queramos, no podemos mejorar con cosas como educación porque no tenemos suficientes oportunidades.

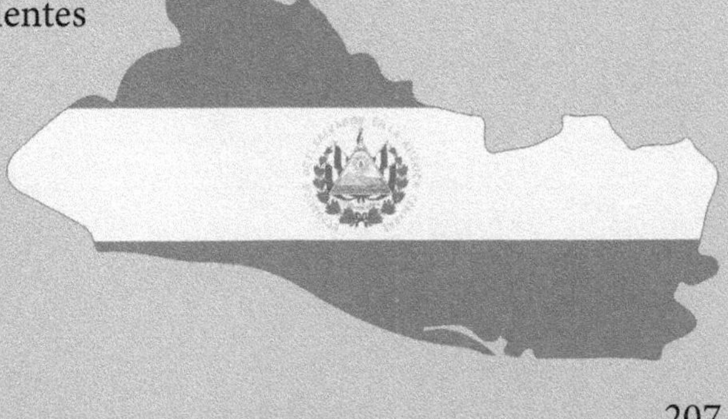

> ## "We have learned that young people have power, and that if we have a dream, we have to fight for it."

I am grateful for opportunities here in the United States. The Latino Youth Leadership Council is a program that has helped me a lot. We are a group that supports and trusts each other. We are united, and every member of this beautiful group is like my family. We have learned about leadership. We have learned that young people have power, and that if we have a purpose, a dream, or a goal, we have to fight for it. We have learned that nothing is impossible if you believe it can be achieved. And finally, we have learned to have confidence in ourselves and never say that we are worthless because we are worth a lot.

My parents and my grandparents are why I work so hard. I want to give them the best. I am going to continue learning and fighting for my dreams, and I will show them and all the people who have helped me, that their lessons were not in vain.

— YECA

Yeca is in the tenth grade in Washington, D.C. She is from El Salvador. She would like to get a scholarship to go to college and study to be a psychologist.

> ## "Hemos aprendido que los jóvenes tienen poder, y que si tenemos un sueño. tenemos que luchar por eso."

Estoy agradecida por las oportunidades aquí en los Estados Unidos. The Latino Youth Leadership Council es un programa que me ha ayudado mucho. Somos un grupo que apoya y confía uno a otro. Estamos unidos, y cada miembro de este hermoso grupo es como mi familia. Hemos aprendido sobre el liderazgo. Hemos aprendido que los jóvenes tienen poder, y que si tenemos un sueño, tenemos que luchar por eso. Hemos aprendido que nada es imposible si crees en ti mismo lo puedes lograr. Y finalmente, hemos aprendido a tener confianza en nosotros mismos y nunca decir que no tenemos ningún valor porque valemos mucho.

Mis padres y mis abuelos son por lo que trabajo tan duro. Quiero darles lo mejor. Continuaré aprendiendo y luchando por mis sueños, y les mostraré a ellos y a todas las personas que me han ayudado, que sus lecciones no fueron en vano.

– YECA

Yeca está en el décimo grado en Washington, D.C. Ella es de El Salvador. A ella le gustaría obtener una beca para ir a la universidad y estudiar para ser psicóloga.

Your Past Never Defines Your Future

By Alejandro

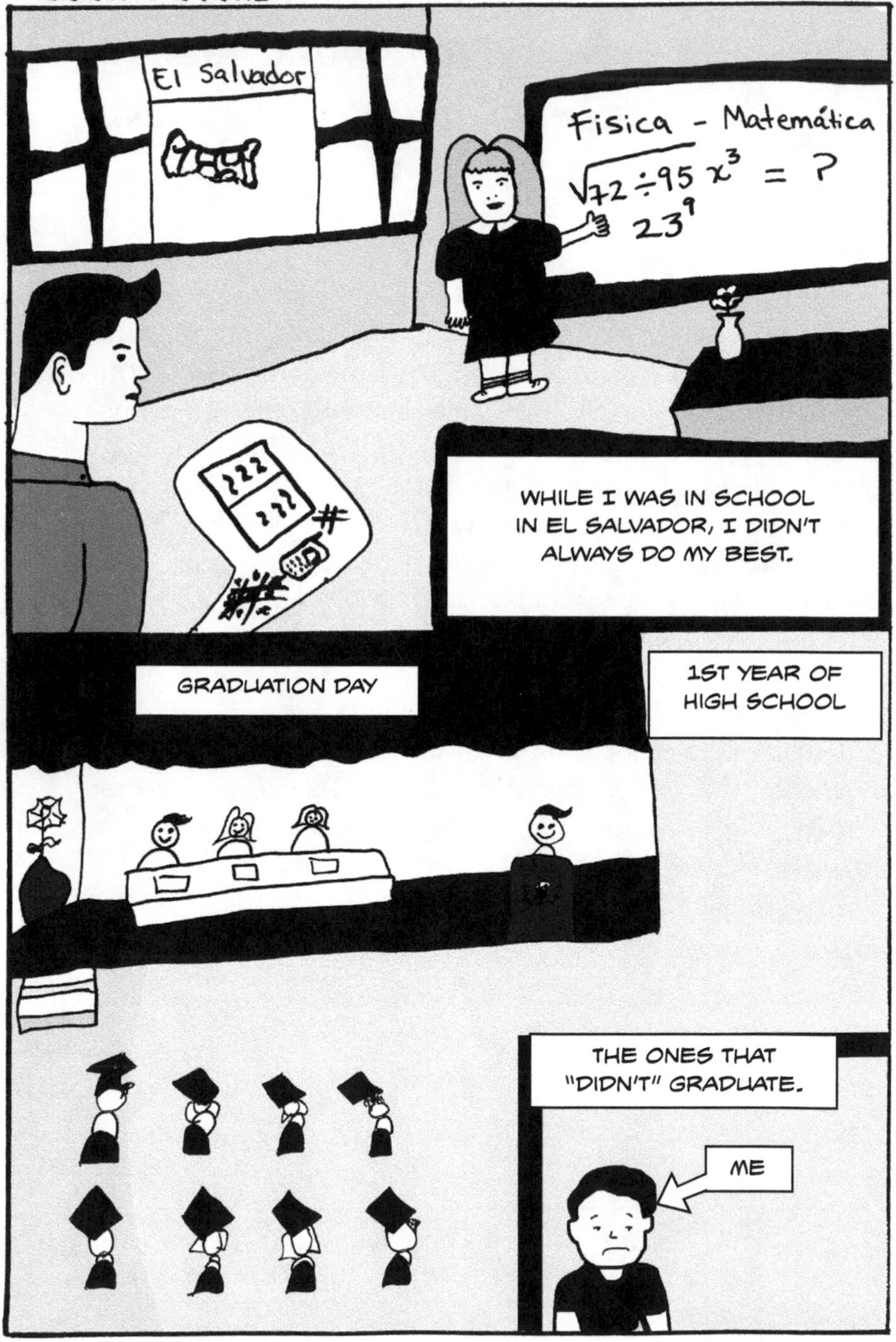
El Salvador
Fisica - Matemática
WHILE I WAS IN SCHOOL IN EL SALVADOR, I DIDN'T ALWAYS DO MY BEST.
GRADUATION DAY
1ST YEAR OF HIGH SCHOOL
THE ONES THAT "DIDN'T" GRADUATE.
ME

Tu Pasado Jamás Define Tu Futuro

POR ALEJANDRO

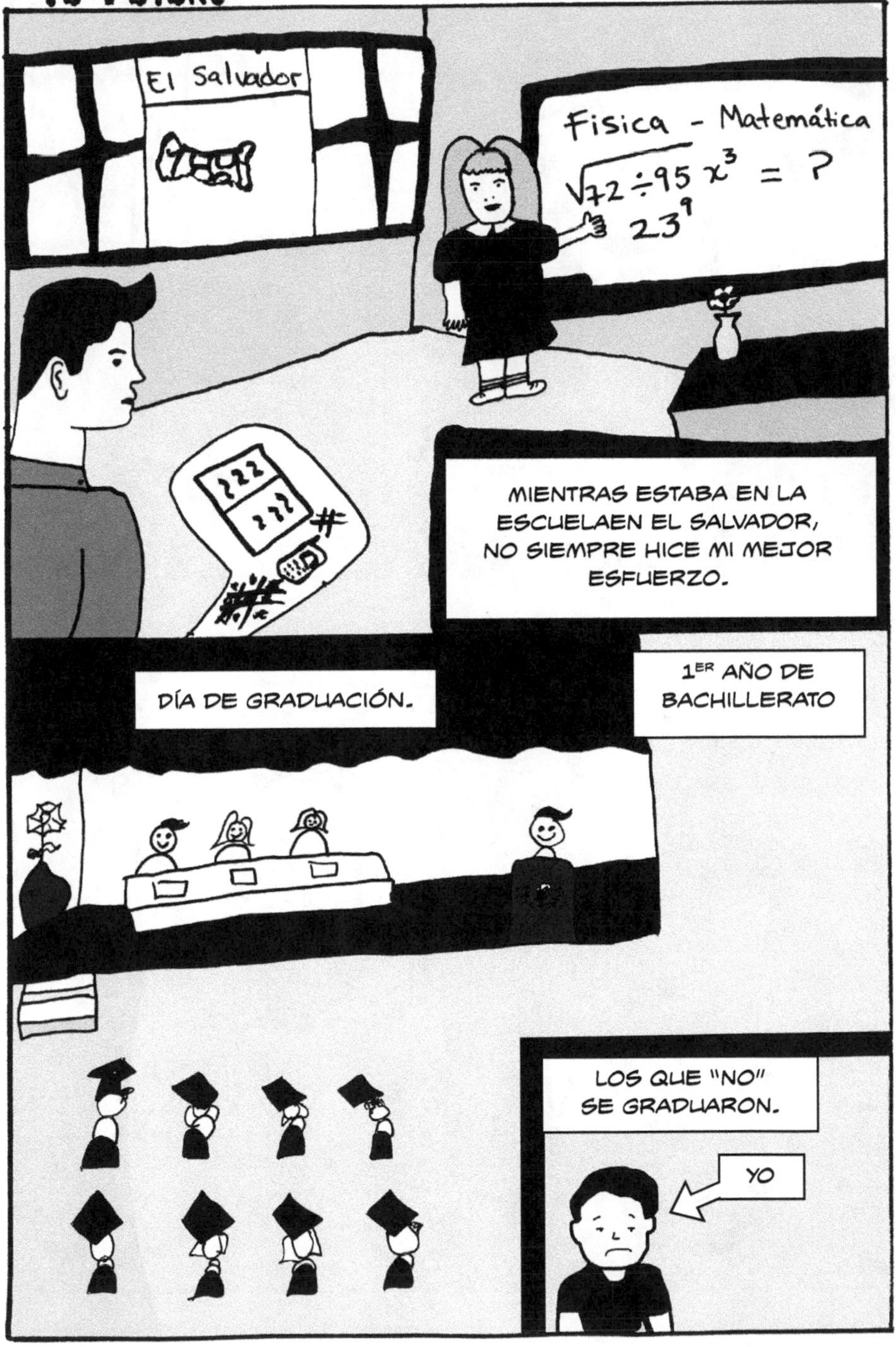
El Salvador
Fisica - Matemática
MIENTRAS ESTABA EN LA ESCUELAEN EL SALVADOR, NO SIEMPRE HICE MI MEJOR ESFUERZO.
DÍA DE GRADUACIÓN.
1ER AÑO DE BACHILLERATO
LOS QUE "NO" SE GRADUARON.
YO

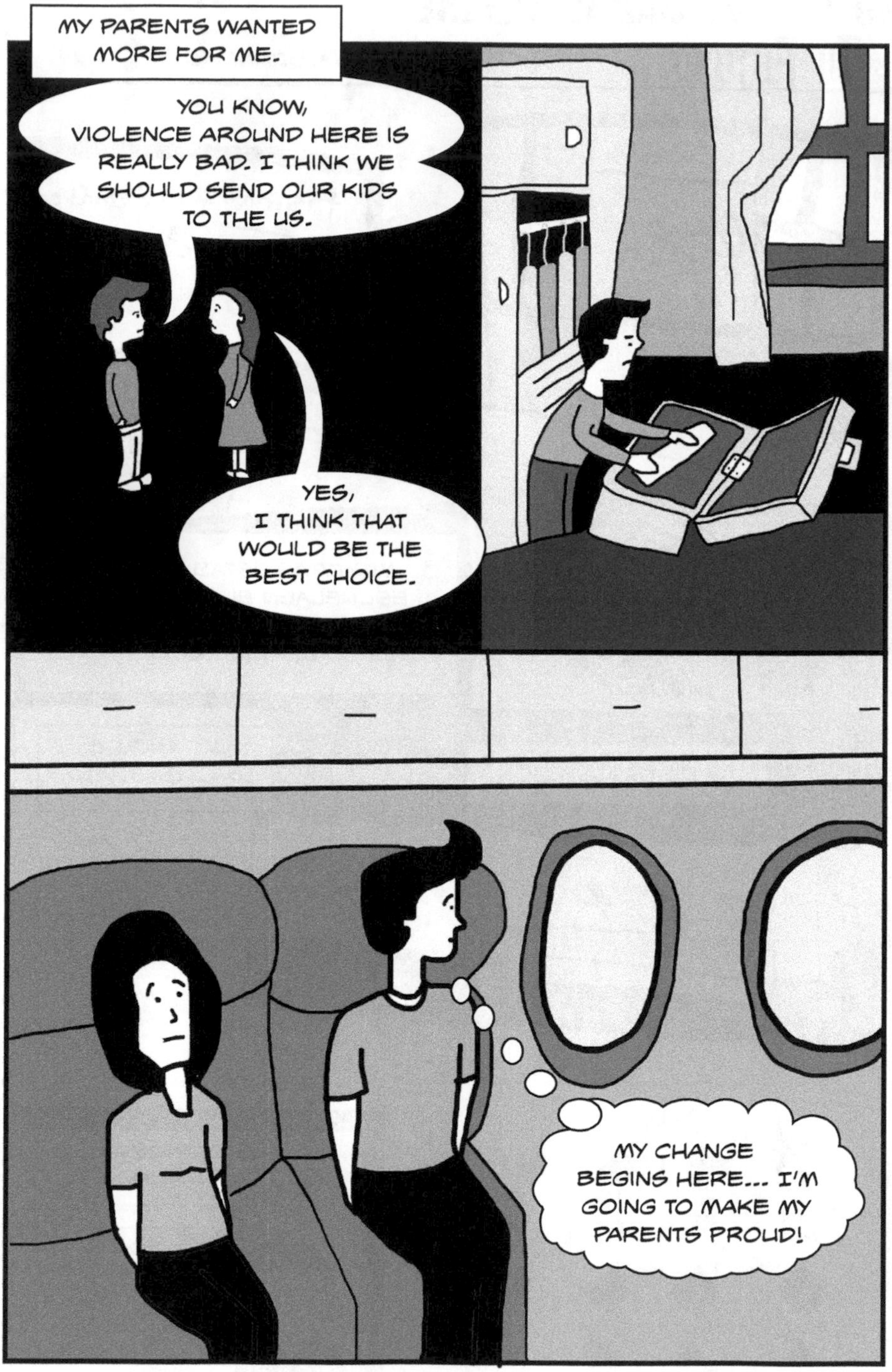
MY PARENTS WANTED MORE FOR ME.
YOU KNOW, VIOLENCE AROUND HERE IS REALLY BAD. I THINK WE SHOULD SEND OUR KIDS TO THE US.
YES, I THINK THAT WOULD BE THE BEST CHOICE.
MY CHANGE BEGINS HERE... I'M GOING TO MAKE MY PARENTS PROUD!

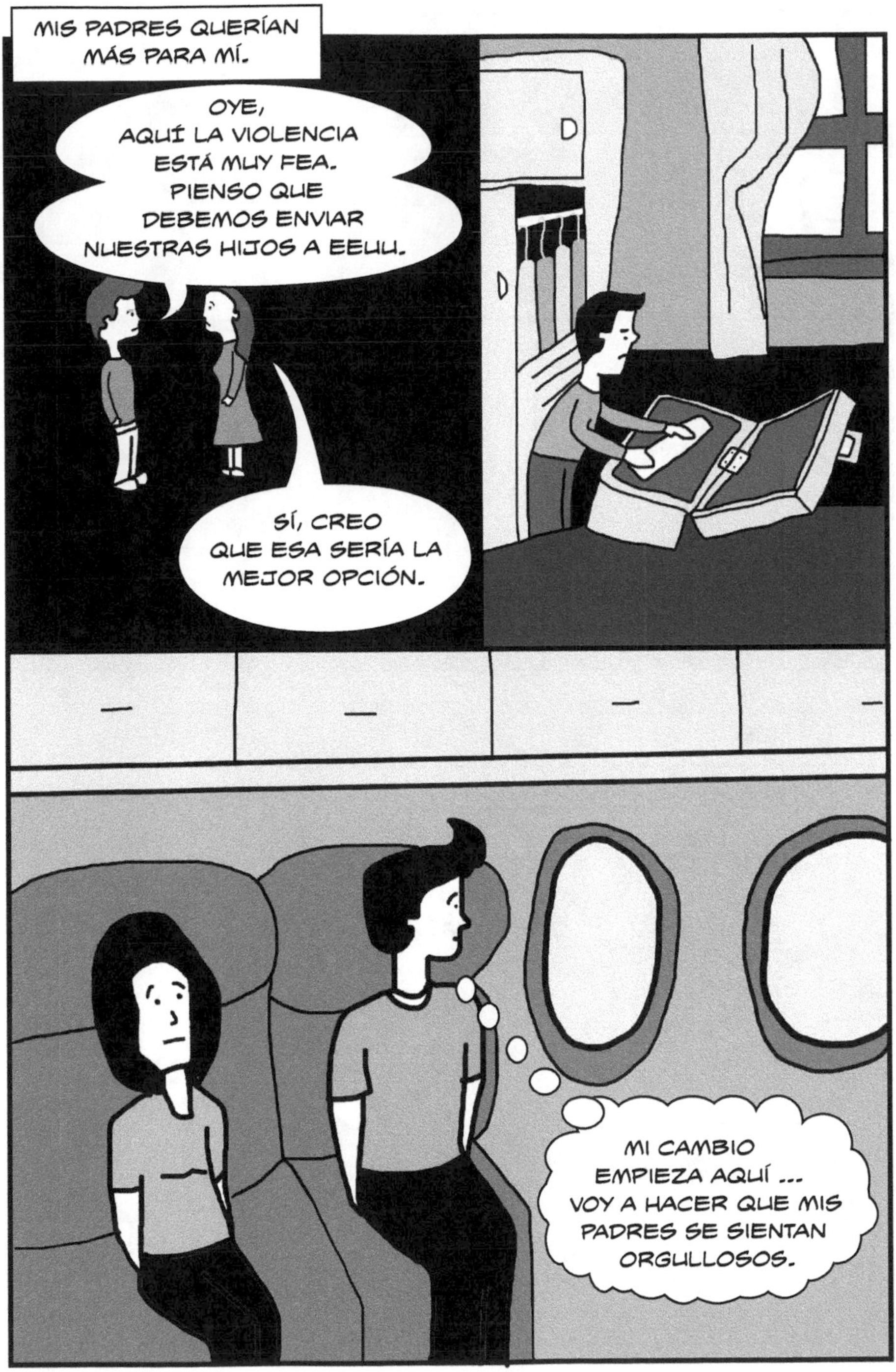
MIS PADRES QUERÍAN MÁS PARA MÍ.
OYE, AQUÍ LA VIOLENCIA ESTÁ MUY FEA. PIENSO QUE DEBEMOS ENVIAR NUESTRAS HIJOS A EEUU.
SÍ, CREO QUE ESA SERÍA LA MEJOR OPCIÓN.
MI CAMBIO EMPIEZA AQUÍ ... VOY A HACER QUE MIS PADRES SE SIENTAN ORGULLOSOS.

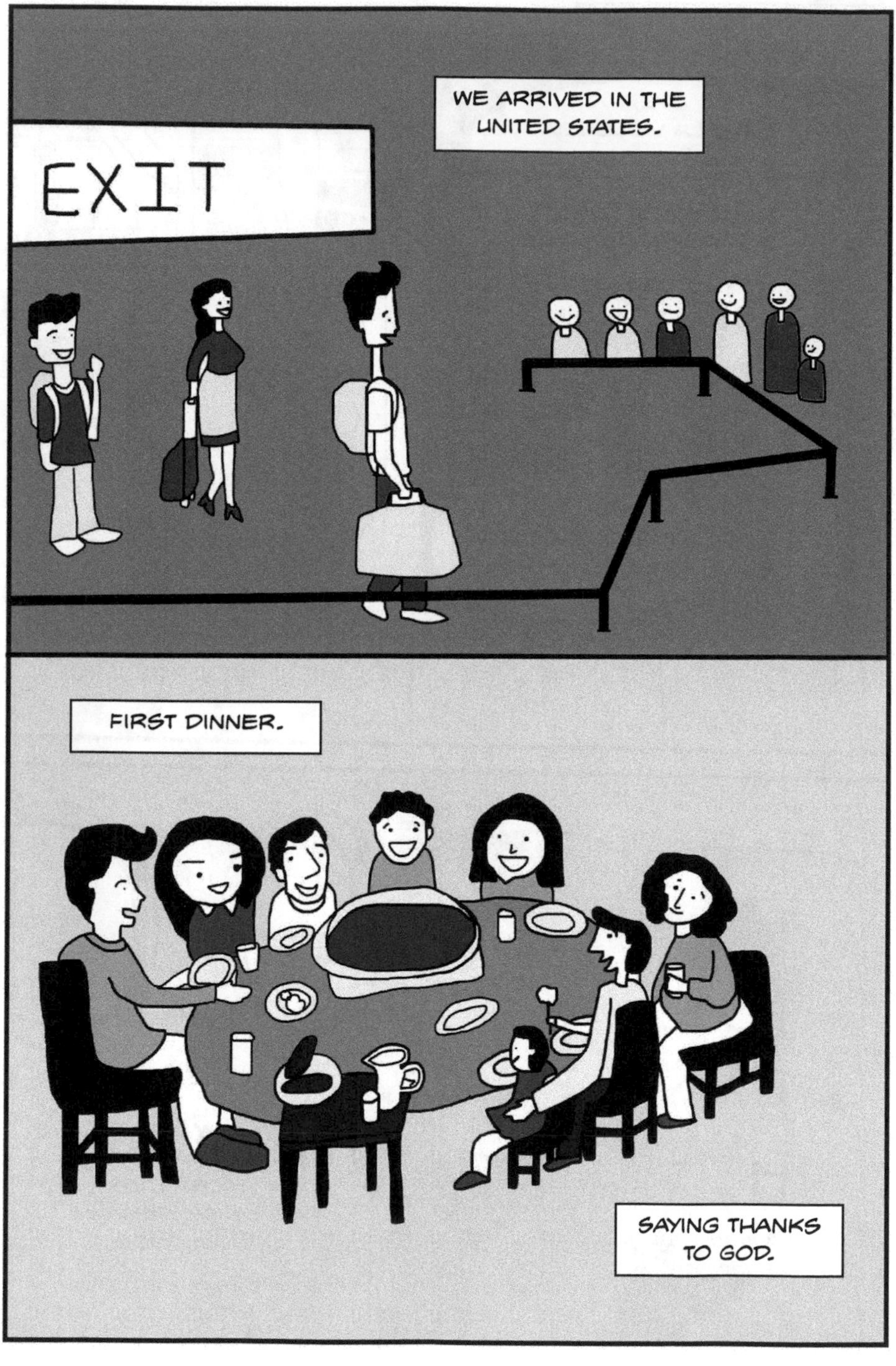
WE ARRIVED IN THE UNITED STATES.
EXIT
FIRST DINNER.
SAYING THANKS TO GOD.

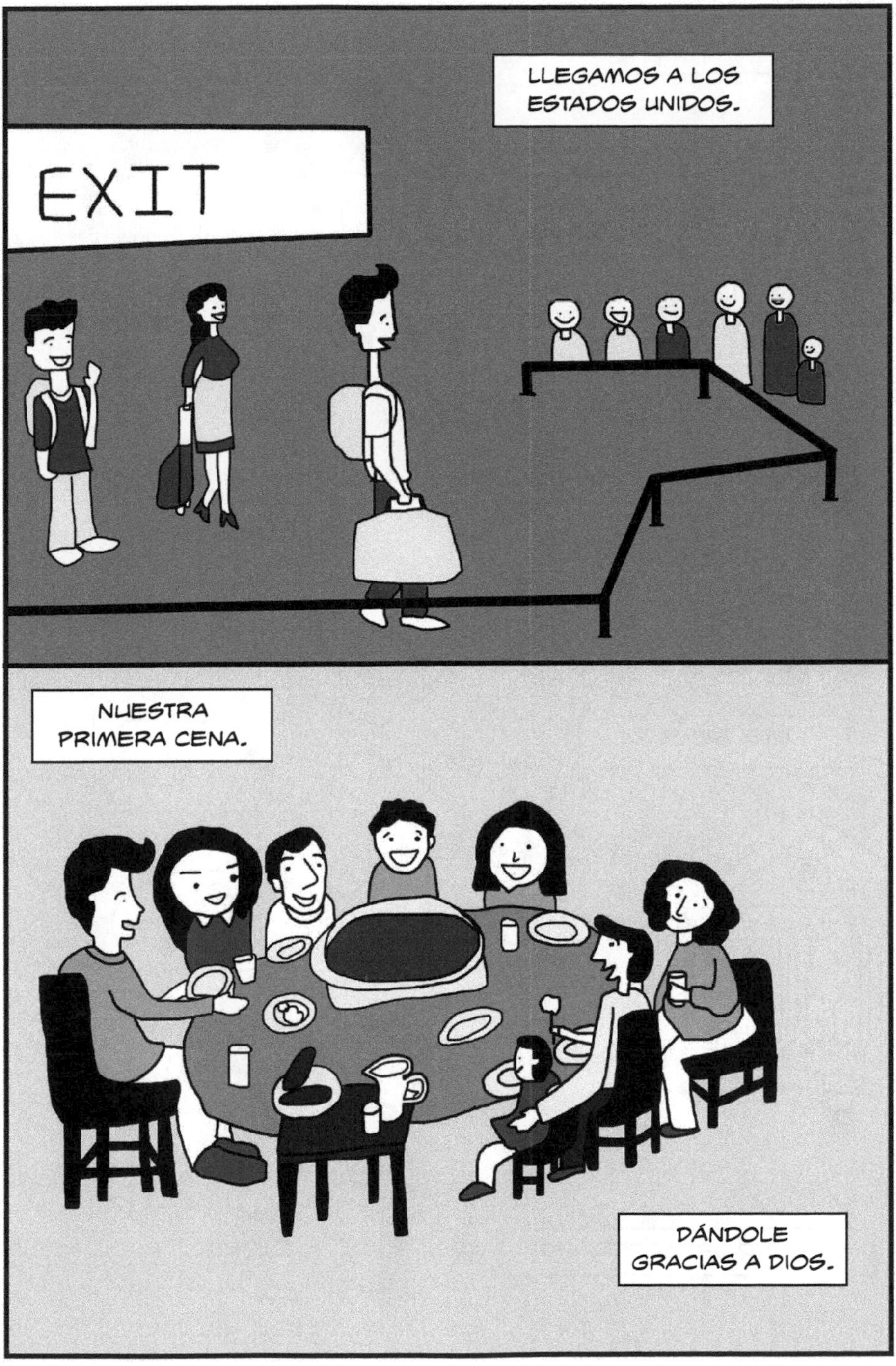
LLEGAMOS A LOS ESTADOS UNIDOS.
EXIT
NUESTRA PRIMERA CENA.
DÁNDOLE GRACIAS A DIOS.

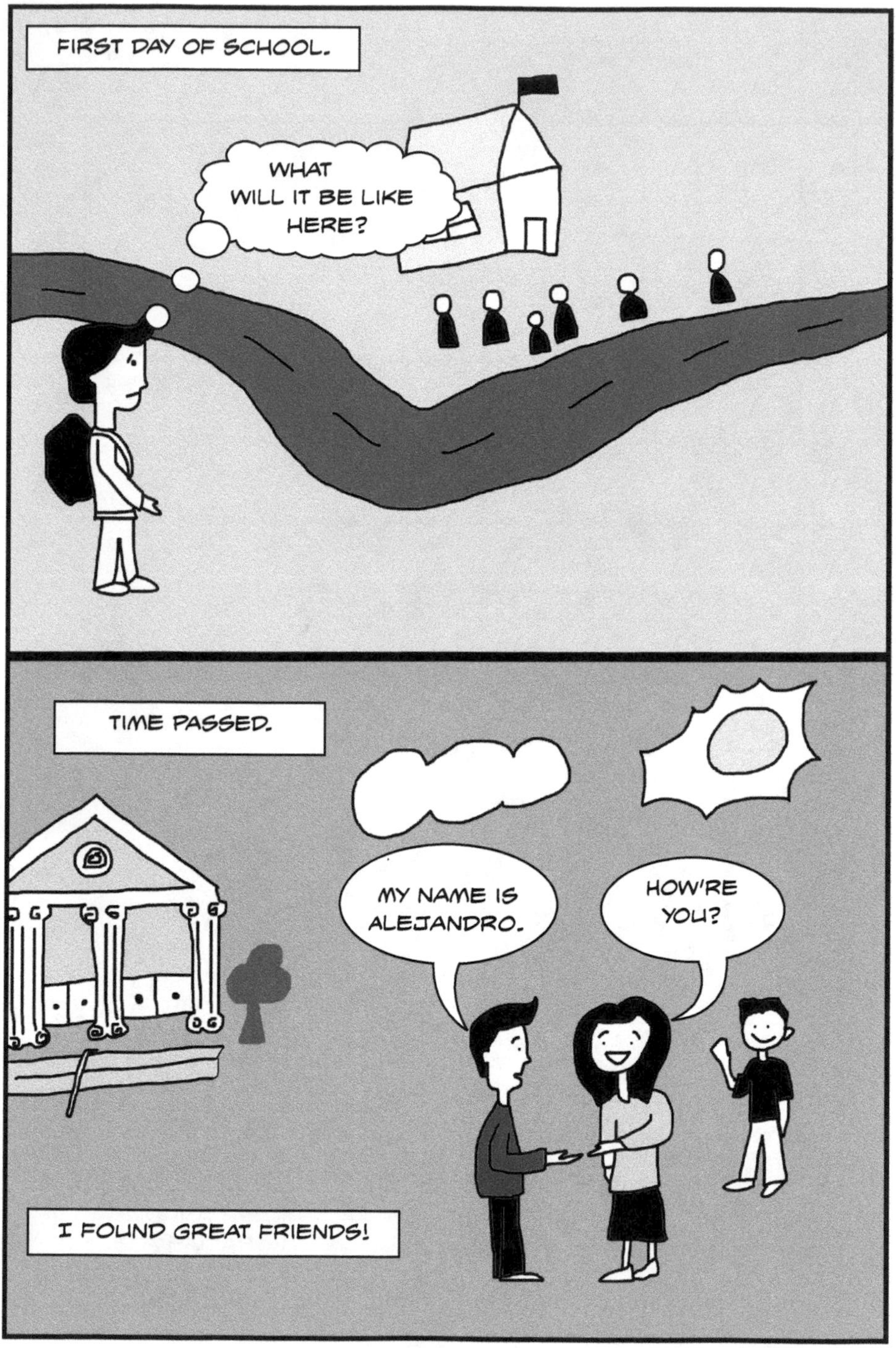
FIRST DAY OF SCHOOL.
WHAT WILL IT BE LIKE HERE?
TIME PASSED.
MY NAME IS ALEJANDRO.
HOW'RE YOU?
I FOUND GREAT FRIENDS!

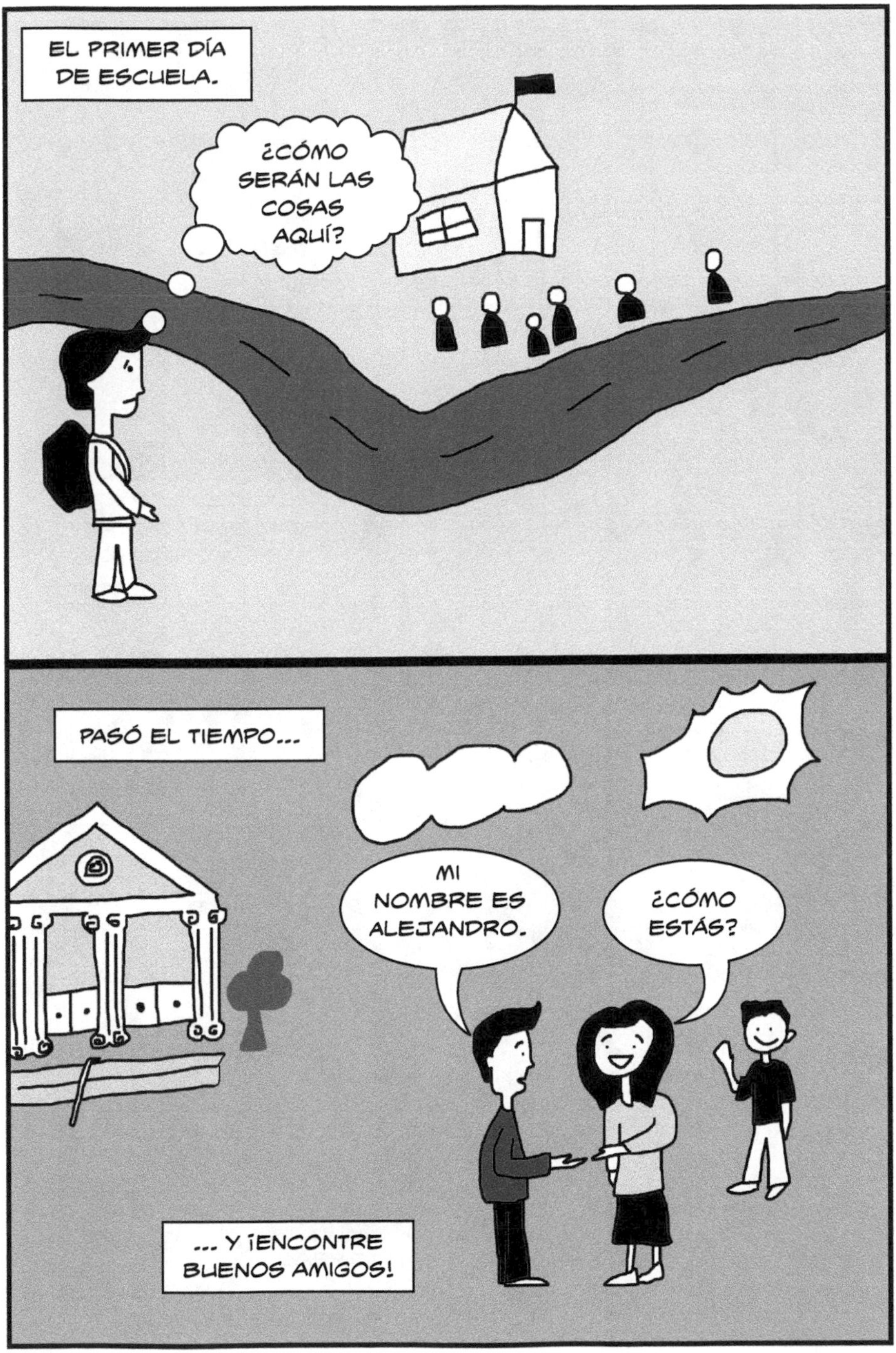
EL PRIMER DÍA DE ESCUELA.
¿CÓMO SERÁN LAS COSAS AQUÍ?
PASÓ EL TIEMPO...
MI NOMBRE ES ALEJANDRO.
¿CÓMO ESTÁS?
... Y ¡ENCONTRE BUENOS AMIGOS!

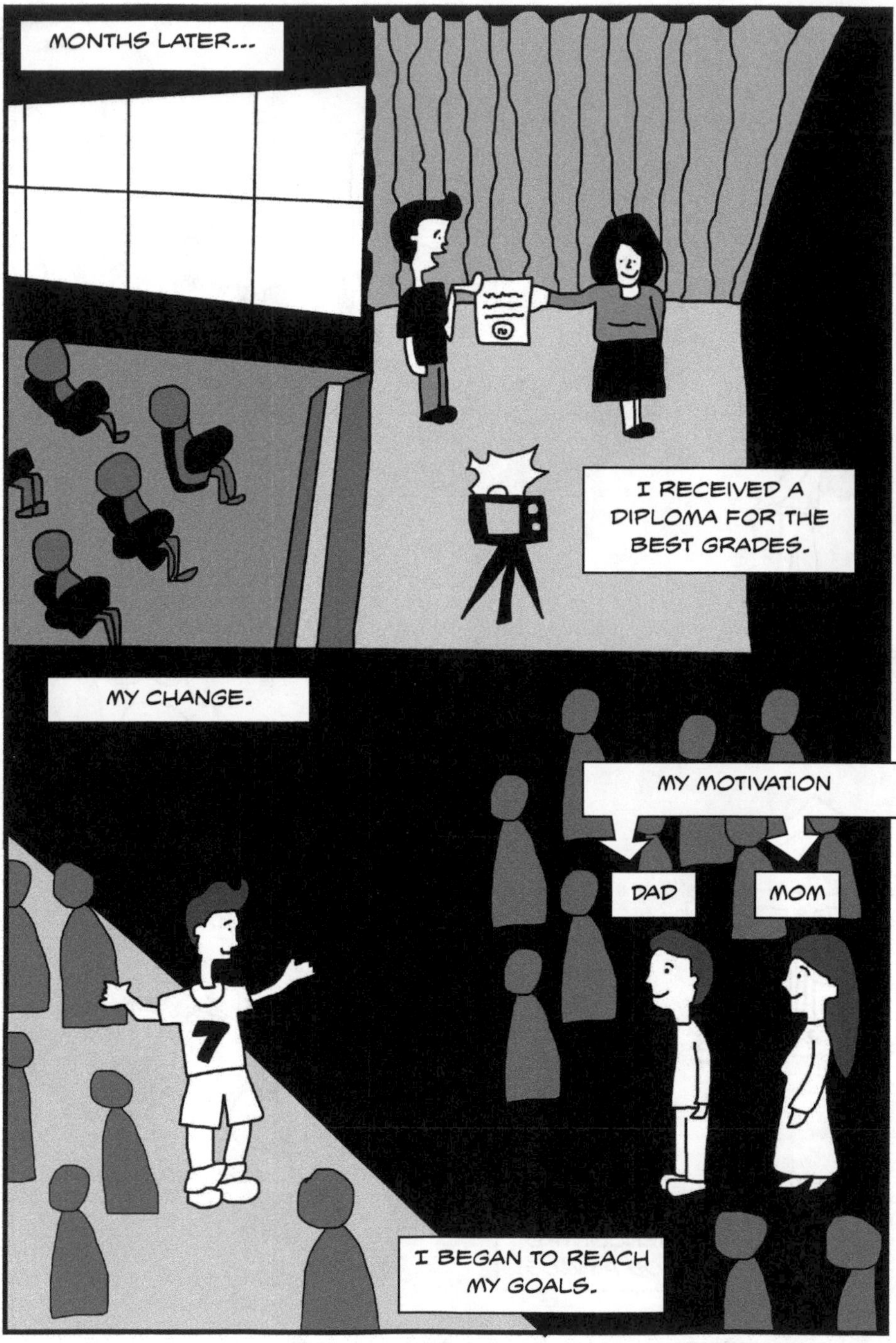
MONTHS LATER...
I RECEIVED A DIPLOMA FOR THE BEST GRADES.
MY CHANGE.
MY MOTIVATION
DAD
MOM
I BEGAN TO REACH MY GOALS.

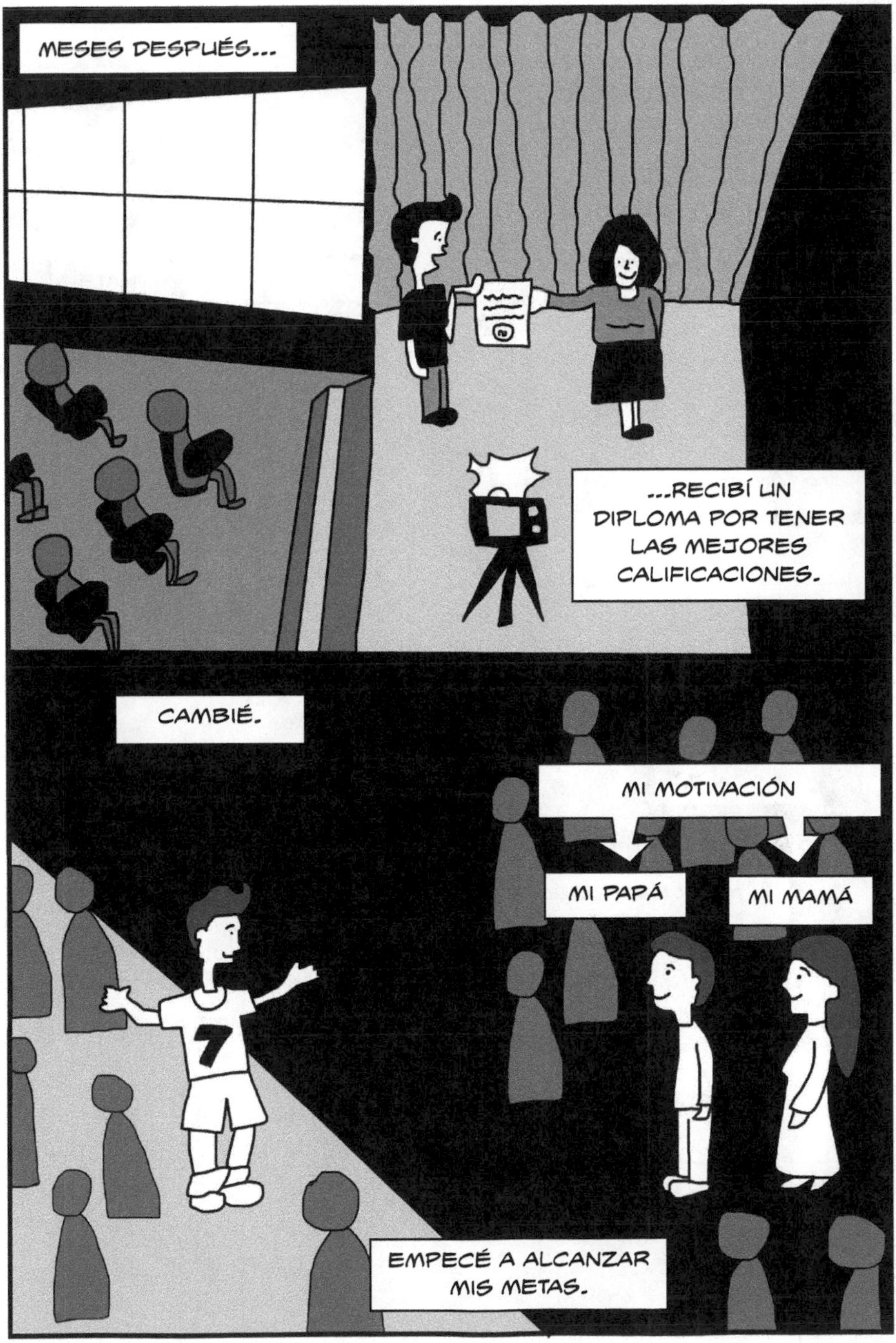
MESES DESPUÉS...
...RECIBÍ UN DIPLOMA POR TENER LAS MEJORES CALIFICACIONES.
CAMBIÉ.
MI MOTIVACIÓN
MI PAPÁ
MI MAMÁ
EMPECÉ A ALCANZAR MIS METAS.

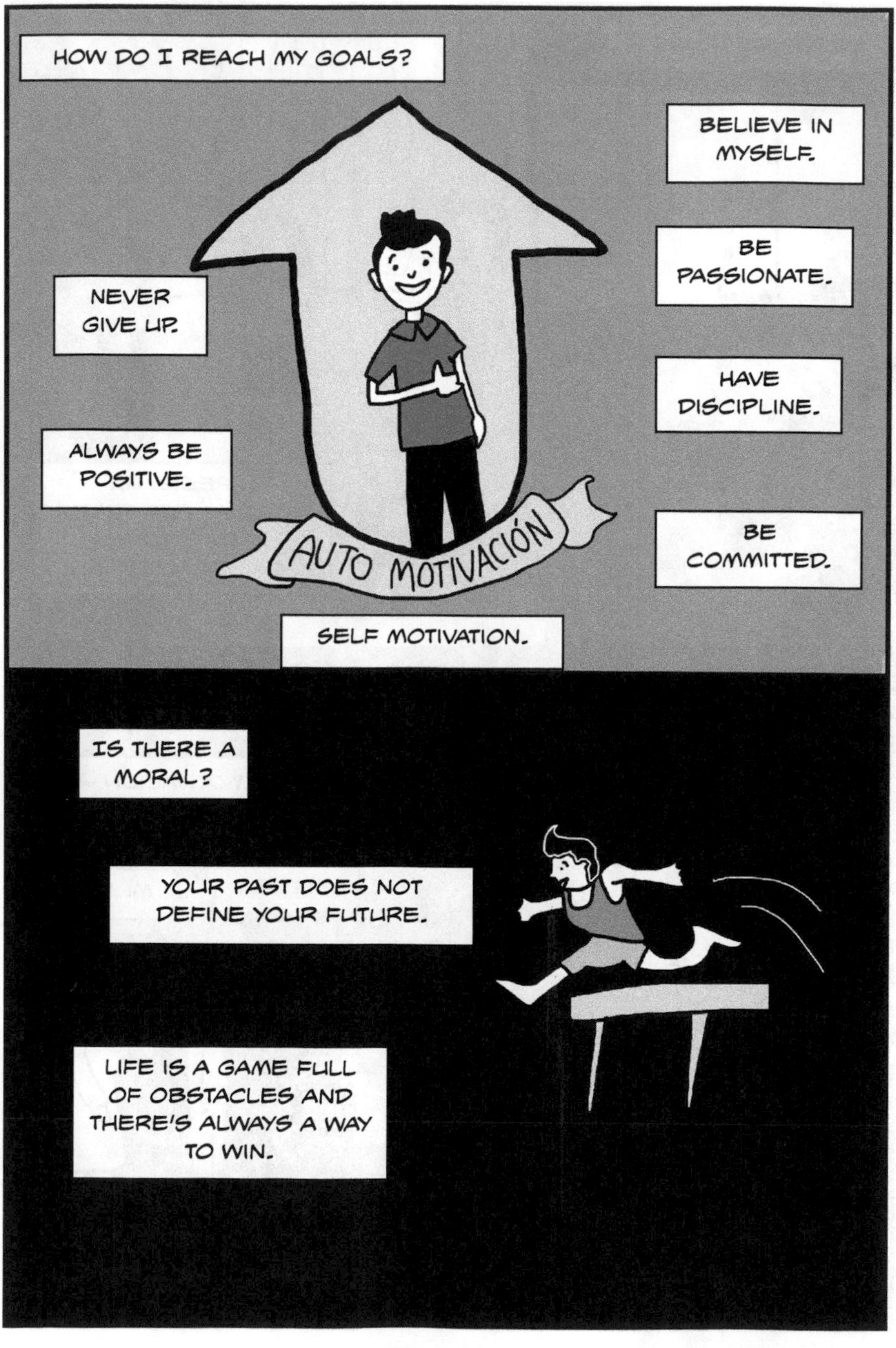
HOW DO I REACH MY GOALS?
BELIEVE IN MYSELF.
BE PASSIONATE.
NEVER GIVE UP.
HAVE DISCIPLINE.
ALWAYS BE POSITIVE.
AUTO MOTIVACIÓN
BE COMMITTED.
SELF MOTIVATION.
IS THERE A MORAL?
YOUR PAST DOES NOT DEFINE YOUR FUTURE.
LIFE IS A GAME FULL OF OBSTACLES AND THERE'S ALWAYS A WAY TO WIN.

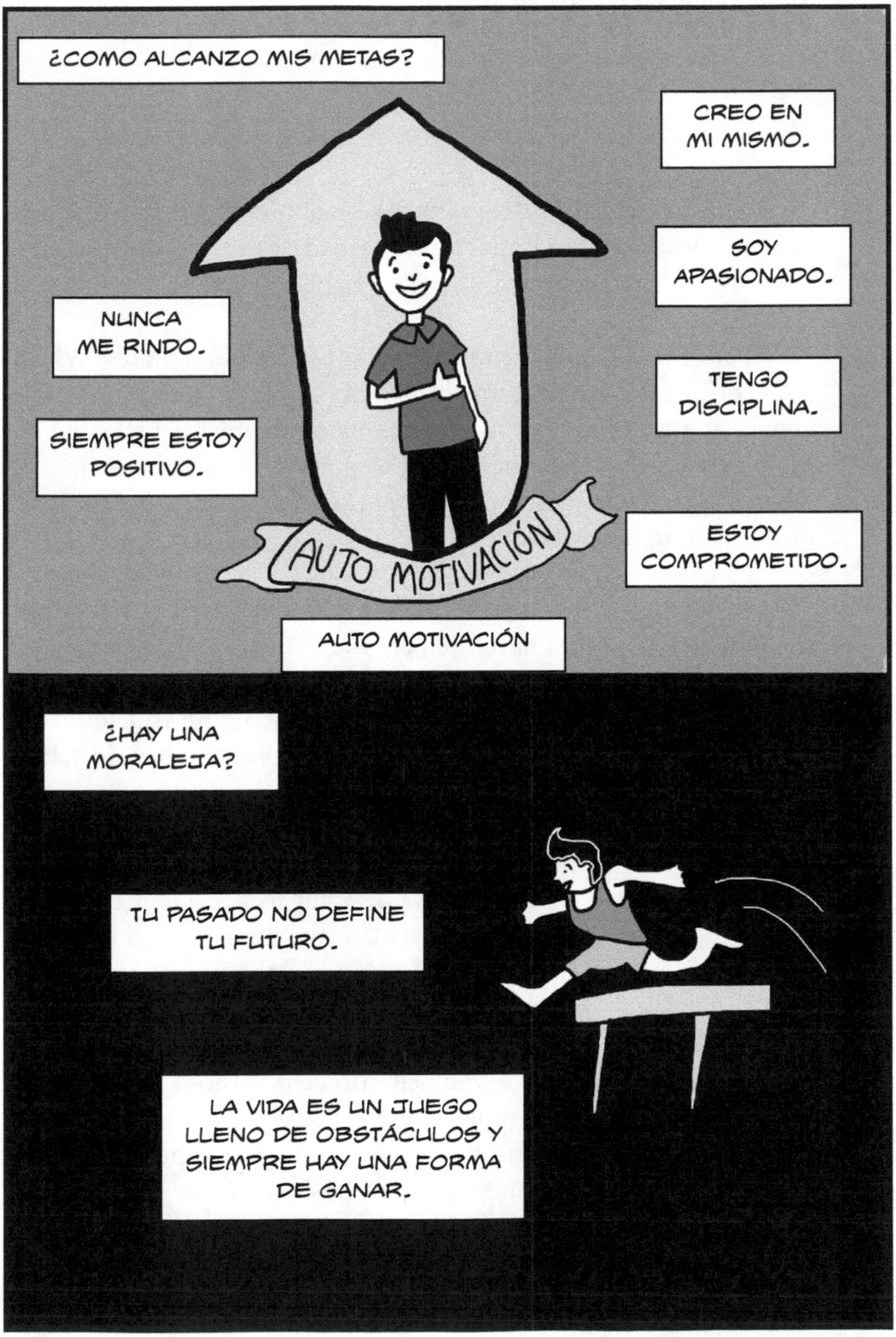
¿COMO ALCANZO MIS METAS?
CREO EN MI MISMO.
SOY APASIONADO.
NUNCA ME RINDO.
TENGO DISCIPLINA.
SIEMPRE ESTOY POSITIVO.
AUTO MOTIVACIÓN
ESTOY COMPROMETIDO.
AUTO MOTIVACIÓN
¿HAY UNA MORALEJA?
TU PASADO NO DEFINE TU FUTURO.
LA VIDA ES UN JUEGO LLENO DE OBSTÁCULOS Y SIEMPRE HAY UNA FORMA DE GANAR.

Alejandro's Story

I decided to tell this story because it is about my transformation. When I lived in El Salvador, I was a bad student. I did not pay attention in class, I cheated.

Then, I had the opportunity to come the United States. When I was on the airplane, I thought, "I am going to change. I have a chance at a new life." In those moments on the plane, I thought of my parents. I was really motivated to make a change for them. So when I started school in the U.S., I worked very hard to get the best grades, and to be my best self.

I think it was important to tell my story because I want people to know that your past never defines your future. You can stop and think about everything that is happening, really think about it, and try to motivate yourself. You should never give up on yourself. You never fail, you only gain experience. You may say you have lost, but you are never defeated.

Motivation is my favorite emotion, because when I make a mistake and it is something I truly want to achieve, I motivate myself to the maximum. I watch videos of Miguel Angel Cornejo and others, until I am 100% motivated to achieve my goal. I am my greatest motivation, because it's like this: you motivate yourself because you want to see yourself succeed, without caring what happens, until you meet your goal. My family motivates me, too, especially when they speak of business. I am interested in everything about that subject. My curiosity is so big, like the moon in front of the ant. So big!

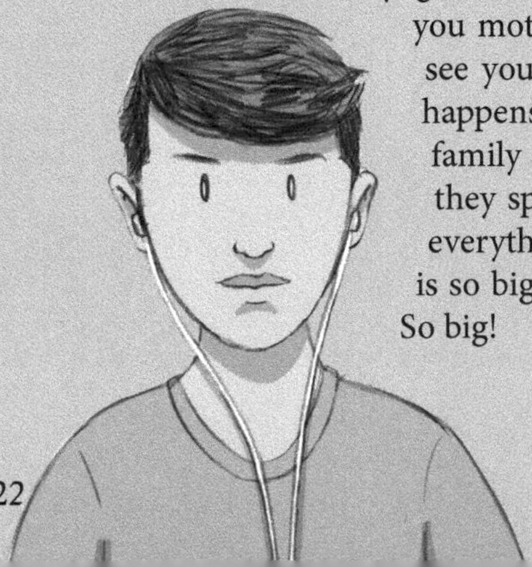

LA HISTORIA DE ALEJANDRO

Decidí contar esta historia porque se trata de mi transformación. Cuando vivía en El Salvador, era un mal estudiante. No ponía atención en clase, hacía trampa.

Luego, tuve la oportunidad de venir a los Estados Unidos. Cuando estaba en el avión, pensé: "Voy a cambiar. Tengo la oportunidad de una nueva vida." En esos momentos en el avión, pensé en mis padres. Estaba realmente motivado para hacer un cambio por ellos. Entonces cuando comencé la escuela en los Estados Unidos, trabajé muy duro para obtener las mejores calificaciones y ser lo mejor de mí mismo.

Creo que fue importante contar mi historia porque quiero que la gente sepa que tu pasado nunca define tu futuro. Puedes detenerte y pensar en todo lo que está sucediendo, realmente pensar en eso, y tratar de motivarte. Nunca deberías rendirte. Nunca fallas, solo ganas experiencia. Puedes decir que has perdido, pero nunca eres derrotado.

La motivación es mi emoción favorita, porque cuando cometo un error y es algo que realmente quiero lograr, me motivo al máximo. Veo videos de Miguel Angel Cornejo y otros, hasta que estoy 100% motivado para lograr mi objetivo. Soy mi mayor motivación, porque es así: te motivas porque quieres verte a ti mismo tener éxito, sin preocuparte de lo que suceda, hasta que alcanzas tu objetivo. Mi familia también me motiva, especialmente cuando hablan de negocios. Estoy interesado en todo sobre ese tema. Mi curiosidad es tan grande, como la luna frente a la hormiga. ¡Tan grande!

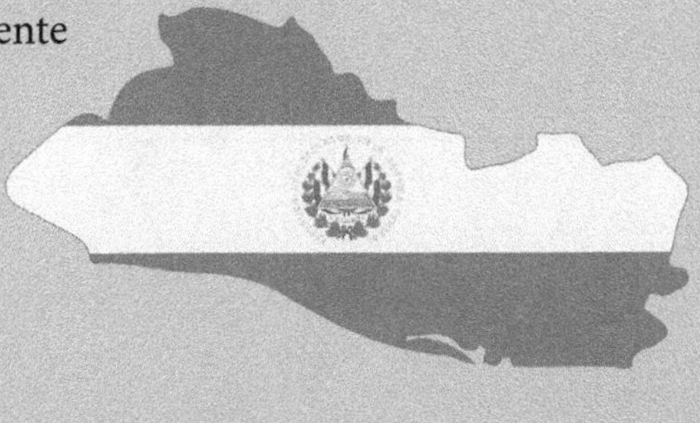

"This book presents the voices that are not usually heard, because they are in darkness. But those voices have power."

I have many hopes for my future. I want to think that I will be living the best years of my life, and that I will be in a place where I will feel calm. Where peace is the coffee and joy is the bread, a combination so delicious and relaxing. I want, most of all, to feel at home.

Traveling home is like dancing to the sound of music. It is like walking a road where you can see the people around you, where you can see your family waiting for you for dinner. Home is wherever you feel calm, connected, and de-stressed. It is where you belong, where you feel free to express your deepest feelings, and where you can exchange your unique energy with those around you. Home makes me feel protected, it makes me feel found.

My home now is with my friends. My joy is to see my friends grow in their studies and in their jobs, to see how they succeed. That's part of why I think this book is important. The other people in this book are my friends. They are my family, a family that is united, a family that protects, a family that loves.

This book presents the voices of these friends, voices that usually are not heard, because they are in darkness. But these voices have power.

— ALEJANDRO

Alejandro is in the 12th grade. He is from El Salvador. Through his story, Alejandro wants to show the true meaning of sacrifice. Children being displaced by violence and starting from scratch is difficult. His message is one of hope and possibility for all.

"Este libro presenta las voces que generalmente no se escuchan, porque están en la oscuridad. Pero estas voces tienen poder."

Tengo muchas esperanzas para mi futuro. Quiero pensar que viviré los mejores años de mi vida y que estaré en un lugar donde me sienta tranquilo. Donde la paz es el café y la alegría es el pan, una combinación tan deliciosa y relajante. Quiero, sobre todo, sentirme como en casa.

Viajar a casa es como bailar al son de la música. Es como caminar por un camino donde puedes ver a las personas que te rodean, donde puedes ver a tu familia esperándote para cenar. El hogar es donde te sientas tranquilo, conectado y sin estrés. Es donde perteneces, donde te sientes libre de expresar tus sentimientos más profundos, y donde puedes intercambiar tu energía única con quienes te rodean. El hogar me hace sentir protegido, me hace sentir encontrado.

Mi hogar ahora es con mis amigos. Mi alegría es ver a mis amigos crecer en sus estudios y en sus trabajos, para ver cómo tienen éxito. Esa es parte de por qué creo que este libro es importante. Las otras personas en este libro son mis amigos. Ellos son mi familia, una familia que está unida, una familia que protege, una familia que ama.

Este libro presenta las voces de estos amigos, voces que generalmente no se escuchan, porque están en la oscuridad. Pero estas voces tienen poder.

– ALEJANDRO

Alejandro está en el 12° grado. Él es de El Salvador. A través de su historia, Alejandro quiere mostrar el verdadero significado del sacrificio. Los niños desplazados por la violencia y comenzando desde cero es difícil. Su mensaje es de esperanza y posibilidad para todos.

To Die Dreaming

BY TATO

WHEN I WAS 15 AND LIVING IN HONDURAS, I HAD MANY RESPONSIBILITIES.

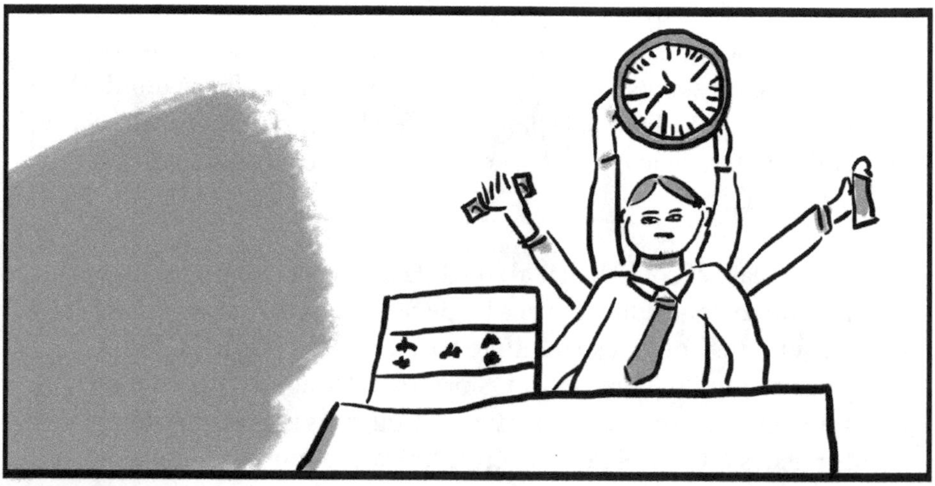

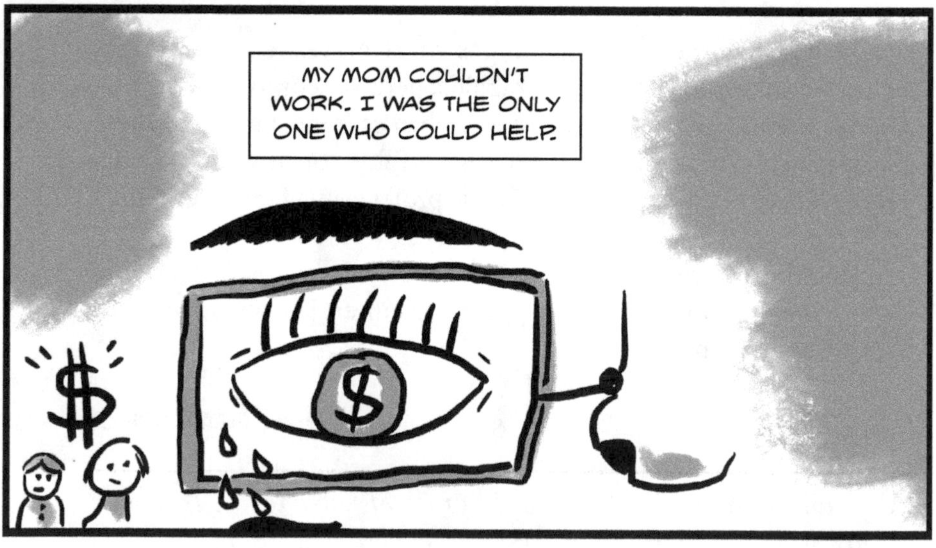
MY MOM COULDN'T WORK. I WAS THE ONLY ONE WHO COULD HELP.

Morir Soñando

POR TATO

CUANDO TENÍA 15 AÑOS Y VIVÍA EN HONDURAS, TENÍA MUCHAS RESPONSABILIDADES.

MI MADRE NO PODÍA TRABAJAR. YO ERA LA ÚNICA PERSONA QUIEN LA PODÍA AYUDAR.

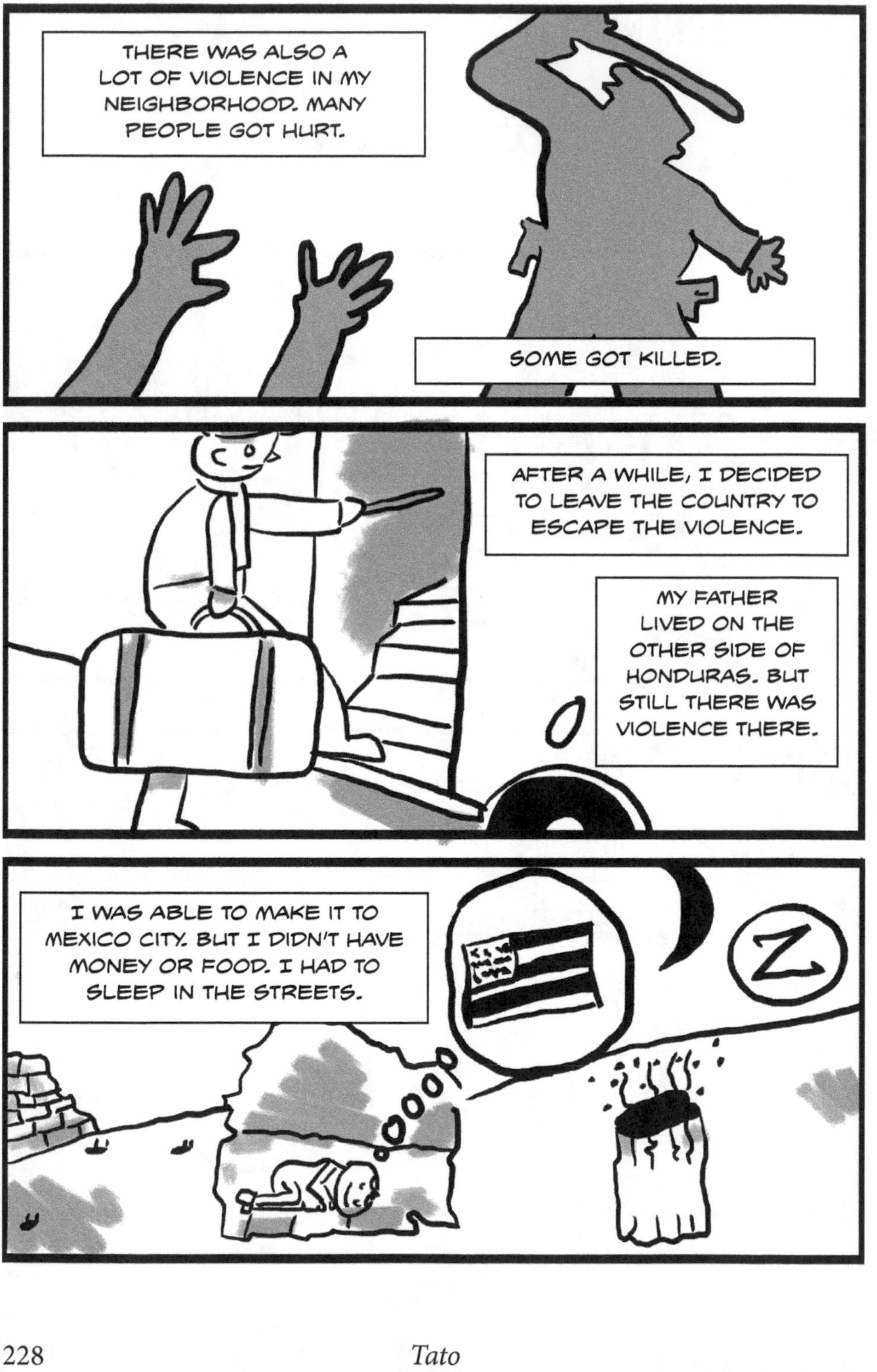
THERE WAS ALSO A LOT OF VIOLENCE IN MY NEIGHBORHOOD. MANY PEOPLE GOT HURT.
SOME GOT KILLED.
AFTER A WHILE, I DECIDED TO LEAVE THE COUNTRY TO ESCAPE THE VIOLENCE.
MY FATHER LIVED ON THE OTHER SIDE OF HONDURAS. BUT STILL THERE WAS VIOLENCE THERE.
I WAS ABLE TO MAKE IT TO MEXICO CITY. BUT I DIDN'T HAVE MONEY OR FOOD. I HAD TO SLEEP IN THE STREETS.
Z

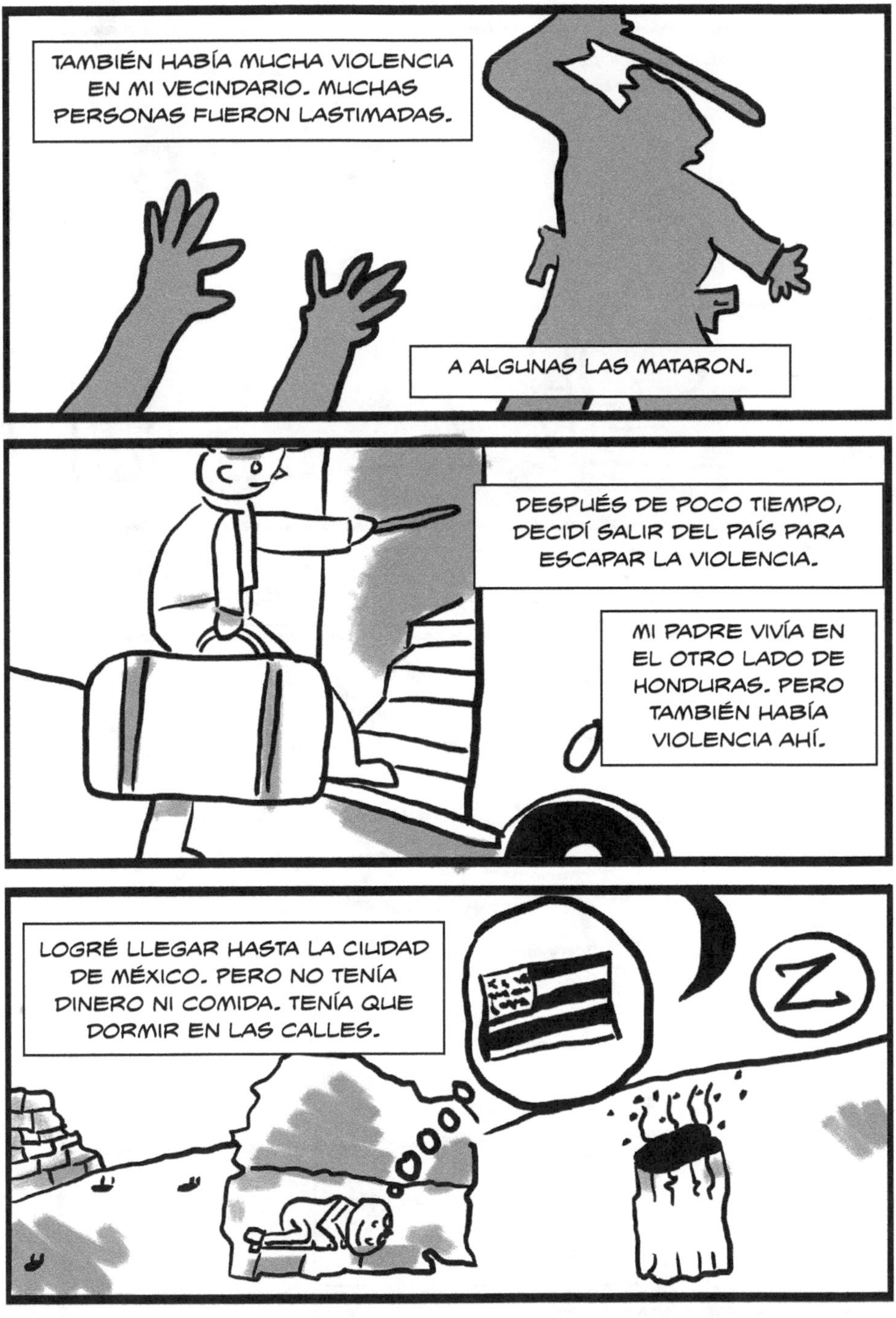
TAMBIÉN HABÍA MUCHA VIOLENCIA EN MI VECINDARIO. MUCHAS PERSONAS FUERON LASTIMADAS.
A ALGUNAS LAS MATARON.
DESPUÉS DE POCO TIEMPO, DECIDÍ SALIR DEL PAÍS PARA ESCAPAR LA VIOLENCIA.
MI PADRE VIVÍA EN EL OTRO LADO DE HONDURAS. PERO TAMBIÉN HABÍA VIOLENCIA AHÍ.
LOGRÉ LLEGAR HASTA LA CIUDAD DE MÉXICO. PERO NO TENÍA DINERO NI COMIDA. TENÍA QUE DORMIR EN LAS CALLES.
Z

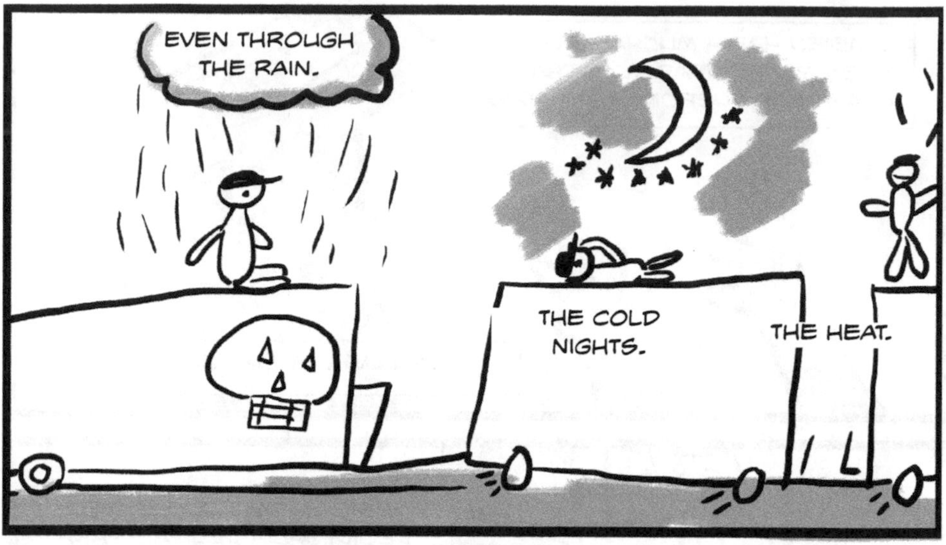
EVEN THROUGH THE RAIN.
THE COLD NIGHTS.
THE HEAT.

I HAD NO CHOICE BUT TO CATCH A TRAIN CALLED ***THE BEAST***, WHERE MANY HAVE LOST THEIR LIVES.

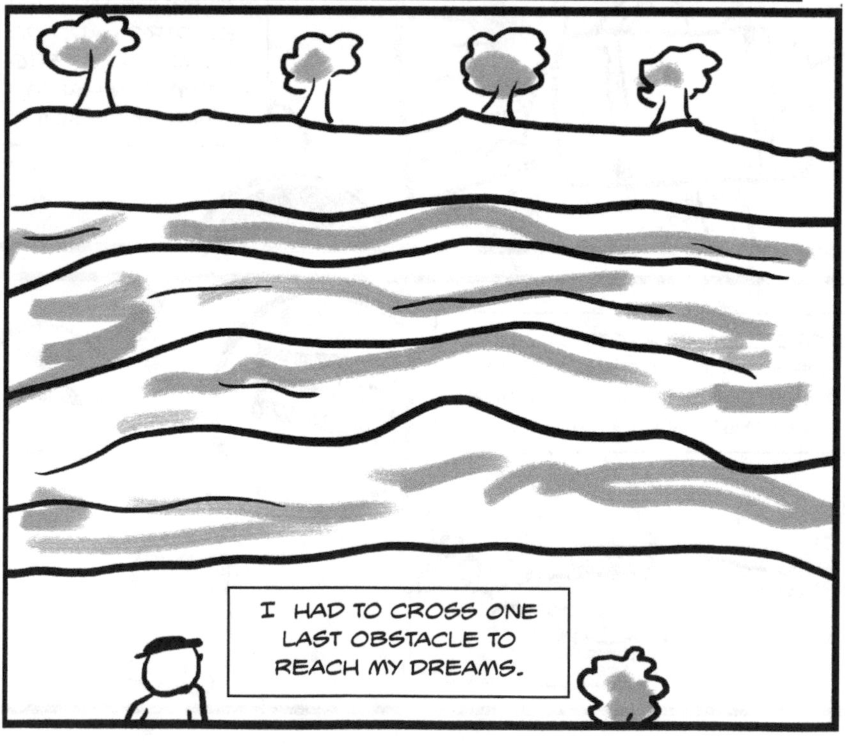
I HAD TO CROSS ONE LAST OBSTACLE TO REACH MY DREAMS.

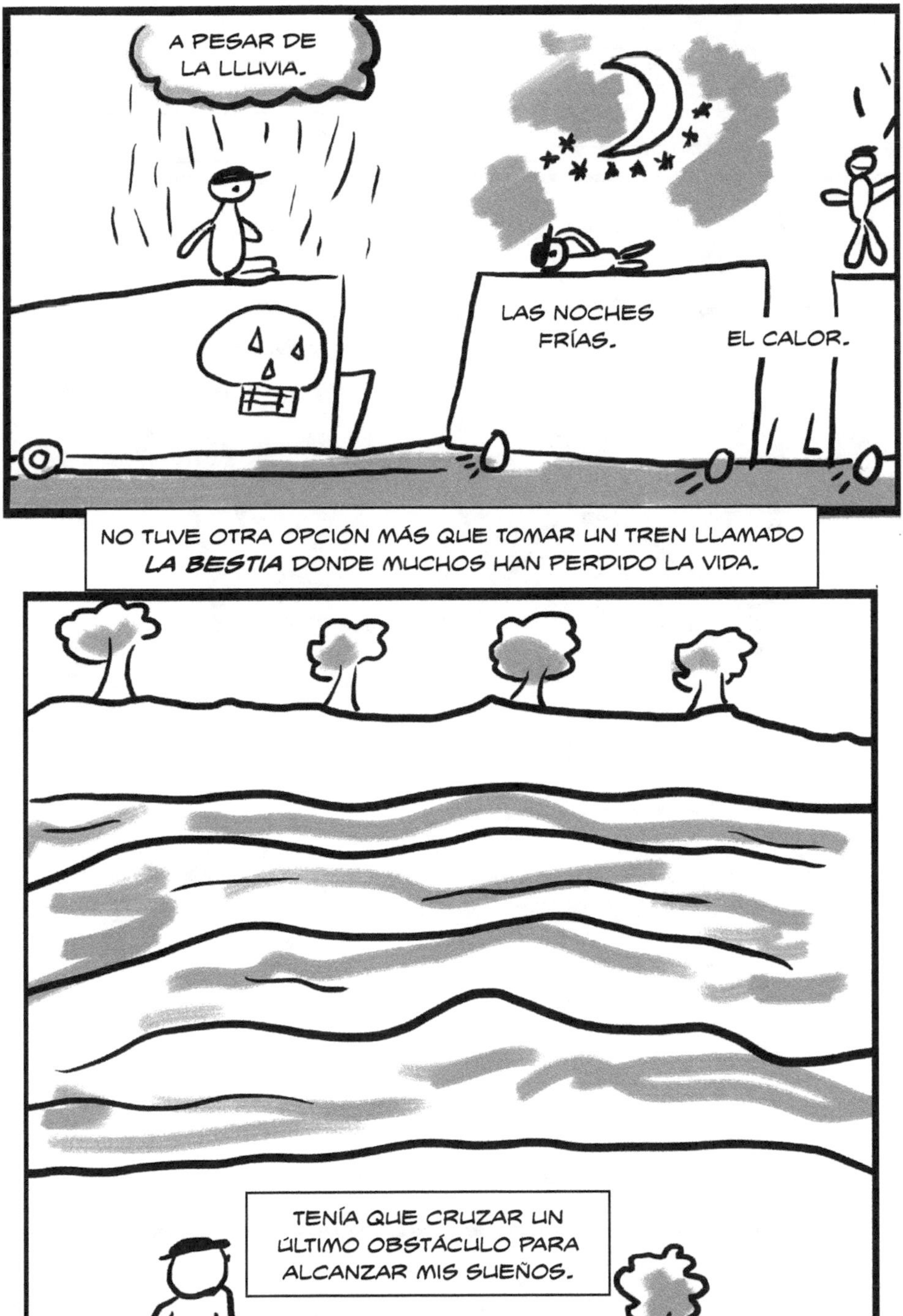
A PESAR DE LA LLUVIA.
LAS NOCHES FRÍAS.
EL CALOR.
NO TUVE OTRA OPCIÓN MÁS QUE TOMAR UN TREN LLAMADO *LA BESTIA* DONDE MUCHOS HAN PERDIDO LA VIDA.
TENÍA QUE CRUZAR UN ÚLTIMO OBSTÁCULO PARA ALCANZAR MIS SUEÑOS.

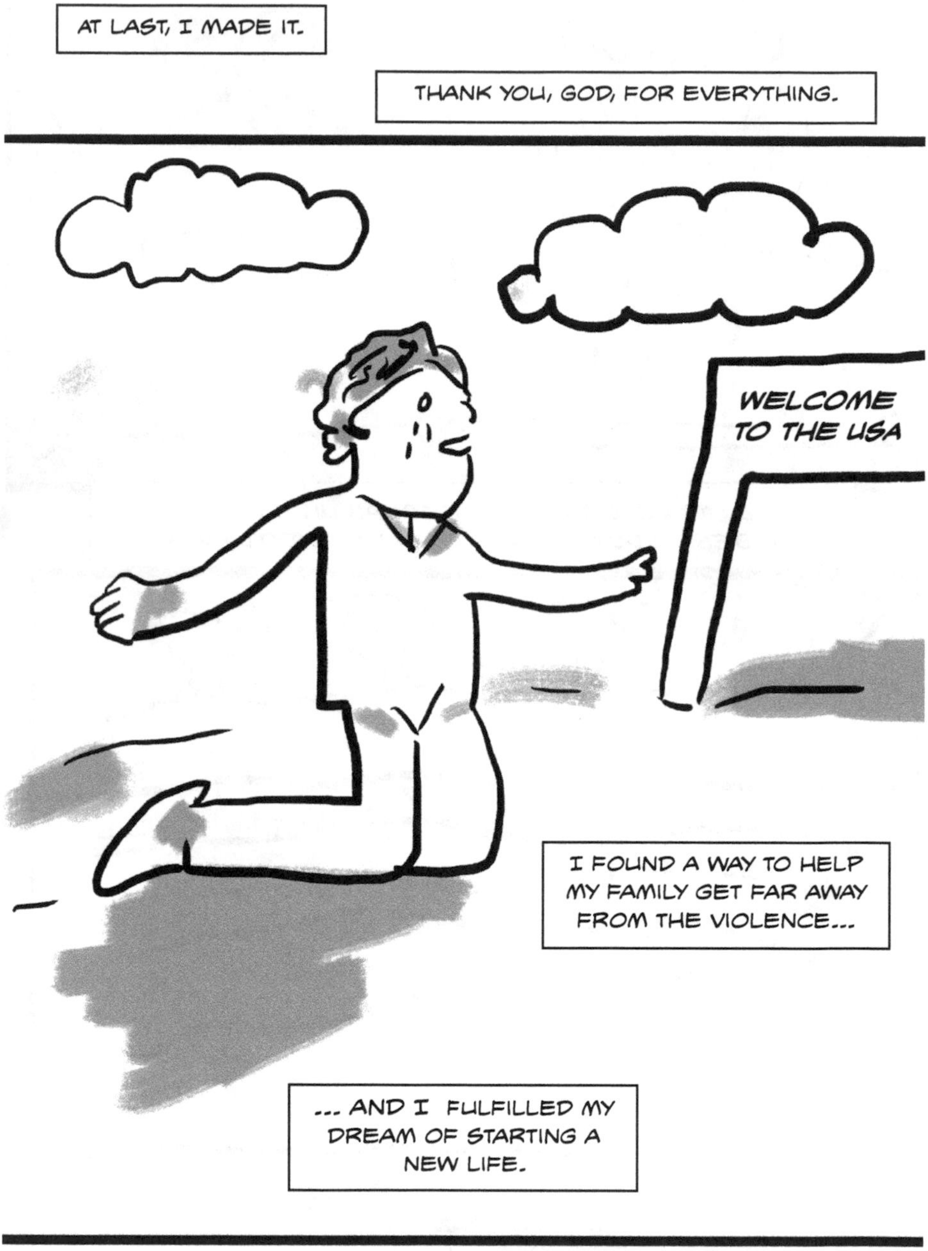
AT LAST, I MADE IT.
THANK YOU, GOD, FOR EVERYTHING.
WELCOME TO THE USA
I FOUND A WAY TO HELP MY FAMILY GET FAR AWAY FROM THE VIOLENCE...
... AND I FULFILLED MY DREAM OF STARTING A NEW LIFE.

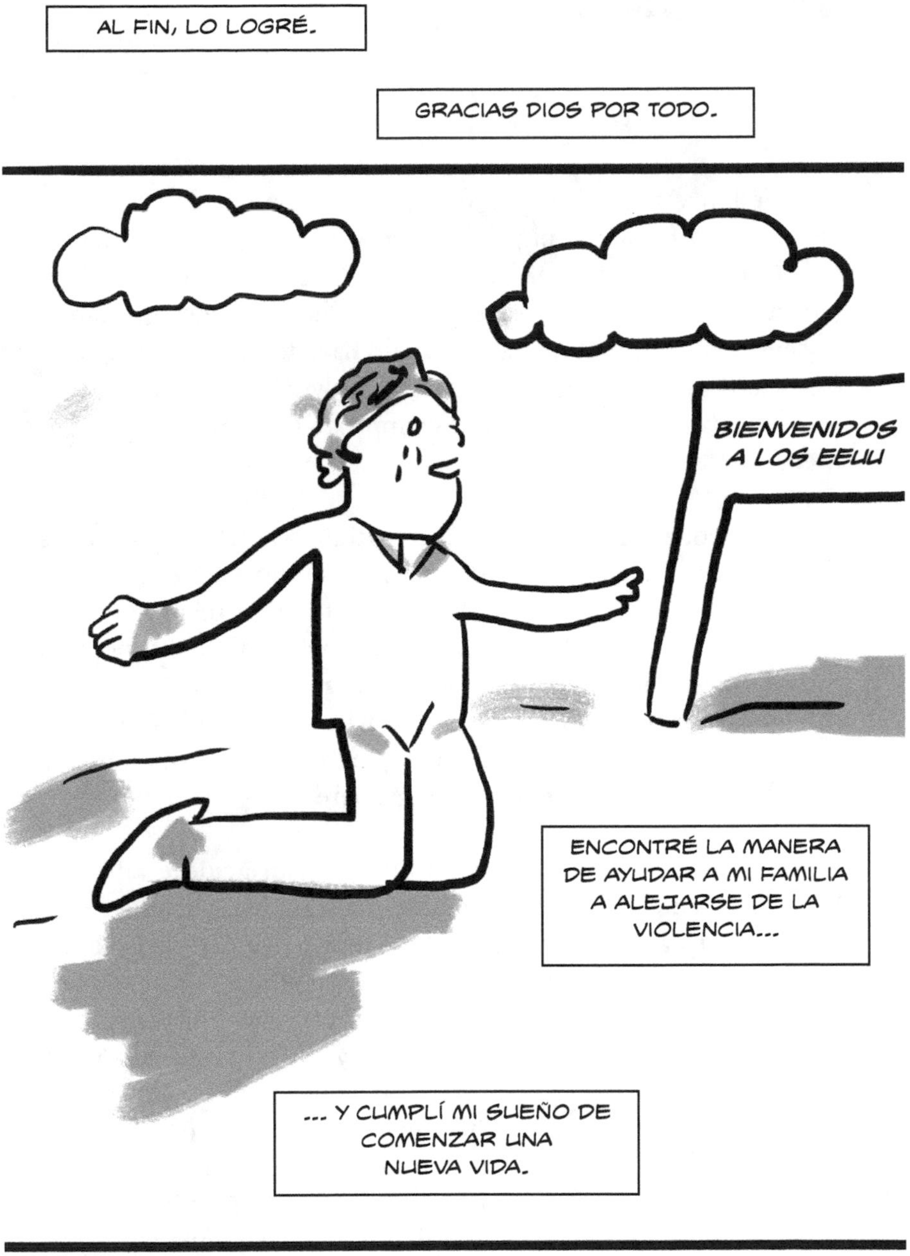
AL FIN, LO LOGRÉ.
GRACIAS DIOS POR TODO.
BIENVENIDOS A LOS EEUU
ENCONTRÉ LA MANERA DE AYUDAR A MI FAMILIA A ALEJARSE DE LA VIOLENCIA...
... Y CUMPLÍ MI SUEÑO DE COMENZAR UNA NUEVA VIDA.

Tato's Story

The longest trip I have ever taken was the one to the United States. I had to take a big risk to be where I am today. I had to travel a road full of danger, by myself, with no help. I did not tell my father, or anyone, that I was leaving. I suffered hunger throughout my entire trip, so that my family could have food to eat. I slept on cardboard in the streets, so that my family could rest and have a roof over their heads. My goal was simple: to help my family, to give them a better life.

I was not afraid when I got on the train where many have lost their lives. It is called The Beast. It was one of those times when you find you have no other option. The worst part is that you do not know anybody. I was alone, only with the help of God. I thought to myself, "Never be afraid, because everything that has a purpose in this life requires sacrifice." It was God who accompanied me while my mother worried at home, not knowing anything about me until, with the help of God, I managed to get here.

Since we come risking everything, we can achieve anything. With much effort and sacrifice, always trusting in God, and staying on the right path – never using the wrong – we can succeed. My American Dream is different from that of others, because many people are afraid of what will happen to them, and they only live to work, not to excel or have a future. But mine is different, because I want to be someone important. I want to graduate from university and to impact in a positive way the rest of the people who come to this country as immigrants. I want to give them an example to follow.

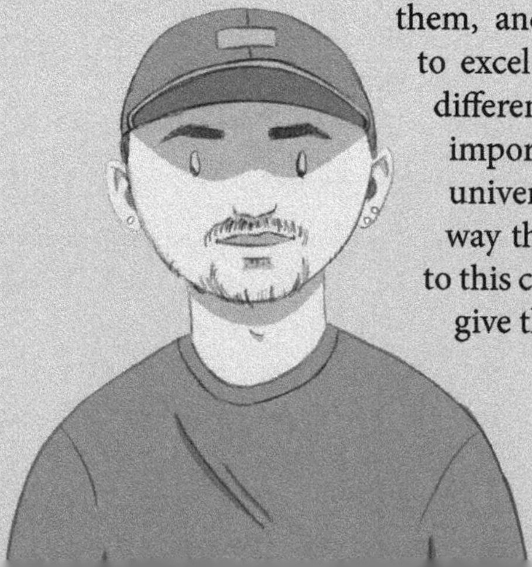

LA HISTORIA DE TATO

El viaje más largo que he tomado fue el de los Estados Unidos. Tenía que correr un gran riesgo de estar donde estoy hoy. Tuve que viajar por un camino lleno de peligro, solo, sin ayuda. No le dije a mi padre, ni a nadie, que me estaba yendo. Sufrí hambre durante todo mi viaje, para que mi familia pudiera tener comida para comer. Dormí sobre cartón en las calles, para que mi familia pudiera descansar y tener un techo sobre sus cabezas. Mi objetivo era simple: ayudar a mi familia, para darles una vida mejor.

No tenía miedo cuando subí al tren donde muchos perdieron la vida. Se llama La Bestia. Fue uno de esos momentos en los que no tienes otra opción. La peor parte es que no conoces a nadie. Estaba solo, solo con la ayuda de Dios. Pensé para mí mismo: "Nunca tengas miedo, porque todo lo que tiene un propósito en esta vida requiere sacrificio." Fue Dios quien me acompañó mientras mi madre estaba preocupada en casa, sin saber nada de mí hasta que, con la ayuda de Dios, logré llegar aquí.

Como venimos arriesgando todo, podemos lograr cualquier cosa. Con mucho esfuerzo y sacrificio, confiando siempre en Dios y manteniéndonos en el camino correcto, sin usar el mal, podemos tener éxito. Mi sueño americano es diferente del de los demás, porque muchas personas tienen miedo de lo que les sucederá, y solo viven para trabajar, no para sobresalir o tener un futuro. Pero el mío es diferente, porque quiero ser alguien importante. Quiero graduarme de la universidad y marcar en una forma positivo a las demás personas que llegan a este país como inmigrantes. Quiero darle un ejemplo a seguir.

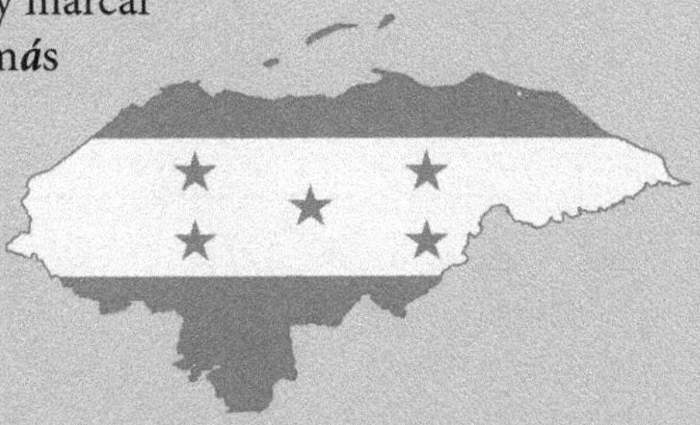

*"I thought to myself:
'Never be afraid,
because everything
that has a purpose in this life
requires sacrifice."'*

I am working hard in my studies and I am trying to take the steps to attain the legal documents to live in this country, and then legally apply for my family. I truly do not want them to suffer as I did on that dangerous road. I want to give them a life away from the crime that is happening in our country so they can achieve new goals in their lives, as I am. It takes much effort, but I am always looking forward to a better life for all of us, where we can escape and overcome. For now I keep walking this road towards the American Dream, what every person dreams of.

— TATO

Tato is an eighteen year old junior in high school in Washington, D.C. He is from Honduras. He likes to skate. In the future, he wants to be a soldier.

> *"Pensé para mí mismo:*
> *'Nunca tengas miedo,*
> *porque todo lo que tiene*
> *un propósito en esta vida*
> *requiere sacrificio."*

Estoy trabajando mucho en mis estudios y estoy tratando de seguir los pasos para obtener los documentos legales para vivir en este país, y luego solicitar legalmente para mi familia. Realmente no quiero que sufran como yo lo hice en ese peligroso camino. Quiero darles una vida lejos del crimen que está sucediendo en nuestro país para que puedan alcanzar nuevas metas en sus vidas, como yo. Requiere mucho esfuerzo, pero siempre estoy esperando una vida mejor para todos nosotros, donde podamos escapar y salir adelante. Por ahora sigo caminando por este camino hacia el sueño americano, lo que toda persona sueña.

— TATO

Tato es un joven de 18 años en el tercer grado de la escuela secundaria en Washington, D.C. Él es de Honduras. Le gusta patinar. Él quiere ser un soldado en el futuro.

Believing in Me

BY NATALY

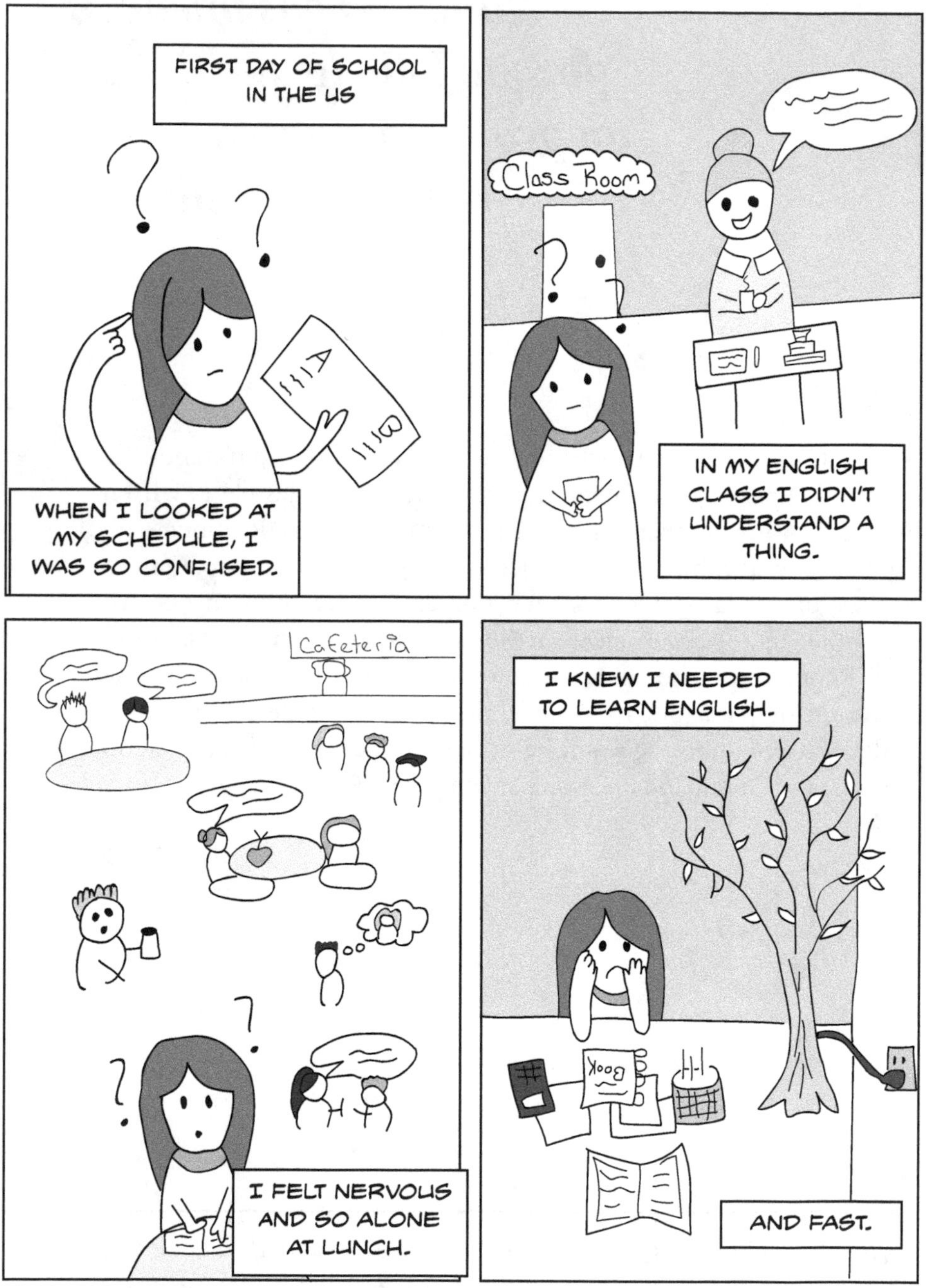
FIRST DAY OF SCHOOL IN THE US
A
B
WHEN I LOOKED AT MY SCHEDULE, I WAS SO CONFUSED.
Class Room
IN MY ENGLISH CLASS I DIDN'T UNDERSTAND A THING.
Cafeteria
I FELT NERVOUS AND SO ALONE AT LUNCH.
I KNEW I NEEDED TO LEARN ENGLISH.
Book
AND FAST.

CREER EN MÍ

POR NATALY

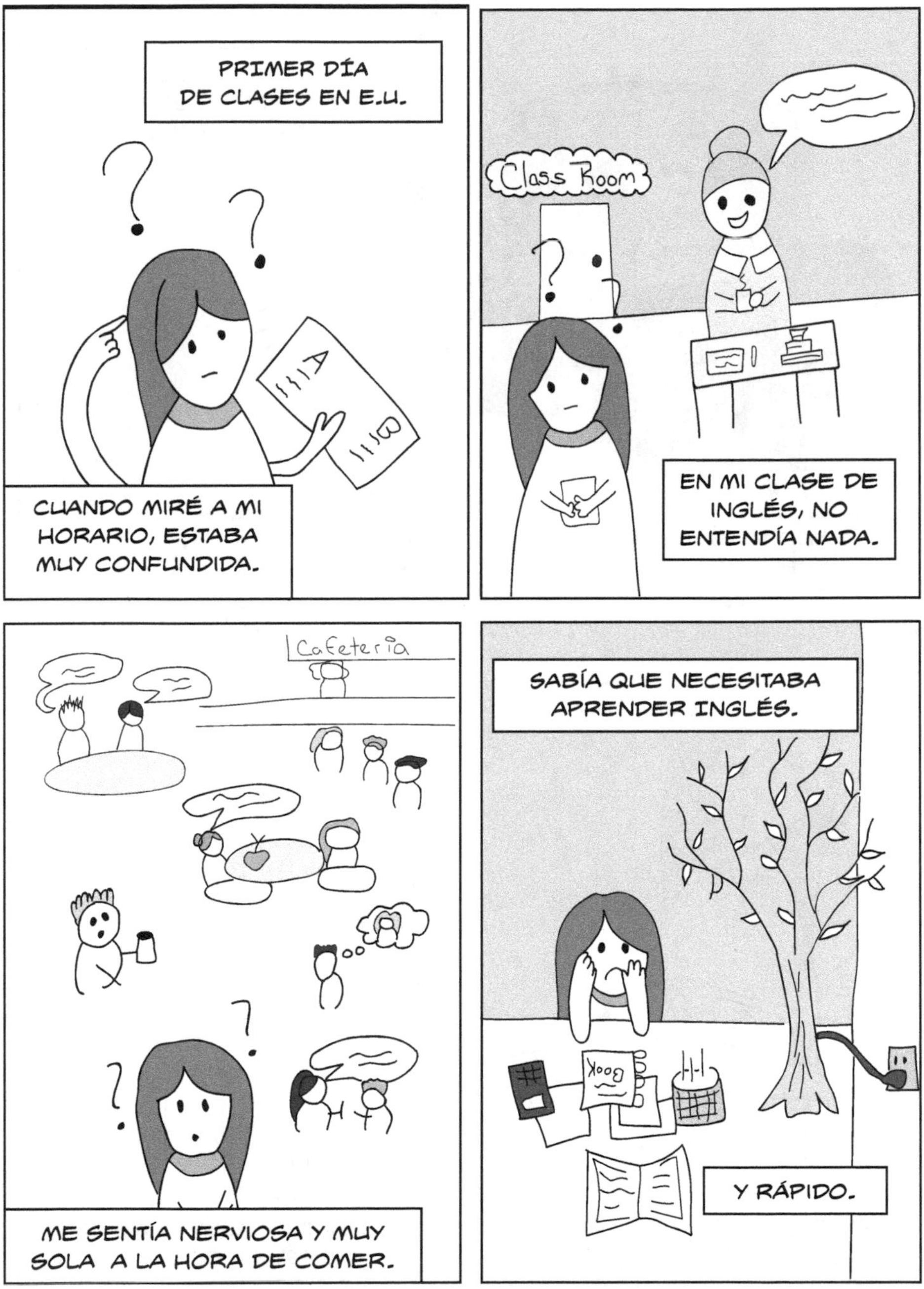
PRIMER DÍA DE CLASES EN E.U.
CUANDO MIRÉ A MI HORARIO, ESTABA MUY CONFUNDIDA.
Class Room
EN MI CLASE DE INGLÉS, NO ENTENDÍA NADA.
Cafeteria
ME SENTÍA NERVIOSA Y MUY SOLA A LA HORA DE COMER.
SABÍA QUE NECESITABA APRENDER INGLÉS.
Book
Y RÁPIDO.

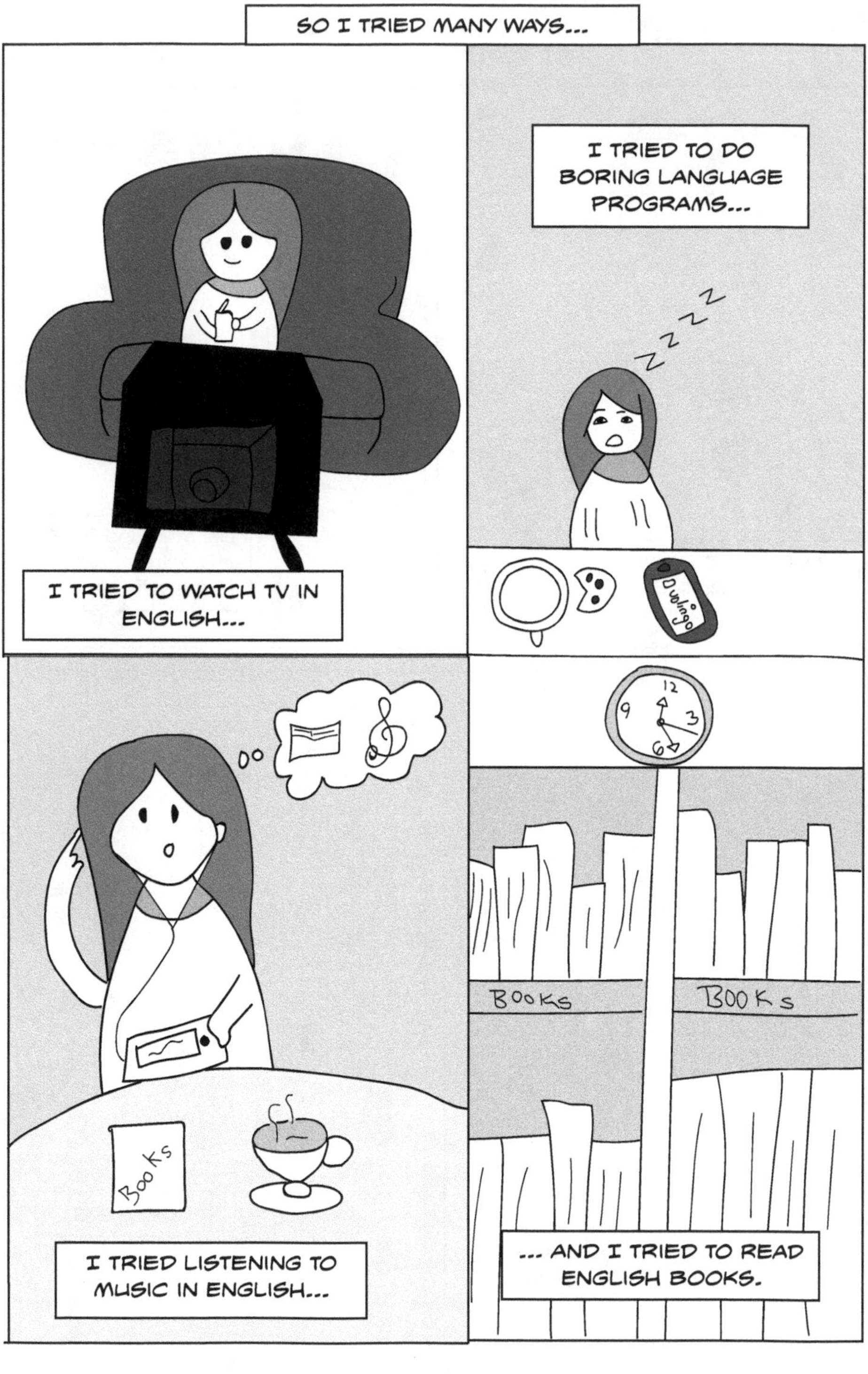
SO I TRIED MANY WAYS...
I TRIED TO WATCH TV IN ENGLISH...
I TRIED TO DO BORING LANGUAGE PROGRAMS...
ZZZZ
Duolingo
12
9
3
6
OO
BOOKS
BOOKS
BOOKS
I TRIED LISTENING TO MUSIC IN ENGLISH...
... AND I TRIED TO READ ENGLISH BOOKS.

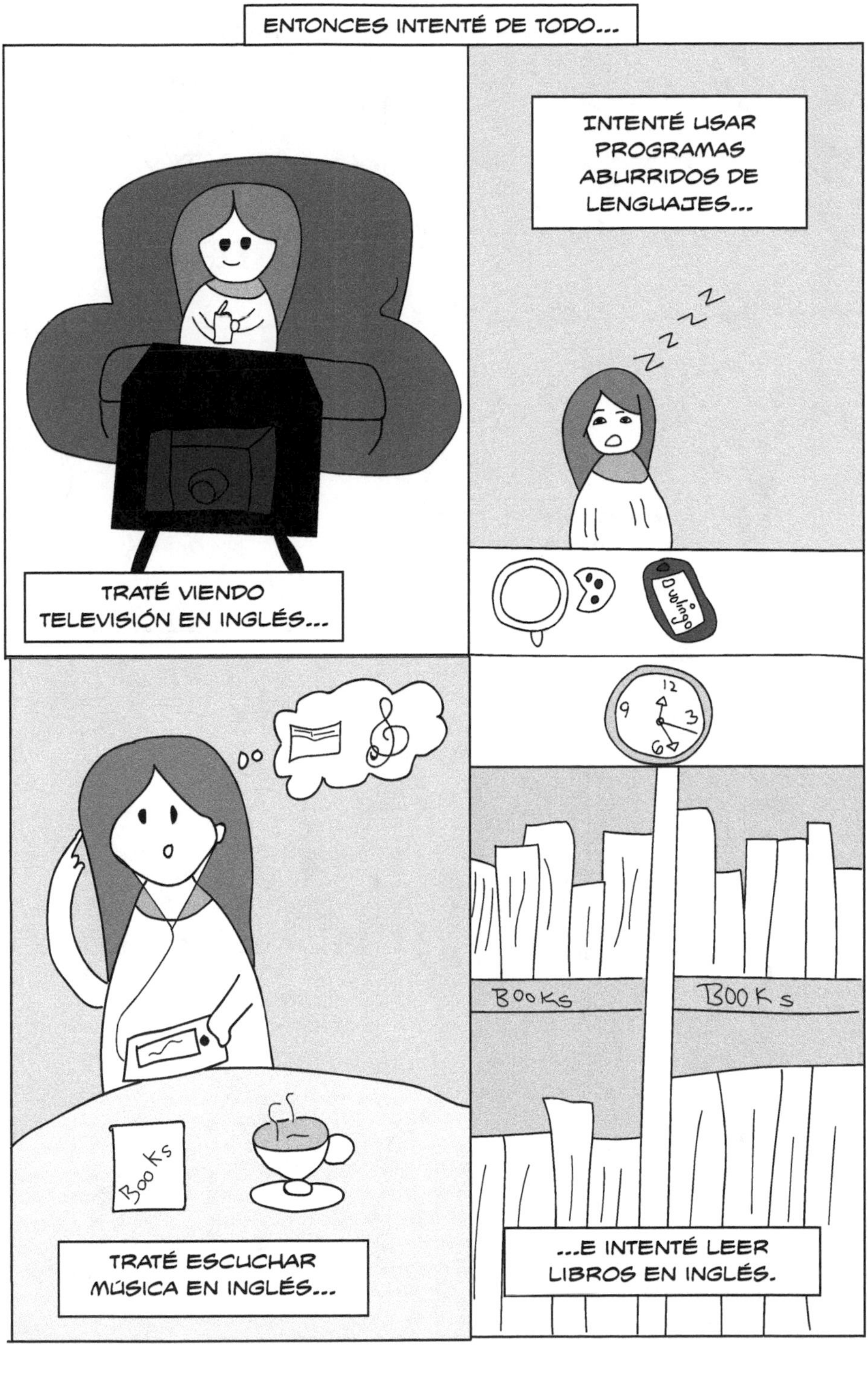
ENTONCES INTENTÉ DE TODO...
TRATÉ VIENDO TELEVISIÓN EN INGLÉS...
INTENTÉ USAR PROGRAMAS ABURRIDOS DE LENGUAJES...
Z Z Z Z
Duolingo
TRATÉ ESCUCHAR MÚSICA EN INGLÉS...
Books
12 3 6 9
BOOKS
BOOKs
...E INTENTÉ LEER LIBROS EN INGLÉS.

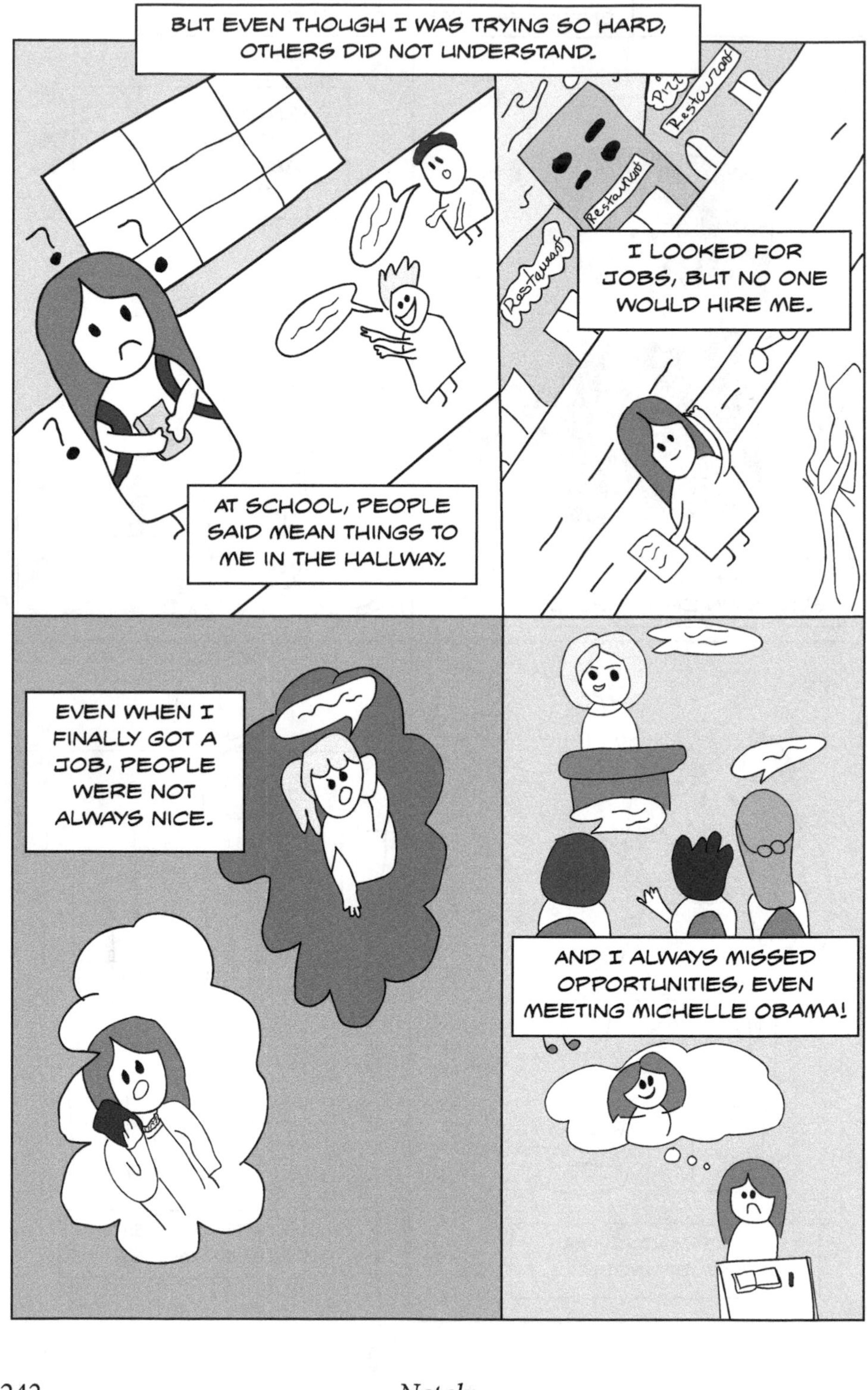
BUT EVEN THOUGH I WAS TRYING SO HARD, OTHERS DID NOT UNDERSTAND.
AT SCHOOL, PEOPLE SAID MEAN THINGS TO ME IN THE HALLWAY.
I LOOKED FOR JOBS, BUT NO ONE WOULD HIRE ME.
EVEN WHEN I FINALLY GOT A JOB, PEOPLE WERE NOT ALWAYS NICE.
AND I ALWAYS MISSED OPPORTUNITIES, EVEN MEETING MICHELLE OBAMA!

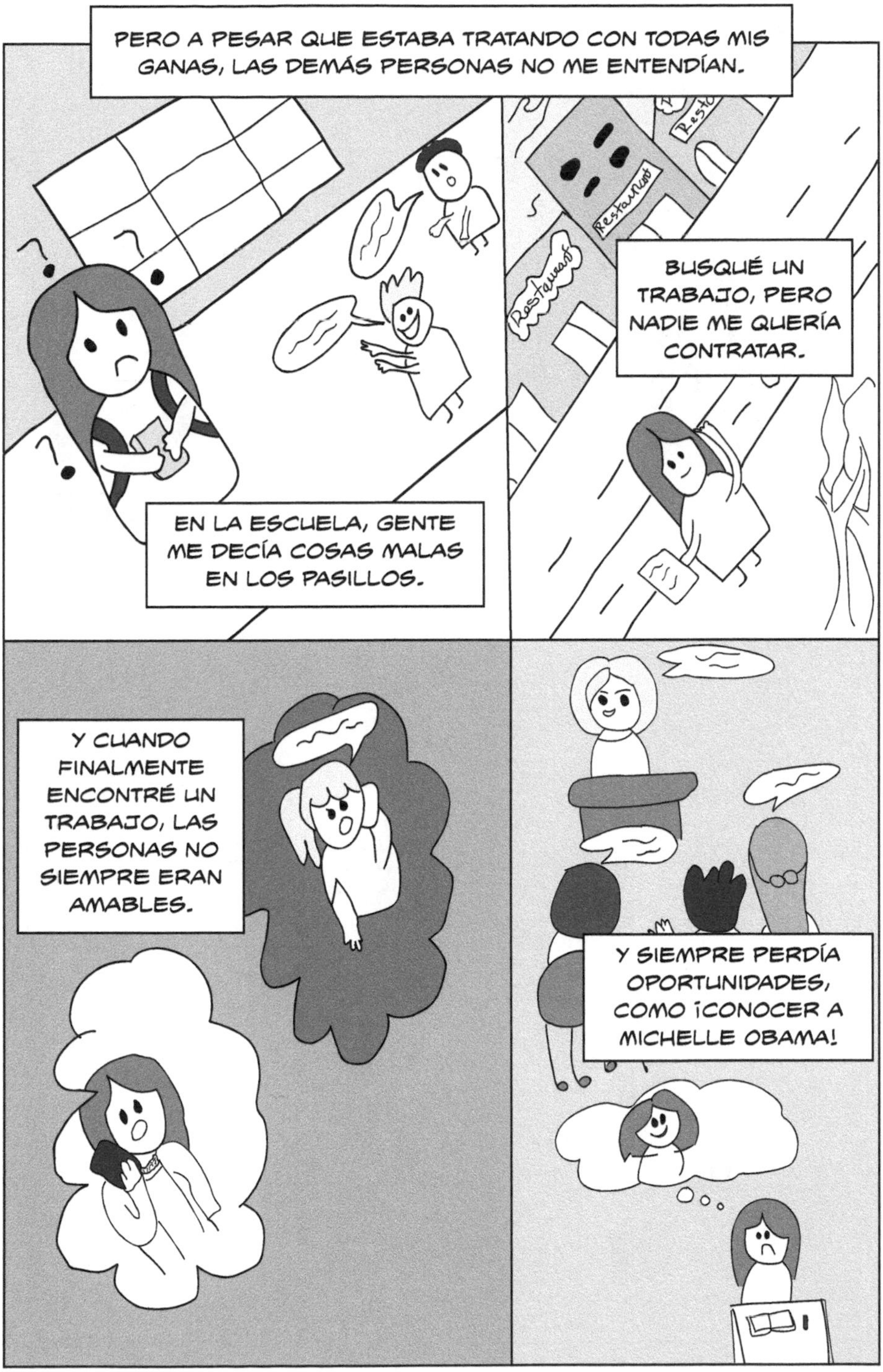
PERO A PESAR QUE ESTABA TRATANDO CON TODAS MIS GANAS, LAS DEMÁS PERSONAS NO ME ENTENDÍAN.
EN LA ESCUELA, GENTE ME DECÍA COSAS MALAS EN LOS PASILLOS.
BUSQUÉ UN TRABAJO, PERO NADIE ME QUERÍA CONTRATAR.
Y CUANDO FINALMENTE ENCONTRÉ UN TRABAJO, LAS PERSONAS NO SIEMPRE ERAN AMABLES.
Y SIEMPRE PERDÍA OPORTUNIDADES, COMO ¡CONOCER A MICHELLE OBAMA!

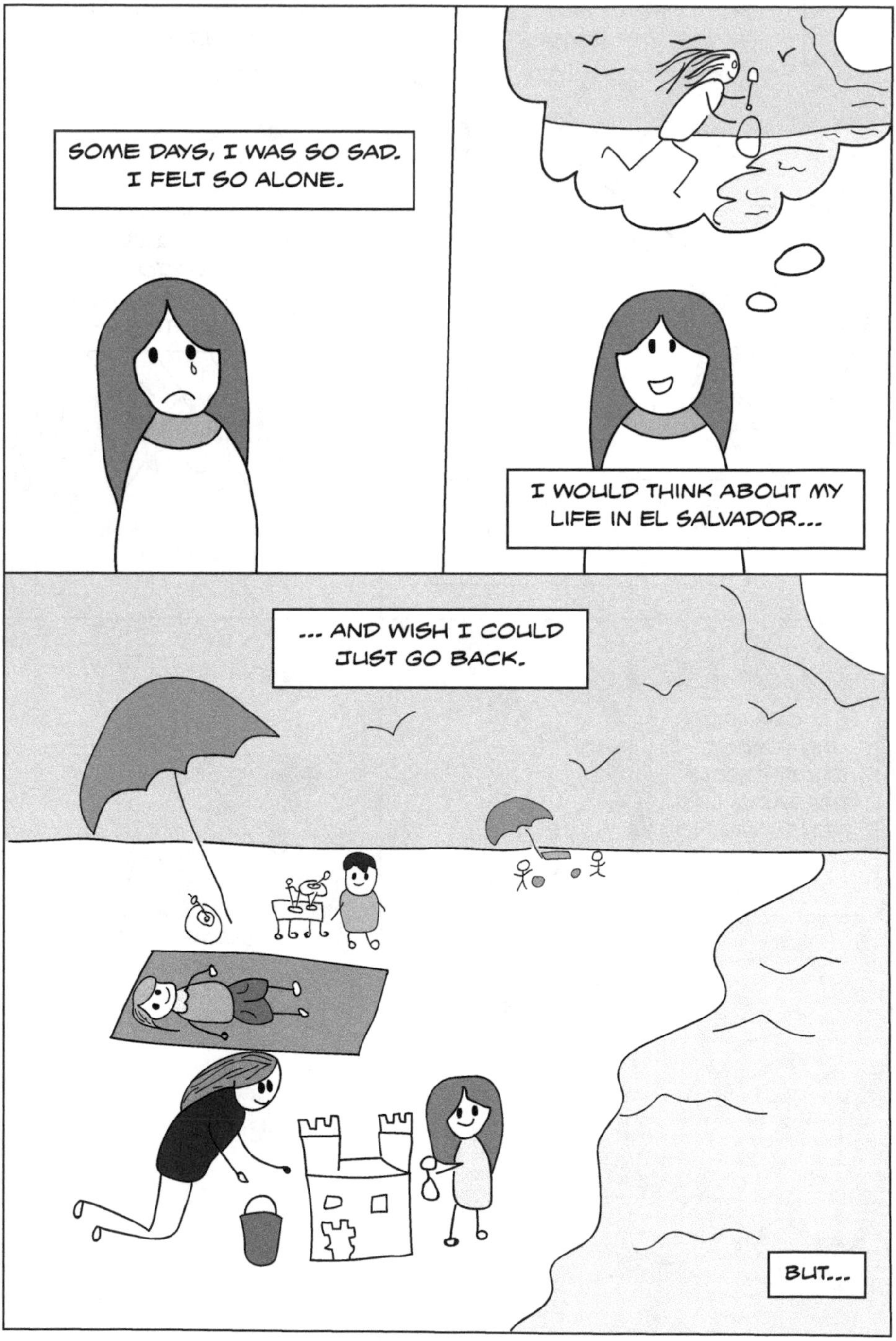
SOME DAYS, I WAS SO SAD.
I FELT SO ALONE.
I WOULD THINK ABOUT MY
LIFE IN EL SALVADOR...
... AND WISH I COULD
JUST GO BACK.
BUT...

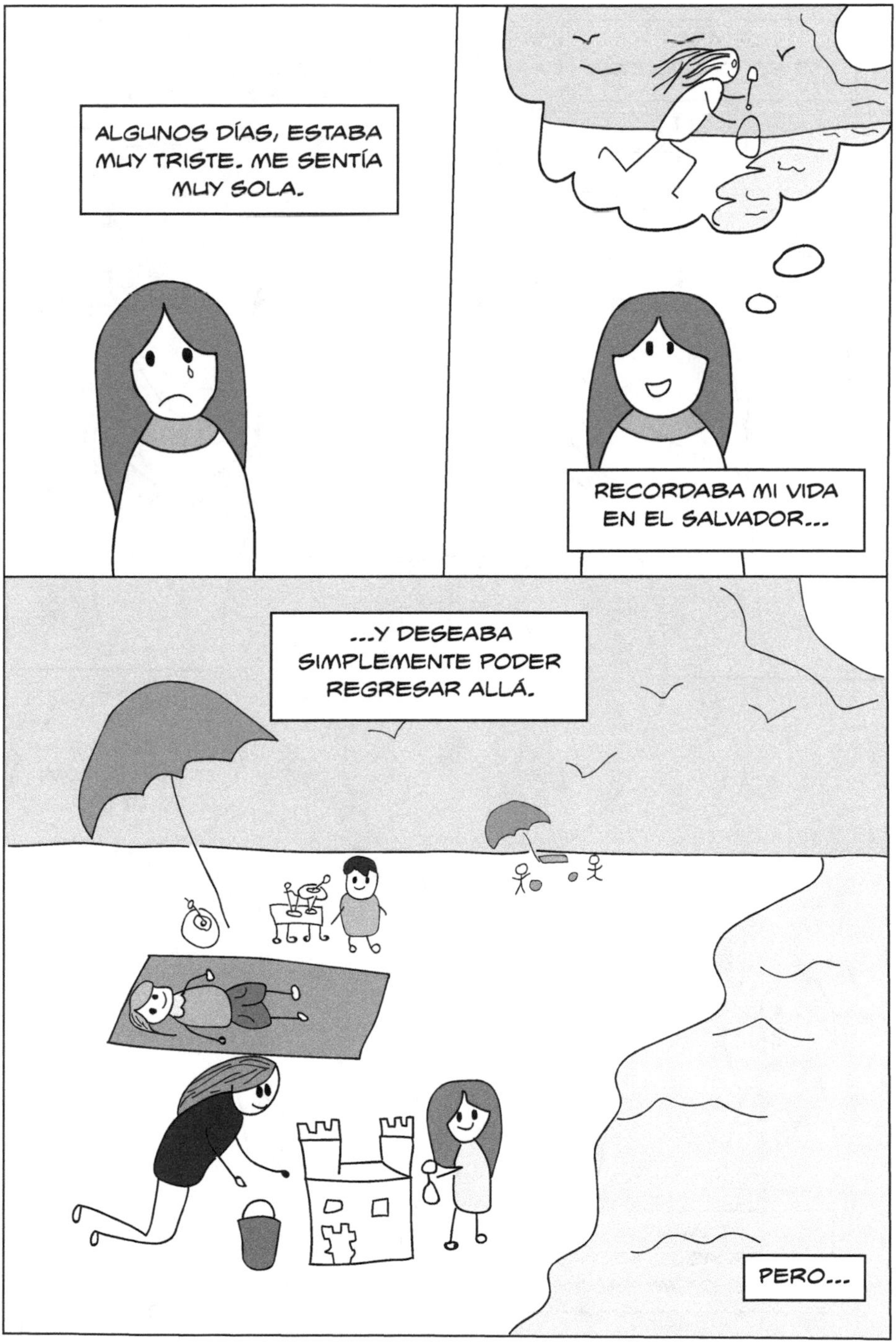
ALGUNOS DÍAS, ESTABA MUY TRISTE. ME SENTÍA MUY SOLA.
RECORDABA MI VIDA EN EL SALVADOR...
...Y DESEABA SIMPLEMENTE PODER REGRESAR ALLÁ.
PERO...

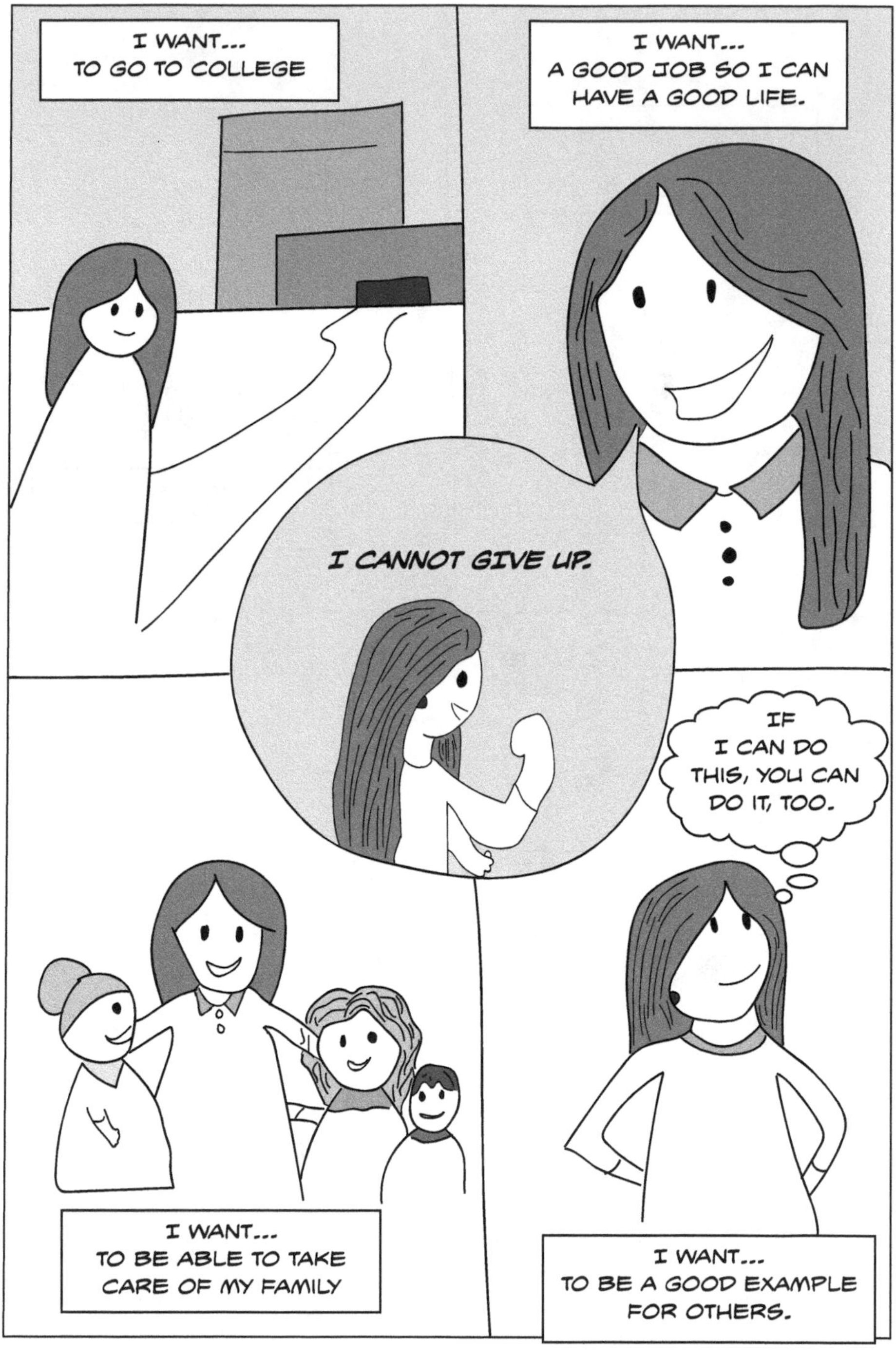
I WANT...
TO GO TO COLLEGE
I WANT...
A GOOD JOB SO I CAN
HAVE A GOOD LIFE.
I CANNOT GIVE UP.
I WANT...
TO BE ABLE TO TAKE
CARE OF MY FAMILY
IF
I CAN DO
THIS, YOU CAN
DO IT, TOO.
I WANT...
TO BE A GOOD EXAMPLE
FOR OTHERS.

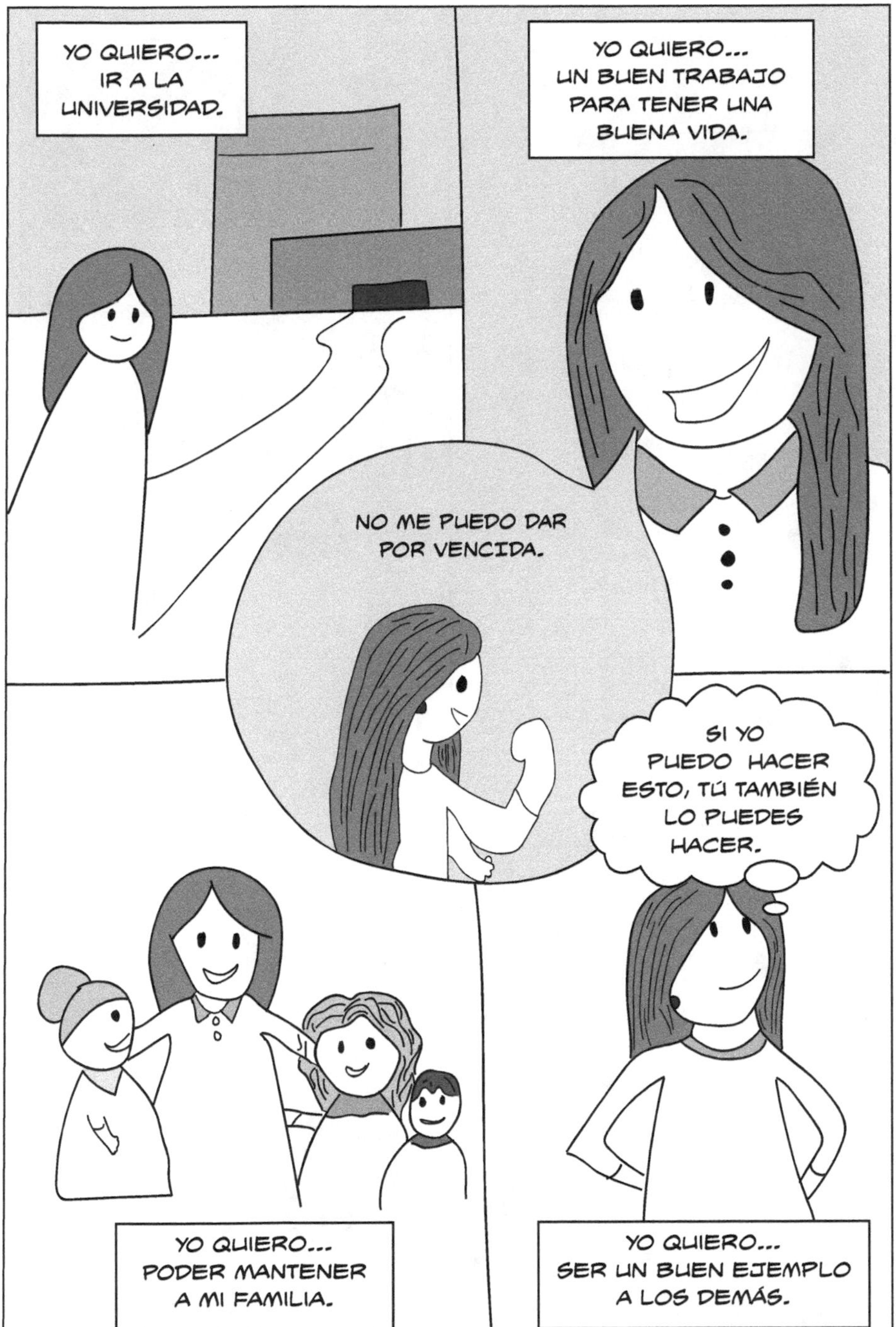
YO QUIERO...
IR A LA
UNIVERSIDAD.
YO QUIERO...
UN BUEN TRABAJO
PARA TENER UNA
BUENA VIDA.
NO ME PUEDO DAR
POR VENCIDA.
SI YO
PUEDO HACER
ESTO, TÚ TAMBIÉN
LO PUEDES
HACER.
YO QUIERO...
PODER MANTENER
A MI FAMILIA.
YO QUIERO...
SER UN BUEN EJEMPLO
A LOS DEMÁS.

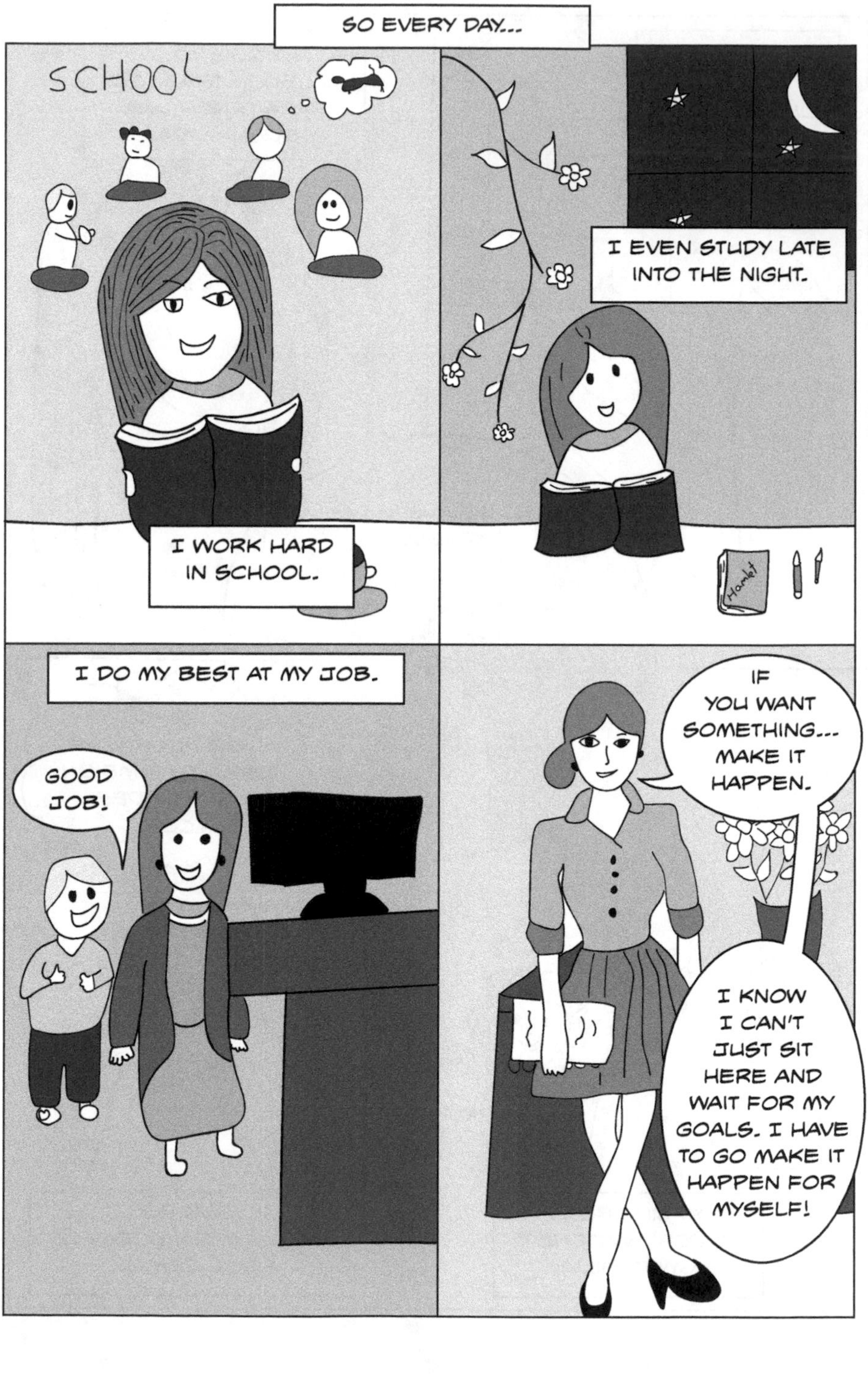
SO EVERY DAY...
SCHOOL
I WORK HARD IN SCHOOL.
I EVEN STUDY LATE INTO THE NIGHT.
Hamlet
I DO MY BEST AT MY JOB.
GOOD JOB!
IF YOU WANT SOMETHING... MAKE IT HAPPEN.
I KNOW I CAN'T JUST SIT HERE AND WAIT FOR MY GOALS. I HAVE TO GO MAKE IT HAPPEN FOR MYSELF!

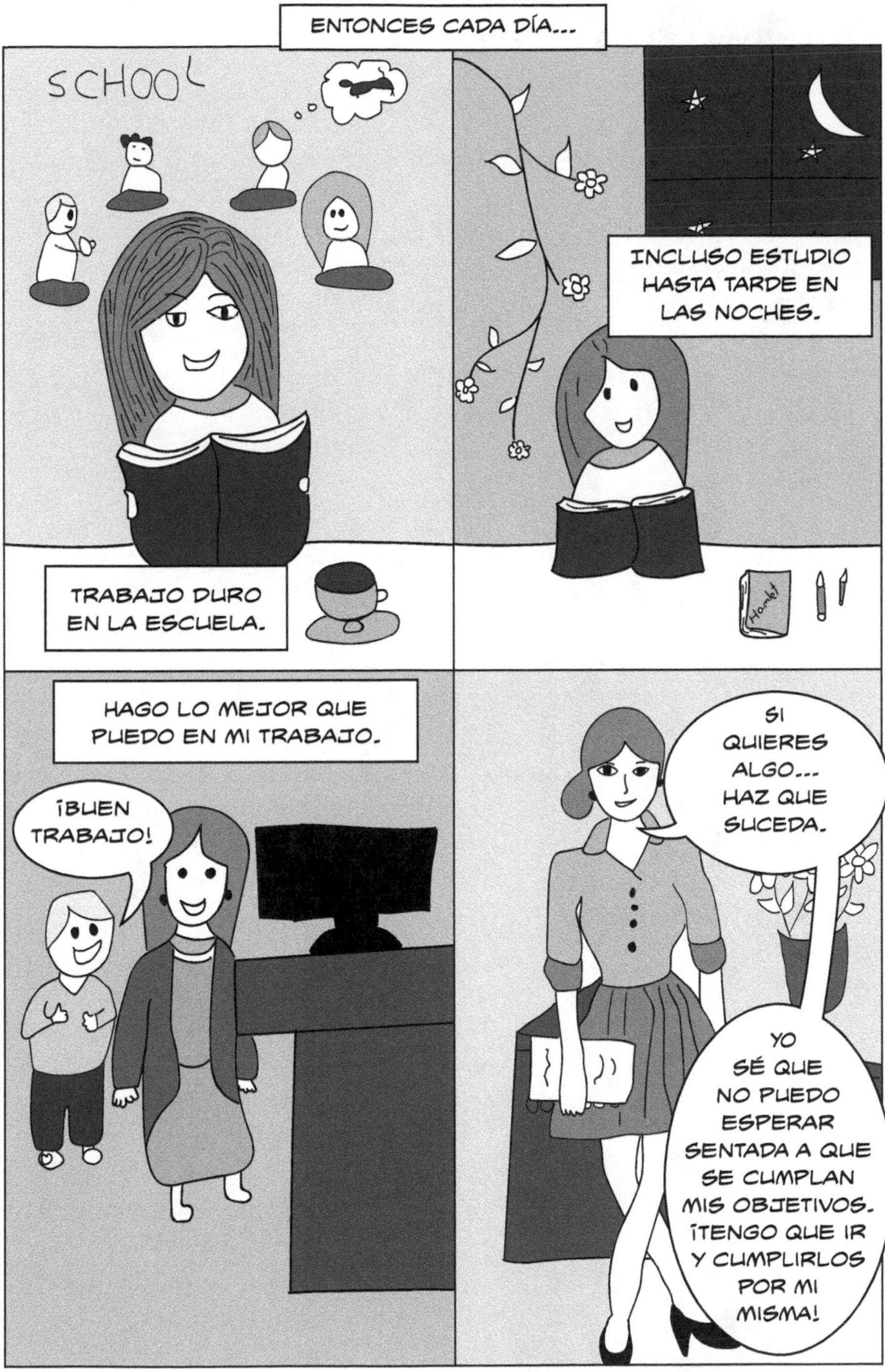
ENTONCES CADA DÍA...
SCHOOL
TRABAJO DURO EN LA ESCUELA.
INCLUSO ESTUDIO HASTA TARDE EN LAS NOCHES.
Hamlet
HAGO LO MEJOR QUE PUEDO EN MI TRABAJO.
¡BUEN TRABAJO!
SI QUIERES ALGO... HAZ QUE SUCEDA.
YO SÉ QUE NO PUEDO ESPERAR SENTADA A QUE SE CUMPLAN MIS OBJETIVOS. ¡TENGO QUE IR Y CUMPLIRLOS POR MI MISMA!

Nataly's Story

My story is about learning English and facing my fears. It is so difficult, coming to another country and learning a new language. And sometimes it is frustrating, because you want to speak, and you can't. Or you want to do something, but you don't have the chance because you do not know English. This is why many opportunities close. I thought this story was really important to share because I know that it is something many people experience.

English has been very challenging for me. When I started school and my teachers or classmates expressed themselves in English class, I understood absolutely nothing. I felt lost and practically without a voice knowing that I could not communicate with others. At my job, too, it was very difficult at the beginning. I work as a host in a restaurant. When I started to take phone calls and I had to interact with the clients, it was the most challenging thing. To this day, it still continues to be a problem. But my job is where I really began to speak English, and where I started to improve. I decided to take on this challenge because, like they say, the one who gets comfortable does not succeed. And I don't want to be like that. I want to be better than today, and one way or another, I want to help others.

I am about to finish high school, and my life has taken a big turn. Now I know how to speak the language more—I can understand it and make my schoolwork better—but sometimes I feel what I used to feel. I worry that I will not be able to achieve the level of English that I want. I feel sometimes like I won't be able to continue, but there's something in me that tells me I should never hold myself back.

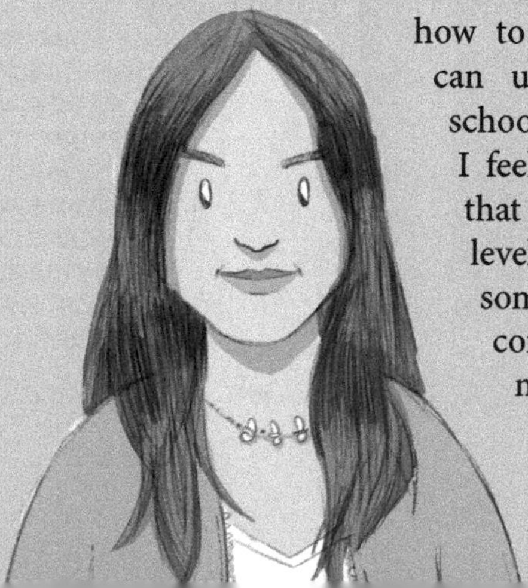

La Historia de Nataly

Mi historia es sobre aprender inglés y derrotar mis miedos. Es muy difícil llegar a otro país y aprender un nuevo idioma. Y a veces es frustrante porque quieres hablar y no puedes. O quieres hacer algo, pero no tienes la oportunidad porque no sabes inglés. Esta es la razón por la cual muchas oportunidades se cierran. Pensé que esta historia era muy importante para compartir porque sé que es algo que muchas personas experimentan.

El inglés ha sido muy desafiante para mí. Cuando comencé la escuela y mis profesores o compañeros de clase se expresaban en clase de inglés, no entendía absolutamente nada. Me sentí perdida y prácticamente sin voz sabiendo que no podía comunicarme con los demás. En mi trabajo, también, fue muy difícil al principio. Yo trabajo como anfitriona en un restaurante. Cuando comencé a tomar llamadas y tuve que interactuar con los clientes, fue lo más desafiante. Hasta el día de hoy, sigue siendo un problema. Pero mi trabajo es donde realmente comencé a hablar inglés, y donde comencé a mejorar. Decidí tomar este desafío porque, como dicen, el que se acomoda no se supera. Y no quiero ser así. Quiero ser mejor que hoy, y de una forma u otra, quiero ayudar a otros.

Estoy a punto de terminar la escuela secundaria, y mi vida ha tenido un gran cambio. Ahora sé cómo hablar el idioma más—puedo entenderlo y hacer mi tarea mejor—pero a veces siento lo que solía sentir. Me preocupa que no pueda alcanzar el nivel de inglés que quiero. A veces siento que no seré capaz de continuar, pero hay algo en mí que me dice que nunca debería contenerme.

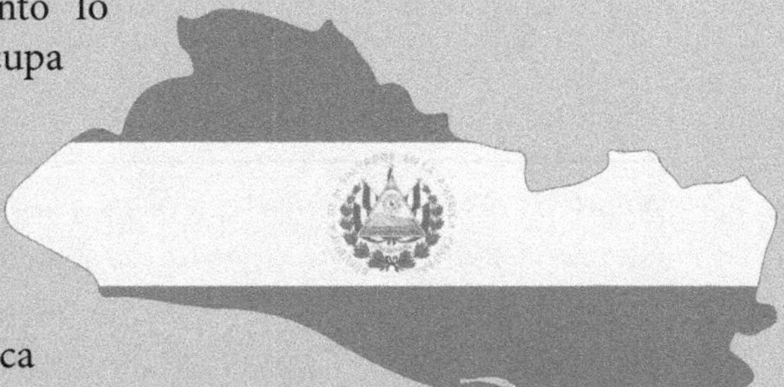

"There's something in me that tells me I should never hold myself back."

My dream is to graduate from high school, and with great pride to dedicate it to my mother. She has done a lot for me. She is the one who supports me and gives me her unconditional love. I want to complete a Bachelor's degree in something that allows me to learn about other cultures, countries, and people. I want to know what life is like outside of my own experience.

I know many teenagers like me who have many dreams, aspirations, and more. But sometimes we are afraid to fail. Even myself, I am afraid. But we need to know that our dreams have value if we just have the passion to fight for them. We must believe in ourselves. In life we will always face defeats, and sometimes we must fall. But the next time, when we get up, we will have the wisdom to do better.

— NATALY

Nataly is a senior in high school in Washington, D.C. She is from El Salvador. Nataly loves to go to the beach, to read, and to eat things that are delicious. She also likes to ride her bicycle by lakes and be in nature. Her future plan is to graduate from college and travel the world.

"Hay algo en mí que me dice que nunca debería contenerme."

Mi sueño es graduarme de la escuela secundaria y con gran orgullo dedicarselo a mi madre. Ella ha hecho mucho por mí. Ella es la que me apoya y me da su amor incondicional. Quiero completar una licenciatura en algo que me deje aprender sobre otras culturas, países, y gente. Quiero saber como es la vida afuera de mi propia experiencia.

Conozco a muchos adolescentes como yo que tienen muchos sueños, aspiraciones, y más. Pero a veces tenemos miedo de fallar. Incluso yo misma, tengo miedo. Pero necesitamos saber que nuestros sueños tienen valor si solo tenemos la pasión para pelear por lo que queremos. Debemos creer en nosotros mismo. En la vida siempre habrán derrotas, y algunos veces debemos caer. Pero la próxima vez, cuando nos levantemos, tendremos la sabiduría para hacerlo mejor.

— NATALY

Nataly está en su último año de la escuela secundaria en Washington, D.C. Ella es de El Salvador. Nataly ama ir a la playa, leer, y comer delicioso. Ella también le gusta andar en bicicleta por los lagos y estar en lugares naturales. Su plan futuro es graduarse de la universidad y viajar por el mundo.

Don't Lose The Time

By Lisa

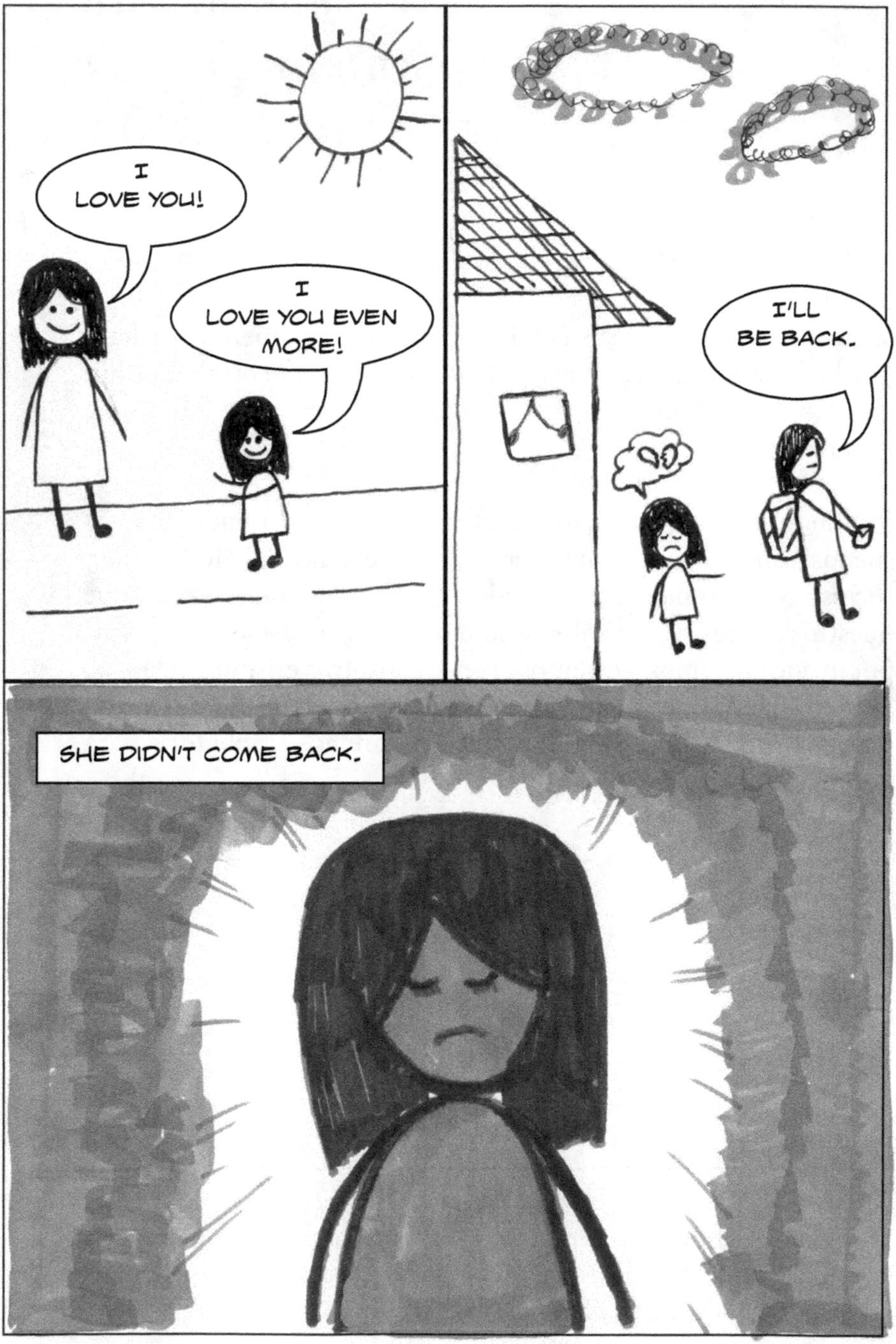
I LOVE YOU!
I LOVE YOU EVEN MORE!
I'LL BE BACK.
SHE DIDN'T COME BACK.

No Pierdas el Tiempo

por Lisa

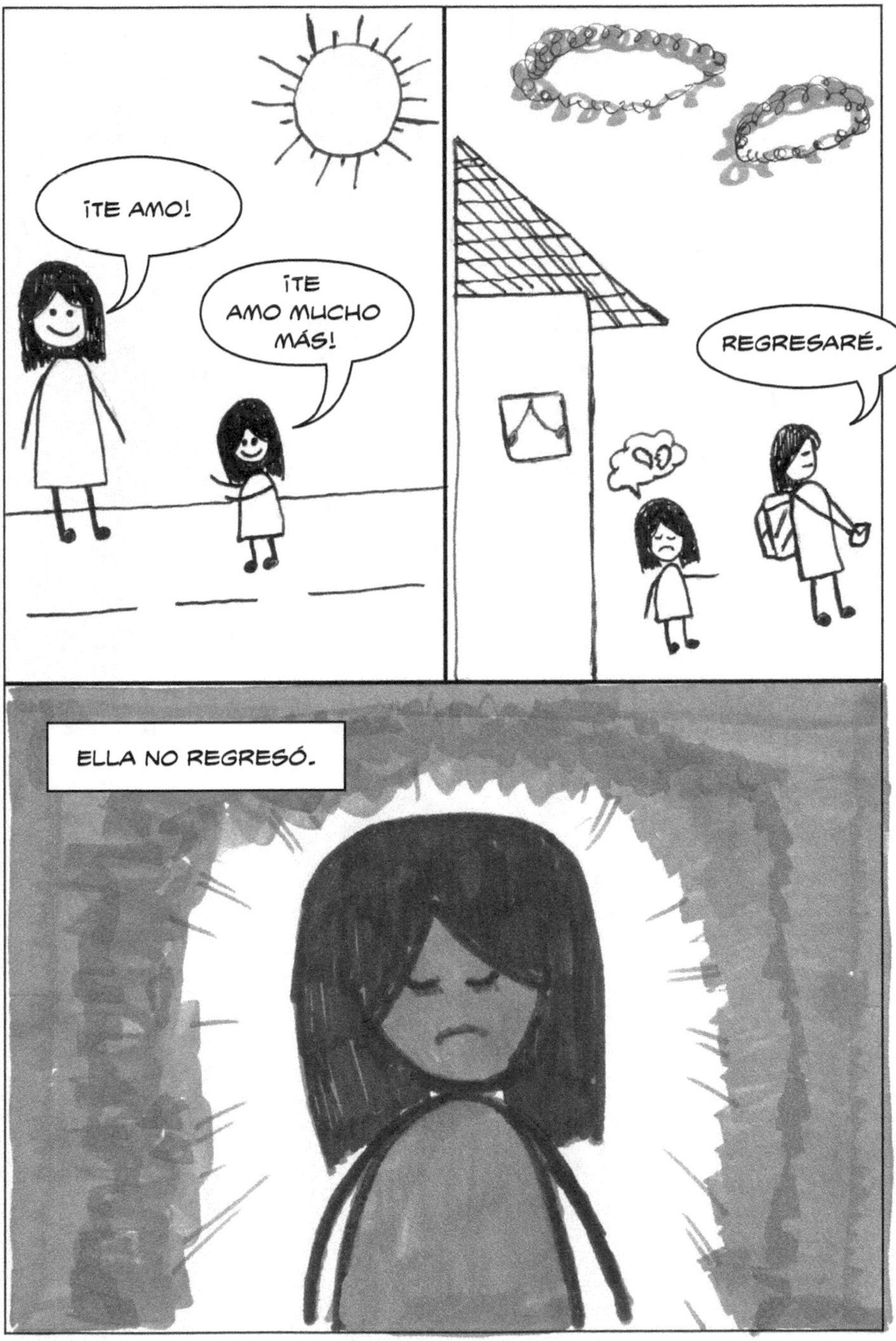
¡TE AMO!
¡TE AMO MUCHO MÁS!
REGRESARÉ.
ELLA NO REGRESÓ.

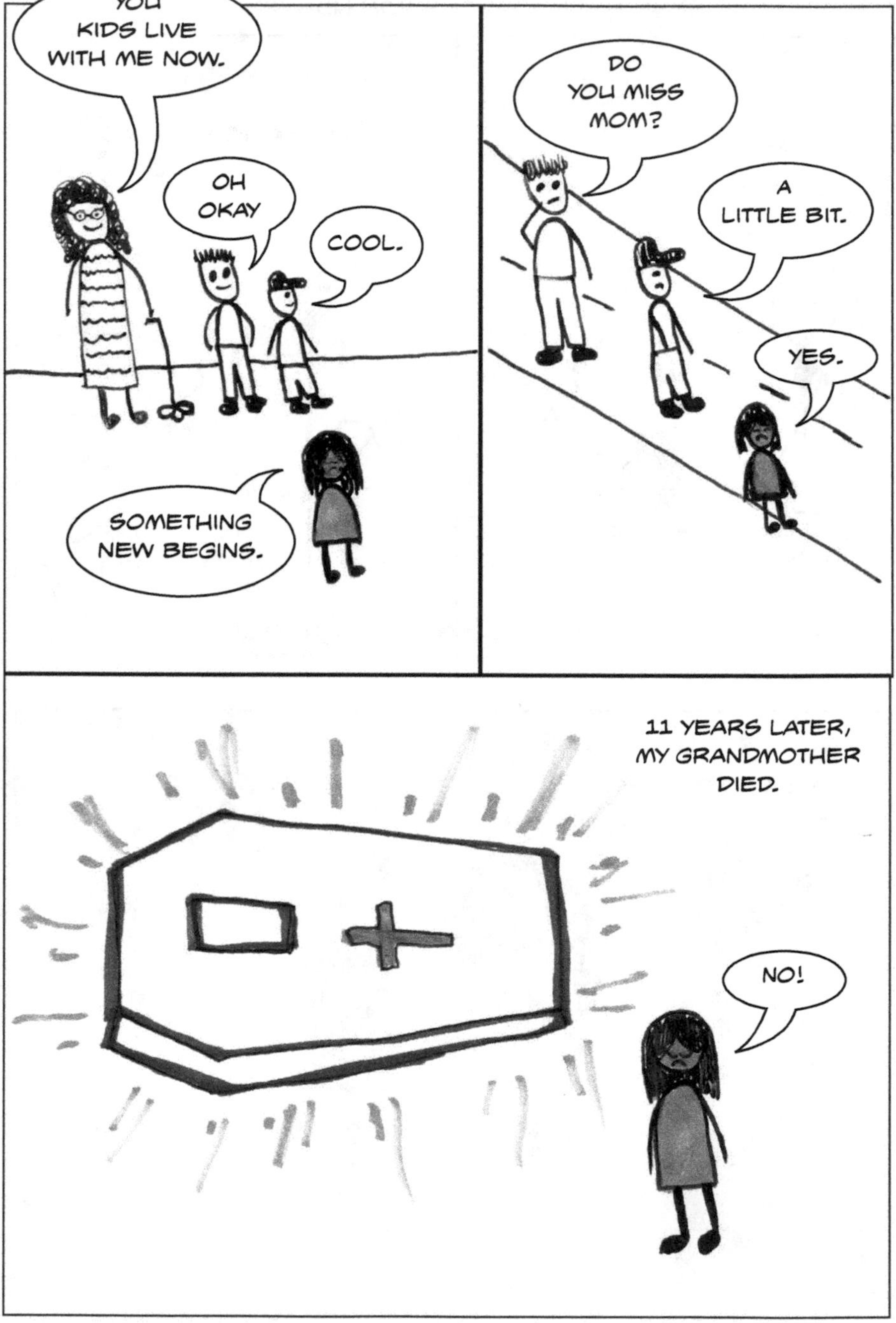
YOU KIDS LIVE WITH ME NOW.
OH OKAY
COOL.
SOMETHING NEW BEGINS.
DO YOU MISS MOM?
A LITTLE BIT.
YES.
11 YEARS LATER, MY GRANDMOTHER DIED.
NO!

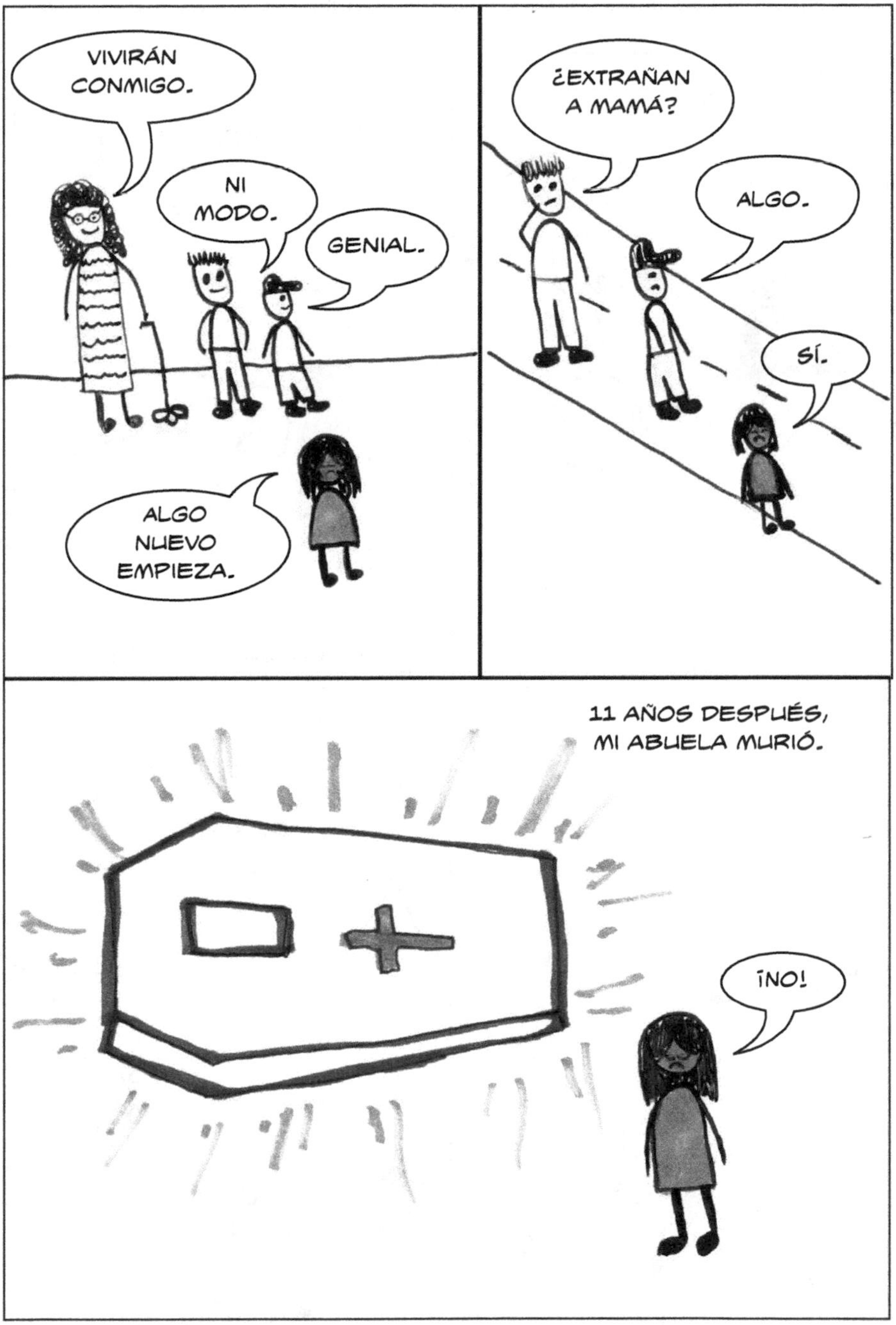
VIVIRÁN CONMIGO.
NI MODO.
GENIAL.
ALGO NUEVO EMPIEZA.
¿EXTRAÑAN A MAMÁ?
ALGO.
SÍ.
11 AÑOS DESPUÉS, MI ABUELA MURIÓ.
¡NO!

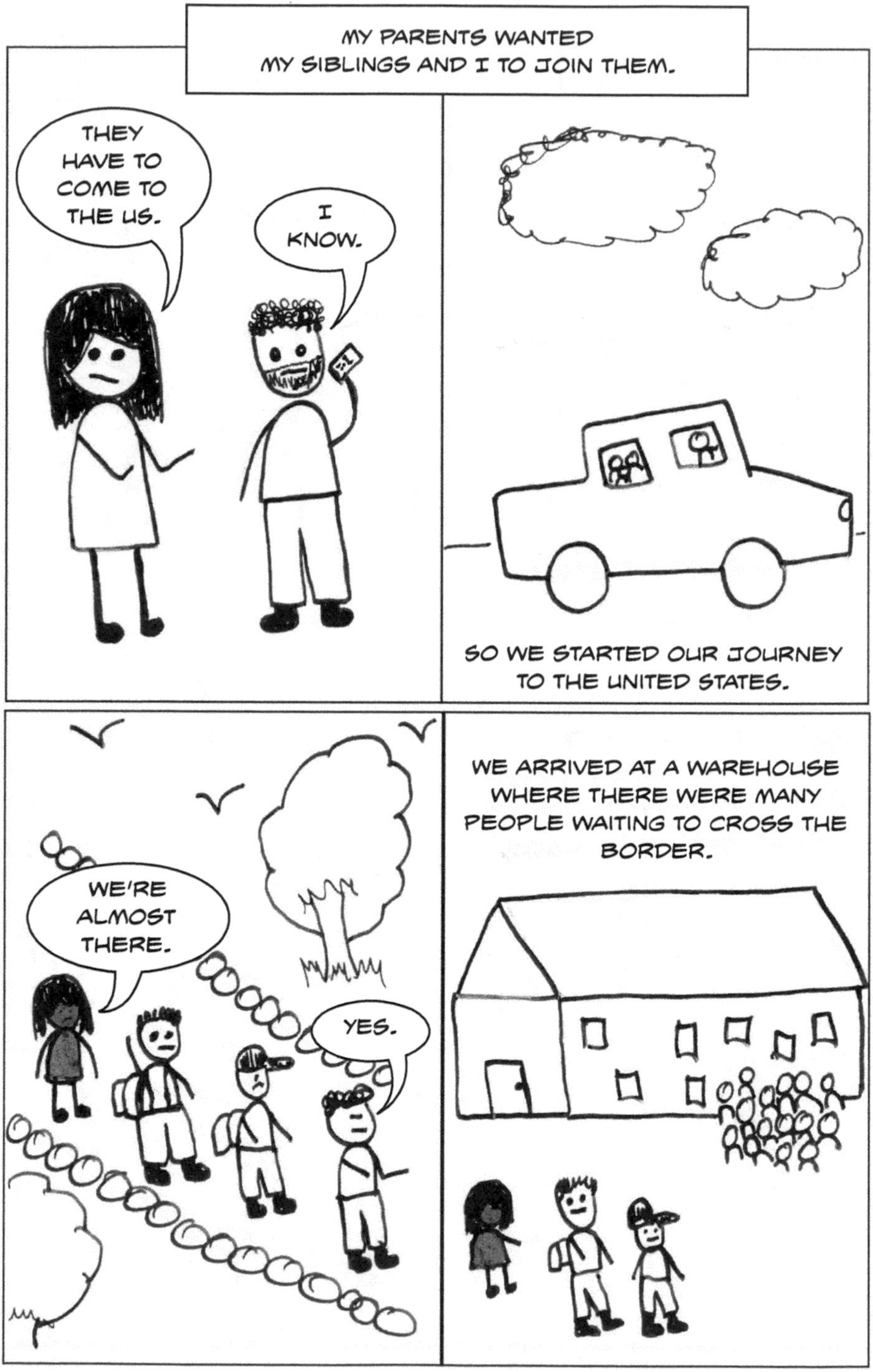
MY PARENTS WANTED
MY SIBLINGS AND I TO JOIN THEM.
THEY HAVE TO COME TO THE US.
I KNOW.
SO WE STARTED OUR JOURNEY
TO THE UNITED STATES.
WE'RE ALMOST THERE.
YES.
WE ARRIVED AT A WAREHOUSE
WHERE THERE WERE MANY
PEOPLE WAITING TO CROSS THE
BORDER.

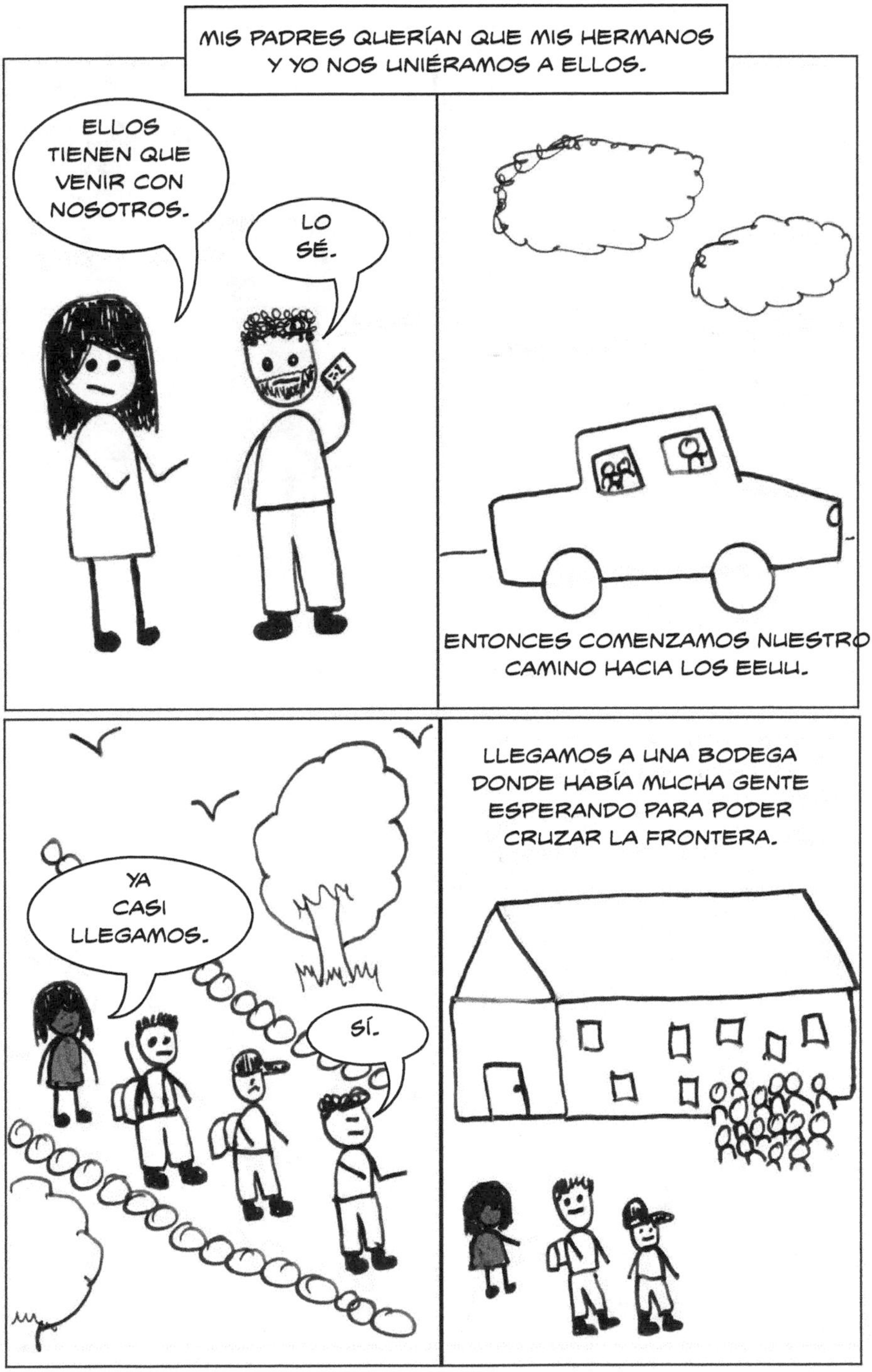
MIS PADRES QUERÍAN QUE MIS HERMANOS Y YO NOS UNIÉRAMOS A ELLOS.
ELLOS TIENEN QUE VENIR CON NOSOTROS.
LO SÉ.
ENTONCES COMENZAMOS NUESTRO CAMINO HACIA LOS EEUU.
YA CASI LLEGAMOS.
SÍ.
LLEGAMOS A UNA BODEGA DONDE HABÍA MUCHA GENTE ESPERANDO PARA PODER CRUZAR LA FRONTERA.

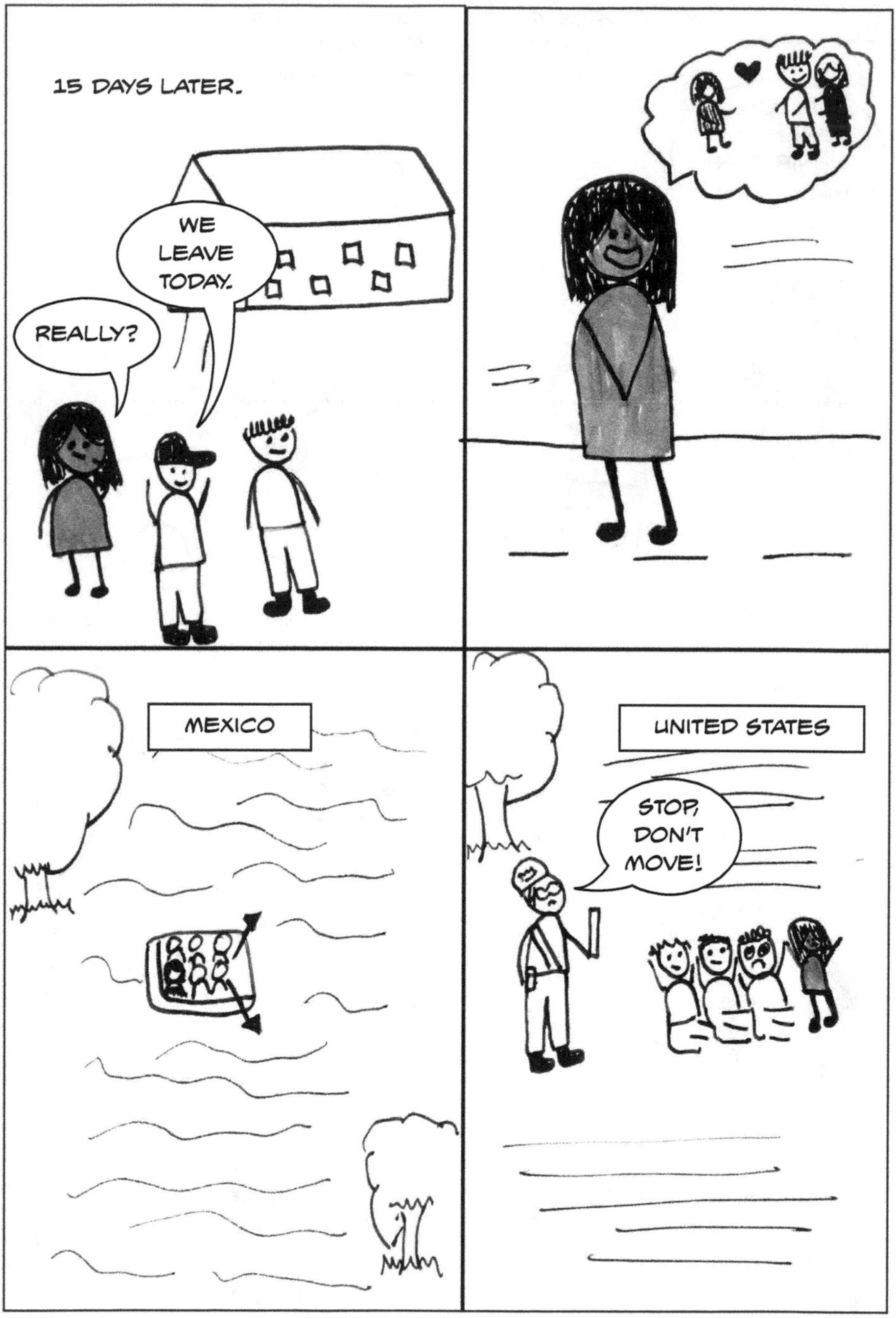
15 DAYS LATER.
WE LEAVE TODAY.
REALLY?
MEXICO
UNITED STATES
STOP, DON'T MOVE!

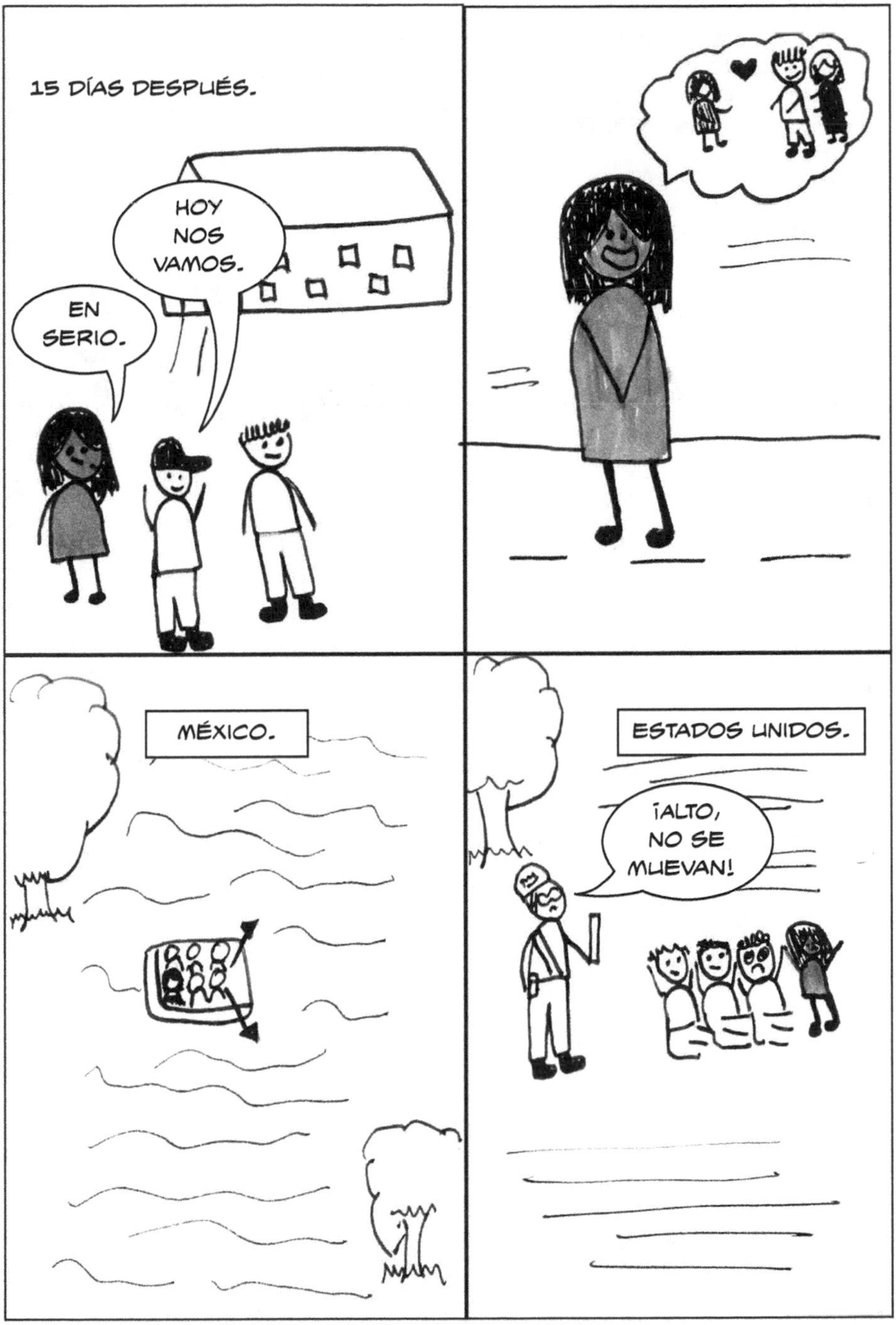
15 DÍAS DESPUÉS.
HOY NOS VAMOS.
EN SERIO.
MÉXICO.
ESTADOS UNIDOS.
¡ALTO, NO SE MUEVAN!

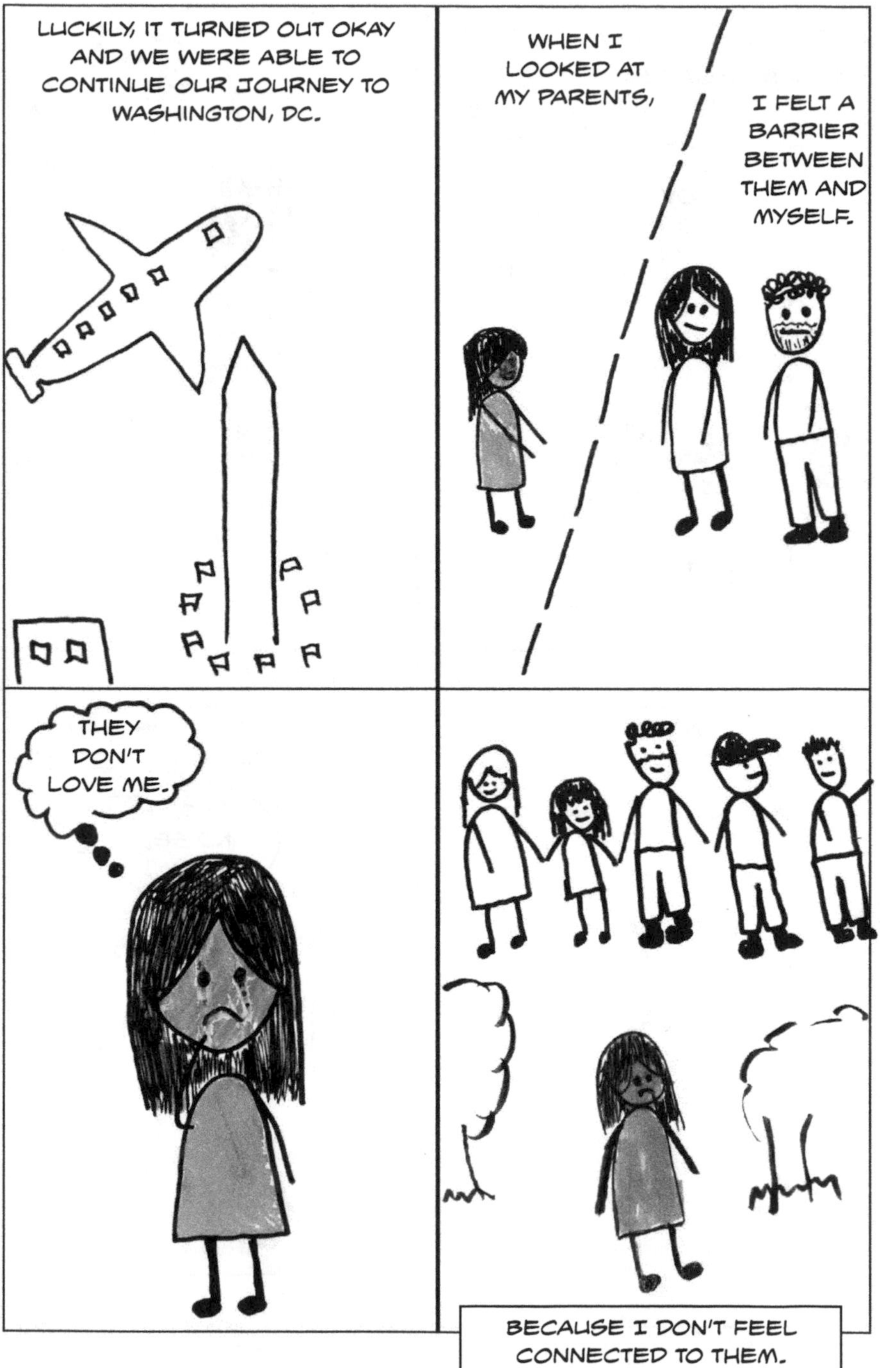
LUCKILY, IT TURNED OUT OKAY AND WE WERE ABLE TO CONTINUE OUR JOURNEY TO WASHINGTON, DC.
WHEN I LOOKED AT MY PARENTS,
I FELT A BARRIER BETWEEN THEM AND MYSELF.
THEY DON'T LOVE ME.
BECAUSE I DON'T FEEL CONNECTED TO THEM.

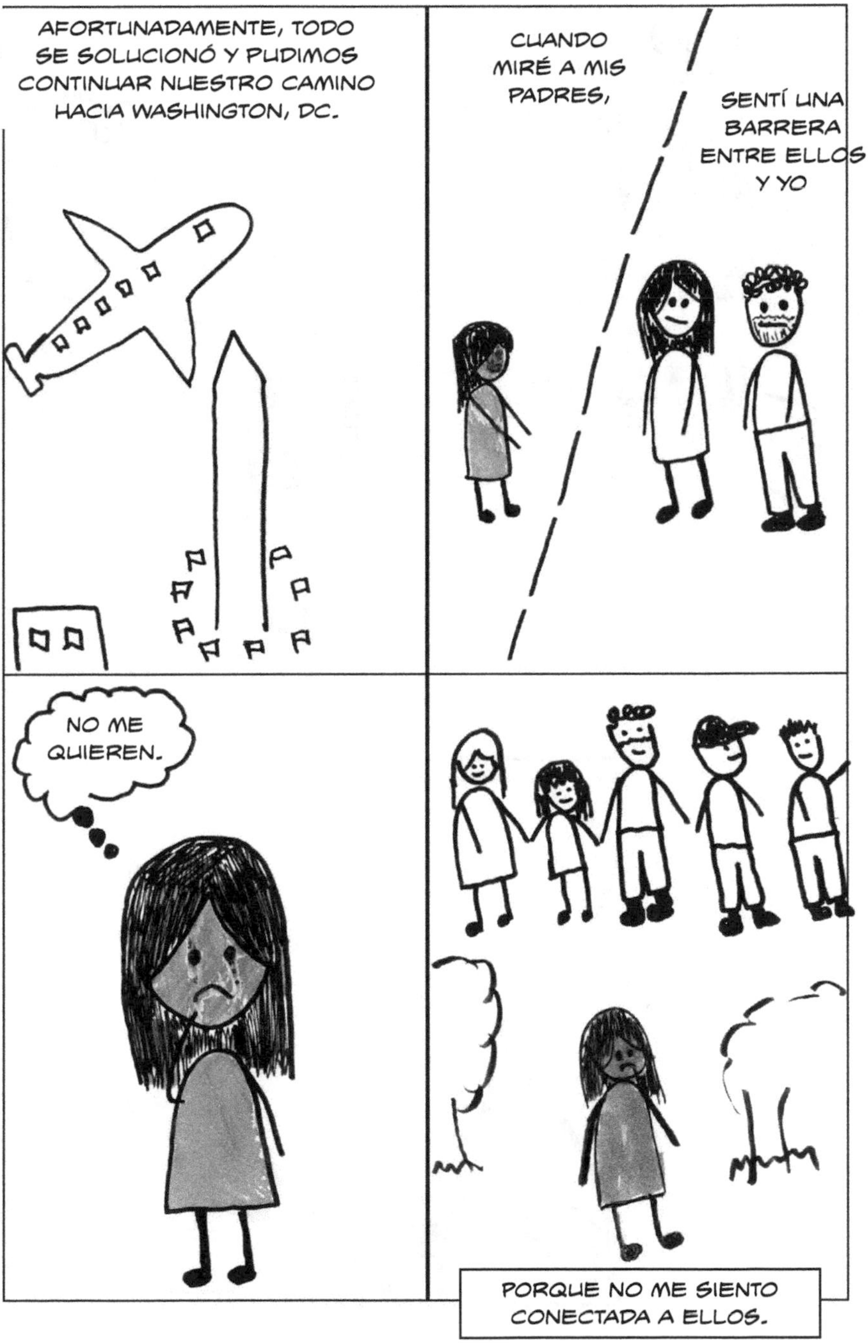
AFORTUNADAMENTE, TODO SE SOLUCIONÓ Y PUDIMOS CONTINUAR NUESTRO CAMINO HACIA WASHINGTON, DC.
CUANDO MIRÉ A MIS PADRES,
SENTÍ UNA BARRERA ENTRE ELLOS Y YO
NO ME QUIEREN.
PORQUE NO ME SIENTO CONECTADA A ELLOS.

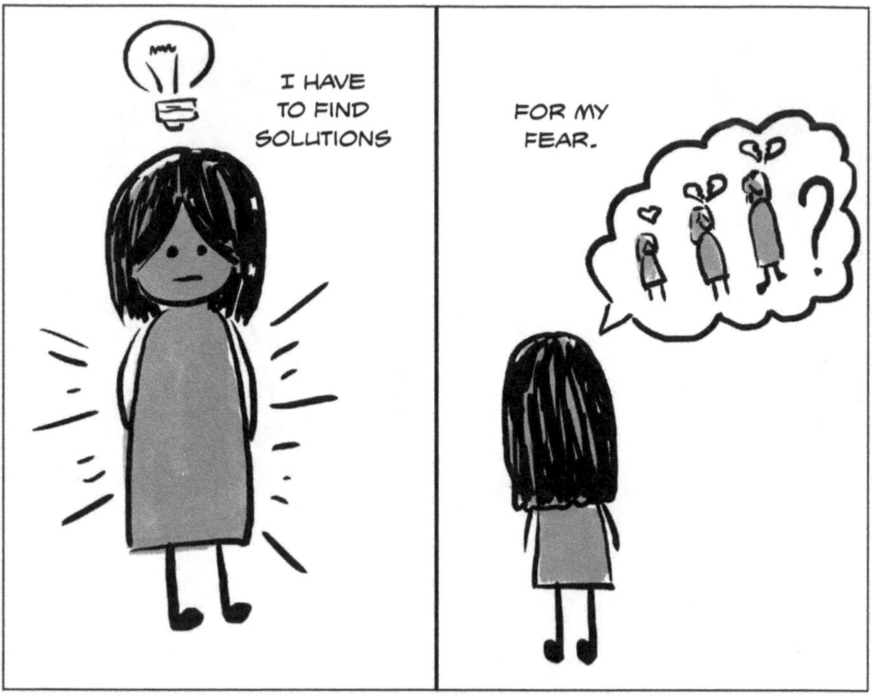
I HAVE
TO FIND
SOLUTIONS
FOR MY
FEAR.

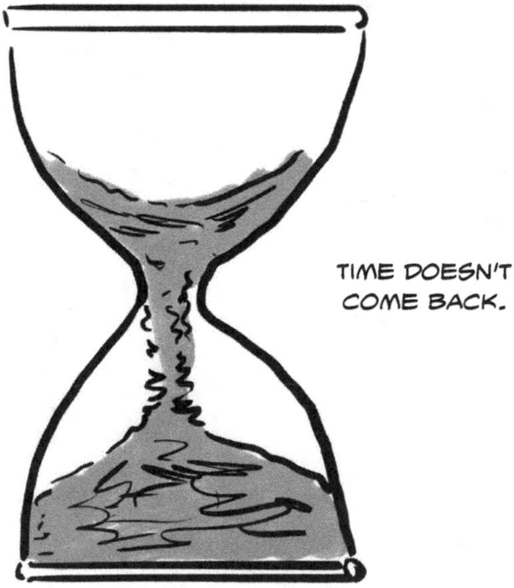
TIME DOESN'T
COME BACK.

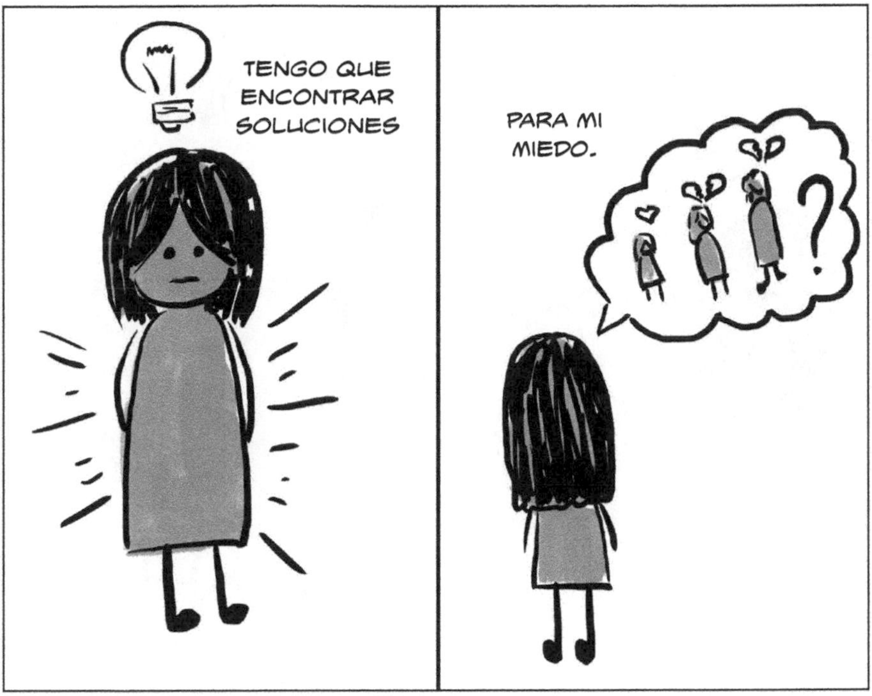
TENGO QUE ENCONTRAR SOLUCIONES
PARA MI MIEDO.
?

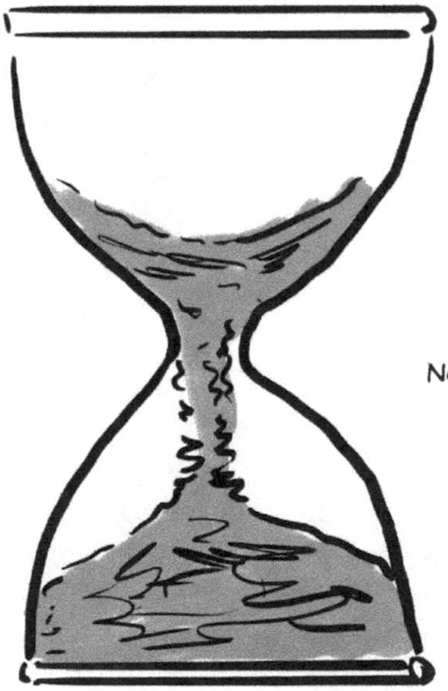
EL TIEMPO NO REGRESA.

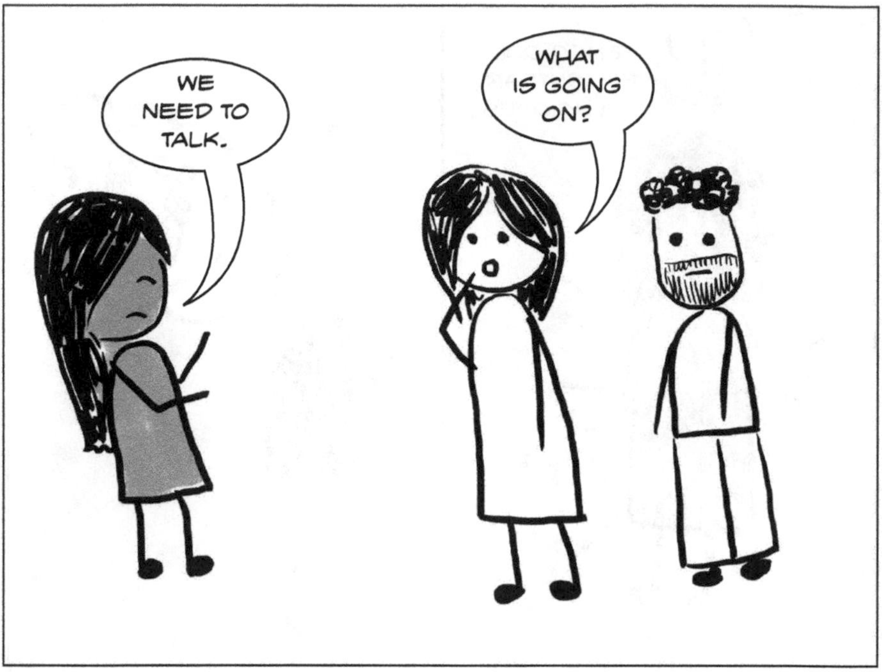
WE NEED TO TALK.
WHAT IS GOING ON?

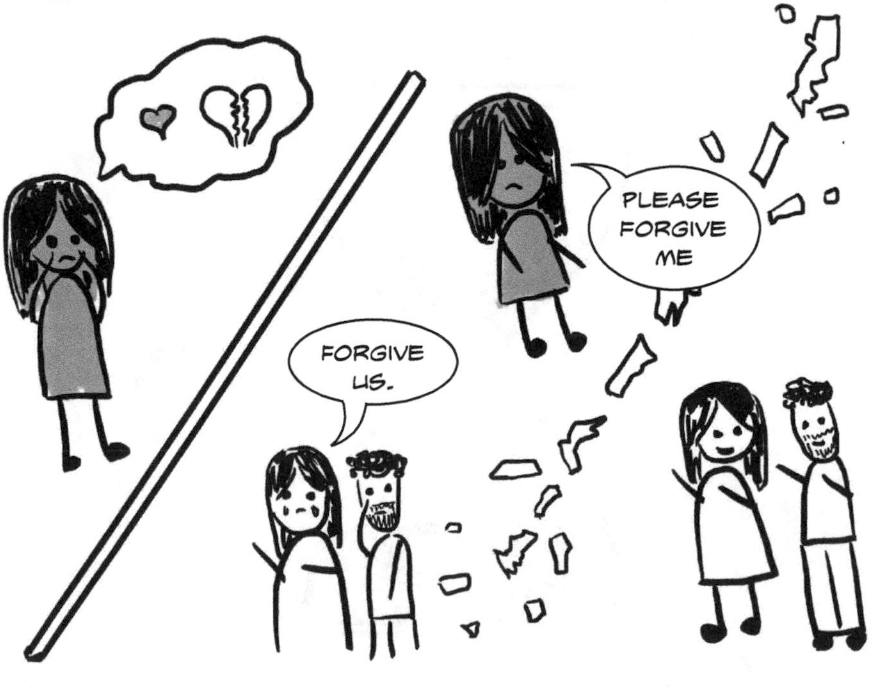
PLEASE FORGIVE ME
FORGIVE US.

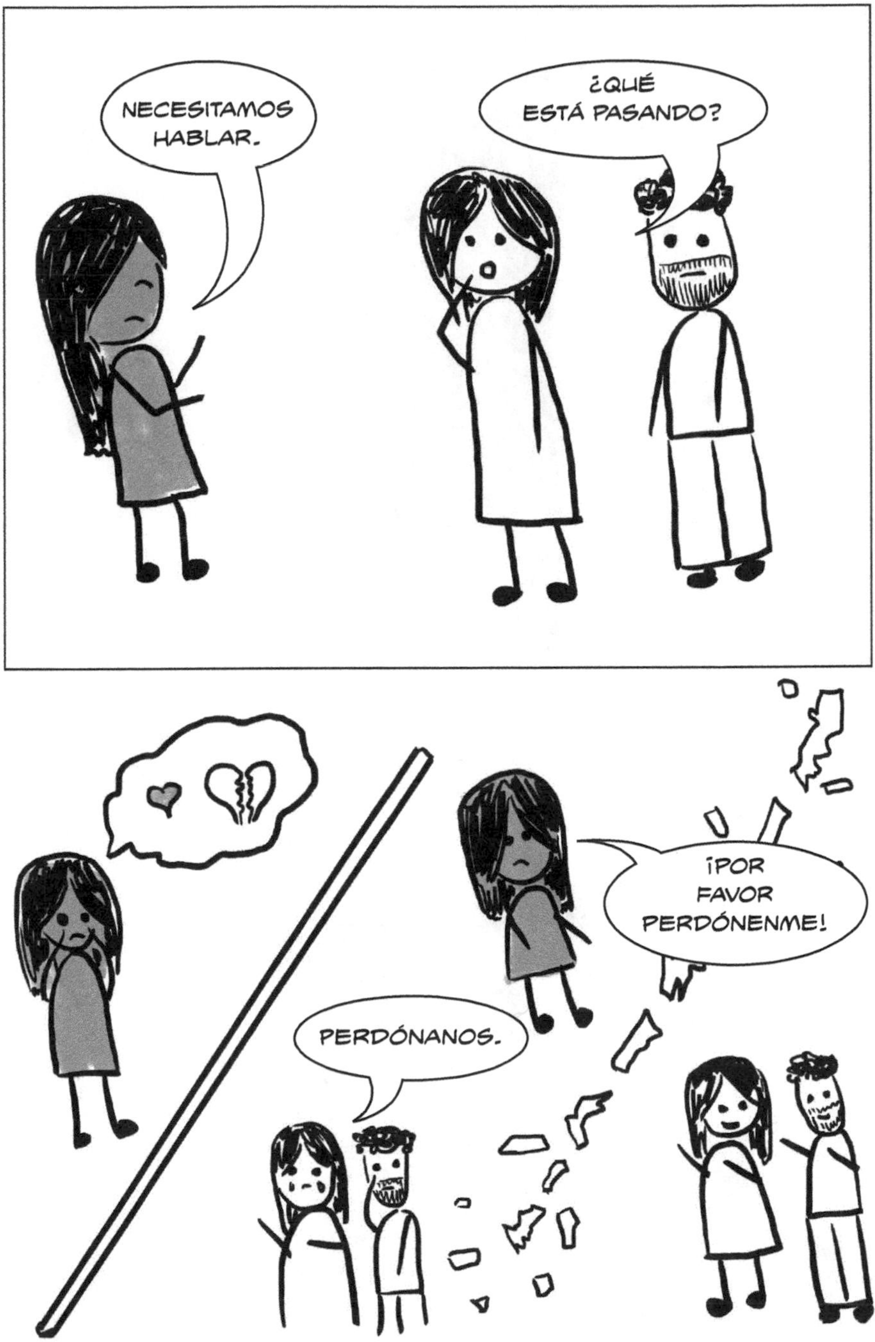
NECESITAMOS HABLAR.
¿QUÉ ESTÁ PASANDO?
¡POR FAVOR PERDÓNENME!
PERDÓNANOS.

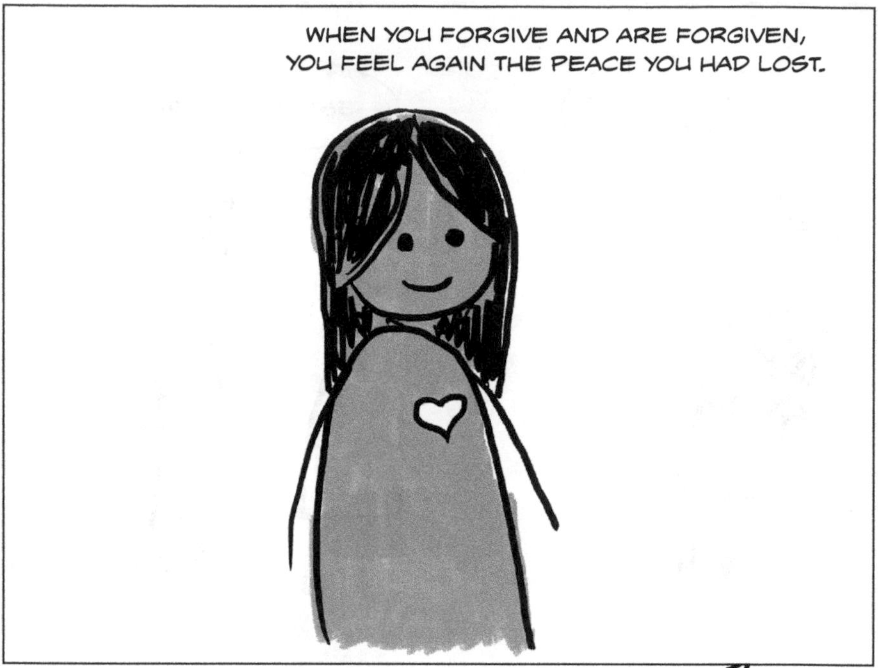
WHEN YOU FORGIVE AND ARE FORGIVEN,
YOU FEEL AGAIN THE PEACE YOU HAD LOST.

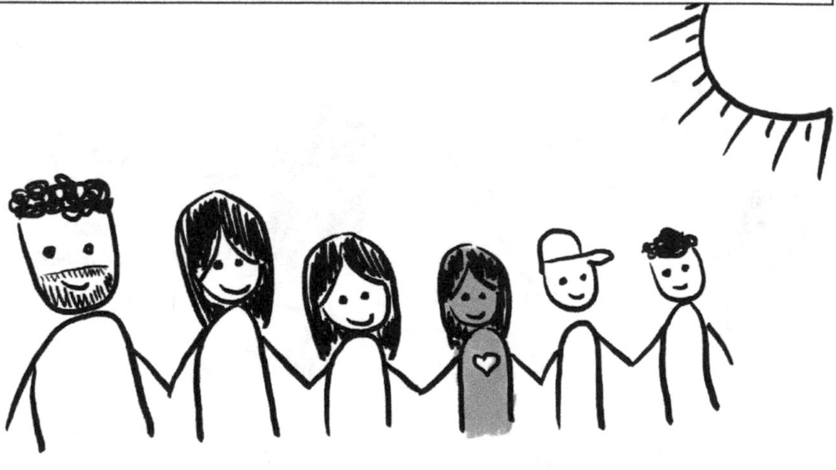
NOW WE'RE A BETTER FAMILY.

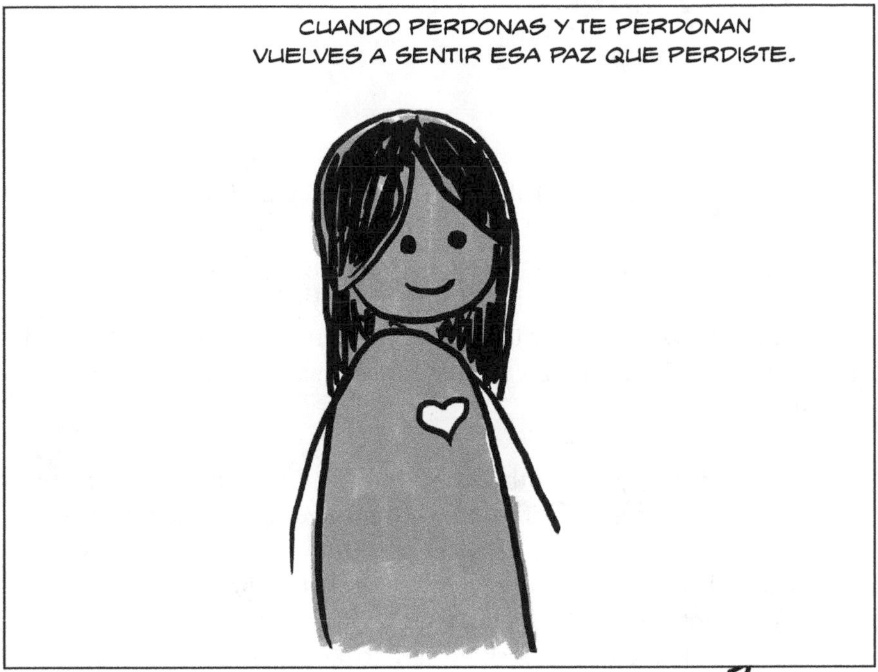
CUANDO PERDONAS Y TE PERDONAN
VUELVES A SENTIR ESA PAZ QUE PERDISTE.

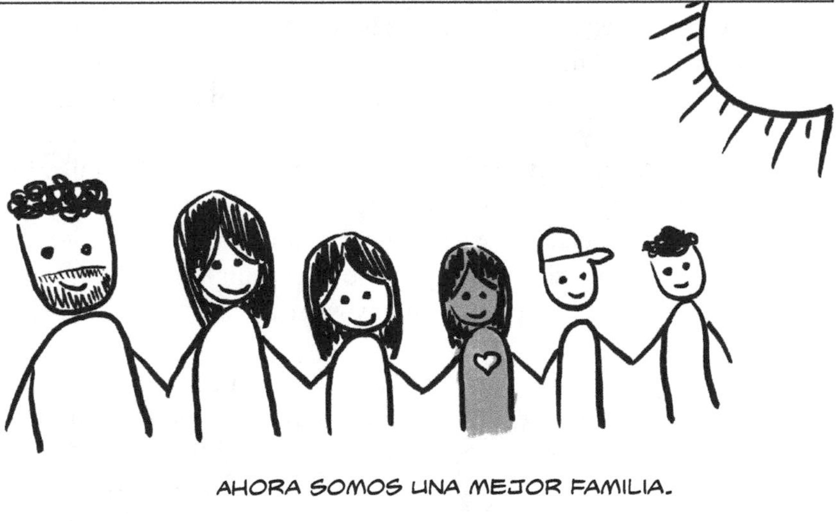
AHORA SOMOS UNA MEJOR FAMILIA.

Lisa's Story

From the age of four I grew up with my grandmother. She was the woman who took care of me at all times, the woman who taught me to fight for my dreams despite the circumstances. She taught me to never give up. She showed me that life can be wonderful, and that everything is in your way of seeing it. She has been my father and mother at the same time. Even though she died three years ago, she is still alive in my heart.

When my grandmother died and I came to the United States to be with my parents, I did not feel connected to them, because we had been apart for so long. I had not seen my mother since I was four years old, and I had never met my father before I came to this country. When I got here, I still did not feel connected to them. My mother and father spend their days working hard to get ahead. I do not know much about my parents or my brothers because we do not spend much time together, and when we are together, it seems that everyone is in their own world. I have always dreamed of having a more united family.

In addition to struggling to feel at home with my family, I had a lot of challenges when I first came to this country. I fell into a deep depression. I looked at everything in a gray and negative way. Twice I tried to hit my classmates because of the anger I had in me. I even began to cut my wrists.

But one day I got home and I locked myself in the bathroom. I looked in the mirror and said to myself, "You're not the real Lisa. The real Lisa is a smiling girl, she's a positive girl who fights for her dreams, not a coward. The real Lisa has aspirations to fulfill."

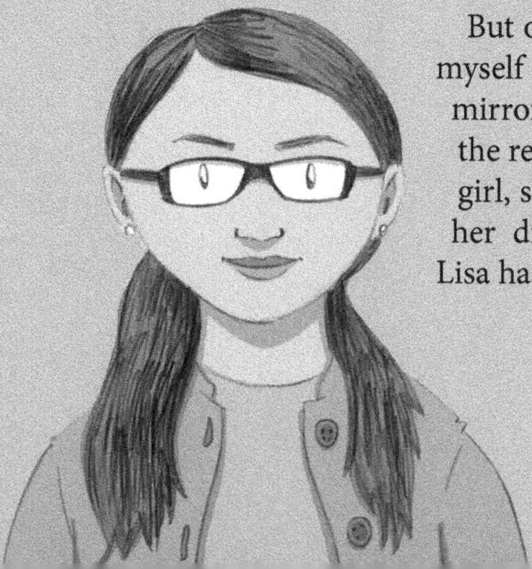

LA HISTORIA DE LISA

Desde la edad de cuatro años crecí con mi abuela. Ella fue la mujer que me cuidó a todos momentos, la mujer que me enseñó a luchar por mis sueños a pesar de las circunstancias. Ella me enseñó a nunca rendirme. Ella me mostró que la vida puede ser maravillosa y que todo está en tu forma de verla. Ella ha sido mi padre y mi madre al mismo tiempo. Aunque ella murió hace tres años, todavía está viva en mi corazón.

Cuando mi abuela murió y yo vine a los Estados Unidos para estar con mis padres, no me sentí conectada con ellos, porque habíamos estado separados por tanto tiempo. No había visto a mi madre desde que tenía cuatro años, y nunca había conocido a mi padre antes de venir a este país. Cuando llegué aquí, todavía no me sentía conectada con ellos. Mi madre y mi padre se pasan el día trabajando duro para salir adelante. No sé mucho sobre mis padres o mis hermanos porque no pasamos mucho tiempo juntos, y cuando estamos juntos, parece que todos están en su propio mundo. Siempre he soñado con tener una familia más unida.

Además de luchar para sentirme como en casa con mi familia, tuve muchos desafíos cuando llegue a este país. Caí en una profunda depresión. Miré todo de una manera gris y negativa. Dos veces intenté golpear a mis compañeros de clase debido al enojo que sentía dentro de mí. Incluso comencé a cortarme las muñecas.

Pero un día llegué a casa y me encerré en el baño. Me miré en el espejo y me dije: "Tú no eres la verdadera Lisa. La verdadera Lisa es una niña sonriente, es una chica positiva que lucha por sus sueños, no como una cobarde. La verdadera Lisa tiene aspiraciones por cumplir."

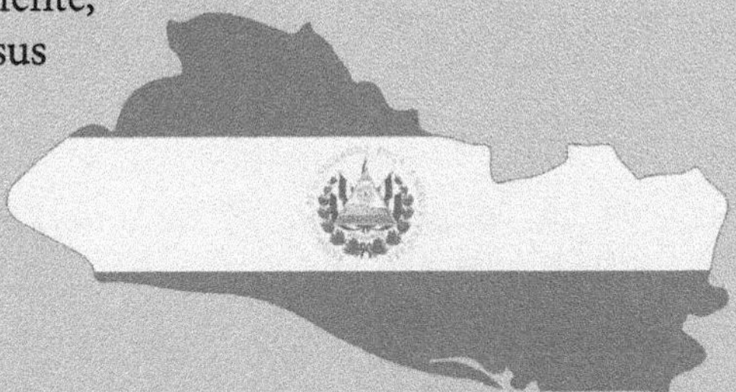

"From my darkness,
I managed to discover the positive
and make it light up
every dark corner inside me."

I decided to turn my back on the hatred I had towards my family and I started a new life. And now here I am, fighting for my future. I want to be a professional and to show my family that I can fulfill my goals, that I am more than what they see.

Nothing in this life is easy. We all have to face great trials, and especially for young people today, it seems that everything is lost. But as a friend once said, "Out of darkness, light is born." And so it was, from my darkness, I managed to discover the positive and make it light up every dark corner inside me.

I decided to tell this story because many young people have similar experiences and identify with not having parents around. I believe this story will motivate young people to continue to pursue their dreams in spite of problems in their lives. This experience changed my life, and I also hope to change yours.

– LISA

Lisa is currently a senior in high school. She is from El Salvador. She wants to study psychology to help other young people overcome their fears and fight for their dreams. She hopes that sharing her own story can touch hearts and inspire others to write.

"Desde mi oscuridad, logré descubrir lo positivo y hacerlo iluminar cada rincón oscuro dentro de mí."

Decidí darle la espalda al odio que sentía hacia mi familia y comencé una nueva vida. Y ahora aquí estoy, luchando por mi futuro. Quiero ser una profesional y mostrarle a mi familia que puedo cumplir mis metas, que soy más de lo que ellos ven.

Nada en esta vida es fácil. Todos tenemos que enfrentar grandes pruebas, y especialmente para los jóvenes de hoy, parece que todo está perdido. Pero como dijo un amigo una vez, "De la oscuridad, nace la luz". Y así fue, desde mi oscuridad, logré descubrir lo positivo y hacerlo iluminar cada rincón oscuro dentro de mí.

Decidí contar esta historia porque muchos jóvenes tienen experiencias similares e identifican con no tener padres alrededor. Creo que esta historia motivará a los jóvenes a continuar persiguiendo sus sueños a pesar de los problemas en sus vidas. Esta experiencia cambió mi vida, y también espero cambiar la tuya.

– LISA

Lisa está en su último año de la escuela secundaria. Ella es de El Salvador. Ella quiere estudiar psicología para ayudar a otros jóvenes a superar sus miedos y luchar por sus sueños. Ella espera que compartiendo su propia historia pueda tocar corazones e inspirar a otros a escribir.

Coming Out of the Bubble

By April

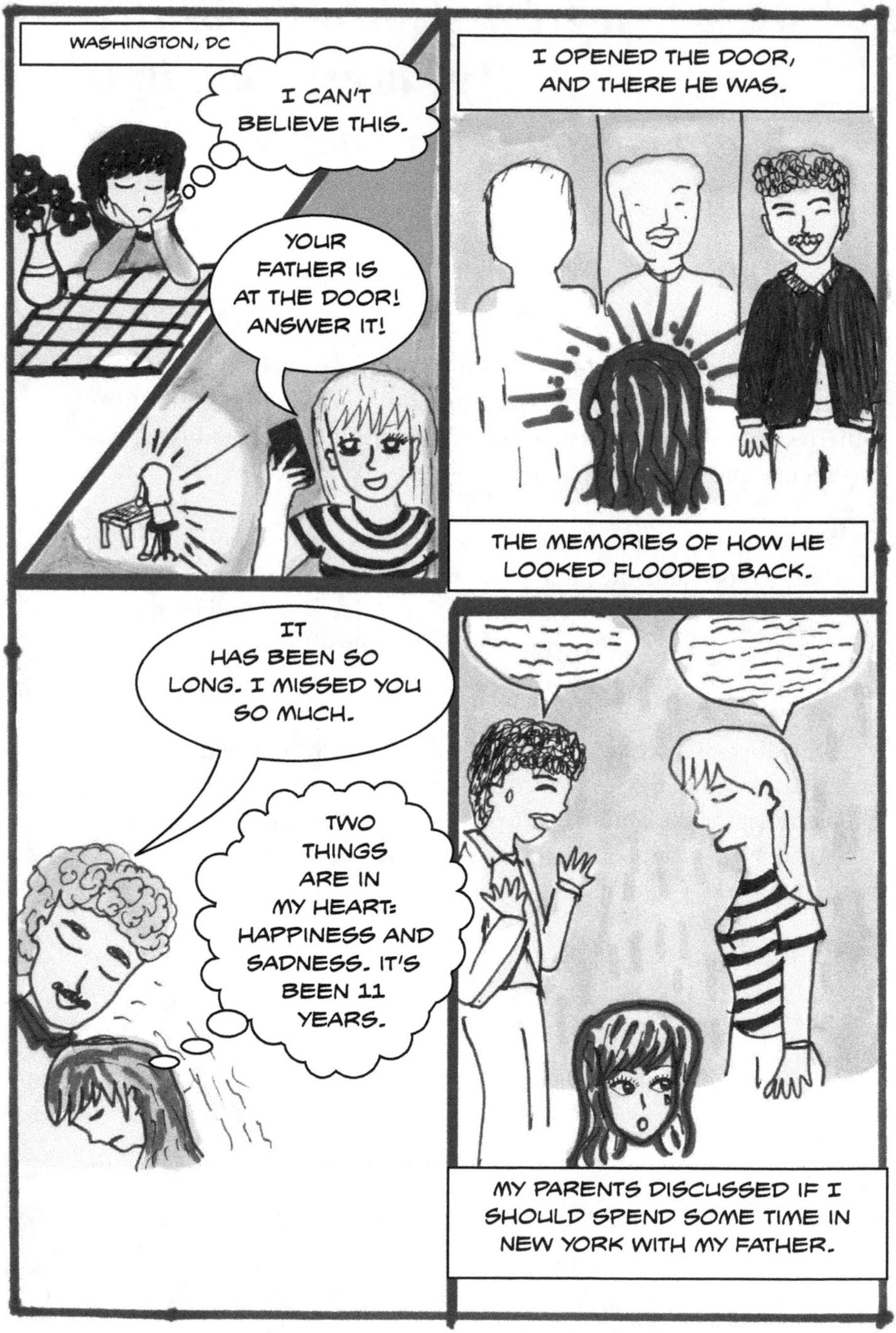

WASHINGTON, DC
I CAN'T BELIEVE THIS.
YOUR FATHER IS AT THE DOOR! ANSWER IT!
I OPENED THE DOOR, AND THERE HE WAS.
THE MEMORIES OF HOW HE LOOKED FLOODED BACK.
IT HAS BEEN SO LONG. I MISSED YOU SO MUCH.
TWO THINGS ARE IN MY HEART: HAPPINESS AND SADNESS. IT'S BEEN 11 YEARS.
MY PARENTS DISCUSSED IF I SHOULD SPEND SOME TIME IN NEW YORK WITH MY FATHER.

Saliendo de la Burbuja

por April

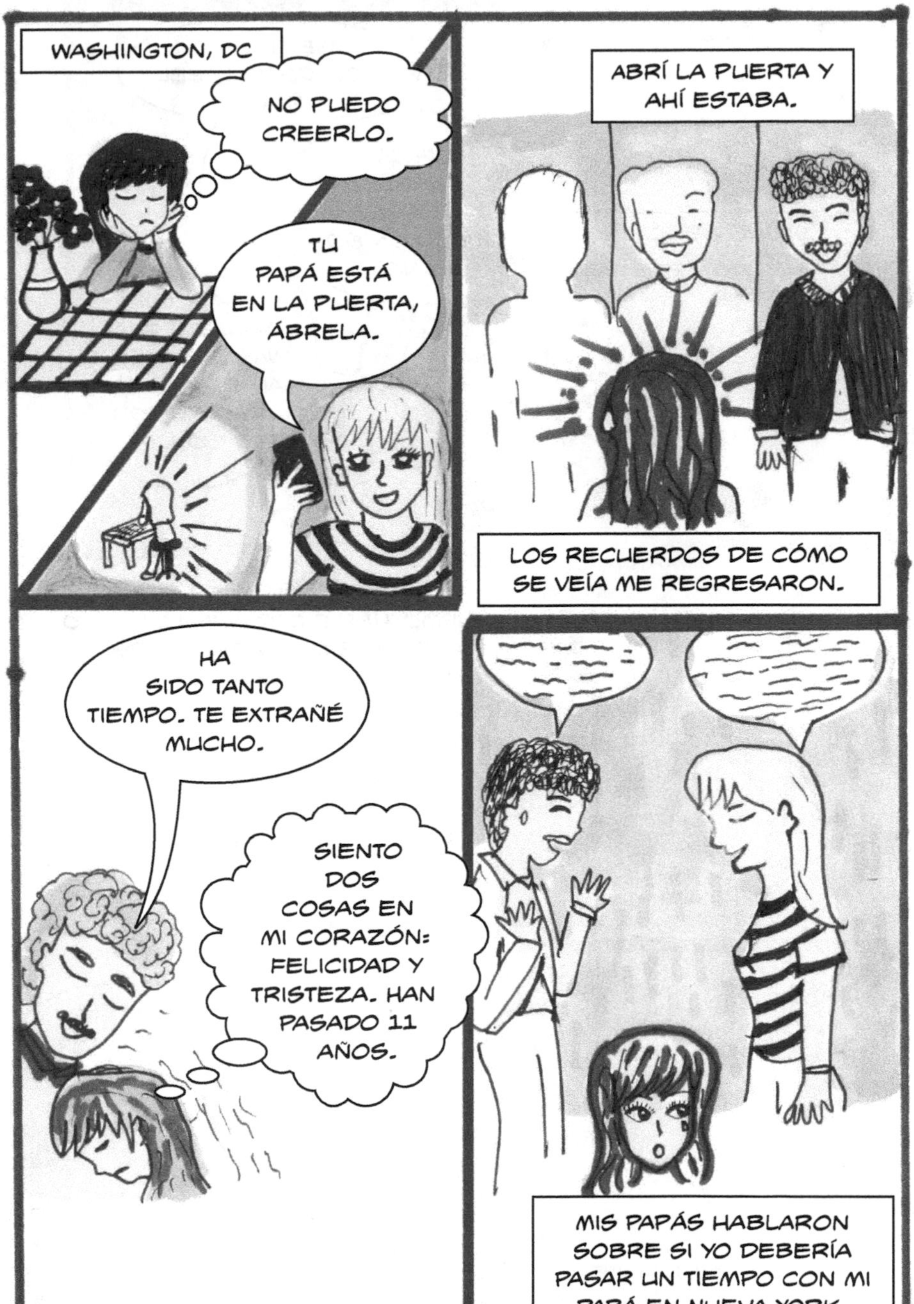
WASHINGTON, DC
NO PUEDO CREERLO.
TU PAPÁ ESTÁ EN LA PUERTA, ÁBRELA.
ABRÍ LA PUERTA Y AHÍ ESTABA.
LOS RECUERDOS DE CÓMO SE VEÍA ME REGRESARON.
HA SIDO TANTO TIEMPO. TE EXTRAÑÉ MUCHO.
SIENTO DOS COSAS EN MI CORAZÓN: FELICIDAD Y TRISTEZA. HAN PASADO 11 AÑOS.
MIS PAPÁS HABLARON SOBRE SI YO DEBERÍA PASAR UN TIEMPO CON MI PAPÁ EN NUEVA YORK.

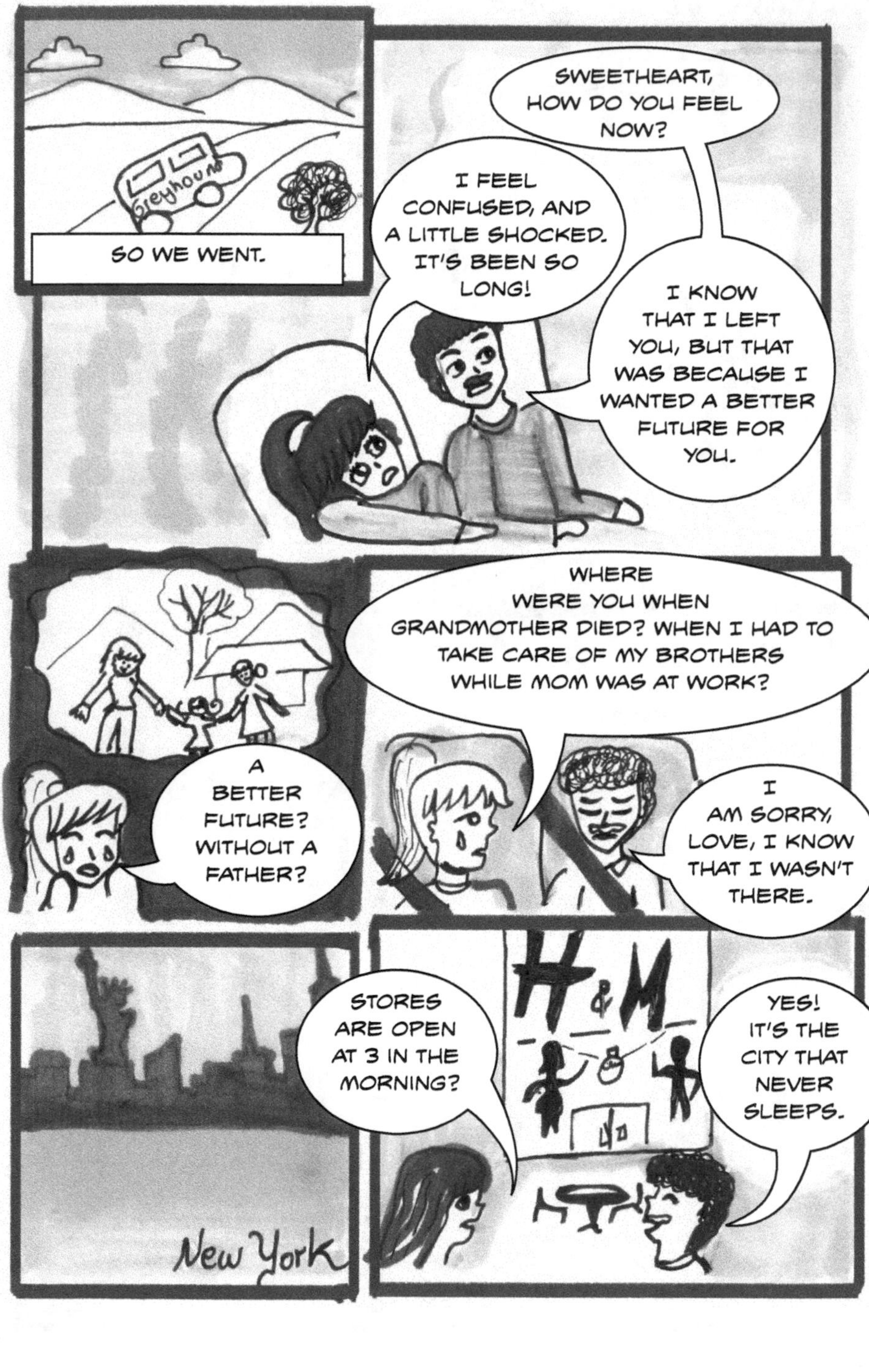
Greyhound
SO WE WENT.
SWEETHEART, HOW DO YOU FEEL NOW?
I FEEL CONFUSED, AND A LITTLE SHOCKED. IT'S BEEN SO LONG!
I KNOW THAT I LEFT YOU, BUT THAT WAS BECAUSE I WANTED A BETTER FUTURE FOR YOU.
A BETTER FUTURE? WITHOUT A FATHER?
WHERE WERE YOU WHEN GRANDMOTHER DIED? WHEN I HAD TO TAKE CARE OF MY BROTHERS WHILE MOM WAS AT WORK?
I AM SORRY, LOVE, I KNOW THAT I WASN'T THERE.
New York
H&M
STORES ARE OPEN AT 3 IN THE MORNING?
YES! IT'S THE CITY THAT NEVER SLEEPS.

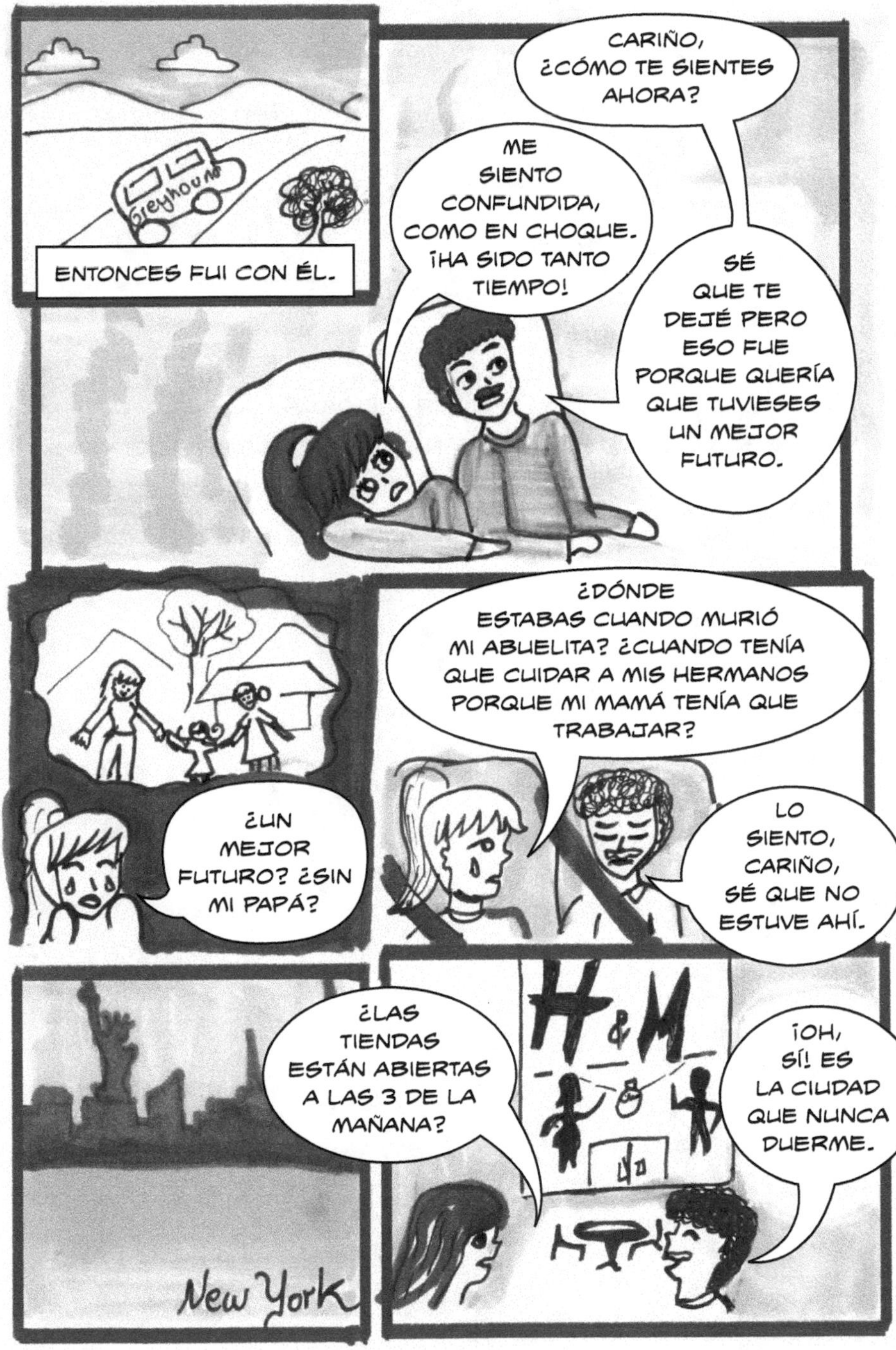
ENTONCES FUI CON ÉL.
Greyhound
CARIÑO, ¿CÓMO TE SIENTES AHORA?
ME SIENTO CONFUNDIDA, COMO EN CHOQUE. ¡HA SIDO TANTO TIEMPO!
SÉ QUE TE DEJÉ PERO ESO FUE PORQUE QUERÍA QUE TUVIESES UN MEJOR FUTURO.
¿UN MEJOR FUTURO? ¿SIN MI PAPÁ?
¿DÓNDE ESTABAS CUANDO MURIÓ MI ABUELITA? ¿CUANDO TENÍA QUE CUIDAR A MIS HERMANOS PORQUE MI MAMÁ TENÍA QUE TRABAJAR?
LO SIENTO, CARIÑO, SÉ QUE NO ESTUVE AHÍ.
New York
H & M
¿LAS TIENDAS ESTÁN ABIERTAS A LAS 3 DE LA MAÑANA?
¡OH, SÍ! ES LA CIUDAD QUE NUNCA DUERME.

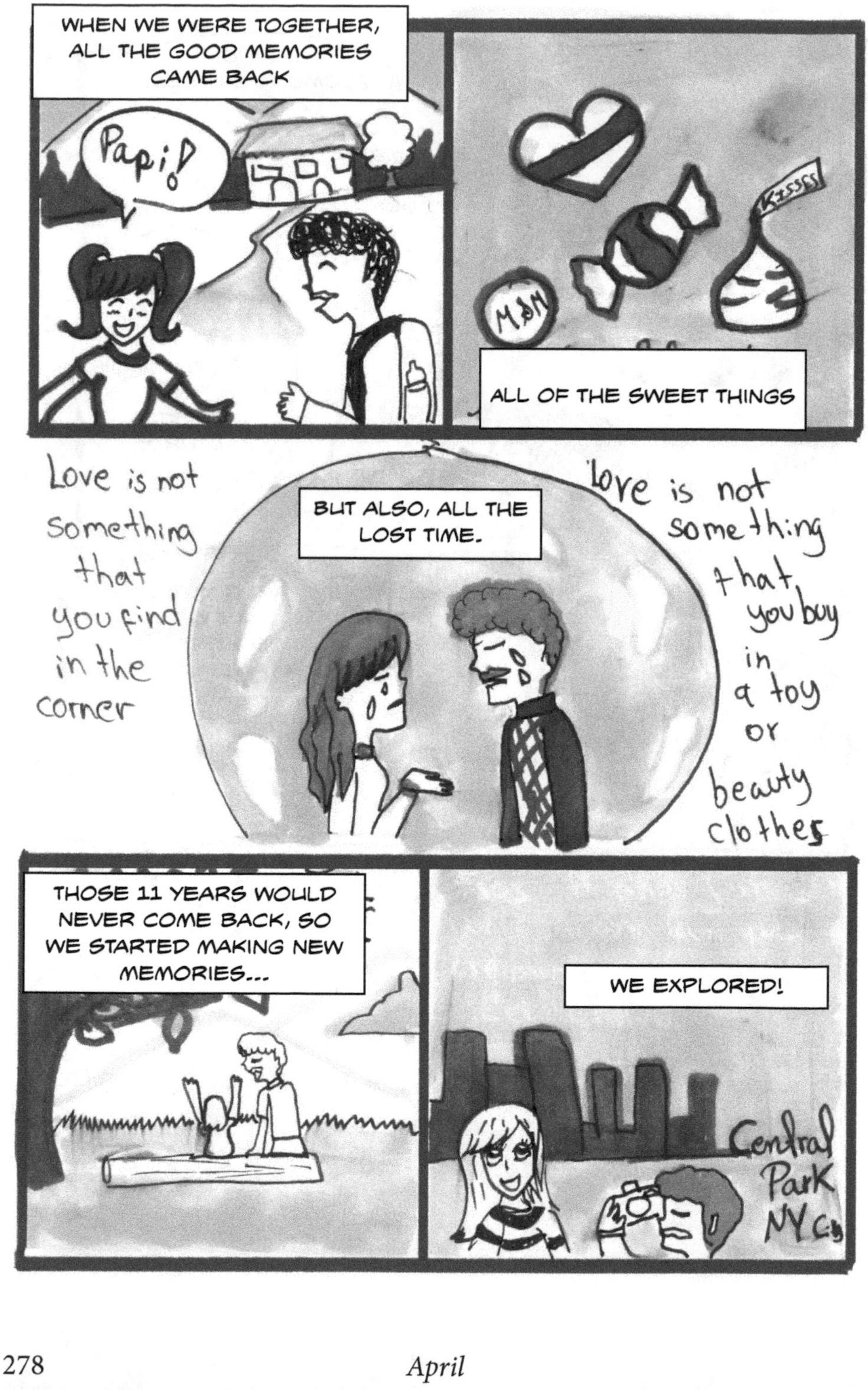
WHEN WE WERE TOGETHER, ALL THE GOOD MEMORIES CAME BACK
Papi!
ALL OF THE SWEET THINGS
BUT ALSO, ALL THE LOST TIME.
Love is not something that you find in the corner
love is not something that you buy in a toy or beauty clothes
THOSE 11 YEARS WOULD NEVER COME BACK, SO WE STARTED MAKING NEW MEMORIES...
WE EXPLORED!
Central Park NY

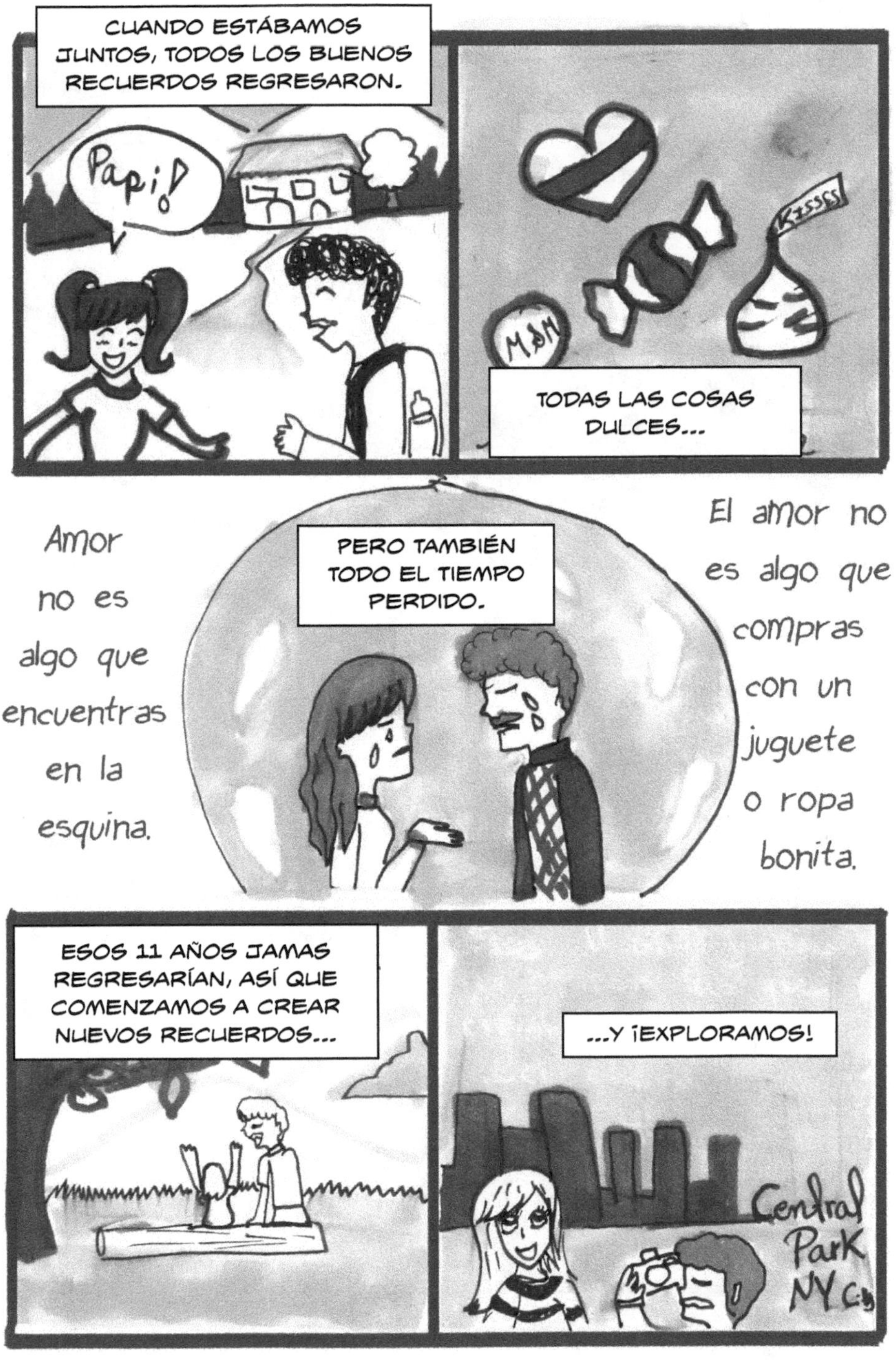
CUANDO ESTÁBAMOS JUNTOS, TODOS LOS BUENOS RECUERDOS REGRESARON.
Papi!
TODAS LAS COSAS DULCES...
Amor no es algo que encuentras en la esquina.
PERO TAMBIÉN TODO EL TIEMPO PERDIDO.
El amor no es algo que compras con un juguete o ropa bonita.
ESOS 11 AÑOS JAMAS REGRESARÍAN, ASÍ QUE COMENZAMOS A CREAR NUEVOS RECUERDOS...
...Y ¡EXPLORAMOS!
Central Park NY

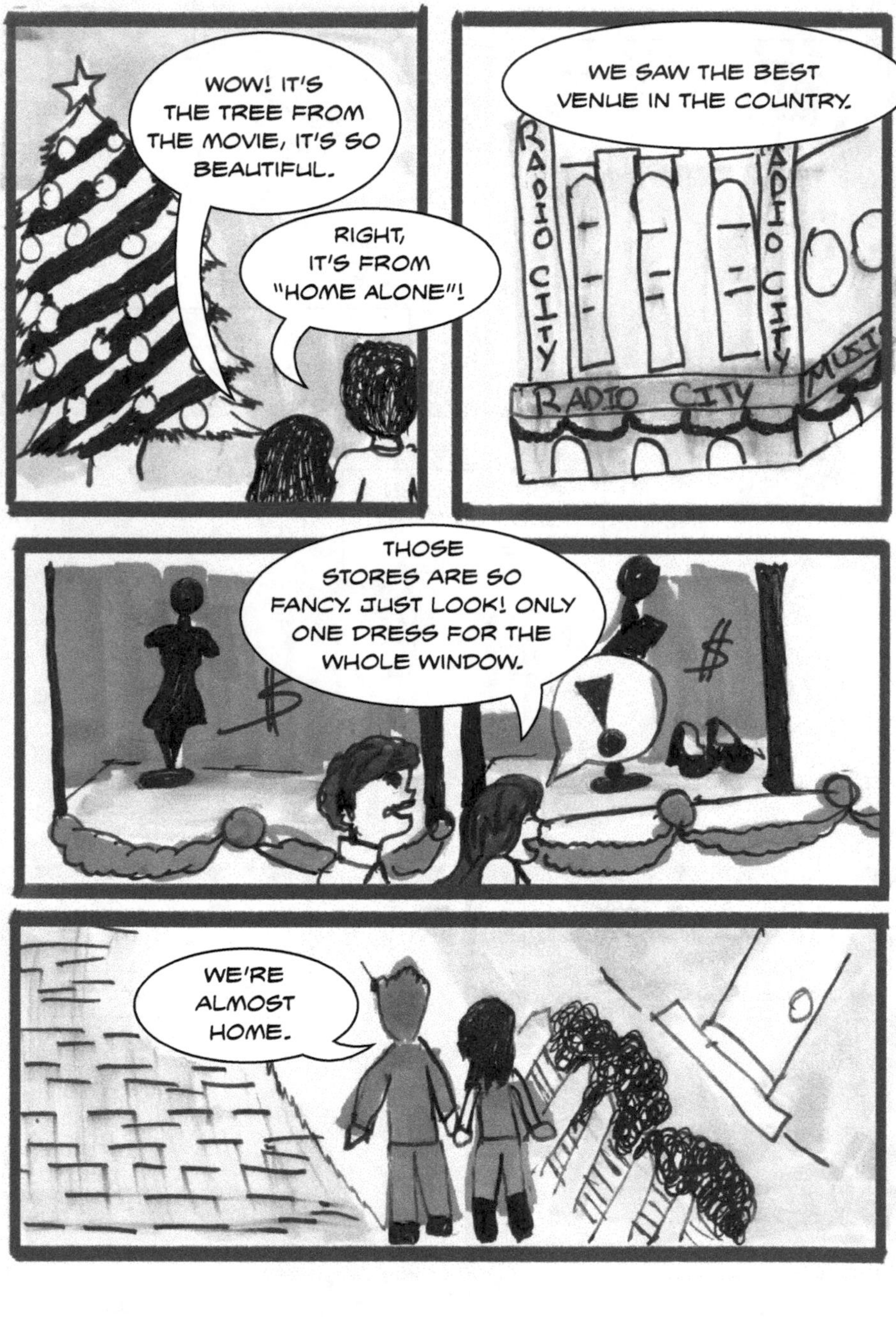
WOW! IT'S THE TREE FROM THE MOVIE, IT'S SO BEAUTIFUL.
RIGHT, IT'S FROM "HOME ALONE"!
WE SAW THE BEST VENUE IN THE COUNTRY.
RADIO CITY
RADIO CITY
RADIO CITY
THOSE STORES ARE SO FANCY. JUST LOOK! ONLY ONE DRESS FOR THE WHOLE WINDOW.
WE'RE ALMOST HOME.

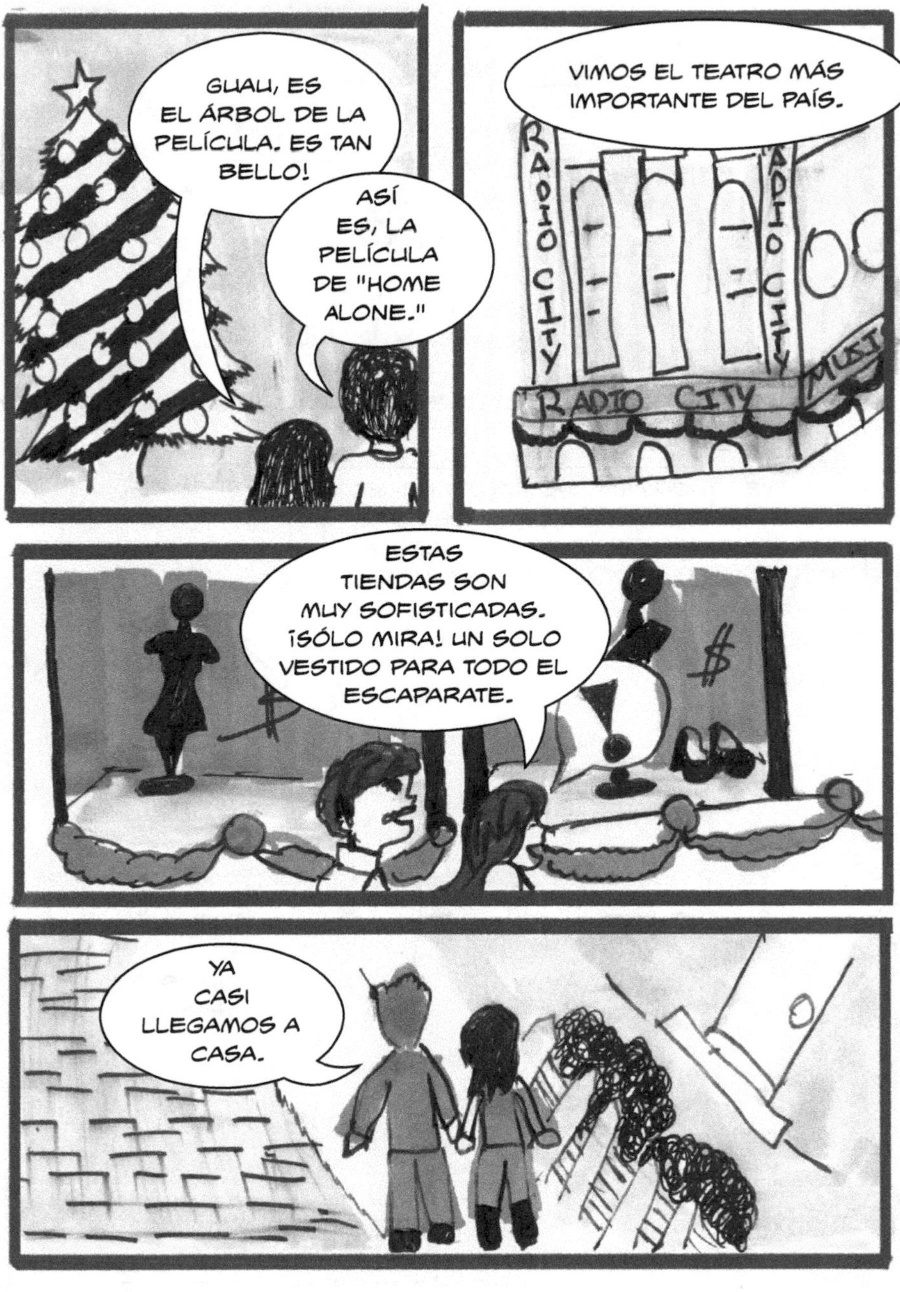
GUAU, ES EL ÁRBOL DE LA PELÍCULA. ES TAN BELLO!
ASÍ ES, LA PELÍCULA DE "HOME ALONE."
VIMOS EL TEATRO MÁS IMPORTANTE DEL PAÍS.
RADIO CITY
RADIO CITY
RADIO CITY
ESTAS TIENDAS SON MUY SOFISTICADAS. ¡SÓLO MIRA! UN SOLO VESTIDO PARA TODO EL ESCAPARATE.
YA CASI LLEGAMOS A CASA.

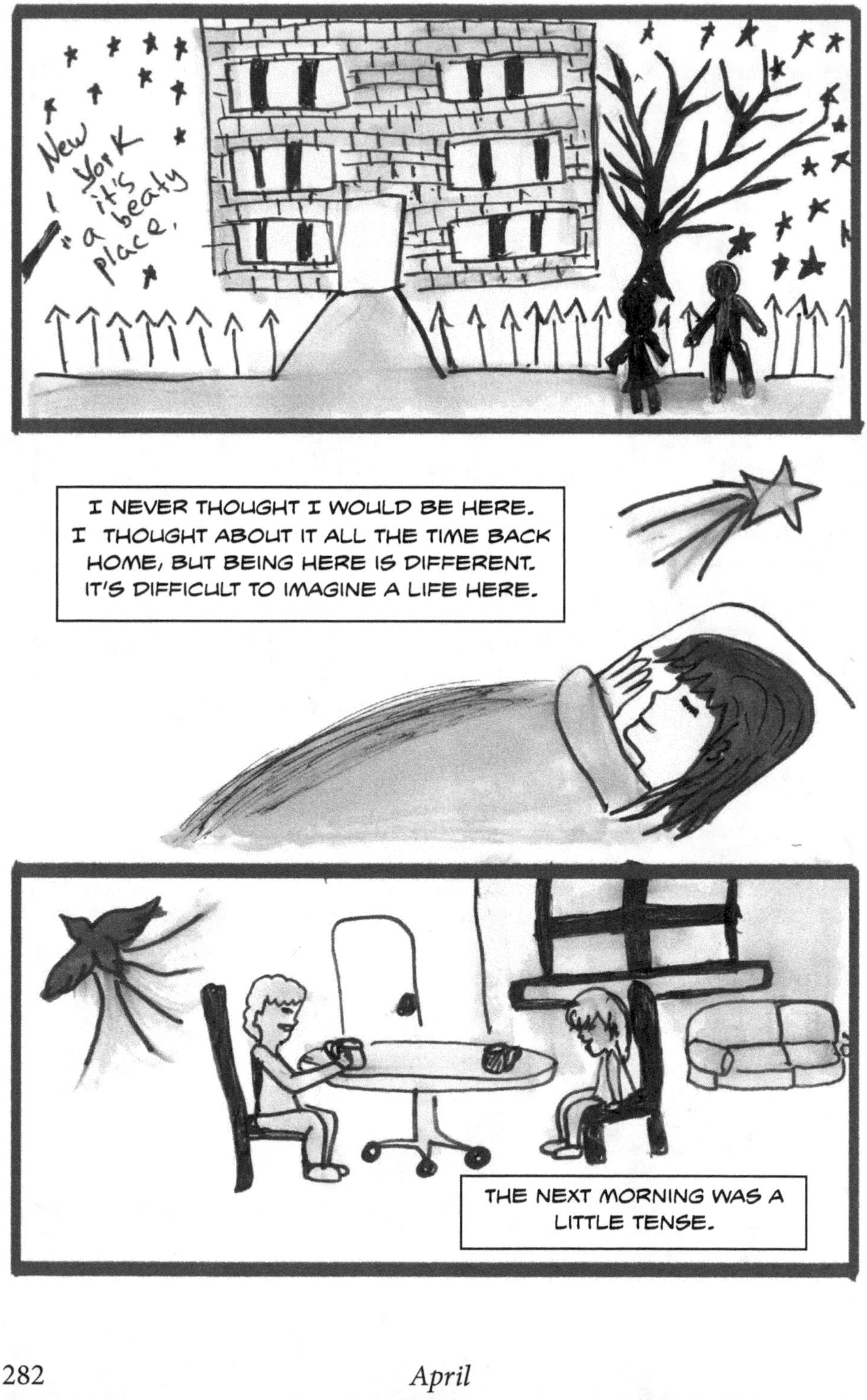
New York it's a beaty place.
I NEVER THOUGHT I WOULD BE HERE. I THOUGHT ABOUT IT ALL THE TIME BACK HOME, BUT BEING HERE IS DIFFERENT. IT'S DIFFICULT TO IMAGINE A LIFE HERE.
THE NEXT MORNING WAS A LITTLE TENSE.

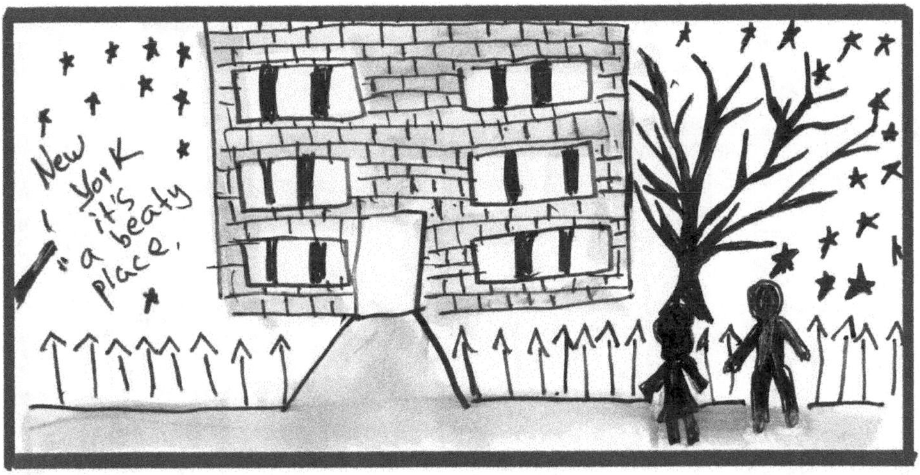
New York it's a beaty place.

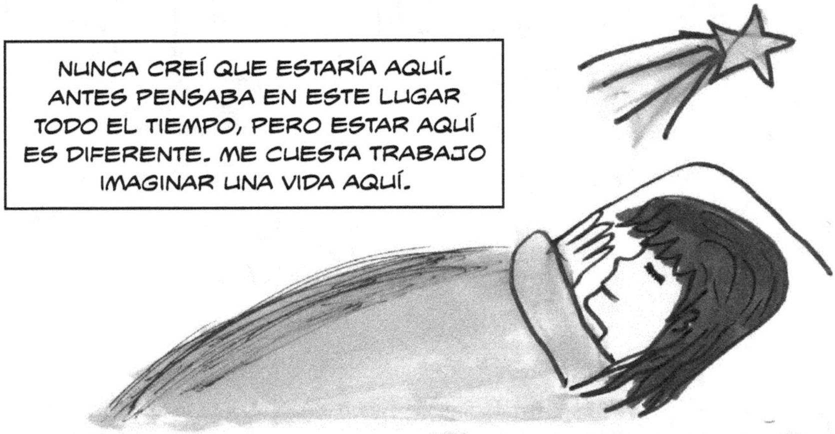
NUNCA CREÍ QUE ESTARÍA AQUÍ. ANTES PENSABA EN ESTE LUGAR TODO EL TIEMPO, PERO ESTAR AQUÍ ES DIFERENTE. ME CUESTA TRABAJO IMAGINAR UNA VIDA AQUÍ.

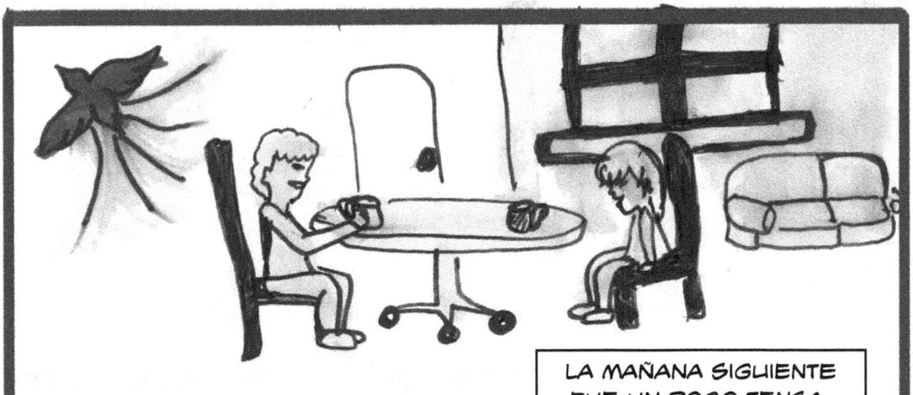
LA MAÑANA SIGUIENTE FUE UN POCO TENSA.

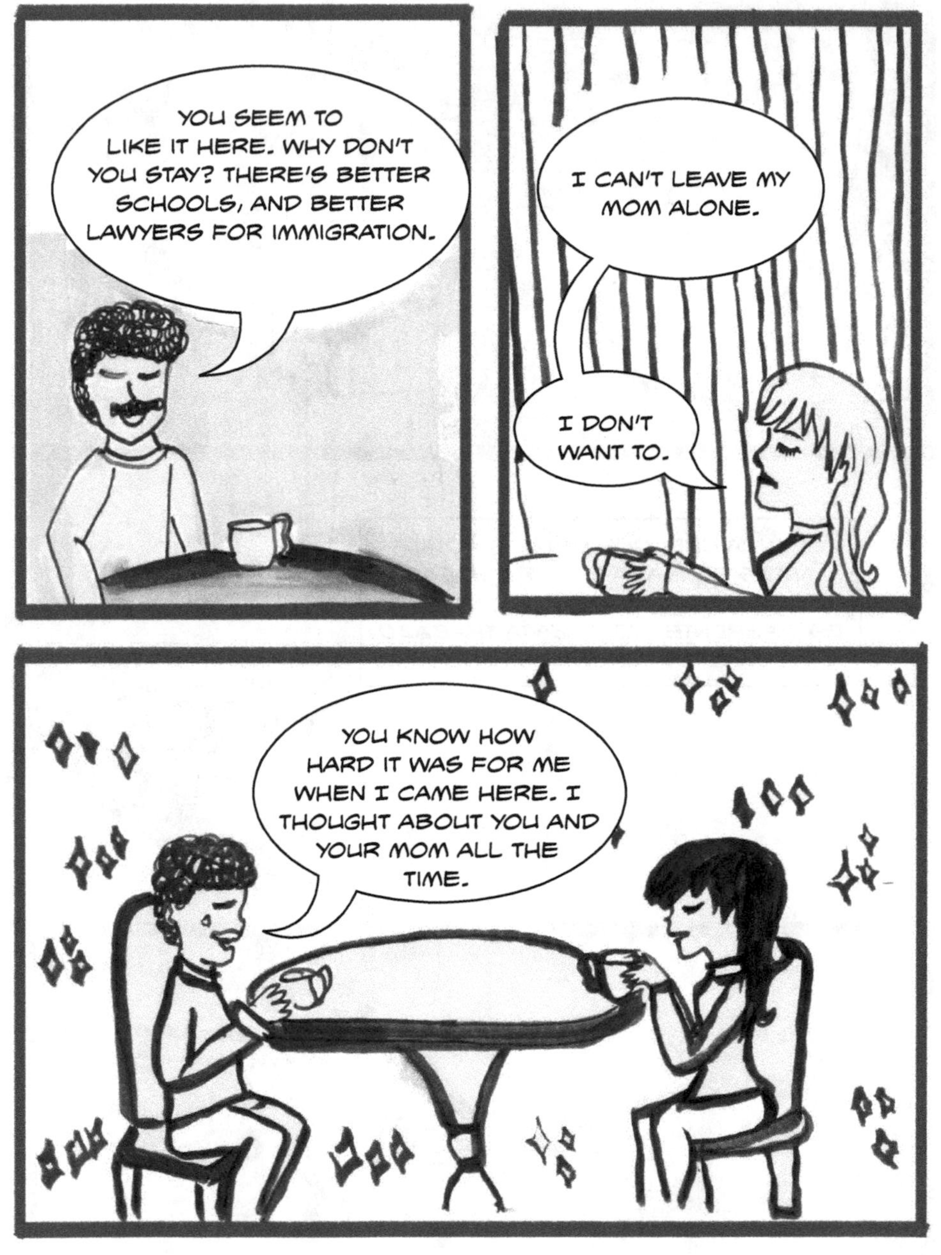
YOU SEEM TO LIKE IT HERE. WHY DON'T YOU STAY? THERE'S BETTER SCHOOLS, AND BETTER LAWYERS FOR IMMIGRATION.
I CAN'T LEAVE MY MOM ALONE.
I DON'T WANT TO.
YOU KNOW HOW HARD IT WAS FOR ME WHEN I CAME HERE. I THOUGHT ABOUT YOU AND YOUR MOM ALL THE TIME.

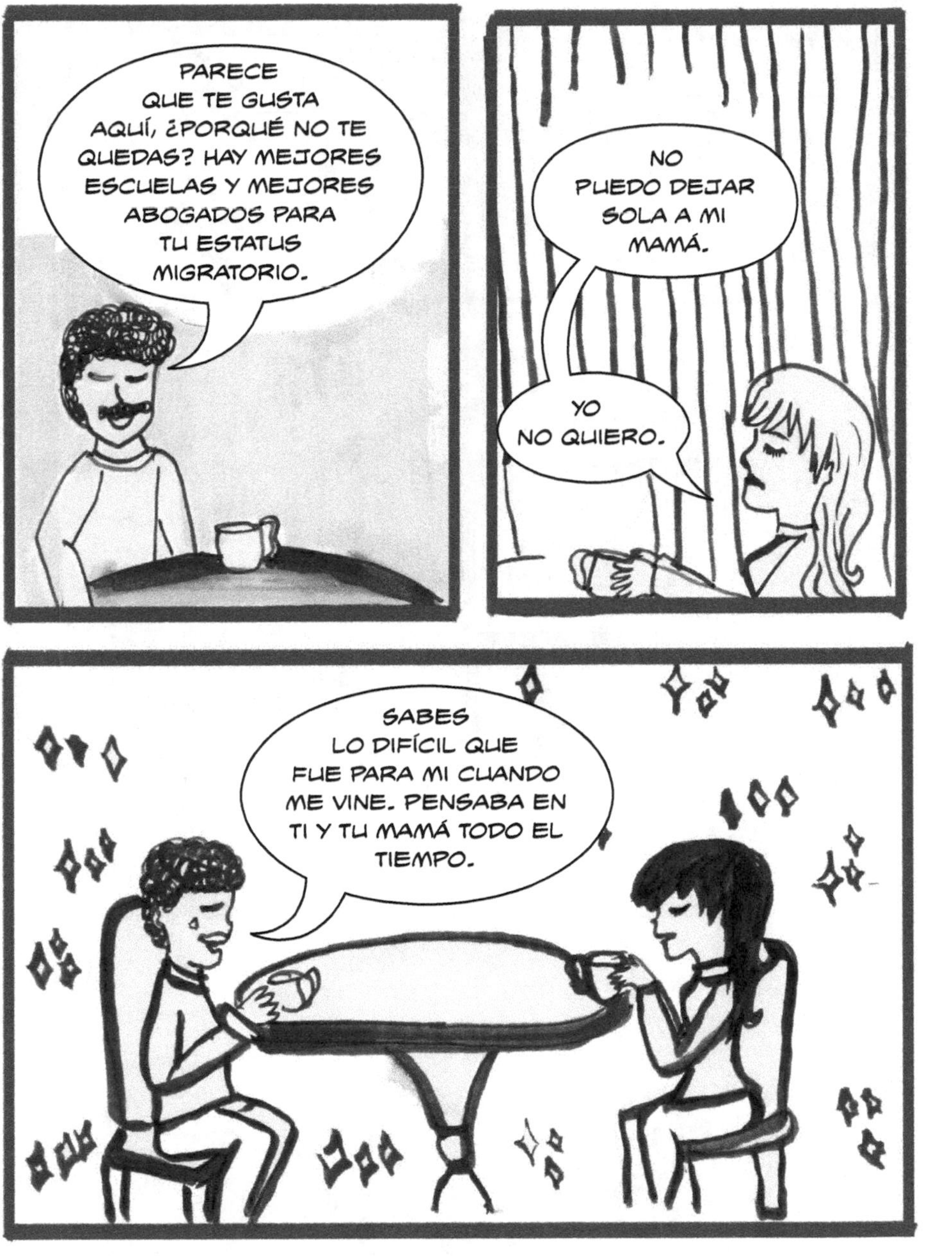
PARECE QUE TE GUSTA AQUÍ, ¿PORQUÉ NO TE QUEDAS? HAY MEJORES ESCUELAS Y MEJORES ABOGADOS PARA TU ESTATUS MIGRATORIO.
NO PUEDO DEJAR SOLA A MI MAMÁ.
YO NO QUIERO.
SABES LO DIFÍCIL QUE FUE PARA MI CUANDO ME VINE. PENSABA EN TI Y TU MAMÁ TODO EL TIEMPO.

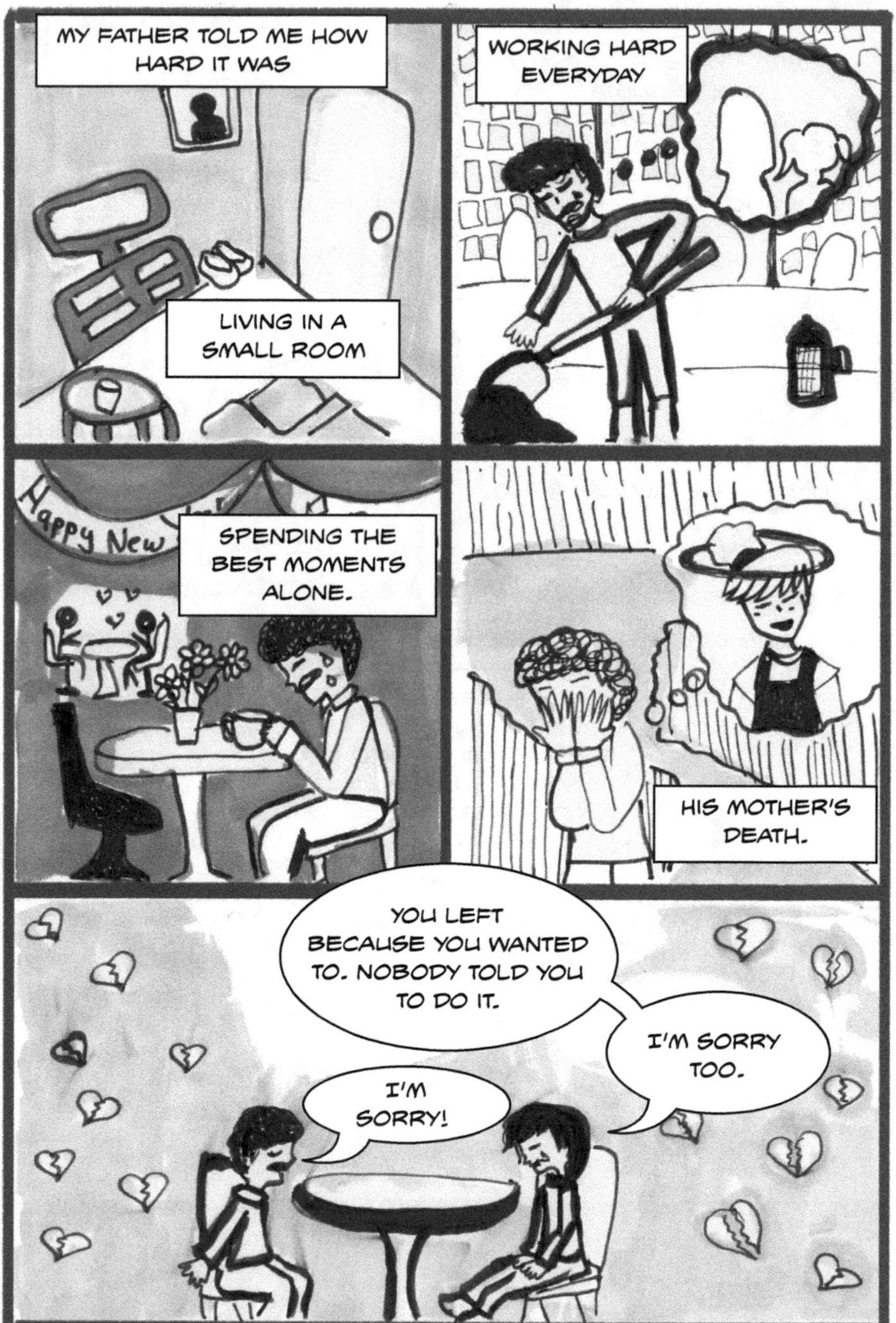
MY FATHER TOLD ME HOW HARD IT WAS
LIVING IN A SMALL ROOM
WORKING HARD EVERYDAY
Happy New
SPENDING THE BEST MOMENTS ALONE.
HIS MOTHER'S DEATH.
YOU LEFT BECAUSE YOU WANTED TO. NOBODY TOLD YOU TO DO IT.
I'M SORRY TOO.
I'M SORRY!

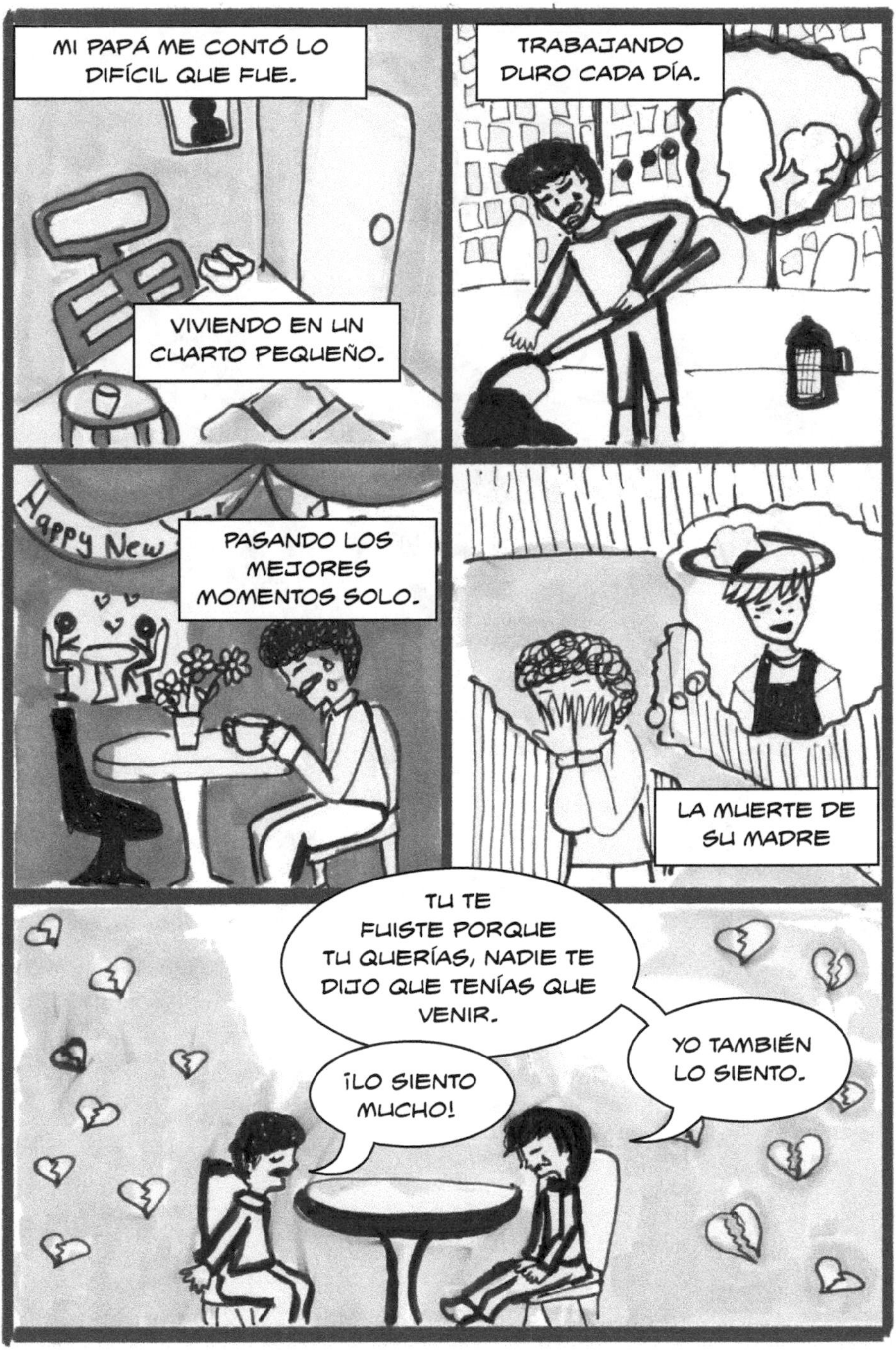
MI PAPÁ ME CONTÓ LO DIFÍCIL QUE FUE.
VIVIENDO EN UN CUARTO PEQUEÑO.
TRABAJANDO DURO CADA DÍA.
Happy New
PASANDO LOS MEJORES MOMENTOS SOLO.
LA MUERTE DE SU MADRE
TU TE FUISTE PORQUE TU QUERÍAS, NADIE TE DIJO QUE TENÍAS QUE VENIR.
¡LO SIENTO MUCHO!
YO TAMBIÉN LO SIENTO.

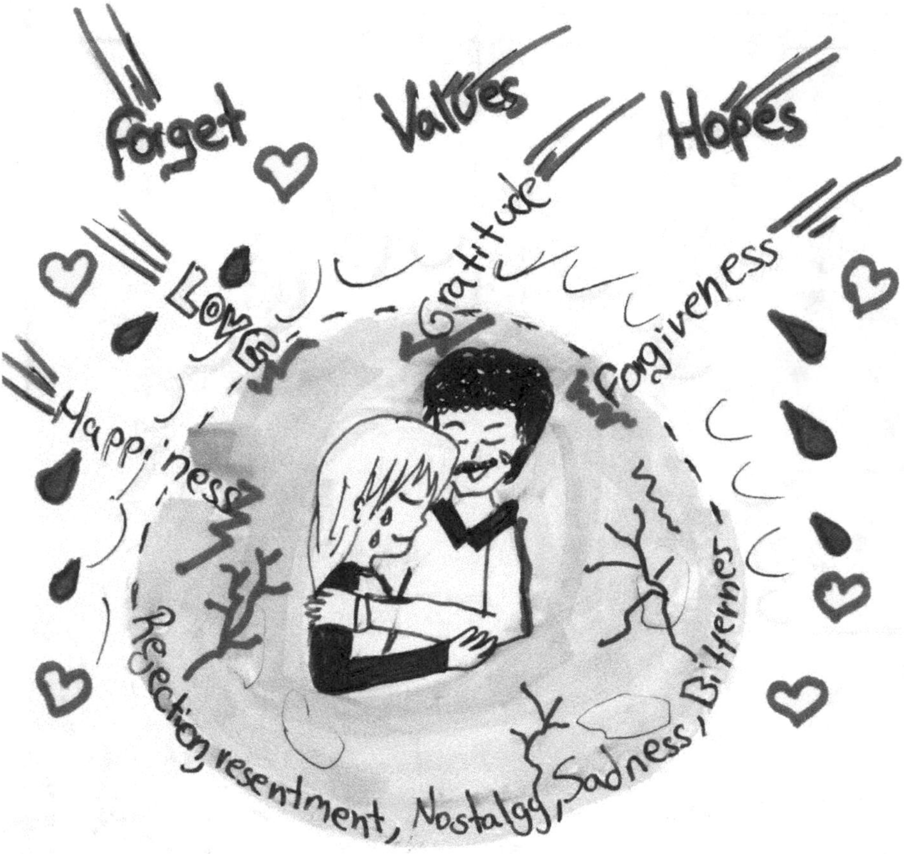
Forget
Values
Hopes
Gratitude
Love
Forgiveness
Happiness
Rejection, resentment, Nostalgy, Sadness, Bitternes

SOMETIMES WE HAVE TO FORGET
WHAT WE KNOW IN ORDER TO
START AGAIN.

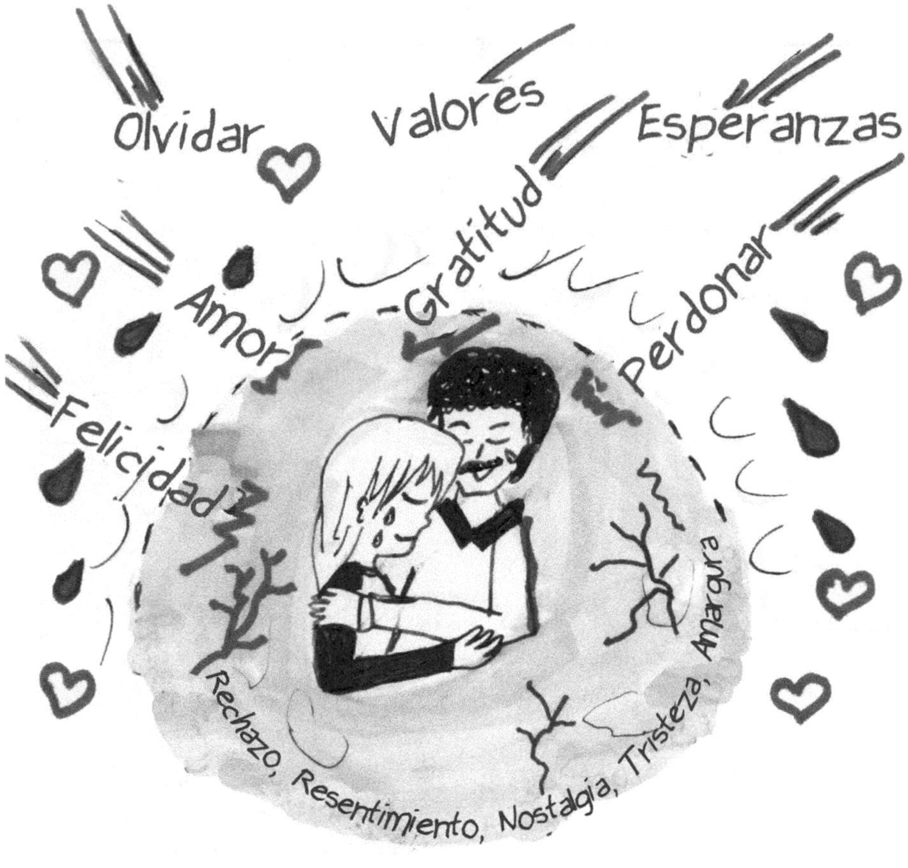
Olvidar
Valores
Esperanzas
Gratitud
Amor
Perdonar
Felicidad
Rechazo, Resentimiento, Nostalgia, Tristeza, Amargura

MUCHAS VECES TENEMOS QUE OLIVIDAR PARA PODER VOLVER A EMPEZAR.

April's Story

I decided to share the story about reuniting with my father. When I was very young, he decided to leave El Salvador and immigrate to the U.S. We spent 11 years apart. This comic shows how hard it is for young immigrants to live without their parents, and also how hard it can be to come back together.

The presence of a father is important in the life of any child. I want people to read my story because you may not know how it feels to live without your parents, and how it affects the way you see everything.

I called this comic "Coming Out of the Bubble" for many reasons. The bubble represents all the feelings that will not let us forgive or see beyond ourselves. My bubble was made of sadness, resentment, and bad memories. All of this was a process to me, to break the bubble and find what was outside my own experience. It was not easy, even when it seemed so fragile.

Life in my country was not very easy. I lived alone with my mother and brothers. We had some family close by, but they were not able to support. They had their own problems. But my mother always looked for a way to succeed. She always looked for a solution. She is my inspiration.

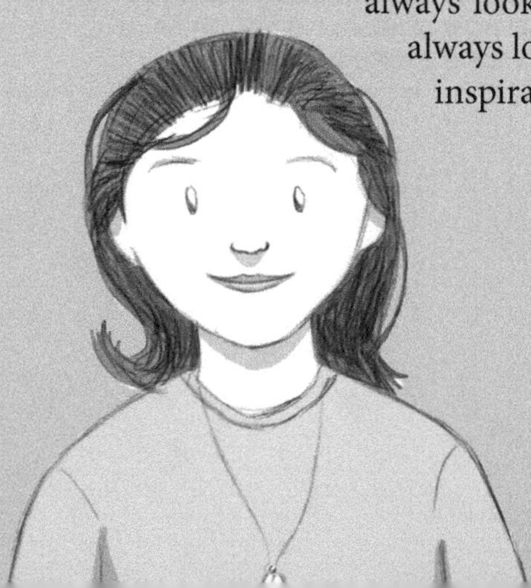

la Historia de April

Decidí compartir la historia sobre la reunión con mi padre. Cuando era muy joven, decidió irse de El Salvador e inmigrar a los Estados Unidos. Pasamos 11 años separados. Este cómic muestra lo difícil que es para los jóvenes inmigrantes vivir sin sus padres, y también lo difícil que puede ser volver a estar juntos.

La presencia de un padre es importante en la vida de cualquier niño. Quiero que la gente lea mi historia porque es posible que no sepas cómo se siente vivir sin tus padres y cómo afecta la forma en que ves todo.

Llamé a este cómic "Saliendo de la burbuja" por muchas razones. La burbuja representa todos los sentimientos que no nos permiten perdonar o ver más allá de nosotros mismos. Mi burbuja estaba hecha de tristeza, resentimiento, y malos recuerdos. Todo esto fue un proceso para mí, romper la burbuja y encontrar lo que estaba fuera de mi propia experiencia. No fue fácil, incluso cuando parecía tan frágil.

La vida en mi país no fue muy fácil. Yo vivía sola con mi madre y mis hermanos. Teníamos familia cerca, pero no podian apoyarnos. Ellos tenían sus propios problemas. Pero mi madre siempre buscó la manera de salir adelante. Ella siempre buscó una solución. Ella es mi inspiración.

"What I want most is that those who have experienced the same pain can know they are not alone."

When I look at this book, I think of the stories of people like my mother. I see every single one of my peers, and the true life that is behind every immigrant. So many people criticize us, but they don't know our pasts — or our presents. Now they can know the stories of each one of us.

I hope that this book clarifies some misconceptions that certain people have about those who immigrate to this country. And what I want most is that those who have experienced the same pain can know that they are not alone. Many young people suffer from not having one of their parents, for many reasons. I want them to know it is OK, that it is just another way of seeing life.

I look at this book, and see a lot of inspiration. I see people who have truly suffered, but who are always looking for a way to succeed. I look at this book, and I see a reflection of every single one of my brothers. I look at this book, and I see quite a lot of power.

– APRIL

April is a tenth grader in Washington, D.C. She is from El Salvador. She likes to watch anime, read, draw, and spend time with the people that she loves. She also plays the drums. In the future, she wants to go to university and be an English teacher and to be in a band.

"Lo que más quiero es que aquellos que han experimentado el mismo dolor puedan saber que no están solos."

Cuando miro este libro, pienso en las historias de personas como mi madre. Veo a cada uno de mis compañeros, y la verdadera vida que hay detrás de cada inmigrante. Muchas personas nos critican, pero no conocen nuestros pasados ni nuestros presentes. Ahora pueden conocer las historias de cada uno de nosotros.

Espero que este libro aclare algunos conceptos erróneos que tienen ciertas personas sobre quienes emigran a este país. Y lo que más quiero es que aquellos que han experimentado el mismo dolor puedan saber que no están solos. Muchos jóvenes sufren por no tener a uno de sus padres, por muchas razones. Quiero que sepan que está bien, que es solo otra forma de ver la vida.

Miro este libro y veo mucha inspiración. Veo personas que realmente han sufrido, pero que siempre están buscando una forma de triunfar. Miro este libro y veo un reflejo de cada uno de mis hermanos. Miro este libro y veo bastante poder.

— APRIL

April es una estudiante de décimo grado de la escuela secundaria en Washington, D.C. Ella es de El Salvador. Le gusta mirar anime, leer, dibujar, y pasar tiempo con la gente que ama. Ella también toca la batería. En el futuro, ella quiere ir a la universidad y ser profesora de inglés y estar en una banda.

AFTERWORD

by Juan Pacheco

Many times in my journey I have heard that if a group of people undergoing the sting of oppression can define who they truly are, they can change the trajectory of our collective future. It is evidently clear that the 16 young people who illustrated and wrote *Voces Sin Fronteras: Our Stories, Our Truth* believe in this transformative power. These youth have changed the narrative. They have not bowed down to the forces that want to silence their voices, and since our destiny is tied to theirs, this book holds within it the power to heal our own humanity.

The dream of this book actually started with a seed planted by authors Erminia and Selena more than two years ago. I met them at a conference where I was giving a speech to inspire youth to harness the power of education. I told the audience that if they wanted to change the world, they had to start by taking ownership of their personal power. A couple of weeks later, I received a call from these two resourceful young women, saying that they had to **do something** to help other youth in their community. "Mr. Pacheco," they said, "you told us to boldly ask for what we want. So we want to enlist you to help us create a youth summit in D.C. to motivate and support other immigrant youth to be successful." What choice did I have but to practice what I preached? So I told them that I would walk alongside them, and we would indeed do something.

Erminia and Selena eventually founded the Latino Youth Leadership Council (LYLC), which I now have the honor to support and guide. Little by little the group has grown, so that now LYLC includes a core group of 28 youth from 6 different high schools, all working to make DC a more equitable place for all youth. As the group began seeking a formal advocacy platform for their mission, the opportunity to partner with Shout Mouse Press emerged. Creating a powerful tool for connection, education, and inspiration was exactly what they had been looking for. These youths' passion thus laid the foundation for the writing of the gift you now hold in your hands: *Voces Sin Fronteras: Our Stories, Our Truth.*

EPÍLOGO

por Juan Pacheco

Muchas veces en mi vida he escuchado que si un grupo de personas sometidas a la opresión puede definir quiénes son realmente, ellos pueden cambiar la trayectoria de nuestro futuro colectivo. Es evidente que los 16 jóvenes que ilustraron y escribieron *Voces Sin Fronteras: Nuestras Historias, Nuestra Verdad* creen en este poder transformador. Estos jóvenes han cambiado la narrativa. No se han doblegado ante las fuerzas que quieren silenciar sus voces, y como nuestro destino está ligado al de ellos, este libro contiene el poder de sanar nuestra propia humanidad.

Este libro en realidad comenzó con una semilla plantada por las autoras Erminia y Selena hace más de dos años. Las conocí en una conferencia en la que estaba dando un discurso para inspirar a los jóvenes a aprovechar el poder de la educación. Le dije a la audiencia que si querían cambiar el mundo, tenían que empezar por tomar posesión de su poder personal. Un par de semanas más tarde, recibí una llamada de estas dos ingeniosas jóvenes, diciendo que tenían que hacer algo para ayudar a otros jóvenes de su comunidad. "Señor Pacheco," dijeron, "nos dijiste que pidiéramos con audacia lo que queremos. Por eso queremos que se una a nosotras para ayudarnos a crear una cumbre juvenil en D.C. para motivar y apoyar a otros jóvenes inmigrantes a tener éxito." ¿Qué opción tenía sino practicar lo que predicaba? Entonces les dije que caminaría junto a ellas, y de hecho haríamos algo.

Erminia y Selena eventualmente fundaron el Consejo Latino de Liderazgo Juvenil (LYLC), que ahora tengo el honor de apoyar y guiar. Poco a poco el grupo ha crecido, por lo que ahora LYLC incluye un grupo central de 28 jóvenes de 6 diferentes escuelas secundarias, todos trabajando para que D.C. sea un lugar más equitativo para todos los jóvenes. A medida que el grupo comenzó a buscar una plataforma de abogacía formal para su misión, surgió la oportunidad de asociarse con Shout Mouse Press. Crear una herramienta poderosa para la conexión, la educación, y la inspiración era exactamente lo que habían estado buscando. La pasión de estos jóvenes sentó las bases para escribir el regalo que ahora tienes en tus manos: *Voces Sin Fronteras: Nuestras Historias, Nuestra Verdad.*

Words fall short in expressing how full my heart feels when I see these stories come to life in this amazing collection. I cannot express the profound love and respect that I feel for these sixteen youth—now part of my family—who have viscerally and powerfully shared their lives with the world. Hearing them share their suffering and their dreams and their willingness to endure whatever it takes in order to survive, challenges my own privilege, and even encourages me to struggle through my own hardships.

To the youth reading this book: I know first-hand how and why people journey to the U.S.A., as I also had to leave everything behind to escape violence, poverty, and corruption. To find life in a new home, I encourage you to move forward and upward. Although there are many obstacles to overcome, I know that the your key to success is to get an education, to believe in yourself, to work hard, and to serve our community.

To the educators, social workers, and other adults entrusted with young hearts and minds: I invite you to unleash the true power of this book with the youth you serve. Use it as a culturally relevant transformational tool that can cultivate the healing of trauma, the building of community, and the igniting of a fire to fight for social justice.

It moves me to be trusted with this responsibility to share these closing palabras in this work of art. It is such an honor to write a small reflection on what is more than a book, but in fact, a window into the real lives of youth from the Americas and the Caribbean. These young people come to our shores—the self-proclaimed country of immigrants and land of opportunity—not only to escape the effects of endemic economic violence against their nations, but also to run towards towards a new hope. They come so they can share their unique gifts and blessings, much like the ancestors of those of us who now weave the diverse fabric of the United States of America. In a sense, this book is also a mirror, one in which our nation can gaze, gauge, and engage our soul to be the America we ought to be.

Juan Pacheco is a proud Central American immigrant who as a child escaped civil war in El Salvador and found a home in the U.S.A. He now holds degrees in psychology, biology, and nursing, all Summa Cum Laude / Phi Beta Kappa. Juan works as a Peace Mobilier and Youth & Community Developer for the Latin American Youth Center.

Las palabras no son suficiente para expresar que lleno se siente mi corazón cuando veo estas historias tomar vida en esta increíble colección. No puedo expresar el profundo amor y respeto que siento por estos dieciséis jóvenes—ahora parte de mi familia—que han compartido visceralmente y poderosamente sus vidas con el mundo. Escucharlos compartir su sufrimiento y sus sueños y su disposición a soportar todo lo que sea necesario para sobrevivir, desafía mi propio privilegio, e incluso me alienta a luchar a través de mis propias dificultades.

A los educadores, trabajadores sociales y otros adultos a los que se les han confiado corazones y mentes jóvenes: Los invito a dar rienda suelta al verdadero poder de este libro con los jóvenes a los que sirven. Úselo como una herramienta de transformación culturalmente relevante que puede cultivar un proceso curativo del trauma, la construcción de la comunidad, y el encendimiento de un fuego para luchar por la justicia social.

Para los jóvenes que lean este libro: Sé de primera mano cómo y por qué la gente viaja para la USA, ya que también tuve que dejar todo atrás para escapar de la violencia, la pobreza, y la corrupción. Para encontrar vida en un nuevo hogar, te animo a que sigas adelante y hacia arriba. Aunque hay muchos obstáculos que superar, sé que la clave del éxito es obtener una educación, creer en ustedes mismos, trabajar duro, y servir a nuestra comunidad.

Me conmueve ser confiado en esta responsabilidad de compartir estas últimas palabras en esta obra de arte. Es un gran honor escribir una pequeña reflexión sobre lo que es más que un libro, pero de hecho, una ventana a la vida real de los jóvenes de las Américas y el Caribe. Estos jóvenes vienen a nuestras costas—el país autoproclamado de inmigrantes y tierra de oportunidades—no solo para escapar de los efectos de la violencia económica endémica contra sus naciones, sino también para correr hacia una nueva esperanza. Vienen para que puedan compartir sus dones y bendiciones únicas, igual a los antepasados de los que ahora tejen el diverso tejido de los Estados Unidos de América. En cierto sentido, este libro es también un espejo, en el que nuestra nación puede mirar, calibrar, e mover a nuestra alma para ser el Estados Unidos que deberíamos ser.

Juan Pacheco es un orgulloso inmigrante centroamericano que de niño escapó de la guerra civil en El Salvador y encontró un hogar en los Estados Unidos. Ahora tiene títulos en psicología, biología y enfermería, todos Summa Cum Laude / Phi Beta Kappa. Juan trabaja como Peace Mobilizer y Youth & Community Developer para el LAYC.

ACKNOWLEDGMENTS

This book represents a collaboration between the Latin American Youth Center (LAYC) and Shout Mouse Press, and we are grateful for the leadership and dedication by members of both teams.

For serving as the LAYC project facilitator, we cannot thank enough LYLC mentor Juan Pacheco. Juan was the motivating force behind these authors, and he gave selflessly of his time over and over again to make this project happen. He is an inspiration to the young people he serves and to those of us at Shout Mouse Press.

We also thank the LAYC leadership and staff who believed in the project and cheered us on throughout. Thank you Lori Kaplan, Marie Moll Amego, Cecilia Dos Santos, and Colleen Muse for all of your support on multiple fronts!

From Shout Mouse Press, we are enormously grateful to "Team Comics:" Jason Rodriguez, Santiago Casares, Evan Keeling, and Liz Laribee. These teaching artists led comics workshops for the authors during the summer of 2017 and then worked tirelessly through the following months to ink, edit, and layout all the youth art. We are especially grateful to Jason for his project leadership, Santi for his youth portraits, Evan for his layout skills, and Liz for her proofreading and art edits! Santi was also an incomparable and essential translator, both during workshops and for all comic text. These teaching artists gave generously not only of their time but also of their talents and their hearts. Thank you.

AGRADECIMIENTOS

Este libro es una colaboración entre el Latin American Youth Center (LAYC) y Shout Mouse Press, y agradecemos el liderazgo y la dedicación de los integrantes de ambos equipos.

Nos faltan las palabras para agradecer todo lo que debemos agradecer a Juan Pacheco, mentor del Latino Youth Leadership Council (LYLC,) por facilitar el proyecto por parte de LAYC. Juan fue la fuerza motivadora detrás de estos autores. Dio su tiempo de manera desinteresada una y otra vez para que este proyecto se convirtiera en realidad. Es una inspiración para los jóvenes con quienes trabaja y para todos nosotros en Shout Mouse Press.

También agradecemos a la dirección y al personal de LAYC que creyeron en este proyecto y nos animaron en todo momento. ¡Gracias Lori Kaplan, Marie Moll Amego, Cecilia Dos Santos y Colleen Muse por todo su apoyo en múltiples frentes!

Desde Shout Mouse Press, estamos enormemente agradecidos con el "Team Comics": Jason Rodriguez, Santiago Casares, Evan Keeling y Liz Laribee. Estos docentes y artistas dirigieron talleres de comics para los autores durante el verano de 2017 y en los siguientes meses trabajaron incansablemente en la redacción, edición y diseño de todo el arte juvenil. Estamos especialmente agradecidos con Jason por su liderazgo en el proyecto, Santi por sus retratos juveniles, Evan por sus habilidades de diseño y Liz por su correcciones de textos y ediciones de arte. Santi también fue un traductor incomparable y esencial, tanto en los talleres como en la redacción de los textos cómic. Todos ellos dieron con generosidad no sólo su su tiempo, sino también de su talento y sus corazón. Gracias.

We are also grateful for to "Team Story" from Shout Mouse Press: Sarai Johnson, Barrett Smith, and Eva Shapiro. Team Story supported with narrative development throughout the workshops and interviewed all writers for their "story behind the story" essay. Special thanks to Sarai for her essential editorial and project management work, to Eva for her many transcriptions and translations, and to Barrett for her design skills and leadership for book promotion. We are lucky to count them as members of this team!

For additional translation work we thank Karen Lopez, who did a beautiful job retaining authentic student voices in their essays, and to Matthias Jäger and Leticia Linn, for their essential input and quick turnaround. For the smart graphic design of this book, we thank Jason Rodriguez and Heather Butterfield; their professionalism helps these voices get the respect and consideration they deserve, and we are grateful.

None of this work would have been possible without generous grants from the D.C. Commission on the Arts and Humanities as well as UnidosUS, for which we are enormously grateful.

And most of all we thank the dedicated young people of the LYLC, who were driven by the power of sharing their story with readers who needed to hear it. The selflessness, courage, and ambition and of these authors will stay with us. Writing with— and learning from—these incredible young people was such a gift, and a joy.

—*Kathy Crutcher*
Founder, Shout Mouse Press

También estamos agradecidos con el "Team Story" de Shout Mouse Press: Sarai Johnson, Barrett Smith y Eva Shapiro. Team Story apoyó el desarrollo narrativo en los talleres y entrevistó a todos los escritores para su ensayo sobre la "historia detrás de la historia". Un agradecimiento especial a Sarai por su trabajo esencial de gestión editorial y de proyectos, a Eva por sus muchas transcripciones y traducciones, y a Barrett por sus habilidades de diseño y liderazgo para la promoción del libro. ¡Somos afortunados de contarlos como integrantes de este equipo!

Para trabajos de traducción adicionales, agradecemos a Karen López, quien hizo un trabajo excelente conservando la autenticidad de las voces de los estudiantes en sus ensayos, y a Matthias Jäger y Leticia Linn, por su aporte esencial y respuesta rápida. Agradecemos a Jason Rodriguez y a Heather Butterfield por el elegante diseño gráfico de este libro. Su profesionalismo ayuda a estas voces a obtener el respeto y la consideración que se merecen, y por ello estamos agradecidos.

Este trabajo no hubiera sido posible sin las generosas contribuciones de la Comisión de Artes y Humanidades de Washington D.C. (D.C. Commission on the Arts and Humanities), así como de UnidosUS, por las que estamos enormemente agradecidos.

Y, sobre todo, agradecemos a los jóvenes dedicados de LYLC, cuya principal motivación fue el poder de compartir sus historias con los lectores que necesitaban escucharlas. El altruismo, la valentía, y la ambición de estos autores permanecerán con nosotros. Escribir con—y aprender de—estos increíbles jóvenes fue un regalo y una alegría.

—*Kathy Crutcher*
Fundadora, Shout Mouse Press

SHOUT MOUSE PRESS
shoutmousepress.org

Shout Mouse Press is a nonprofit writing program and publishing house for unheard voices. Through writing workshops that lead to professional publication, we empower those from marginalized backgrounds to tell their own stories in their own voices and, as published authors, to act as leaders and agents of change.

In partnership with other nonprofits serving communities in need, we are building a catalog of mission-driven books by unheard voices. Our authors have produced original children's books, novels, comics, and memoir and poetry collections that expand empathy, affirm the vulnerable, and increase understanding of unheard perspectives.

LATIN AMERICAN YOUTH CENTER
layc-dc.org

The Latin American Youth Center (LAYC) is a D.C.-based nonprofit organization that offers a variety of programming to low-income youth of all backgrounds. Their mission is to empower a diverse population of young people to achieve a successful transition to adulthood, through multi-cultural, comprehensive, and innovative programs that address youths' social, academic, and career needs.

Since their founding in the late 1960s, LAYC has grown from a small grassroots recreation center to a nationally recognized agency serving all low-income youth. Each year, LAYC serves over 4,000 youth and families through youth centers, school-based sites, and public charter schools in the District of Columbia and Maryland's Prince George's and Montgomery Counties.

We would like to thank the D.C. Commission on the Arts and Humanities and UnidosUS for generously supporting this project.

SHOUT MOUSE PRESS
shoutmousepress.org

Shout Mouse Press es un programa de escritura y una casa editorial sin fines de lucro para voces que no suelen ser escuchadas. A través de talleres de escritura que conducen a la publicación profesional, empoderamos a aquellos con un origen marginal a narrar sus propias historias utilizando sus voces y luego, como autores de una publicación, a actuar como líderes y agentes de cambio.

En colaboración con otras organizaciones sin fines de lucro que sirven a las comunidades necesitadas, estamos construyendo un catálogo de libros comprometidos con una misión y elaborados por las voces que no suelen escucharse. Nuestros autores han producido libros originales para niños, novelas, cómics y colecciones de memorias y poesía que amplían la empatía, afirman a los vulnerables y expanden la comprensión de perspectivas desconocidas.

LATIN AMERICAN YOUTH CENTER
layc-dc.org

El Latin American Youth Center (LAYC) es una organización sin fines de lucro con sede en Washington DC que ofrece una variedad de programas para jóvenes de bajos recursos de todos los orígenes. Su misión consiste en capacitar a una población diversa de jóvenes para que logren una transición exitosa a la edad adulta a través de programas multiculturales, integrales e innovadores que abordan las necesidades sociales, académicas y profesionales de los jóvenes

Desde su fundación a fines de los años 60, el LAYC, en sus orígenes un pequeño centro recreativo comunitario, se ha convertido en un organismo reconocido que brinda servicios a todos los jóvenes de menos recursos. Cada año, el LAYC presta servicios a más de 4.000 jóvenes y familias a través de centros juveniles, centros basados en las escuelas, y escuelas públicas subvencionadas del Distrito de Columbia y los condados de Prince George y Montgomery de Maryland como los Maryland Multicultural Youth Centers (MMYC).

Quisieramos agradecer a la Comisión de Artes y Humanidades de D.C. (D.C. Commission on the Arts and Humanities) y UnidosUS por su generoso apoyo a este proyecto.

Other Teen Titles from Shout Mouse Press:

How to Grow Up Like Me, Ballou Story Project (2014)

Trinitoga: Stories of Life in a Roughed-Up, Tough-Love, No-Good Hood, Beacon House (2014)

Our Lives Matter, Ballou Story Project (2015)

The Untold Story of the Real Me: Young Voices From Prison, Free Minds Book Club (2016)

Humans of Ballou, Ballou Story Project (2016)

The Day Tajon Got Shot, Beacon House (2017)

For the full catalog of Shout Mouse books, including illustrated children's books, visit shoutmousepress.org.

For bulk orders, educator inquiries, and nonprofit discounts, contact kathy@shoutmousepress.org.

Books are also available through Amazon.com, select bookstores, and select distributors, including Ingram and Follett.

CPSIA information can be obtained
at www.ICGtesting.com
Printed in the USA
FSHW010112230119
55188FS

9 781945 434662